sacro / santo

(nuova serie)

25

Valentina Ciciliot

Donne sugli altari

Le canonizzazioni femminili di Giovanni Paolo II

viella

Prima edizione: marzo 2018
ISBN 978-88-6728-945-5

viella
libreria editrice
via delle Alpi, 32
I-00198 ROMA
tel. 06 84 17 758
fax 06 85 35 39 60
www.viella.it

I santi nuovi mettono da parte i vecchi.
Proverbio italiano

Indice

Introduzione

Nella settimana di celebrazioni per i venticinque anni di pontificato, il 19 ottobre 2003, Giovanni Paolo II presiedeva in piazza San Pietro la beatificazione di madre Teresa di Calcutta, a meno di sei anni dalla sua morte. A seguire la cerimonia c'era una folla di trecentomila fedeli, «delegazioni ufficiali di 27 paesi, presidenti, primi ministri, personalità della politica e della aristocrazia, delegazioni ortodosse e musulmane, missionarie e poveri» – per tremila di questi erano stati riservati i posti nelle prime file, a sinistra dell'altare –, almeno un migliaio gli uomini delle forze dell'ordine italiane e vaticane mobilitati. Radio vaticana trasmetteva simultaneamente in sei lingue diverse – italiano, inglese, francese, tedesco, albanese e portoghese – e da otto maxi schermi installati in differenti luoghi romani i fedeli potevano seguire la cerimonia. Mentre il papa, con gran fatica, pronunciava la formula di beatificazione in latino – e rinunciava a leggere l'omelia per la stanchezza –, veniva scoperto l'arazzo di madre Teresa, appeso secondo tradizione sulla facciata della basilica di San Pietro. La lunga liturgia solenne, con «momenti di grande suggestione, nei canti e nelle processioni, in particolare quando all'offertorio una danza di donne in abiti tradizionali indiani ha portato all'altare petali di fiori, mentre il profumo penetrante dell'incenso si diffondeva tra i fedeli, coprendo quello dei tulipani rossi e gialli che adornavano il sagrato», si concludeva con il giro di Giovanni Paolo II di tutta la piazza sulla sua auto scoperta, che salutava e benediceva i fedeli sventolanti le bandiere e i fazzoletti bianchi e azzurri, i colori dell'abito della novella beata. In serata, mentre i fuochi d'artificio illuminavano la piazza, il papa si affacciava per un ultimo saluto.[1] La beatificazione di madre Teresa di Calcutta appena descritta non è solo un chiaro esempio dell'uso che Giovanni Paolo II ha fatto dello strumen-

1. Si veda: http://www.repubblica.it/2003/j/sezioni/esteri/papa2/cerimonia/cerimonia.html (8 maggio 2017).

to della canonizzazione, all'interno di uno stile di governo attento alle folle oceaniche, ai gesti plateali e al ruolo profetico del pontefice, ma è anche la sintesi della sua visione della santità femminile, l'oggetto di questo studio.

La scelta di concentrare la ricerca sulla santità, un argomento così specifico ed esclusivo da risultare a prima vista di secondaria importanza – ma, come insegna Giovanni Miccoli, a sua volta in debito verso Delio Cantimori, temi e questioni di carattere generale ricevono nuova luce se affrontati «di scorcio» –,[2] ha offerto, piuttosto, una prospettiva originale e privilegiata in grado di gettare luce su un pontificato chiave nella storia contemporanea. La complessità cui va incontro la sua interpretazione è dovuta a diversi fattori, primo fra i quali la prossimità storica, che non solo complica i quadri ermeneutici, ma determina anche alcuni limiti nell'accesso alle fonti. Il giudizio è inoltre reso arduo dalla varietà di orientamenti, prese di posizione, spinte in apparenza contraddittorie e ambigue operate dal pontefice, che ha mostrato particolare sensibilità verso l'esercizio di potere straordinario, piuttosto che di governo quotidiano, e che si è proposto come leader carismatico, piuttosto che amministratore delle cose vaticane, facendo assumere alla Santa Sede, e più propriamente alla sua figura, un'accentuata centralità sullo scenario politico mondiale. Allo stato attuale delle fonti consultabili non è inoltre possibile discernere quali documenti e discorsi siano frutto di scelte e decisioni del papa e quali dei suoi collaboratori o di uffici di curia, soprattutto nella fase finale, segnata dalla vecchiaia e dalla malattia. In questo caso, un ulteriore fattore da tener presente è sicuramente la lunghezza del pontificato – uno dei più lunghi della storia della chiesa cattolica (1978-2005). Se l'accessibilità della documentazione rappresenta un limite strutturale valicabile solo in futuro, con l'apertura degli archivi, l'aspetto della contraddizione e dell'ambiguità merita invece un'attenta riflessione storica. Il pontificato wojtyliano ha manifestato due facce nel suo dispiegarsi: da una parte lo sforzo di superare il modello di cristianità che era stato elaborato e perseguito tra secondo Ottocento e prima metà del Novecento (seppure in un processo non lineare, attraverso la spinta ecumenica, il perdono delle colpe, etc.), dall'altra l'imposizione al consorzio civile della prerogativa biopolitica dettata dal magistero ecclesiastico;[3] da un lato le speranze per i nuovi aspetti della globalizzazio-

2. Giovanni Miccoli, *La Chiesa dell'anticoncilio. I tradizionalisti alla riconquiesta di Roma*, Laterza, Roma-Bari 2011, p. VIII.

3. Si preferisce qui il termine "biopolitica", più vasto di quello di "bioetica", che ridurrebbe le problematiche legate alla riproduzione, alle relazioni tra persone dello stesso sesso,

ne, dall'altro il disincanto e l'angoscia verso il mondo uscito dalla guerra fredda e apertosi acriticamente al consumismo capitalistico; da un versante l'utilizzo di strumenti moderni per andare incontro alle società in trasformazione, dall'altro la chiusura totale verso esperienze e movimenti ecclesiali considerati troppo radicali. Lo studio delle beatificazioni e delle canonizzazioni wojtyliane ha permesso di sciogliere il nodo storiografico che assume l'ambiguità e la contraddizione come chiave ermeneutica del percorso di Giovanni Paolo II. Il concetto di adeguamento – sintetizzato nell'espressione di Patrick Michel «alternativa antimoderna alla modernità» – sembra essere più preciso nel descrivere il pontificato wojtyliano.[4] Un bilanciamento strategico, voluto, non incerto, dove le innovazioni, ben presenti soprattutto nei linguaggi, non rovesciano in nessun modo la struttura tradizionale: si assiste al rilancio di temi preconciliari – da regime di cristianità –, ma risemantizzati e armonizzati con elementi inediti, e all'integrazione dei due lessici, quello dell'integralismo e quello dell'apertura alla modernità, in un gioco di sottili strategie pastorali, ecclesiologiche ed ecclesiastiche.

L'interesse verso le canonizzazioni di Giovanni Paolo II è nato dall'evidente constatazione del loro impressionante numero – ben 151 beatificazioni, 1.342 beati, e 51 canonizzazioni, per un totale di 482 santi – e dalle conseguenti questioni che il dato inevitabilmente solleva: che cosa hanno significato le molte beatificazioni e canonizzazioni all'interno del magistero wojtyliano e, più in generale, all'interno della storia della chiesa cattolica? È possibile individuare dietro tale attività canonizzatrice un preciso disegno

e più in generale, alle tematiche famigliari, a questioni morali. Sulla fortuna della categoria "biopolitica", a partire da Foucault, si legga Isacco Turina, *La Santa Sede e i diritti riproduttivi*, in *Médicine et religion. Collaborations, compétitions, conflits (XIIe-XXe siècle)*, a cura di Maria Pia Donato *et al.*, École Français de Rome, Roma 2013, pp. 359-362. Si veda anche Stephen R. Schloesser, *"Dancing on the Edge of the Volcano": Biopolitics and What Happened after Vatican II*, in *From Vatican II to Pope Francis: Charting a Catholic Future*, a cura di Paul Crowley, Orbis Book, Maryknoll-New York 2014, pp. 3-26; Isacco Turina, *Chiesa e biopolitica. Il discorso cattolico su famiglia, sessualità e vita umana da Pio XI a Benedetto XVI*, Mimesis, Milano-Udine 2013 ed Emmanuel Betta, *La biopolitica cattolica*, in*Storia d'Italia. Annali 26. Scienze e cultura dell'Italia un*ita, a cura di Francesco Cassata e Claudio Pogliano, Einaudi, Torino 2011, 949-974.

4. Gérard Defois e Patrick Michel, *L'évêque et la sociologue*, Les Editions de L'Atelier, Paris 2005, p. 86. Daniele Menozzi parla più esplicitamente di un progetto di neocristianità, un nuovo paradigma rispetto al semplice aggiornamento del precedente. Cfr. Daniele Menozzi, *I papi e il moderno. Una lettura del cattolicesimo contemporaneo (1903-2016)*, Morcelliana, Brescia 2016.

pastorale, ecclesiologico o persino politico? E, al suo interno, quale accezione specifica e quale ruolo hanno giocato i modelli agiografici femminili in tale strategia? Come prima risposta è sembrato lecito parlare fin da subito di una politica delle canonizzazioni. Anche se l'espressione non è accettata da tutta la storiografia, specialmente da una parte di quella cattolica, in Giovanni Paolo II il numero di beati e santi è a tal punto elevato da escludere semplici preferenze o affezioni. In questo volume si sostiene piuttosto che un così fecondo utilizzo delle santificazioni abbia portato con sé una progettualità carica di molteplici valenze, inclusa quella politica, nel senso più ampio del termine: non si è assistito solamente a una interpretazione e attualizzazione dei modelli agiografici, come spesso è accaduto nella storia della chiesa cattolica, ma anche a una loro scelta operata a priori, secondo un progetto ben preciso, codificato nella costituzione apostolica *Divinus perfectionis Magister* del gennaio 1983, attraverso la quale il pontefice ha riformato radicalmente il sistema canonico legato alla santità. In quest'ottica le canonizzazioni wojtyliane, in quanto veri e propri strumenti di governo ecclesiastico, sono diventate un'importante chiave di lettura dell'intero pontificato.

La particolare attenzione dedicata alla santità femminile apre nello specifico ai temi tuttora forti e mediaticamente ben presenti della biopolitica e del ruolo che le donne hanno assunto in età contemporanea. La chiesa cattolica, in un processo iniziato alla fine del XVIII secolo, a seguito della rivoluzione francese, ha cominciato ad assegnare alle donne una funzione sempre più determinante all'interno della logica integralista di ri-cristianizzazione della società: in quanto spose e madri potevano, infatti, meglio difendere l'istituto familiare, baluardo e pietra miliare per la ricostruzione di una società autenticamente cristiana, attraverso l'educazione e la vocazione al sacrificio. Giovanni Paolo II non ha fatto che aggiornare e modernizzare questa prospettiva. Le donne sono così tra le protagoniste della «nuova evangelizzazione», ovvero quell'attività predicatrice aperta al mondo, anche all'Europa secolarizzata, che ha proposto una chiesa manifesta presenza nella vita della società civile, avente una funzione direttiva nella definizione dei principi morali riconosciuti pubblicamente, o, in altre parole, una chiesa «mediatore etico primario».[5] Non è un caso, dunque, che i temi veicolati attraverso le beatificazioni e ca-

5. Manlio Graziano, *Il secolo cattolico. La strategia geopolitica della Chiesa*, Laterza, Roma-Bari 2010, p. 143 e *passim*. Cfr. anche Eric Hanson, *The Catholic Church in World Politics*, Princeton University Press, Princeton 1987.

nonizzazioni di donne siano sempre più spesso legati a questioni biopolitiche, come la difesa della verginità, della famiglia, della vita.

Il volume è composto di quattro capitoli. Il primo capitolo, in cui è sintetizzata la storia della santità cattolica otto-novecentesca sia dal punto di vista socio-culturale che giuridico-canonico, è il cappello introduttivo necessario alla comprensione della portata della riforma wojtyliana. Lo stato del processo di canonizzazione durante il precedente pontificato di Paolo VI, che si fa in certi tratti tecnico e minuzioso, è di fondamentale importanza per contestualizzare al meglio l'azione di Giovanni Paolo II in materia di santità. Con la sostanziale riforma del 1983 il pontefice ha semplificato l'intero processo canonico, rendendolo più rapido e aggiornato all'utilizzo delle scienze moderne, ma anche piegandolo a urgenze politico-pastorali contingenti. L'accelerámento dell'*iter* della causa di canonizzazione è di certo uno degli aspetti più immediatamente visibili, che ha permesso la moltiplicazione del numero delle figure agiografiche. Tuttavia, numerosi altri aspetti hanno contribuito alla nascita di quella che è stata definita la «fabbrica dei santi», *in primis* il forte interessamento del papa nei confronti dell'andamento delle cause di canonizzazione a lui più care o ritenute pastoralmente più urgenti. Segue una breve analisi dei dati statistici relativi ai beati e santi (corredata dai rispettivi grafici in appendice), che offre una panoramica sulla loro tipologia e sugli orientamenti agiografici sviluppatisi durante il pontificato. Accanto a tendenze riscontrabili anche nei pontificati precedenti si possono notare alcune innovazioni, come il largo uso delle santificazioni collettive, con un significato che va almeno in parte al di là di quello che esse avevano rivestito nel passato, o la vasta promozione di beatificazioni individuali, che non ha nessun precedente, e che spesso vengono celebrate durante i viaggi intorno al mondo. La santità di Giovanni Paolo II è martiriale, clericale, globale. L'elemento più caratteristico è sicuramente l'elevato numero di martiri, legato all'idea wojtyliana che la chiesa cattolica del Novecento e del terzo millennio sia nuovamente chiesa di martiri, e a cui soggiace anche una prospettiva ecumenica, per certi versi semplicistica, di accomunamento con le altre confessioni cristiane. Questo dato influenza tutti gli altri: la santità laicale, la cui entità non è del tutto trascurabile, è comunque inscindibilmente legata a quella martiriale – ma il numero di laici si ridurrebbe drasticamente se non si considerassero i *socii*, ovvero i compagni martiri delle cerimonie collettive –, così come la tendenza verso l'internazionalizzazione, dove, specialmente nelle canonizzazioni, la santità extraeuropea è in maggioranza composta da martiri. Dunque la santità martiriale, essenzialmente legata alle cerimonie collettive, nelle quali il papa può beatificare un numero molto elevato di persone in una singola occasione, comporta che ogni esistenza individuale, persino il nome stesso del santificato, rivesta un minore significato rispetto alla ragione di morte. Ne consegue perciò che questi martiri non assurgano a modelli per la vita virtuosa che hanno vissuto, ma per la ragione che li ha motivati a dare la vita. Nonostante il loro numero sia maggiore di quello dei beati e santi confessori, non sembrano però ritrarre al meglio il progetto agiografico che il pontefice riserva alle donne, rappresentato da particolari modelli di vita cristiana esemplare, proposti in specifiche contingenze storiche, a specifiche comunità di fedeli e in determinate aree geografiche. Questi sono gli argomenti principali del terzo e quarto capitolo, che si occupano più propriamente della politica wojtyliana delle canonizzazioni femminili, dalla santità europea ed extraeuropea alla santità al servizio del papa. Il cuore dell'opera verte proprio sulla disamina di alcuni modelli agiografici femminili, che mostrano come le beate e le sante celebrate da Giovanni Paolo II veicolano in modo quasi ossessivo la più urgente delle necessità pastorali papali, ovvero la prerogativa ecclesiastica sulle tematiche etiche. Beate e sante assumono una funzione di difesa estrema della famiglia, nucleo socioculturale basilare nel pensiero cattolico e wojtyliano, e della vita, contro le istanze secolarizzanti e abortiste della società moderna, inserite appieno nel processo di "dogmatizzazione" della morale. Modelli come Gianna Beretta Molla (1922-1962) o Zdislava di Lemberk (ca.1220-1252) palesano emblematicamente questa strategia e mostrano anche come la cronologia abbia poca importanza di fronte alla notevole esigenza di attualizzazione dei modelli agiografici. L'analisi di numerosi altri casi di santificazione permette di rilevare i particolari meccanismi interni che caratterizzano un processo di canonizzazione e il modo in cui fanno interagire fra loro piani diversi, da quello storico a quello giuridico, da quello pastorale a quello politico, da quello teologico a quello agiografico. La canonizzazione è, infatti, una macchina complessa, che seppur decreta di cose divine, è tutta umana, influenzata dalla storia e dalla geografia, dagli attori del sistema al quale appartiene e, dopo la riforma wojtyliana, ancora più dallo stesso papa.

Sul piano metodologico, si è fatta interagire l'indagine storica con aspetti propri della sociologia e della tradizione degli studi agiografici. La sociologia ha fornito le coordinate per la raccolta e la successiva elaborazione dei dati statistici riguardanti i numeri e la tipologia di beati e santi, premessa necessaria a un'analisi storica volta a contestualizzare appieno le canonizzazioni all'interno del pontificato di Giovanni Paolo II e a determinarne il peso in relazione al suo magistero ecclesiastico. Gli studi agiografici hanno fornito, invece, gli strumenti necessari per comprendere le modalità d'analisi del beato o del santo, che vanno inseriti in un sistema che ne prevede l'interpretazione e l'aggiornamento da parte degli attori del processo canonico, inevitabilmente influenzati dalle contingenze storiche o da precisi progetti politico-social-pastorali. La ricerca si è basata sostanzialmente su tre tipologie documentali: le omelie di beatificazione e canonizzazione, pronunciate direttamente dal papa il giorno della cerimonia, che permettono di studiare l'interpretazione e la contestualizzazione che il pontefice opera sul modello agiografico; le agio/biografie dei beati e dei santi, che mostrano gli aspetti peculiari del modello agiografico e possono rivelarsi determinanti qualora avvenga uno scarto tra la lettura ufficiale pontificia del modello e quelle invece retrostanti, provenienti dai diversi ambienti ecclesiastici o laicali; infine, la *positio super virtutibus* (o *super martyrio*), ovvero il riassunto del processo canonico, elaborato dal postulatore e supervisionato dal relatore, che costituisce la dimostrazione ragionata (*informatio*) delle virtù eroiche o del martirio attraverso l'utilizzo delle testimonianze e i documenti raccolti durante l'inchiesta diocesana (*summarium*).[6] Se le prime due fonti hanno una facile accessibilità, non è risultato invece semplice il reperimento delle *positiones*, unica documentazione pubblica del processo di canonizzazione, ufficialmente consultabili solo dopo settant'anni dalla data di beatificazione – per intenderci, la *positio super virtutibus* di Gianna Beretta Molla, beatificata nel 1994, sarà teoricamente consultabile solo nel 2064 –, almeno presso l'archivio della Congregazione delle Cause dei Santi, che le contiene tutte. La difficoltà iniziale, seppur scoraggiante, ha aguzzato l'ingegno e intensificato le ricerche verso un percorso alternativo. Fortunatamente molti di questi volumi si trovano conservati presso gli archivi della postulazione generale dei maggiori ordini religiosi, tendenzialmente riservati ai postulatori e ai loro collaboratori – che però non sempre sono gelosi di questo materiale fisicamente ingombrante! –, e depositati presso diverse biblioteche ecclesiastiche, dove le norme della consultazione in alcuni casi sono risultate meno

6. Si rimanda all'esplicazione offerta dal gesuita Giacomo Martina in *Osservazioni sullo studio della santità in età contemporanea*, in *Santità, culti e agiografia. Temi e prospettive*, Atti del convegno dell'Associazione italiana per lo studio della santità, dei culti e dell'agiografia (Roma 24-26 ottobre 1996), a cura di Sofia Boesch Gajano, Viella, Roma 1997, pp. 97-99.

rigide. Grazie al prezioso aiuto di uno dei collaboratori della postulazione generale dei gesuiti, in via Borgo Santo Spirito a Roma, Marc Lindejier, si è potuto accedere alle numerose *positiones* lì conservate. Il passo successivo è stato il loro reperimento presso le principali biblioteche delle università pontificie romane, in particolar modo quella gregoriana, che conserva un fondo piuttosto ampio di *positiones* di età contemporanea, anche che se non del tutto accessibile. Va sottolineato, però, come, data la prudenza con la quale questo tipo di documentazione è trattato, sia stato possibile consultare solo quanto messo a disposizione. Non vi è stata dunque una scelta *a priori* del campione da esaminare, quanto una sua modulazione sulla disponibilità del materiale rintracciato.

La complessità dei problemi affrontati da questa ricerca, una certa eterogeneità delle fonti utilizzate, l'opportunità di fornire una prima lettura di sintesi, per quanto debitamente articolata, delle santificazioni di Giovanni Paolo II e in particolare di quelle femminili, ha spinto a privilegiare gli aspetti generali e trasversali, invece della ricostruzione minuziosa dei singoli casi analizzati, le cui specificità hanno tuttavia costituito elementi ineludibili di questo lavoro, indispensabili per la contestualizzazione e l'analisi dei diversi nodi del suo oggetto di studio.

Per lo studioso la pubblicazione del primo volume rappresentata un momento di gioia intensa, che si vuole condividere con le persone che hanno contribuito a raggiungerla. I primi più sinceri ringraziamenti vanno a Giovanni Vian, non solo mentore di questo lavoro, ma maestro e guida nella disciplina. I suoi preziosi consigli sono stati luce per le pagine più difficili. Esprimo poi gratitudine a Francesca Medioli e al compianto Christopher Duggan, per aver supervisionato il lavoro durante il dottorato di ricerca presso la University of Reading (UK). Enorme riconoscenza va a padre Marc Lindejier per avermi messo a disposizione l'archivio della postulazione generale dei gesuiti in via Santo Spirito, a Roma, e per avermi permesso una più approfondita conoscenza del sistema giuridico delle canonizzazioni. Un grazie anche al responsabile della biblioteca dell'Istituto teologico di Sant'Antonio Dottore di Padova, Michele Agostini, e a Carla Marcon, bibliotecaria del seminario vescovile di Vittorio Veneto, per la competenza e gentilezza con cui hanno messo a disposizione il materiale disponibile. Preziosissimi sono stati anche i suggerimenti di Alejandro Mario Dieguez, dell'Archivio Segreto Vaticano. Infine, ultimo ma non meno importante, è stato il supporto morale della famiglia e di amici cari, che rappresentano quel sereno retroterra esistenziale senza il quale nulla è possibile.

1. Il processo di canonizzazione e la sua riforma

1. *Note sullo sviluppo storico-giuridico del processo di canonizzazione*

1.1. *La santità otto-novecentesca*

Nella storia del cristianesimo la santità rappresenta un fenomeno imponente e a molte dimensioni, da quella spirituale a quella teologica, da quella storica a quella socio-politica. In Occidente si identifica con la santità cristiana per eccellenza proprio perché è il cristianesimo, e più ancora il cattolicesimo, che ha elaborato una teologia, ha creato una liturgia e ha prodotto precise norme giuridiche destinate al suo riconoscimento ufficiale. Nel corso dei secoli la chiesa cattolica ha elaborato un vero e proprio diritto canonico legato alle canonizzazioni, il cui sviluppo è stato storiograficamente ben documentato.[1] Se sintetizzare l'intera storia della santità cat-

1. Sulla nascita della santità cristiana Francesco Scorza Barcellona, *Le origini*, in *Storia della santità nel cristianesimo occidentale*, Viella, Roma 2005, pp. 19-89; Giuseppe Dalla Torre, *Santità e diritto. Sondaggi nella storia del diritto canonico*, Giappichelli, Torino 1999, pp. 11-24; Peter Brown, *The Cult of Saints: Its Rise and Function in Latin Christianity*, University of Chicago Press, Chicago-London 1981 (trad. it *Il culto dei santi. L'origine e la diffusione di una nuova religiosità*, Einaudi, Torino 1983). Sull'età medievale Sofia Boesch Gajano, *La strutturazione della cristianità occidentale*, in *Storia della santità nel cristianesimo occidentale*, pp. 91-156; André Vauchez, *La sainteté en Occident aux derniers siècles du Moyen Age d'après les procès de canonisation et les documents hagiographiques*, École française de Rome, Roma 1981 (trad. it *La santità nel Medioevo*, il Mulino, Bologna 2000); Anna Benvenuti Papi, *La civiltà urbana*, in *Storia della santità nel cristianesimo occidentale*, pp. 157-221; Giulia Barone, *Nuove proposte per nuovi ceti*, in *Modelli di santità e modelli di comportamento. Contrasti, intersezioni, complementarità*, a cura di Ead., Marina Caffiero, Francesco Scorza Barcellona, Rosenberg&Sellier, Torino 1994, pp. 143-147; Sull'età moderna Gabriella Zarri, *L'età rinascimentale*, in *Storia della santità nel cristianesimo occidentale*,

tolica richiederebbe uno sforzo incongruo allo scopo del presente lavoro, per meglio comprendere il contesto in cui si inserisce l'azione di Giovanni Paolo II può essere invece utile accennare brevemente alle caratteristiche della santità fra Ottocento e Novecento, dove affondano le radici alcune configurazioni più recenti.

La frantumazione dell'intero sistema di relazioni basato sull'alleanza tra trono e altare – la fine dell'*ancien régime* –, a seguito della Rivoluzione francese (1789-1799), e l'affermazione del dogma dell'infallibilità papale al Concilio Vaticano I (1869-1870), proprio mentre crollava il potere temporale dei papi e si modificavano i poteri statali, hanno segnato uno snodo fondamentale non solo nella storia della chiesa romana, ma anche nella configurazione interna della santità.[2] La proclamazione di beati e santi, che era stata riservata al pontefice romano già in età medievale, si riafferma ora alla luce del nuovo dogma, come manifestazione diretta del potere del papa sulla chiesa e nei confronti della società civile. Il risultato è un'ancora maggiore centralizzazione dell'istituto della canonizzazione, che diventa uno degli strumenti papali da utilizzare nella gestione del rapporto con la modernità. Nel corso del XIX e XX secolo, prima del Concilio Vaticano II (1962-1965), il sostanziale atteggiamento di chiusura che la chiesa cattolica attua nei confronti della società si riflette anche negli esempi di santità ufficiale: per citare solo tre esempi, si pensi all'elevazione agli altari di

pp. 223-260; Simon Ditchfield, *Il mondo della Riforma e della Controriforma*, ivi, pp. 261-329; Miguel Gotor, *Chiesa e santità nell'Italia moderna*, Laterza, Roma-Bari 2004; Id., *I beati del papa. Santità, Inquisizione e obbedienza in età moderna*, Olschki, Firenze 2002; Id., *La fabbrica dei santi: la riforma urbaniana e il modello tridentino*, in *Storia d'Italia. Roma, la città del papa. Vita civile e religiosa dal giubileo di Bonifacio VIII al giubileo di papa Wojtyla. Annali 16*, a cura di Luigi Fiorani e Adriano Prosperi, Einaudi, Torino 2000, pp. 677-727; Giuseppe Dalla Torre, *La nascita della Congregazione dei santi*, in *Diventare santo. Itinerari e riconoscimenti della santità tra libri, documenti e immagini*, a cura di Giovanni Morello, Ambrogio M. Piazzoni e Paolo Vian, Biblioteca Apostolica Vaticana, Città del Vaticano 1998, pp. 59-64; Mario Rosa, *Il tribunale della santità*, ivi, pp. 65-72. Infine, per una storia liturgica si veda Ferdinando Dell'Oro, *Beatificazione e canonizzazione.* Excursus *storico-liturgico*, CLV Edizioni Liturgiche, Roma 1997.

2. Sulla santità contemporanea Roberto Rusconi, *Una Chiesa a confronto con la società*, in *Storia della santità nel cristianesimo occidentale*, pp. 331-386, e *Santi della Chiesa nell'Italia contemporanea*, in «Cristianesimo nella storia», 18/3 (1997), in particolare i saggi di Roberto Rusconi, *Fame di santità*, pp. 503-523, Francesco De Palma, *Le cause di beatificazione in Italia. Un approccio storico statistico*, pp. 525-555 e di Giovanni Maria Vian, *Papi e santi tra Rivoluzione francese e primo dopoguerra. Per una storia delle canonizzazioni tra Pio VII e Benedetto XV (1800-1922)*, pp. 579-606.

personaggi come Alfonso de' Liguori (1696-1787) (beatificazione 1816, canonizzazione 1839), noto per la sua opera di teologia morale conservatrice, o Paolo della Croce (1694-1775) (b. 1853, c. 1867), fondatore della Congregazione della Passione di Gesù Cristo, i passionisti, che hanno promosso una devozione tradizionale, incentrata sulla morte e passione di Cristo, o, ancora, alla beatificazione e alla canonizzazione di Pio X (1835-1914) (b. 1951, c. 1954), che denotano scelte antimoderne e di contrapposizione sia alla cultura scientifico-illuminista, che alle correnti cattoliche riformatrici. In ogni caso, il disegno rintracciabile dietro la proposizione di santi costruttori di una nuova cristianità, mitizzata su quella del passato o aperta alle nuove esigenze, ha come scopo la riconquista del consorzio civile, attraverso una vera e propria politicizzazione dei culti.[3]

La formazione di nuovi modelli agiografici nel tardo Ottocento e nel Novecento è stata profondamente influenzata da alcuni processi socio-culturali e politici. Importante è stata l'industrializzazione, con il conseguente strutturarsi del mondo operaio, che ha stimolato la nascita di una santità costituita da nuove figure attive nel sociale attraverso opere caritative e formative dedicate proprio agli ambienti delle città e delle fabbriche. In questo contesto, ad esempio, san Giuseppe muta le sue caratteristiche tradizionali e, dopo essere stato il protettore degli agonizzanti, diventa ora patrono dei lavoratori.[4] Anche la soppressione degli ordini religiosi, particolarmente di quelli contemplativi femminili, perseguita verso la metà del XIX secolo dai governi nazionali attraverso politiche giurisdizionalistiche – in Italia, per esempio, le leggi di laicizzazione furono emanate nel 1866 –, ha avuto un profondo impatto sulla religiosità e le devozioni otto-novecentesche. La successiva crescita esponenziale di attività religiose dedite all'assistenza e all'educazione, in cui il reclutamento perdeva il carattere aristocratico tipico del monachesimo medievale e moderno, e dove le capacità imprenditoriali acquistavano un'importanza innovativa, ha introdotto nuove tipologie di santi, come i fondatori. Il fatto che le leggi governative di soppressione degli ordini religiosi colpissero soprattutto il mondo femminile, che era in

3. Cfr. Daniele Menozzi, *La Chiesa cattolica e la secolarizzazione*, Einaudi, Torino 1993, e Guido Verucci, *I simboli della cultura laica e delle istituzioni civile*, in *Santi, culti e simboli nell'età della secolarizzazione (1815-1915)*, a cura di Emma Fattorini, Rosenberg&Sellier, Torino 1997, pp. 238-239.

4. Sulla devozione di san Giuseppe in età contemporanea Daniele Menozzi, *Un patrono per la chiesa minacciata dalla rivoluzione. Nuovi significati del culto a san Giuseppe tra Otto e Novecento*, in «Rivista di storia del cristianesimo», 1 (2005), pp. 39-68.

precedenza in larghissima parte claustrale, costringendolo a reinventarsi, ha favorito sul lungo periodo l'emergere di ruoli di donne sante fuori dai tradizionali schemi spirituali e di forte impatto devozionale.[5] Nel corso di questo periodo la chiesa cattolica ha mostrato inoltre un crescente interesse anche verso le fasce giovanili della società, non solo per ridurre le modalità di sfruttamento all'interno delle attività produttive, che non risparmiavano neppure bambini e giovani, ma anche per attuare un progetto pastorale di alfabetizzazione e scolarizzazione. L'opera di don Bosco (1815-1888) e della Congregazione salesiana è solo l'esempio più noto. Conseguente a ciò è anche l'interesse crescente verso la santità pre-adolescenziale.[6] Se il riconoscimento della possibilità di una santità dei giovani e per i giovani ha suscitato nelle epoche precedenti grandi riserve, concernenti in particolar modo una loro adeguata maturità nelle decisioni o nell'eroicità delle virtù, comincia proprio in questo periodo un progressivo allentamento di dubbi e perplessità, che cadranno del tutto proprio durante il pontificato di Giovanni Paolo II, come si vedrà in seguito.

Nel contesto della progressiva espansione coloniale delle maggiori potenze europee l'attività missionaria verso le popolazioni extraeuropee diventa la frontiera di una nuova cristianizzazione, a compensazione del terreno sottrattole dalle correnti di pensiero post-illuministiche e dagli assetti politici post-rivoluzionari in Europa. Al panorama agiografico del tempo si aggiunge così il paradigma del missionario europeo che parte alla volta di terre lontane, sconosciute e ostili, a insegnare la fede a popolazioni considerate ai primi stadi della civiltà umana, conscio della possibilità del suo martirio. Nel corso dell'Ottocento il martirio diventa, così, un modello nuovamente fruibile, e ancor più successivamente, nel Novecento, quando, dall'evangelizzazione extraeuropea, diventa realtà concreta anche in Europa, con la glorificazione dei martiri della Rivoluzione francese.[7] Tuttavia, una santità extraeuropea è rintracciabile solo dopo i processi di decolonizzazione nella seconda metà del XX secolo, che innesca un processo di reale internazionalizzazione, dovuto non tanto al conseguente ampliamento

5. Gli esempi possono essere Clelia Barbieri, Maria Giuseppa Rossello, Paola di Rosa, Francesca Cabrini, in Lucetta Scaraffia, *Fondatrici e imprenditrici*, in *Santi, culti, simboli nell'età della secolarizzazione (1815-1915)*, pp. 479-494.

6. Cfr. Pietro Stella, *Santi per giovani e santi giovani nell'Ottocento*, in *Santi, culti, simboli nell'età della secolarizzazione (1815-1915)*, pp. 563-583.

7. Il primo gruppo composto da 16 religiose fu beatificato da Pio X il 27 maggio 1906.

dei confini della cristianità, quanto alla valorizzazione del clero indigeno e alla costruzione di chiese locali.

Nel corso del Novecento si assiste anche a un aumento rilevante della domanda di riconoscimento della santità, grazie all'incremento dei soggetti ecclesiali interessati alla promozione di una causa di canonizzazione,[8] basti pensare alla moltiplicazione ottocentesca delle congregazioni religiose, al fiorire di diversi movimenti laicali dopo il Concilio Vaticano II, all'affermarsi della individualità e del peso delle chiese extraeuropee. Il progressivo aumento di beatificazioni e canonizzazioni degli ultimi due secoli, che ha raggiunto poi l'apice durante il pontificato wojtyliano, ha creato secondo alcuni studiosi una certa frammentazione, quando non inflazione, della santità per l'incremento di «casi-modello» che non si identificano tanto con le forme della vita cristiana tradizionali, quanto con ogni singola esistenza cristianamente condotta.[9] Favorire una santità laicale e proporre santi come *exempla*, di cui viene sottolineata maggiormente l'imitabilità del comportamento rispetto all'aspetto di intercessione tra umano e divino, è la linea seguita dalla chiesa cattolica novecentesca. Il Concilio Vaticano II (1962-1965) nella costituzione dogmatica *Lumen gentium*, approvata il 21 novembre 1964, ha riconosciuto l'universalità della vocazione alla santità. Essa è parte costitutiva della «missione della chiesa», dono offerto e reso accessibile a tutti secondo il proprio carisma, anche al laicato che prima doveva attingere meriti dal mondo del clero e degli ordini religiosi.[10] La «santità per tutti» sancisce, almeno in linea teorica, una effettiva santità dei laici, anche se a livello pratico il processo di adeguamento, dovuto essenzialmente alla maggiore difficoltà per un candidato non consacrato di accedere ai meccanismi previsti dal processo di canonizzazione, non è di certo ancora concluso.

1.2. *L'iter canonico prima e durante il pontificato di Paolo VI*

Nel 1234 si afferma per la prima volta sul piano giuridico il principio del privilegio papale circa il diritto di canonizzazione con l'inserzione

8. «La domanda di modelli di vita cristiana cresce in maniera inversamente proporzionale alla loro "utilizzazione" a livello della pratica cultuale e della religiosità popolare», citazione di Foralosso (*Indagine sociografica sulle cause dei santi*, 1987), in Francesco De Palma, *Le cause di beatificazione in Italia. Un approccio storico statistico*, p. 526, nota 3.

9. Rusconi, *Fame di santità*, pp. 520-521.

10. Luigi Sartori, *Il tema della santità nella* Lumen gentium, in «Credereoggi», 47 (1988), pp. 57-68.

del breve pontificio *Audivimus* (1170) di Alessandro III (1159-1181) nelle *Decretales* di Gregorio IX (1227-1241). La codificazione e l'istituzione di tale processo raccoglie consuetudini precedenti ed è il punto di arrivo di uno sviluppo evolutivo le cui origini risalgono già al X secolo. Nel 993 papa Giovanni XV (985-996) riconosceva ufficialmente la santità del vescovo di Augsburg, Ulrico, e nel 1016 compariva per la prima volta il termine *canonizare* in una lettera di papa Benedetto VIII (1012-1024), a significare la sua autorità incontestata, a imitazione dei *canones*, le leggi emanate dalla chiesa romana per tutta la cattolicità. Tuttavia, il ricorso all'azione papale resta un fatto eccezionale fino al XII secolo, quando comincia a essere richiesto sempre più spesso dagli attori ecclesiastici non tanto perché la decisione vescovile sia inefficace, quanto per dare maggior prestigio alla figura che si desidera santificata. In quest'epoca, per il successo del monachesimo riformato e la diffusione di dottrine ereticali, al timore relativo alla nascita di una santità nuova si risponde con il favorire un processo di canonizzazione controllato e subordinato al papato, senza per questo declassare completamente le procedure episcopali in vigore. La riserva pontificia sulla canonizzazione introduce, inoltre, un elemento innovativo di estrema importanza: ora la santità, allontanata da una visione entusiastica e miracolistica, viene posta al servizio del diritto, all'interno di una procedura allo stesso tempo giuridica e giudiziaria – una vera e propria inchiesta, con la presenza di testimoni, giuramenti, deposizioni, etc. – che mostra quanto essa sia percepita dal centro della chiesa cattolica come una questione troppo rilevante da lasciarla al caso o alla periferia del potere. L'inchiesta nata da questa nuova concezione della santità, chiamata *processus* o *informatio in partibus*, viene affidata a tre commissari, tra i quali almeno un vescovo, solitamente appartenente alla diocesi interessata al processo, che devono recarsi nei luoghi in cui è vissuto ed è morto il candidato alla santificazione e raccogliere informazioni sui suoi scritti e sui miracoli avvenuti per sua intercessione, per poi trasmettere l'intero incartamento al pontefice. A seguito dell'esigenza di avere notizie sempre più dettagliate sul presunto santo nascono successivamente questionari appositi, le *formae interrogatorii*, destinati agli inquirenti diocesani. Le domande ivi presenti focalizzano l'attenzione sul miracolo, *in vita* e *post mortem*, sulla sua autenticità e sui suoi effetti, assumendo quasi la forma embrionale di un'inchiesta medico-legale. Dalla seconda metà del XIII secolo l'*informatio in partibus*, ovvero la fase diocesana, comincia a perdere importanza rispetto al vero e proprio processo della fase curiale:

i commissari inviano il loro *dossier* alla curia romana e il pontefice ne affida l'esame prima a uno e poi, dopo il 1250, a tre cardinali, incaricati di stendere un rapporto, la *relatio*, grazie alla quale il papa stesso e il Sacro Collegio – ovvero, il collegio cardinalizio – possono discutere nel corso di più concistori segreti i dubbi e le riserve sulla santità del candidato. Se la maggioranza dei cardinali e il papa sono favorevoli alla canonizzazione, viene indetto un concistoro pubblico, nel quale sono consultati i vescovi e gli arcivescovi presenti in curia, prima di emettere la sentenza definitiva. Se il parere non è favorevole – ma anche se uno degli attori coinvolti viene a mancare, ad esempio –, si prospetta per la causa un *iter* molto più lungo, fatto di ripetizioni, rivisitazioni e rifiuti.

Il processo di canonizzazione resta sostanzialmente lo stesso fino al 22 gennaio 1588, quando Sisto V (1585-1590) istituisce, con la costituzione apostolica *Immensa aeterni Dei*, la Congregazione dei Riti. Essa è evidentemente nata in un contesto più ampio di riforma istituzionale avente l'obiettivo di dividere le competenze governative, razionalizzare le procedure, rafforzare in senso centralistico la curia romana e aumentarne l'efficienza amministrativa. Con tale riforma il pontefice costituisce quindici congregazioni cardinalizie, affiancate dal concistoro – ovvero, la riunione del collegio cardinalizio –, tra le quali la *Congregatio pro Sacri Ritibus et Caeremoniis*, avente svariati e ampi compiti, come il controllo e l'eventuale riforma dei riti, la vigilanza sui libri liturgici e sui culti dei santi patroni, la regolazione delle questioni sulle precedenze delle cerimonie e, appunto, la trattazione delle cause di canonizzazione.[11] Il dicastero, presieduto da un cardinale preposto, o prefetto, si struttura come un collegio di cinque cardinali che si riuniscono periodicamente per trattare gli affari loro assegnati. Accanto a questi attori ben presto emerge la figura del procuratore fiscale, l'*advocatus fisci*, scelto fra gli avvocati concistoriali, con il compito di esaminare i risultati presentati dagli auditori del Tribunale della Rota Romana – il tribunale d'appello di foro esterno – e sostanzialmente garante degli interessi pubblici. Successivamente, il procuratore fiscale si trasforma in un ufficio stabile del dicastero e dal 1631 diventa il promotore della fede, o *promotor fidei* – popolarmente, l'avvocato del diavolo –, chiamato a vigilare sulla fede del candidato alla santità. Altri due ruoli importanti si costituiscono in questo periodo: quello del protonotario apostolico, al quale

11. Sulla Congregazione dei Riti si veda il già citato Dalla Torre, *La nascita della Congregazione dei Santi*, pp. 59-64.

sono affidate le funzioni di notaio nella redazione e registrazione degli atti emanati dai dicasteri, che istruisce le cause di canonizzazione e si occupa delle deposizioni dei testimoni; e quello del consultore che, in virtù della propria competenza, è chiamato a esprimere pareri su questioni specifiche, come il consultore teologo, il consultore *in re mystica*, etc.

L'istituto della beatificazione, invece, è nato solo agli inizi del XVII secolo. Considerato in un primo momento come un indulto apostolico speciale, circoscritto a una chiesa locale o a un ordine religioso particolare, in seguito è diventato il livello preliminare obbligatorio per accedere eventualmente alla canonizzazione, senza perdere, comunque, il suo valore locale e concessivo per il culto. La beatificazione moderna assurge ben presto a strumento di accentramento e di compensazione, giacché serve a regolare la diffusione delle nuove devozioni, a irreggimentare la pressione popolare, a soddisfare le istanze periferiche che si rivolgono al papa per dar prestigio al proprio culto. Anche se la riserva pontificia passa dalla canonizzazione alla beatificazione non senza sollevare contrasti e tensioni – basti pensare alle posizioni del teologo Roberto Bellarmino in proposito –, l'urgenza del controllo dei culti moderni conduce in breve all'istituzione della Congregazione dei Beati da parte di Clemente VIII (1592-1605), nel 1602. La congregazione, composta inizialmente da nove teologi e diciassette cardinali, tra cui otto provenienti dal Sant'Uffizio, due dalla Congregazione dell'Indice e uno dalla Congregazione dei Riti, ha il compito di organizzare lo spazio sacro, l'agiografia e l'iconografia e, infine, il culto dei defunti morti di recente in fama di santità e non ancora riconosciuti dalla Santa Sede. La composizione del dicastero dimostra come la competenza della Congregazione dei Riti in materia di canonizzazioni non si sia mai affermata come esclusiva: nel 1542 era già stata istituita, infatti, la Congregazione della Sacra Romana e Universale Inquisizione, ovvero il Sant'Uffizio, con il compito di vigilare sulla fede e la morale, le cui prerogative andranno sempre più ampliandosi, diventando vere e proprie ingerenze nelle fasi iniziali dei culti di santità; e nel 1571 Pio V (1566-1572) aveva creato la Congregazione dell'Indice, con lo scopo di controllare la stampa e di redigere le liste dei libri proibiti; infine, già si è detto della nascita della Congregazione dei Beati del 1602.

Lo spartiacque nella storia delle canonizzazioni è rappresentato dalla legislazione, emanata tra il 1625 e il 1634 da Urbano VIII (1623-1644) e pubblicata soprattutto per sanare la confusione creatasi a proposito del culto pubblico e delle devozioni private. Di fatto la riforma rende superfluo il lavoro della Congregazione dei Beati e diminuisce progressivamente i poteri degli auditori di Rota a vantaggio dei cardinali dei Riti, ora controllati dal tribunale inquisitoriale, portando così a compimento il processo di ampliamento dei compiti del Sant'Uffizio, che prende effettivamente in mano anche la gestione della santità.[12] Il 5 luglio 1634 la nuova legislazione in materia di santità confluisce nella costituzione apostolica *Coelestis Hierusalem cives* – ripubblicata nel 1642 come *Decreta servanda in canonizatione et beatificatione sanctorum* –, che schematicamente si può così riassumere: 1) ogni causa di canonizzazione è accompagnata da un processo definito *super non cultu*, che ha lo scopo di accertare il rispetto di eventuali precedenti decreti inquisitoriali (in sostanza non ci deve essere decreto che già blocchi la causa o l'attestazione di un culto pubblico e privato non autorizzato). Tale processo può essere istruito dal vescovo o da un delegato della Santa Sede e deve sempre precedere l'apertura di una causa a livello diocesano; 2) i processi di canonizzazione inviati a Roma, al segretario della Congregazione dei Riti, non possono essere aperti prima della conferma della sentenza del processo *super non cultu* e dell'autorizzazione papale alla loro apertura; 3) si precisa che i culti antichi esclusi dal rispetto della nuova legislazione, i cosiddetti *casus excepti*, debbano essere precedenti il 1534. In breve tempo il controllo inquisitoriale sui «beati moderni» diventa assoluto e il ricorso al diritto per l'accertamento della santità diventa strumento di governo e di verifica.[13] Se fino a quel momento una causa di canonizzazione aveva avuto grande possibilità di essere portata a termine qualora fosse già esistito un culto pubblico, all'indomani della riforma era proprio la mancanza di culto che diventava un requisito indispensabile per la maggioranza delle cause.[14]

La legislazione urbaniana subisce continue precisazioni e modifiche nei secoli successivi, senza per questo cambiare volto, almeno fino al 1983, anno della riforma di Giovanni Paolo II del processo di canonizzazione. L'opera che più è andata a integrare e ampliare la materia è stata sicuramente quella del cardinale Prospero Lambertini, autore del trattato *De servorum Dei beatificatione et beatorum canonizatione*. Divenuto succes-

12. Gotor, *La fabbrica dei santi: la riforma urbaniana e il modello tridentino*, pp. 696-708. Così anche per tutta la parte seguente sulla riforma urbaniana.

13. Dalla Torre, *La nascita della Congregazione dei Santi*, p. 62.

14. Cfr. Henryk Misztal, *Le cause di canonizzazione. Storia e procedura*, LEV, Città del Vaticano 2005, p. 148.

sivamente papa col nome di Benedetto XIV (1740-1758), ha potuto mettere a frutto le sue riflessioni sulla santità da una posizione privilegiata, andando a legiferare in particolar modo sui miracoli: nel 1741 ha stabilito che per ottenere la beatificazione siano necessari quattro miracoli, al posto dei due richiesti fino a quel momento, nel caso in cui i testimoni dei processi – ordinario (in diocesi) e apostolico (a Roma) – non siano *de visu*; nel 1744 ha attenuato la normativa, decretando che, se nel processo ordinario si hanno testimoni *de visu* e in quello apostolico *de auditu a videntibus*, sia sufficiente il riconoscimento di soli due miracoli; in presenza di testimoni *de visu* nel processo ordinario e *de auditu auditus* nel processo apostolico, bastano tre miracoli; si necessitano,invece,quattro miracoli nel caso in cui i testimoni di entrambi i processi siano tutti *de auditu*.[15]

Bisognerà attendere il 1917 e la redazione del Codice di diritto canonico, testo che ha strutturato e modernizzato in modo definitivo l'aspetto burocratico-normativo della chiesa cattolica, per vedere per la prima volta nuovamente sistematizzata la procedura delle cause di canonizzazione, che si presenta sinteticamente in questo modo: in presenza di una presunta fama di santità il vescovo titolare della diocesi in cui è defunto il potenziale candidato agli altari istruisce, non prima di cinquant'anni dalla morte di questo, un processo (detto informativo-diocesano), dove il candidato viene chiamato «servo di Dio»; i risultati sono trasmessi alla Congregazione dei Riti che, dopo averli vagliati, propone al papa di emanare un decreto pontificio di introduzione della causa, dove il candidato diventa «venerabile»; l'*iter* prosegue verso la beatificazione e la eventuale canonizzazione, qualora si verifichino l'eroicità delle virtù e due miracoli, dovuti all'intercessione del candidato e avvenuti *post mortem*, per ciascun istituto giuridico.[16]

Nel XIX secolo la progressiva, per quanto problematica e a lungo contrastata, apertura delle conoscenze ecclesiastiche alle nuove metodologie

15. Gotor, *Chiesa e santità nell'Italia moderna*, p. 124 e Misztal, *Le cause di canonizzazione*, pp. 153-156. I testi *de visu*, letteralmente "che hanno visto", ossia diretti, sono ovviamente più affidabili di quelli *de auditu a videntibus*, "che hanno sentito da chi ha visto", e ancora più di quelli *de auditu auditus*, "che hanno sentito da chi ha sentito".

16. Per la precisione, all'interno del *Codex Iuris Canonici* del 1917, che si occupa di canonizzazione dal canone 1999 al 2141, si possono trovare casistiche differenti a seconda del tipo di causa, di miracolo e di testimoni: in alcuni casi sono necessari tre o quattro miracoli per la beatificazione (canone 2117); è prevista la possibilità di dispensa dal miracolo per il martire con martirio evidente (canone 2116); si necessitano tre miracoli per la canonizzazione dopo la beatificazione equipollente (canone 2138).

scientifiche e storico-critiche si riflette anche nelle procedure del riconoscimento della santità. Leone XIII (1878-1903) crea nel 1902, una commissione storico-liturgica presso la Congregazione dei Riti, mentre Pio X (1903-1914) nel 1913 emana il decreto *De servis Dei* riguardante i mezzi probatori delle cause di beatificazione, che avvia l'applicazione di metodi storici nella raccolta dei documenti. Pio XI (1922-1939) introduce, il 6 febbraio 1930, con il *motu proprio Già da qualche tempo*, il concetto di «causa storica», ovvero quella causa che non presenta testimoni contemporanei agli avvenimenti, e istituisce una sezione storica, preposta a occuparsene. Inoltre, il 4 gennaio 1939 vengono pubblicate dalla Congregazione dei Riti le *Normae servandae in construendis processibus ordinariis super causis historicis*, con le quali si rende superfluo il processo apostolico nelle cause storiche, che si avvalgono ora solo del processo ordinario, previa raccolta di tutta la documentazione riguardante la causa. Pio XII (1939-1958) nomina nel 1948 una commissione di medici per vagliare le manifestazioni miracolose attraverso rigorosi criteri scientifici – a cui aggiunge uno speciale Consiglio medico –, muovendosi risolutamente verso il processo di medicalizzazione del miracolo. Infine, il 15 luglio 1959 Giovanni XXIII (1958-1963) unifica il consiglio e la commissione in una unica Consulta medica, con un proprio regolamento.

Il 19 marzo 1969 Paolo VI (1963-1978) con il *motu proprio Sanctitas clarior* avvia una consistente riforma procedurale, soprattutto circa l'introduzione e la conduzione della causa: unifica il processo ordinario con quello apostolico anche nella causa recente, con duplice autorità consociata, quella del vescovo e quella del papa. Per valorizzare il principio conciliare di collegialità, senza per questo mettere in discussione il primato romano, l'istruttoria del processo di canonizzazione viene così tenuta dal vescovo, che agisce con autorità *proprio iure exercita* e simultaneamente *delegata ab Apostolica Sede*, presso la diocesi interessata, ma solo dopo aver ottenuto il *nihil obstat* da Roma, mentre il dibattimento e la conseguente decisione continuano a svolgersi presso la congregazione vaticana.[17] L'8 maggio 1969, con la costituzione apostolica *Sacra Rituum Congregatio*, la Congregazione dei Riti viene ristrutturata e nasce la Congregazione per le Cause dei Santi. Nello stesso anno la Sezione storica diventa Ufficio storico, che sempre più di frequente è coinvolto

17. Cfr. Ernesto Piacentini, *Il martirio nelle cause dei santi*, LEV, Città del Vaticano 1979, pp. 158-159.

anche nelle cause recenti. Il 23 aprile 1976 viene approvato un nuovo regolamento per il collegio dei medici periti istituito presso la Congregazione per le Cause dei Santi, secondo il quale la Consulta medica si costituisce di sette membri e la validità delle conclusioni è garantita dalla maggioranza dei due terzi. Schematicamente l'*iter* seguito da una causa di canonizzazione dopo le modifiche apportate da Paolo VI, ma prima della riforma di Giovanni Paolo II, è questo:[18] 1) il vescovo chiede il *nihil obstat* a Roma per introdurre la causa; 2) la Congregazione per le Cause dei Santi, dopo aver studiato la documentazione prodotta in diocesi sulla fama di santità, concede il nulla osta; 3) il vescovo, con autorità ordinaria e delegata dalla Santa Sede, istruisce un processo diocesano sulla vita, le virtù (o il martirio), nonché sul non culto, raccogliendo parallelamente anche gli scritti sul servo di Dio; 4) la congregazione vaticana, ricevuto il dossier proveniente dal vescovo locale, verifica dapprima il processo sul non culto e successivamente nomina un postulatore residente a Roma, che deve rappresentare i promotori della causa e che a sua volta sceglie un patrono (solitamente un avvocato canonista, ovvero un laico esperto in diritto canonico). Il patrono ha il compito di esaminare gli atti fin qui prodotti e preparare la difesa. Il vaglio delle fonti e della metodologia è fatto dal promotore della fede, che può chiedere ulteriori approfondimenti ed esporre dubbi e perplessità. Questo processo, che può durare diversi anni, si conclude con la scrittura della *positio super virtutibus (vel martyrio)*, che può essere connotata dall'aggettivo *nova* o *novissima* a seconda di quante successive obiezioni il promotore abbia sollevato nel corso dei lavori. Tale *positio* è poi sottoposta all'approvazione della Congregazione per le Cause dei Santi e del pontefice; 5) a Roma si tengono tre udienze – la seconda alla presenza della Congregazione delle Cause dei Santi e la terza del papa –, in cui il promotore, l'avvocato e il postulatore dibattono la causa, fino all'approvazione dell'eroicità delle virtù o del martirio; 6. a seguito della conclusione del processo sul miracolo, che segue una sua strada, il papa può promulgare il decreto di beatificazione e il venerabile diventa beato. Dopo la beatificazione la causa può eventual-

18. Tale processo è valido per le cause recenti, dato che quelle storiche avevano già avuto una sistematizzazione con il decreto del 4 gennaio 1939, Fabijan Veraja, *Le cause di canonizzazione dei santi*, LEV, Città del Vaticano 1992, pp. 101-102; Kenneth L. Woodward, *Making Saints: How the Catholic Church Determines Who Becomes a Saint, Who Doesn't and Why*, Simon&Schuster, New York 1996, pp. 77-86 (trad. it. *La fabbrica dei santi. La politica delle canonizzazioni della chiesa cattolica*, Rizzoli, Milano 1991).

mente procedere verso la canonizzazione se si verificano altri due fatti miracolosi dovuti all'intercessione del beato.[19]

Alla fine degli anni Sessanta, a seguito di numerose questioni rimaste aperte, Paolo VI decide di affidare a una commissione *ad hoc* l'elaborazione di uno schema di ristrutturazione del procedimento di canonizzazione. Guidata dal cardinale Pericle Felici, la commissione ha continuato il proprio lavoro anche dopo l'avvio del pontificato di Giovanni Paolo II, principalmente con lo scopo di unificare e armonizzare tutta la legislazione sulle cause di canonizzazione, distribuita fin ad allora nel codice di diritto canonico del 1917 e in diversi documenti pontifici e concessioni particolari.[20] Nonostante la continuità tra la commissione montiniana e quella wojtyliana – ma i termini non sono del tutto precisabili, poiché non sono disponibili i risultati intermedi –, il risultato finale è stato invece una riforma radicale dell'intero sistema canonico.

2. *La riforma di Giovanni Paolo II*

2.1. *La costituzione apostolica* Divinus perfectionis Magister

Il particolare interesse verso le canonizzazioni mostrato da Giovanni Paolo II fin dagli esordi del pontificato trova espressione concreta nella co-

19. Sugli aspetti tecnico-giuridici del processo di canonizzazione prima e dopo la riforma di Giovanni Paolo II si confrontino i seguenti testi, qui in ordine cronologico di pubblicazione: Romualdo Rodrigo, *Manuale per istruire i processi di canonizzazione*, Institutum historicum Augustianorum recollectorum, Roma 1991; Veraja, *Le cause di canonizzazione dei santi* (1992); *Canonization: Theology, History, Process*, a cura di William H. Woestman, Saint Paul University, Ottawa 2002; José Luis Gutiérrez, *Studi sulle cause di canonizzazione*, Giuffrè, Milano 2005; Misztal, *Le cause di canonizzazione*. Infine, si veda l'opera divulgativa dell'allora prefetto della Congregazione delle Cause dei Santi José Saraiva Martins, *Come si fa un santo. Quando, perché, in quanto tempo, con quali miracoli un cristiano viene elevato all'onori degli altari*, Piemme, Casale Monferrato 2005.

20. Il nuovo progetto di legge elaborato dalla commissione in schemi cronologicamente successivi è stato esaminato da una congregazione plenaria dei cardinali del dicastero tra il 22 e il 23 giugno del 1981. Ai suoi membri sono state sottoposte sia la costituzione apostolica (diventata poi *Divinus perfectionis Magister*), sia le nuove istruzioni per le inchieste istruite dai vescovi nelle diocesi (poi *Normae servandae in inquisitionibus ab Episcopis faciendis in causis sanctorum*), approvate e rifinite in un secondo momento. Veraja, *Le cause di canonizzazione dei santi*, pp. 15-17 e Misztal, *Le cause cause di canonizzazione*, p. 179.

stituzione apostolica *Divinus perfectionis Magister*, pubblicata il 25 gennaio 1983, a carattere abrogativo di tutta la legislazione precedente – tranne, come si vedrà in breve, che per una piccola parte della legislazione urbaniana. Il 7 febbraio dello stesso anno la Congregazione per le Cause dei Santi ha emanato anche le *Normae servandae in inquisitionibus ab Episcopis faciendis in causis sanctorum* e il decreto generale contenente le norme provvisorie circa le cause iniziate nel periodo in cui vigeva la precedente legislazione. La riforma si conclude con la presentazione del *Regolamento della Sacra Congregazione per le Cause dei Santi*, del 23 marzo 1983, poi rinnovato nel 2000,[21] che illustra le norme dettagliate per il funzionamento interno del suddetto dicastero e, infine, con la costituzione apostolica *Pastor bonus* del 28 giugno 1988, che conferma l'attribuzione alla Congregazione delle Cause dei Santi della competenza esclusiva delle cause di canonizzazione.[22]

Secondo la nuova impostazione ci sono, come nel vecchio ordinamento, due tipi di cause di canonizzazione, quella recente, che ha materiale probatorio derivato principalmente dalla deposizione dei testimoni, e quella antica, che si basa sulla documentazione scritta.[23] Tuttavia, il nuovo processo di canonizzazione distingue tre fasi: 1) l'inchiesta diocesana, nella quale il vescovo, con potestà propria (*potestate propria*), raccoglie tutte le prove riguardanti la vita, le opere, la morte, la fama di santità o di martirio, le virtù eroiche, i miracoli del candidato alla santità; 2) lo studio presso la Congregazione delle Cause dei Santi del materiale documentario e la preparazione di una *positio super vita et virtutibus* o *super martyrio* ad opera dei relatori (che poi stendono anche la *positio super miro/miraculo*, sul miracolo); 3) le discussioni nelle riunioni collegiali, prima dei consultori teologi sotto la direzione del promotore della fede e poi dei cardinali e vescovi del dicastero.

21. Questa ultima versione non è stata tuttavia pubblicata ufficialmente, cfr. Misztal, *Le cause di canonizzazione*, pp. 180-181, nota 14, e in appendice, pp. 406-430.

22. Con la costituzione apostolica *Pastor Bonus* la Congregazione per le Cause dei Santi ha modificato il suo nome in Congregazione delle Cause dei Santi.

23. La differenza tra le due tipologie di causa non è data da un criterio temporale, come in parte avveniva tra causa recente e causa storica nel *motu proprio Già da qualche tempo* di Pio XI, dove la presenza o meno di testimoni oculari ne determinava l'impostazione, bensì ha un significato procedurale, ovvero si tratta di determinare sulla base di quale materiale probatorio viene dimostrata l'eroicità delle virtù o il martirio. Cfr. Misztal, *Le cause di canonizzazione*, pp. 183-184 e Veraja, *Le cause di canonizzazione dei santi*, pp. 36-37, nota 3, secondo il quale si sarebbe potuto anche non insistere sulla distinzione tra le cause.

Con la *Divinus perfectionis Magister* il principio della competenza esclusiva della Santa Sede in materia di canonizzazione viene in parte rivisto alla luce della dottrina conciliare della collegialità. Ai vescovi si affida il compito di condurre, entro la loro giurisdizione, l'inchiesta riguardante la vita, le virtù (o il martirio), la fama di santità, gli asseriti miracoli[24] e, se è il caso, l'antico culto di un servo di Dio candidato alla santità. I due processi canonici, quello ordinario e quello apostolico sono definitivamente uniti in un unico processo di loro responsabilità: i vescovi, infatti, pur non potendo approvare il martirio, le virtù e i miracoli, perché ciò resta prerogativa apostolica, con potestà propria raccolgono le prove e godono di una certa facoltà di giudicare sul merito stesso della causa, cioè sulle condizioni richieste per darle inizio e sulla verifica dei presupposti per continuarla. La responsabilizzazione degli ordinari delle chiese locali determina, inoltre, un certo snellimento del lavoro della Congregazione delle Cause dei Santi, che può così concentrarsi maggiormente sulla stesura delle *positiones*, secondo un'impostazione storico-critica. La raccolta di tutte le fonti, sia scritte che orali, e la loro rielaborazione attraverso il metodo storico-critico contribuisce a evitare che, una volta arrivati alla discussione teologica della causa, si debba ricorrere a indagini supplementari, costringendo gli attori a ripartire dall'inizio, con conseguente ritardo dell'intero processo. In questa prospettiva, accanto all'importanza che assume lo studio scientifico della causa, vi è inoltre il tentativo di liberare l'insieme delle procedure da un eccessivo formalismo, ben presente nelle legislazioni precedenti, attraverso una migliore distribuzione delle competenze all'interno della congregazione.

Le *Normae* del 7 febbraio 1983 stabiliscono dettagliatamente come l'inchiesta diocesana deve essere condotta. Gli attori che prendono parte a tale fase sono: il promotore della causa di canonizzazione, cioè una persona o un ente giuridico che sostiene e finanzia le spese; il postulatore, attraverso il quale il promotore agisce, nominato dal promotore stesso e approvato dal vescovo;[25] il vescovo competente della diocesi in cui il candidato alla santità

24. La *fama miraculorum* va raccolta nell'inchiesta sulla vita virtuosa, mentre le prove di un presunto miracolo vanno comunque raccolte separatamente da quelle sulle virtù, come è sempre avvenuto. L'inchiesta sul fatto prodigioso può essere fatta in qualunque momento, indipendentemente dallo stato della causa, ed è richiesta l'approvazione della Santa Sede.

25. Il promotore può essere laico o religioso, è il primo collaboratore del vescovo e, indirettamente, della Santa Sede. Mentre è in corso l'inchiesta diocesana deve risiedere in diocesi e, se mantiene l'incarico nelle fasi successive, di norma si trasferisce a Roma. Può

è morto o quello del territorio in cui egli ha svolto la sua attività (se si tratta di un miracolo, è competente il vescovo del luogo in cui esso è avvenuto); il delegato del vescovo, che agisce in nome del vescovo stesso nell'inchiesta diocesana; il promotore di giustizia, un sacerdote nominato dal vescovo che prepara i questionari da sottoporre ai testimoni; il notaio per le deposizioni testimoniali; i periti – di cui si sottolinea la competenza *in re historica et archivistica* –, anch'essi di nomina vescovile, incaricati di raccogliere la documentazione della causa e chiamati poi come testi d'ufficio.

L'introduzione di una causa avviene per decisione del vescovo solitamente quando la fama di santità di un candidato risulta sufficientemente diffusa. La grande novità nelle cause recenti consiste nel poter avviare il processo dopo soli cinque anni dalla morte del presunto santo, invece dei cinquant'anni previsti dalla normativa precedente. Il postulatore deve dapprima presentare al vescovo una biografia critica, o una relazione sulle attività del candidato che ora è servo di Dio, le possibili difficoltà della causa, tutti gli scritti editi e, se è una causa recente, un elenco delle persone che possono testimoniare sulla sua vita virtuosa. Se il vescovo è rassicurato sul buon andamento della causa, ne annuncia pubblicamente l'apertura e nomina gli officiali necessari per indagare sulla vita e le virtù (o il martirio). L'intento è quello di esaminare l'ambiente storico del servo di Dio al fine di comprendere e valutare la forma di santità specifica del candidato nel suo preciso contesto storico. Gli scritti editi e non editi vengono sottoposti al giudizio di due censori teologi. Nella fase successiva il promotore di giustizia, dopo aver letto la documentazione raccolta, formula le domande da sottoporre ai testimoni del processo cognizionale ed eventualmente rogatoriale.[26] Il vescovo deve informare la Santa Sede della causa in corso mandando alla Congregazione per le Cause dei Santi brevi informazioni sulla vita del candidato, cosicché ci si accerti presso la Congregazione per la Dottrina della Fede che non sussistano impedimenti alla causa. Solo dopo aver ricevuto il *nihil obstat* da Roma il vescovo procede all'esame dei testi.[27] Per provare l'eroicità

nominare, all'occorrenza, dei vice-postulatori, Veraja, *Le cause di canonizzazione dei santi*, p. 34 e Gutiérrez, *Studi sulle cause di canonizzazione*, pp. 215-216.

26. Il processo cognizionale è quello che avviene nella diocesi in cui il servo di Dio è morto, mentre il processo rogatoriale avviene nelle altre diocesi in cui egli ha operato o dove si trovano i testimoni da interrogare.

27. La richiesta del "nulla osta" è una prassi nata con il *Sanctitas clarior* di Paolo VI, che, di fatto, ha limitato l'autorità vescovile: se nelle cause di canonizzazione l'unica

delle virtù o il martirio formale sono necessarie testimonianze oculari, cioè *de visu*, fidate – se i testi sono ancora vivi si è davanti in senso tecnico ad una causa recente, se sono scomparsi ma hanno lasciato tracce scritte, la causa è antica –, così come nell'inchiesta sui presunti miracoli. All'occorrenza possono essere aggiunti testi che hanno sentito da coloro che hanno visto, *de auditu a videntibus*.[28] Prima di chiudere l'inchiesta, nel caso in cui non siano necessari né un procedimento per rogatoria in un'altra diocesi, né indagini suppletive, il vescovo ispeziona la tomba del servo di Dio per accertarsi che non esistano segni di culti pubblici in suo onore, in sostanza per verificare l'osservanza del decreto urbaniano *super non cultu*, che resta in vigore. Finalmente, e solo da questo momento, gli atti raccolti vengono spediti alla congregazione romana. L'inchiesta sui presunti miracoli va separata da quella sulle virtù: una volta che il postulatore ha proposto documenti e testi di prova per il prodigio, ancora il vescovo sottopone al vaglio gli incartamenti a più periti (in genere medici poiché si tratta quasi sempre di guarigioni) e dispone una visita al

competente era la Santa Sede, nel momento in cui l'istruttoria veniva affidata al vescovo, egli necessitava di una delega. Veraja scrive: «Nella nuova legge del 1983, questo principio era stato riveduto alla luce sia dell'esperienza delle cause "storiche" (nelle quali il Vescovo faceva tutto *auctoritate propria*) sia della dottrina del Concilio Vaticano II sulla Collegialità dei Vescovi. La raccolta delle prove necessaria in una causa è ora di competenza del Vescovo, il quale compie tutti gli atti *iure proprio*. Con il "nulla osta" della Santa Sede il Vescovo non viene investito di una *potestas delegata*, ma, se è il caso, viene tempestivamente avvertito di eventuali problemi emergenti dalla documentazione conservata negli archivi della Curia Romana; solo in qualche caso eccezionale può essere invitato a sospendere la causa. Non tenendo conto di quanto testé esposto, qualcuno ancora continua a pensare e ad esprimersi con le categorie della precedente legislazione; così si parla di "nulla osta" per l'*inizio* o l'*introduzione* della causa. Ma al punto in cui la legge prevede che il Vescovo chieda il "nulla osta" della Santa Sede, la causa di canonizzazione si suppone già iniziata...», Veraja, *Le cause di canonizzazione dei santi*, pp. 46-47. Se la dissertazione sembra valida da un punto di vista giuridico, la centralità del ruolo del vescovo in questa prima fase viene comunque ridimensionata nella teoria e nella prassi, in quanto con il *nihil obstat* la Santa Sede non solo può continuare a controllare il nascere della santità, ma anche bloccare la causa e rendere accessorio l'operato del vescovo stesso. Veraja in una nota al discorso sopra riportato sostiene che statisticamente i casi di sospensione delle cause non superano l'1%, ma in via di principio la sospensione è contemplata.

28. Conseguentemente nelle cause antiche le fonti scritte devono contenere le testimonianze di coloro che hanno conosciuto personalmente il servo di Dio e che sono, dunque, testi *de visu*, anche se mediati dalla parola scritta. I testimoni indotti dal postulatore sono detti *ex officio*. I periti storici sono sempre testi *ex officio*. La casistica dei testimoni è esposta nelle nuove *Normae* dal capitolo XVIII al XXIV.

presunto miracolato, se ancora vivo, da parte di due periti d'ufficio. Nel caso di guarigione anche i medici curanti sono chiamati a testimoniare.

Dopo la verifica dell'osservanza delle *Normae*, a Roma presso la Congregazione delle Cause dei Santi inizia la fase di studio della causa, in vista della redazione della *positio super vita et virtutibus* o *super martyrio*,[29] che costituisce il punto di partenza per il giudizio dei consultori teologi.[30] Se l'esame da parte dei periti teologi è positivo, il papa promulga il *decretum super heroicitate virtutum* o *super martyrio*. Uno degli obiettivi della riforma è proprio quello di facilitare la stesura di una *positio* convincente, che contenga tutto ciò di cui necessitano i consultori e i prelati della congregazione per esprimere il loro giudizio sulla santità del servo di Dio: in questo senso l'istituzione di un collegio di relatori che si occupano delle cause secondo criteri storico-scientifici è una rilevante innovazione che raccoglie e accentua istanze emerse a partire dal pontificato di Leone XIII, strutturandone la ricezione in modo organico. La Congregazione delle Cause dei Santi nomina, infatti, un relatore, che si può avvalere di collaboratori esterni, con il compito di studiare il materiale proveniente dalla diocesi e stendere la *positio*. Dal momento che tutte le *positiones*, su modello delle cause antiche affidate all'Ufficio storico, devono essere impostate scientificamente, cade la ragione delle *animadversiones* del promotore della fede. Inoltre, come si vedrà meglio in seguito, quest'ultimo perde la sua funzione, così come

29. Non esiste più, come in passato, la positio *super causae introductione*. Si precisa che la *positio super virtutibus* (o *super martyrio*) è lo scritto elaborato dal postulatore, o più spesso da un avvocato canonista, supervisionato dal relatore, che costituisce la dimostrazione ragionata delle virtù eroiche (o del martirio) (*informatio*), attraverso l'utilizzo delle testimonianze e documenti raccolti durante l'inchiesta diocesana (*summarium*). Spesso vengono allegati anche diverse tipologie di documenti, intra e extra processuali.

30. Nella congregazione hanno luogo due tipi di congressi peculiari, quello storico e quello teologico. Al primo partecipano i consultori storici, viene convocato solo per le cause antiche (tuttavia, secondo l'art. 71 del Regolamento del 2000 è prevista la valutazione da parte dei consultori storici anche di cause recenti che la ritengono utile, a discrezione del relatore) e precede sempre il congresso che determina l'eroicità delle virtù, o il martirio. Non rientra nelle sue competenze la dichiarazione dell'eroicità delle virtù o del martirio, poiché in esso si misura solo l'accuratezza scientifica della *positio super virtutibus* o *super martyrio*. Il secondo è formato da otto consultori teologi ed è presieduto dal prelato teologo (promotore della fede). La sua finalità è l'esame della *positio* (anche quella *super miraculo*) dal punto di vista teologico. La *Relatio et Vota Congressus Peculiaris super virtutibus* riporta i voti dei consultori e ne costituisce il resoconto.

l'avvocato canonista, per diventare ora un prelato teologo che sceglie i consultori teologi giudicanti la causa e che formula con questi il parere sull'eroicità delle virtù o sul martirio in base al dossier presentato dal relatore della causa. Ne consegue anche l'abolizione della fase del contraddittorio tra l'avvocato difensore e il promotore della fede. La figura chiave diventa, dunque, quella del relatore, su cui ricade la responsabilità di dimostrare virtù o martirio e il cui lavoro diventa determinante per i consultori teologi giudicanti. Egli resta comunque affiancato per importanza dal postulatore.[31]

Una volta completata, la *positio* viene dunque presa in esame dai consultori teologi riuniti nel congresso particolare. Lo scopo è di decretare o meno l'eroicità delle virtù o del martirio del servo di Dio. Ai teologi si chiede di rispondere a un preciso quesito (è il *dubium*), che a seconda dei casi riguarda la fama di santità e l'eroicità delle virtù oppure la fama di martirio e il martirio. Essi possono rispondere con un voto *affirmative* (affermativamente), *negative* (negativamente) o *suspensive* (sospensivamente). Il voto affermativo significa che dagli atti e dalle prove risulta chiarito il dubbio; quello negativo non significa necessariamente che il servo di Dio non sia degno di diventare santo o martire, ma che *non constat*, ossia non è stata fatta sufficiente chiarezza in base alla documentazione reperibile; il voto sospensivo indica invece la presenza di dubbi sulla certezza morale dell'eroicità o del martirio e la necessità di ulteriori indagini. Se almeno sei teologi (2/3 dei consultori) esprimono un voto affermativo, la causa passa allo stadio successivo, ovvero all'esame dei cardinali e dei vescovi, membri della Congregazione delle Cause dei Santi, riuniti in una sessione ordinaria. Solo al papa spetta il giudizio ultimo, formulato, se positivo, nel già citato *decretum super heroicitate vitutum* o *super martyrio* (e *super miraculo*).

31. Scrive Woodward: «Thus, at the core of the reform was a striking paradigm shift: no longer would the church look to the courtroom as its model for arriving at the truth of a saint's life; instead, it would employ the academic model of researching and writing a doctoral dissertation. Hereafter, causes would be accepted or rejected according to the canons of critical historiography, not by the argument of contending advocates». All'interno della congregazione preposta alle canonizzazioni si era creata una contrapposizione tra due mentalità: una giuridica, «imbued with an ahistorical sense of the church», che ricercava le somiglianze tra i santi e agiva attraverso schemi precostituiti di comportamento da adattare ai nuovi candidati, e l'altra storica, per la quale i glorificati andavano per prima cosa contestualizzati, alla ricerca di elementi originali, particolari e innovativi. Cfr. Woodward, *Making Saints*, p. 91 e p. 95 (trad. it. *La fabbrica dei santi*, p. 93 e p. 98).

La costituzione *Divinus perfectionis Magister* tralascia la questione della necessità dei miracoli per la beatificazione e la canonizzazione. Solo successivamente, all'entrata in vigore della nuova legislazione, Giovanni Paolo II ha deciso di adottare la prassi più recente, iniziata nel 1975, che prevedeva un miracolo per la beatificazione e un secondo, avvenuto dopo la beatificazione, per la canonizzazione, mentre nelle cause di martirio si richiede ora un solo miracolo per la canonizzazione, e nessuno per la beatificazione. Il pontefice, comunque, può in ogni caso concedere la dispensa. Sostanzialmente è la concreta situazione probatoria della causa a determinare la necessità o meno del miracolo: nel caso in cui la certezza morale delle virtù o del martirio sia meno evidente, potrebbe subentrare una maggiore esigenza del sostegno complementare della conferma soprannaturale. Il processo sui miracoli si svolge secondo l'*iter* precedente la riforma. In breve: verificata la validità giuridica dell'inchiesta diocesana, il caso prodigioso, quasi sempre una guarigione, viene esaminato da periti tecnici del collegio dei medici: qualora i pareri dei due periti d'ufficio non siano affermativi, la postulazione ha il diritto di chiedere un terzo perito che, se esprime voto positivo, è in grado di far procedere la causa. In seguito si passa alla votazione della Consulta dei periti (ex Consulta medica), chiamata a pronunciarsi sulla natura della guarigione.[32] La discussione teologica del miracolo si divide, come per le virtù, nella fase della Consulta dei teologi e in quella della sessione ordinaria dei cardinali e dei vescovi. Infine, l'ultima decisione sull'eventuale riconoscimento del fatto prodigioso spetta al pontefice che, se favorevole, promulga il *decretum super miraculo*. Con il riconoscimento del miracolo attribuito all'intercessione del servo di Dio è aperta la strada alla beatificazione, anche se nei documenti legislativi del 1983 non la si menziona espressamente. Viene però enunciato il principio generale secondo il quale il pontefice decide circa il culto pubblico ecclesiastico in onore dei servi di Dio, ora venerabili, a cui sono state riconosciute l'eroicità delle virtù o il martirio, limitato ad alcuni luoghi di culto, che egli solo può estendere.

32. La Consulta dei periti discute la diagnosi, la prognosi e la terapia, analizza le modalità della guarigione e formula il giudizio sulla spiegabilità o meno del caso secondo le conoscenze mediche coeve. Se il responso non è favorevole, il postulatore può chiedere il riesame del caso qualora si producano nuovi elementi di giudizio. Secondo il regolamento della congregazione del 21 marzo 1983 la Consulta è ridotta a cinque membri e la maggioranza richiesta è fissata a tre voti. Cfr. Gutiérrez, *Studi sulle cause di canonizzazione*, pp. 248-253 e Misztal, *Le cause di canonizzazione*, p. 380.

2.2. *Le conseguenze della nuova legislazione*

Dall'esame della riforma dell'intero processo canonico emergono una serie di considerazioni e riflessioni. La prima conseguenza ravvisabile è il notevole acceleramento dell'*iter* della causa di canonizzazione fin dal suo primissimo inizio: hanno contribuito a ciò l'accorpamento definitivo del processo ordinario con quello apostolico, la decadenza della dinamica *animadversiones-responsiones*, la diminuzione del numero di miracoli per la beatificazione e la canonizzazione e l'inizio dell'inchiesta a cinque anni dalla morte del presunto santo. Questo ultimo aspetto non ha solamente determinato fin dall'origine un maggiore rapidità dell'intera macchina processuale, ma ha anche portato alla glorificazione di personaggi scomparsi in tempi molto recenti, creando così una contiguità cronologica tra l'esistenza del candidato alla santità e le deposizioni dei testimoni, tra le sue vicende biografiche e le procedure canoniche per il riconoscimento della santità. Se uno degli intenti è quello di offrire figure attuali e fruibili, adatti alla società contemporanea e ai suoi modelli concorrenziali, il risultato concreto si intreccia anche con quel processo chiamato da Patrick Michel «starisation du saint», che fa da contraltare alla «sacralisation de la star»:[33] il santo diventa un bene di largo consumo, assume sempre più spesso i tratti delle celebrità mondane, che a loro volta già sono investite di elementi appartenenti alla sfera religiosa e devozionale, in una operazione di prestiti e scambi che va a plasmarne le caratteristiche.[34]

Le nuove procedure volute da Giovanni Paolo II hanno eliminato, come è già stato accennato, un elemento cardine della precedente legislazione, ovvero la dialettica delle *animadversiones-responsiones*, cioè le osservazioni e le critiche elaborate dal promotore della fede a partire dall'analisi della *positio* e le conseguenti risposte dell'avvocato patrono

33. Patrick Michel, *Sanguinis effusione aut heroico virtutum exercitio. Éléments pour une anthropologie politique de la production et des usages contemporains de la sainteté canonisée*, in «Critique internationale», 52/3 (2011), p. 121.

34. Esempio calzante è madre Teresa di Calcutta. Cfr. Valentina Ciciliot, *Madre Teresa di Calcutta (1910-1997): la santa dei mass media*, in *Religiosità popolare e modernità. Culti e devozioni di massa nell'universo cattolico*, «Memoria e ricerca», 53/3 (2016), pp. 477-492. Per certi versi il fenomeno della «starisation du saint» va retrodatato di qualche decennio, almeno in Italia, basti pensare al caso di Maria Goretti negli anni '50 o a padre Pio, quando ancora non era stato ufficialmente beatificato. Cenni in Tommaso Caliò, *"Il miracolo in rotocalco". Il sensazionalismo agiografico nei settimanali illustrati del secondo dopoguerra*, in «Sanctorum», 5 (2008), pp. 23-48.

della causa. Le *animadversiones* sono state spesso percepite come prove contro la santità del candidato. Il loro scopo era sostanzialmente di porre in rilievo ipotetici errori nella dottrina della fede, di mostrare eventuali comportamenti viziosi, di giudicare i criteri di scelta e selezione dell'apparato probatorio, etc. A queste rispondeva il patrono attraverso una *responsio ad animadversiones*, atta invece a difendere e a chiarire ogni dubbio sollevato in modo piuttosto dettagliato. Tale dialettica poteva ripetersi diverse volte, con tempistiche piuttosto varie, dando così vita a differenti *animadversiones* e *responsiones* e conseguentemente a più di una *positio* (come l'*altera*, la *nova* o la *novissima positio*), che poteva seguire strategie di difesa o di accusa differenti, più o meno vincenti. Il decadimento di siffatta dinamica, legittimato nella legislazione del 1983 dal fatto che le *positiones* dovrebbero rispettare obbligatoriamente criteri storico-scientifici, rende la pratica molto più celere, ma anche molto più superficiale e più facile da indirizzare verso precisi interventi politici, nel senso ampio del termine. Il punto nodale sta proprio qui: la soppressione della figura del promotore della fede, e dunque del dibattito che il suo ruolo originava, ha determinato che l'intero processo di canonizzazione, in nome di una presunta scientificità, non subisca più un controllo che era di fatto giuridico e procedurale. Ma realmente dopo la riforma wojtyliana ogni singola *positio* rispetta criteri storico-scientifici? Con quali forme la si giudica? E chi ne è davvero il garante? Come si vedrà bene in seguito, proprio l'analisi accurata di un certo numero di cause di canonizzazione ha rilevato, infatti, che l'utilizzo del metodo storico-critico nella stesura delle *positiones*, precisamente nella raccolta dell'apparato probatorio, nella ricostruzione biografica e nella contestualizzazione socio-culturale della vicenda, con facilità può passare in secondo piano di fronte a particolari esigenze pastorali, ecclesiastiche o magisteriali.

Se è dunque lecito affermare che la riforma wojtyliana si inserisce in una continuità processuale – basti pensare appunto all'introduzione della metodologia storico-scientifica o alla prassi di riduzione del numero dei miracoli auspicate già da Paolo VI –, sarebbe invece errato ridurla a una semplice trasformazione del sistema canonico in linea con le prospettive dei pontificati precedenti, poiché essa, per la sua radicalità, diviene vero e proprio strumento per la realizzazione di una politica delle canonizzazioni ben ragionata. Giuridicamente parlando, il nuovo assetto dato al sistema delle cause di canonizzazione presenta, infatti, un'indubbia novità se paragonato alle riforme elaborate nel passato. Qui il procedimento diretto all'accertamento della santità esce dal contesto giuridico-processuale in cui per secoli era stato inserito: il fulcro metodologico della ricerca si sposta verso un sistema che pone al centro il metodo storico-critico, con ricorso alla teologia e con l'ausilio delle scienze moderne. Il diritto non scompare dalla canonizzazione, ma viene ridotto a procedimento, a strumento di raccordo tra le differenti attività di studio e analisi, con le conseguenze sopra descritte.[35] Le cause perdono la loro natura contenziosa, ben presente nel dibattito processuale tra avvocati e promotore della fede, per essere ora basate sullo studio critico degli atti – deposizioni testimoniali e fonti documentali –, finalizzato alla ricostruzione del vissuto biografico e del contesto storico-culturale, dell'eroicità delle virtù o della certezza del martirio.[36]

Ma allora a seguito della riforma del 1983 il processo di canonizzazione privilegia i santi graditi al papa? Con la legislazione wojtyliana né il pontefice, né la Congregazione delle Cause dei Santi possono esercitare un controllo totale ed esclusivo sulla santità, poiché tutte le cause di canonizzazione, eccettuate quelle riguardanti i pontefici romani, sono introdotte dai vescovi presso le chiese locali. Tuttavia, il margine del potere papale è piuttosto ampio e in grado di influenzare l'intero procedimento giuridico. Nonostante Giovanni Paolo II abbia favorito il decentramento del processo di canonizzazione a favore dell'autorità del vescovo, che ora si muove con autorità propria, non per questo ha esautorato le prerogative romane e pontificie in materia, creando così uno sviluppo ambivalente di compensazione e bilanciamento tra centro e periferia. I candidati alla santità poco graditi a Roma possono essere seguiti con attenzione, quando non emarginati, e attraverso una prassi assai ricorrente durante il pontificato wojtyliano si possono conferire alle cause in corso priorità non solo legate allo stadio raggiunto, ma anche a particolari esigenze pastorali, ecclesiastiche, ecclesiologiche. Se il principio generale prevedeva che una causa prossima alla conclusione avesse il diritto di precedenza – in altre parole, le cause venivano prese in esame nell'ordine cronologico della consegna alla Congregazione delle Cause dei Santi – durante il pontificato di Giovanni Paolo II ci sono state molteplici eccezioni: è stata data priorità alle cause provenienti da chiese locali sprovviste di

35. Cfr. Dalla Torre, *Santità e diritto*, pp. 148-150.

36. *Le cause dei santi. Sussidio per lo Studium*, a cura di Vincenzo Criscuolo, Daniel Ols e Robert J. Sarno, LEV, Città del Vaticano 2011, p. 216.

beati o santi, dove il pontefice aveva intenzione di recarsi in viaggio, e a quelle con protagonisti laici e martiri.[37] I frequenti viaggi di Giovanni Paolo II, spesso affiancati da glorificazioni di personaggi locali o noti nel territorio, sono davvero rilevanti in quanto, come si vedrà più approfonditamente in seguito, la politica delle canonizzazioni è strettamente legata al tema della «nuova evangelizzazione».[38] Viaggi e visite hanno, infatti, contribuito a delineare l'immagine di un papa che si è proposto come una forte figura mediatica, attenta alla scenografia, amante della spettacolarità e dei bagni di folla, così come alla solennità e alla fastosità consuete delle cerimonie di canonizzazioni – basti pensare alle stesse celebrazioni collettive –, conseguentemente privilegiando il gruppo sul singolo, l'immagine sul contenuto, «il significante sul significato».[39] Il discorso delle canonizzazioni può essere inserito proprio nell'ottica di una strategia di comunicazione e di occupazione dello spazio mediatico atta a coinvolgere soprattutto le masse popolari:

> Giovanni Paolo II moltiplicava le occasioni – viaggi, le canonizzazioni intensive, le Giornate mondiali della Gioventù – per ricostruire quelle basi popolari della funzione petrina le quali potevano garantirle, come egli augurava, non solo di sopravvivere all'assedio della secolarizzazione moderna, ma anche di ritrovare un compenso, sul piano del consenso morale universale, all'ulteriore salasso della sua sovranità politica.[40]

37. «Once his travel plans are firm, therefore, officials of the congregation canvass their relators and postulators to discover which candidates from the countries on his list they can ready for beatification. [...] Thus, the finished *positio* on a low-priority candidate or one from the "wrong" country may sit for years while others are speedily judged», Woodward, *Making Saints*, pp. 116-117. Scrive Misztal nel suo manuale che «la Congregazione tiene conto prima di tutto delle preferenze assegnate di volta in volta dallo stesso Santo Padre», *Le cause di canonizzazione*, p. 371.

38. In totale Giovanni Paolo II ha compiuto 104 viaggi internazionali e 146 in Italia. Ha visitato 129 diversi paesi e 259 località italiane. I dati in Luigi Accattoli, *Giovanni Paolo. La prima biografia completa*, Edizioni Paoline, Cinisello Balsamo 2006, p. 135.

39. Daniele Menozzi, *Giovanni Paolo II. Una transizione incompiuta? Per una storicizzazione del pontificato*, Morcelliana, Brescia 2006, p. 62. Un'accurata analisi sociologica di Giovanni Paolo II come «pellegrino nel mondo» in *La narrazione del carisma. I viaggi di Giovanni Paolo II in televisione. Dati per la verifica dei programmi trasmessi*, vol. 76, a cura di Gustavo Guizzardi, Rai-Eri, Roma 1989 e in Daniel Dayan, *Présentation du pape en voyageur. Télévision, expérience rituelle, dramaturgie politique*, in «Terrain. Revue d'ethnologie de l'Europe», 15 (1990), pp. 13-28. Si veda anche Christine de Montclos, *Un pèlerin politique? Les voyages de Jean Paul II*, Bayard, Paris 2000.

40. Giancarlo Zizola, *L'altro Wojtyla. Riforma, restaurazione e sfide del millennio*, Sperling&Kupfer, Milano 2003, p. 164.

Le santificazioni continuano così, anche per la loro stessa natura, a essere uno strumento privilegiato per l'immediata e semplificata comunicazione delle direttive magisteriali a un pubblico vasto ed eterogeneo.

Detto ciò, durante il pontificato di Giovanni Paolo II il massiccio utilizzo degli istituti della beatificazione e della canonizzazione ha determinato una forte spinta verso la centralizzazione della santità, concepita, almeno a certi livelli, quasi come uno strumento esclusivamente papale. È il pontefice, sostanzialmente, che detta i modelli agiografici consoni ai bisogni spirituali, pastorali ed ecclesiologici della chiesa militante. Come sopra menzionato, la richiesta concreta fatta alla Congregazione delle Cause dei Santi di accelerare determinati processi ne è un palese esempio.[41] La conseguenza di tali dinamiche porta con sé l'inevitabile indebolimento del concetto della fama di santità, poiché se il candidato viene scelto a priori, dall'"alto", in funzione delle sue caratteristiche estrinseche, poco importa se gode realmente tra i fedeli di una consistente fama o di un comprovato culto.[42] Non è un caso, dunque, se l'immediato successore Benedetto XVI, che già aveva mostrato una concezione diversa della santità dal suo predecessore mentre era prefetto alla Congregazione per la Dottrina della Fede, nel revisionare le regole dell'inchiesta diocesana abbia promosso fin da subito proprio il recupero dell'autorevolezza della fama di santità, creando così quasi in automatico un rallentamento effettivo nell'attività canonizzatrice.[43] Se resta lecita ogni precauzione circa una totale strumen-

41. Francesco De Palma parla di una intervista al cardinal Palazzini pubblicata su «L'Osservatore Romano» del 20 marzo 1983 sulla richiesta fatta dal pontefice alla congregazione di curare più cause riguardanti santi laici. Non ci sono però riscontri nella testata giornalistica in quella data, De Palma, *Le cause di beatificazione in Italia*, p. 537. Cfr. anche Michael Walsh, *Pope John Paul II and his Canonizations*, in *Saints and Sanctity*, a cura di Peter Clarke e Tony Claydon, The Boydell Press for The Ecclesiastical History Society, Suffolk-Rochester 2011, p. 434.

42. L'analisi di alcune *positiones*, come si vedrà nel corso del volume, dimostra proprio questo aspetto: esse presentano lavori storici e teologici frettolosi, non accurati e poco convincenti. Spesso si ha la netta sensazione che le figure agiografiche di cui si occupano non nascono spontaneamente, ma piuttosto siano state scelte per particolari aspetti esistenziali e a questi si applichi uno schema di santità già prestabilito. Walsh scrive: «The spontaneity which the Christian community might need if it were to promote its own candidates remains excluded from the system», *ibidem*.

43. Si veda la lettera ai partecipanti alla sessione plenaria della Congregazione delle Cause dei Santi del 24 aprile 2006 (in AAS, 98 (2006), pp. 397-400) e l'istruzione per lo svolgimento delle inchieste diocesane o eparchiali nelle cause dei Santi del 17 maggio 2007 (*Sanctorum mater*, AAS, 99 (2007), pp. 465-510). Cfr. Pierluigi Giovannucci, *"Fama di*

talizzazione politica delle canonizzazioni da parte del papa, la produzione di una inflazione di santi sconosciuti e senza culto durante il pontificato wojtyliano resta un dato di fatto. Spingendo oltre il discorso, dopo la riforma di Giovanni Paolo II non ci si trova davanti soltanto all'inevitabile interpretazione e attualizzazione del santo per opera del papa, ma a una scelta compiuta a monte, a una interferenza strutturale profonda nel processo di canonizzazione stesso. Ci si domanda allora se vale ancora l'espressione che il papa «fa sì i santi, ma non da solo»,[44] poiché gli attori coinvolti e la congregazione preposta alle canonizzazioni sembrano sempre più spesso meri esecutori di decisioni pontificie, invece di aiutanti autonomi.

Altro aspetto da rilevare è la modalità di utilizzo del miracolo. La nuova riforma ha preposto la Congregazione delle Cause dei Santi allo studio della vita e delle virtù (o del martirio) di un candidato alla santità come se l'eroicità delle virtù (o il martirio), ora vagliata storicamente, fosse la *conditio sine qua non* della santità. Il miracolo è stato così privato di prestigio fino al punto da essere dimezzato nel suo numero nelle glorificazioni di confessori e diventare superfluo nelle beatificazioni di martiri – evidentemente senza tuttavia svuotarne del tutto la funzione visto che una delle ragioni principali di interruzione di una causa di canonizzazione risulta proprio l'attesa dell'evento prodigioso.[45] Il progressivo inserimento del miracolo sotto il controllo della sfera medico-scientifica, cominciato già verso la metà del XX secolo, denota non solo un'atmosfera di riserva verso l'evento soprannaturale, cosa che in alcuni casi ha creato diversi fraintendimenti tra l'orientamento della gerarchia ecclesiastica e le aspettative popolari, ma anche una richiesta di validità a quella scienza così pervasiva nella società contemporanea, come atto di ammissione della sua importanza. È indubbio che l'imperativo della celerità e della ampia disponibilità di modelli agiografici abbia contribuito al depotenziamento del miracolo poiché la sua assenza contribuisce in larga misura alla rapidità della conclusione della causa e a una più facile gestione della fama di santità: se il

santità e vero martirio". Riflessioni su una recente lettera di Benedetto XVI alla Congregazione delle cause dei santi, in «Studia patavina», 53 (2006), pp. 687-696.

44. Cfr. Giovanni Maria Vian, *I santi di un papa moderno: le canonizzazioni di Paolo VI*, in *Santi del Novecento. Storia, agiografia, canonizzazioni*, a cura di Francesco Scorza Barcellona, Rosenberg&Sellier, Torino 1998, p. 37.

45. Analisi di diverse *positiones super miraculo* piuttosto recenti in Sonia Del Genio, *Il miracolo nelle cause di beatificazione e canonizzazione. Pars dissertationis*, Dissertatio ad Lauream n. 142, Pontifica Universitas "Antonianum", Roma 2006.

miracolo venisse dispensato, non solo non sarebbe necessaria l'inchiesta sul prodigio, ma neppure l'alimentazione del culto, tanto importante affinché vi siano richieste da parte dei fedeli di intercessione.

Durante il pontificato di Giovanni Paolo II la beatificazione sviluppa una cerimonia solenne quanto quella della canonizzazione, assottigliando le distanze a tal punto che la differenza tra le due istituzioni non risulta più percepibile dai fedeli comuni. Se non tutti i santi hanno carattere universale e vengono inseriti nel calendario romano, allora cosa li distingue, sul lato pratico, dai beati?[46] Se da una parte si è auspicato il declassamento della beatificazione a strumento pastorale *pro forma*, dall'altra, invece, c'è chi ne ha sottolineato l'importanza nel decentramento a livello diocesano. Sganciata dall'accentramento romano e dalla prerogativa pontificia, questa prima fase del processo canonico si sarebbe potuta affidare in futuro agli episcopati nazionali e alle chiese particolari per la promozione di figure accessibili e fruibili localmente. Questo secondo orientamento, che Giovanni Paolo II non sembra aver colto, è invece in parte presente nelle successive disposizioni della Congregazione delle Cause dei Santi del 2005, atte a porre una marcata distinzione tra beatificazione e canonizzazione: la cerimonia di beatificazione, «che è sempre atto pontificio», deve essere celebrata non dal papa, ma da un suo rappresentante – di norma il prefetto della congregazione – e deve aver luogo nella chiesa locale che ha promosso la causa, o in un'altra località ritenuta idonea – a Roma solo a seguito del parere positivo della

46. La canonizzazione di un santo non comporta necessariamente l'inserimento della sua memoria nel calendario romano generale, ma solo nel martirologio romano, e il glorificato può essere celebrato nei giorni liberi da altre memorie liturgiche. L'inserzione nel calendario generale è una scelta personale del pontefice – ma può anche essere suggerita dai fedeli o dalla gerarchia ecclesiastica –, il quale in sintonia con le *Normae universales de anno liturgico et de calendario*, promulgate da Paolo VI con il *motu proprio Mysterii paschalis* il 14 febbraio 1969, estende a tutta la chiesa il culto obbligatorio del recente canonizzato. Tale riforma montiniana ha ridotto il numero dei santi nel calendario romano, permettendo così più facilmente l'incorporazione dei nuovi santi wojtyliani. Cfr. Juan Carlo Vizuete Mendoza, *La fiesta católica. De la diversidad a la uniformidad de las celebraciones religiosas*, in *La fiesta en el mundo hispánico*, a cura di Palma Martínez-Burgos García y Alfredo Rodríguez González, Collección Estudios-Ediciones de la Universidad de Castilla-La Mancha, Cuenca 2004, pp. 175-176. Giovanni Paolo II ha privilegiato la categoria dei martiri inserendoli preponderatemente nel calendario romano generale. Si vedano anche le considerazioni di Veraja in *Le cause di canonizzazione dei santi*, pp. 90-92.

Segreteria di Stato.[47] La decisione personale di Giovanni Paolo II di presiedere quasi interamente la cerimonia di beatificazione – è stato il primo papa a farlo anche per le beatificazioni fuori Roma –[48] e l'introduzione di una nuova formula dichiarativa, già in parte preparata dal predecessore,[49] hanno piuttosto conferito al rito una centralizzazione e una solennità pari a quella della canonizzazione. Se a prima vista può sembrare un tentativo di armonizzazione di spinte opposte provenienti dal centro (Roma) e dalle periferie (le chiese locali), a ben guardare la forte funzione pastorale e di veicolo delle direttive magisteriali conferita all'istituzione ha di fatto determinato una de-valorizzazione della dimensione ecclesiale locale, che, seppure non viene estromessa completamente dalla politica della santità, viene surclassata dalle esigenze e dalle strategie papali globali.

3. *Le statistiche della santità wojtyliana*

3.1. *Santità martiriale e globale*

I dati statistici relativi alle beatificazioni e canonizzazioni di Giovanni Paolo II sono sorprendenti, con 1.342 beati e 482 santi: il loro numero rappresenta più della metà dei beati e santi dell'intera cattolicità a partire

47. Si veda la comunicazione sulle nuove procedure nei riti della beatificazione del 29 settembre 2005 in http://www.vatican.va/roman_curia/congregations/csaints/documents/rc_con_csaints_doc_20050929_comunicato_it.html (20 gennaio 2017).

48. La prima beatificazione fuori Roma è stata a Manila il 18 febbraio 1981 in onore di 16 martiri giapponesi, mentre in Italia la prima *extra Urbem* è stata a Genova il 22 settembre 1985, per Virginia Centurione Bracelli. La prima canonizzazione fuori Roma è avvenuta il 6 maggio 1984 a Seul per Andrea Kim Taegon e altri 202 martiri, mentre in Italia l'11 giugno 1988 a Messina, in onore della beata Eustochia Calafato.

49. Si ricordi che già Paolo VI aveva introdotto delle innovazioni nella celebrazione della cerimonia di beatificazione: il 17 ottobre 1971, in onore di Maxymilian Kolbe, per la prima volta un pontefice presiedeva la concelebrazione eucaristica durante una beatificazione e pronunciava una nuova formula, sostanzialmente modellata su quella della canonizzazione. In seguito la prassi ha previsto che il papa procedesse personalmente all'atto della beatificazione e dopo la lettura del Vangelo tenesse l'omelia, illustrasse la vita e le virtù del novello beato, celebrasse o con-celebrasse la liturgia eucaristica. Cfr. Dell'Oro, *Beatificazione e canonizzazione.* Excursus *storico-liturgico*, pp. 162-174. Per la parte relativa alla nuova formula di beatificazione si veda anche Gaetano Stano, *Il rito della beatificazione da Alessandro VII ai nostri giorni*, in *Miscellanea in occasione del IV centenario della Congregazione per le Cause dei Santi (1588-1988)*, Tipi della Guerra, Città del Vaticano 1988, pp. 398-422.

dalla nascita della Congregazione dei Riti (1588).[50] Il numero delle sue santificazioni appare ancora più straordinario se si osservano i dati dei suoi più recenti predecessori: Paolo VI proclama 84 santi e 61 beati, a seguire Pio IX con 52 santi e 222 beati, Pio XI con 34 santi e 469 beati, Pio XII con 33 santi e 166 beati.[51] Se è lecito il dubbio sulla possibilità o meno di parlare di una politica papale delle canonizzazioni nei confronti dei pontificati precedenti – ad esempio Giovanni Maria Vian utilizza espressioni come «preferenze» e «sintonie» nei confronti dell'inclinazione di Paolo VI verso certe figure agiografiche piuttosto che altre –,[52] ben altra cosa appare l'attività canonizzatrice di Giovanni Paolo II.[53] Come già detto, un così fecondo

50. Grafici nn. 2 e 17. Tra i beati sono stati inseriti i quattro decreti di *confirmationis cultus* (Margherita Ebner, Juan Diego Cuauhtlatoatzin, Giovanni Duns Scoto, Stanislao Kazimierczyk). Le tre *concessiones missae et officii* sono state escluse dal conteggio in quanto non equivalenti a una beatificazione (si tratta di Edwige, Giovanni Saziari e Giovanni da Fiesole). Mainardo ha avuto l'atto di ripristino del culto ed è conteggiato come santo. I dati qui proposti, raccolti ed elaborati autonomamente, non sono del tutto sovrapponibili a quelli presenti nel sito ufficiale della Santa Sede (402 santi martiri e 80 santi confessori, invece di 401 santi martiri e 81 santi confessori). La raccolta lì presentata non appare sempre accurata ed è difficile un confronto scientifico per la mancanza di alcune informazioni precise (per esempio, non sempre nella lista stilata delle beatificazioni e delle canonizzazioni viene specificata la caratteristica di martire o si utilizza un criterio univoco per la tipologia). Cfr. http://www.vatican.va/news_services/liturgy/saints/ELENCO_BEATI_GPII.htm; http://www.vatican.va/news_services/liturgy/saints/ELENCO_SANTI_GPII.htm; http://www.vatican.va/news_services/liturgy/saints/ns_lit_doc_20020527_saints-jp-ii_it.html; http://www.vatican.va/news_services/press/documentazione/documents/avvenimenti/canonizzazioni-beatificazioni_statistiche_it.html (15 ottobre 2016).

51. Per i dati relativi agli altri pontificati si è fatto riferimento a Jean Evenou, *Canonisations, béatifications et confirmations de culte depuis la création de la Congrégation des Rites (1588) jusqu'au 31 décembre 1985*, in «Notitiae», 234/22 (1986), pp. 41-47 (con la sola correzione del numero di santi di Paolo VI). Molto confuse le cifre in Benoît Pellistrandi, *De la "acción de los católicos" a la santidad laical. El historiador frente a la santidad contemporánea*, in *El caminar histórico de la santidad cristiana de los inicios de la época contemporánea hasta el Concilio Vaticano II. XXIX simposio internacional de teología de la Universidad de Navarra*, a cura di Josep-Ignasi Saranyana, Santiago Casas y Mª Rosario Bustillo, Universidad de Navarra, Pamplona 2004, pp. 19-24. Si vedano più dettagliatamente i dati del grafico n. 1. La straordinarietà del dato relativo alle beatificazioni e canonizzazioni di Giovanni Paolo II permane anche se si considera il numero di santi e beati per anno di pontificato: 531 beati e santi all'anno per Giovanni Paolo II; 9,6 per Paolo VI; 8,5 per Pio IX; 29 per Pio XI; 10,4 per Pio XII.

52. Vian, *I santi di un papa moderno*, p. 27.

53. Sulla politica delle canonizzazioni di Giovanni Paolo II si veda Valentina Ciciliot, *La politica delle canonizzazioni di Giovanni Paolo II*, in «Humanitas», 65/1 (2010), pp.

utilizzo delle santificazioni inevitabilmente porta con sé una progettualità carica di molteplici valenze, inclusa quella politica, nella accezione più ampia che il termine può avere. Sono, infatti, troppe le figure canonizzate per poter parlare di semplici preferenze e appare già superata l'opzione di «politica nella lettura delle canonizzazioni».[54] In Giovanni Paolo II il tradizionale concetto di santità muta e si carica di funzionalità plurime e differenti, mentre il mezzo per determinarla, le canonizzazioni, diventa un vero e proprio strumento di governo ecclesiastico.

Analizzando la tipologia delle figure che Giovanni Paolo II ha elevato alla gloria degli altari si notano tanto tendenze in linea con la santità espressa dai suoi predecessori quanto alcune innovazioni. Il largo uso delle cerimonie collettive è, per esempio, una consuetudine solo in parte ereditata dal passato.[55] La prassi delle canonizzazioni multiple è rara, e, se avvenuta, ha riguardato un numero ristretto di personalità, almeno fino a Paolo VI, che invece ha invertito la tendenza, glorificando 22 martiri

118-142. Sono stai pubblicati altri saggi sul tema, di diverso orientamento ideologico: anticlericale Ugo Zuccarello, *Le canonizzazioni e beatificazioni di Giovanni Paolo II: quale politica papale della santità?*, in «Società e storia», 109 (2005), pp. 541-568; apologetico invece Bernard Ardura, *Béatifications et canonisations de Jean Paul II*, in «Communio. Revue catholique internationale», XXVII/5-6 (2002), pp. 77-90. Si veda anche il già citato Walsh, *Pope John Paul and His Canonizations*, pp. 415-437. Più vicino alla tesi sostenuta qui l'espressione «strategic canonisation» utilizzata da Oliver Bennett in *Strategic Canonization: Sanctity, popular culture and the Catholic Church*, in «International Journal of Cultural Policy», 17/4 (2011), pp. 438-455.

54. Vian, *I santi di un papa moderno*, p. 37. L'autore conclude il suo intervento sulle glorificazioni di Paolo VI sostenendo, come già citato, che il papa non può fare i santi da solo e che, particolarmente nel caso di Montini, non si tratta di una vera e propria politica delle canonizzazioni, ma piuttosto di una politica nella lettura delle canonizzazioni. A seguito di una più attenta osservazione si può obiettare che l'interpretazione delle santificazioni è comunque inevitabile, perché esse passano sempre attraverso il filtro della soggettività e della contestualizzazione del singolo papa che le compie.

55. La cerimonia collettiva può consistere in: 1) una beatificazione o canonizzazione di un gruppo di martiri, chiamati *socii* e *sociae*. A monte la causa è una sola per tutti i *socii* facenti parte dello stesso gruppo o lo è diventata a seguito di successive unioni processuali concordata tra la postulazione e la Congregazione delle Cause dei Santi; 2) una beatificazione o canonizzazione di un certo numero di confessori, generalmente non superiore alle dieci unità. La scelta di accomunare la santificazione di tali personalità, le cui cause hanno proceduto del tutto autonomamente, è riservata al pontefice e ai suoi consiglieri e può assumere un valore pastorale. Non è automatico che i *socii* di una beatificazione collettiva siano poi canonizzati insieme. In sostanza, le cause si uniscono o si dividono sia per ragioni procedurali sia per motivi pastorali.

ugandesi nel 1964 e 40 martiri inglesi nel 1970. Wojtiła ha seguito la tendenza agiografica montiniana, conducendola però a estreme conseguenze, ravvisabili nei 103 martiri coreani canonizzati nel 1984, nei 117 vietnamiti del 1988 e nei 120 cinesi del 2000. Differente è, invece, il discorso relativo alle beatificazioni collettive, che sono state molto più frequenti nella storia della santità cattolica, basti pensare agli 813 martiri di Otranto celebrati da Clemente XIV nel 1771 o ai 205 martiri giapponesi beatificati nel 1867 da Pio IX. L'attività wojtyliana in questo caso si inserisce appieno nella tradizione, con al primo posto i 233 martiri della guerra civile spagnola beatificati l'11 marzo 2001, seguiti dai 99 martiri d'Angers del 19 febbraio 1984 e dagli 85 martiri d'Inghilterra e Galles del 22 novembre 1987. In soluzione di continuità, tuttavia, è il nuovo impegno del pontefice verso una vasta promozione di beatificazioni singole, che non ha precedenti storici.

Sintetizzando, la politica delle canonizzazioni di Giovanni Paolo II ha, da una parte, privilegiato le canonizzazioni collettive e le beatificazioni singole, mentre, dall'altra, ha incrementato le canonizzazioni singole e le beatificazioni collettive, in un'azione a tutto tondo. Il progetto pastorale ipotizzabile dietro tale strategia potrebbe essere quello della sottolineatura dell'universalità per i santi e dell'accessibilità per i beati.[56] In ogni caso sia i santi che i beati diventano uomini e donne inseriti in un preciso contesto storico e sociale, modelli comportamentali in grado di essere imitati da precise categorie ecclesiali, non più figure religiosamente irraggiungibili e anacronistiche. Siffatta trasformazione della santità è innegabilmente resa possibile anche dall'enorme numero di figure agiografiche vissute in età contemporanea.[57] La prossimità cronologica, quando non la coevità, del santo genera una maggior empatia nella relazione con il fedele al quale è proposto, in quanto non è più percepito come un esempio esistenziale distante e ieratico. Conseguenza diretta della nuova legislazione, particolarmente della possibilità di aprire processi canonici a cinque anni dalla morte di un candidato alla santità, tale nuova tendenza ha reso più efficaci i modelli agiografici, in grado ora, come è stato sug-

56. Cfr. Francesco De Palma, *La santità postconciliare: considerazioni statistiche, tipologiche e sociologiche per una storia delle canonizzazioni*, in *Santi nel Novecento Storia, agiografia, canonizzazioni*, a cura di Francesco Scorza Barcellona, Rosenberg&Sellier, Torino 1998, pp. 54-55.

57. Vedi i grafici nn. 9 e 24.

gerito da più parti, di competere con i divi e le star proposte dalla società civile contemporanea:[58] a una santità percepita come agonismo, eccezionalità e alterità, ancora tipica nel pontificato di Paolo VI, si contrappone una moltiplicazione di beati e santi che si pretendono tanto unici quanto comuni. Una simile visione porta però con sé il rischio di una inflazione e di una banalizzazione delle santificazioni stesse, come diversi commentatori non hanno mancato di sottolineare anche durante gli anni wojtyliani. Un intervento, alquanto discusso e polemizzato, risalente all'aprile 1989, a pochi anni dalla riforma di Giovanni Paolo II, dell'allora prefetto alla Congregazione per la Dottrina della Fede, Joseph Ratzinger, sembra proprio raccogliere simili preoccupazioni. Durante una conferenza in provincia di Milano ha sostenuto, infatti, che alcune canonizzazioni e beatificazioni «forse hanno un qualche significato per un limitato gruppo di persone, ma che per la grande maggioranza dei credenti non significano molto» e ha dichiarato la necessità di dare la priorità a santi che con la loro esistenza offrano un messaggio davvero universale.[59]

Altre considerazioni importanti emergono dall'analisi dei dati statistici. Salta subito all'occhiol'elevato numero di martiri, ben l'83% dei santi e il 77% dei beati.[60] A tale proposito ricopre un ruolo sostanziale l'idea wojtyliana che la chiesa del Novecento e del Terzo Millennio sia nuovamente chiesa di martiri, con la riproposizione dell'antica immagine *sanguis martyrum – semen christianorum*, e con l'aggiunta della prospettiva del dialogo ecume-

58. «Dall'altra parte, all'epoca dei Premi Nobel, degli Oscar hollywoodiani, dei concorsi di bellezza e dei servizi sui giornali popolari, un papa mediatico come Giovanni Paolo II non ha il minimo scrupolo a segnalare un numero crescente di personalità degne di ammirazione e di venerazione – in particolare alla gente semplice, che la mancanza di cultura religiosa spinge oggi verso il feticismo televisivo, l'astrologia del bazar o la *new age* più o meno fantasmagorica. [...] Che cosa fa il papa, se non offrire esempi scelti, personaggi che hanno un senso, punti di riferimento per gli uomini di questi tempi – i quali ne hanno tanto più bisogno dei loro predecessori, in questo mondo in frantumi? Chi resterà come modello di vita, per gli uomini del terzo millennio: Elvis Presley o Che Guevara? Lady Di o Bill Gates? O forse... Madre Teresa?», in Bernard Lecomte, *Giovanni Paolo II. La biografia*, Dalai editore, Milano 2004, pp. 573-574. Così anche il già citato Michel in *Sanguinis effusione aut heroico virtutum exercitio*, p. 121.

59. La frase tratta dal discorso del cardinale Ratzinger è riportata in «30 giorni», 5 (1989), p.18. L'articolo di Marina Ricci, *Qualche dato falso e... la polemica è servita*, pp. 18-20 è la risposta della rivista alla polemica che ne è seguita. Sull'eco che ha avuto il discorso e sulle svariate reazioni che ha suscitato nel mondo curiale, Woodward, *Making Saints*, pp. 377-379.

60. Grafici nn. 3 e 18.

nico.[61] Gli stati di vita che vantano la maggioranza tra i beati e i santi sono quelli legati alla dimensione ecclesiastica, come il sacerdozio e l'appartenenza a ordini e congregazioni religiosi. Se ciò sta sicuramente a significare una santità dai tratti tipicamente clericali, confermata dall'altro gruppo più consistente, quello dei fondatori – preponderante caratteristica della santità otto-novecentesca che trova conferma nell'attività canonizzatrice wojtyliana –, tuttavia, non è trascurabile il numero di laici, che aumenta rispetto al passato: 44% tra i santi e 19% tra i beati.[62] Il dato si riduce però drasticamente se non si considerano i *socii*, ovvero i compagni martiri delle cerimonie collettive. La santità laicale di Giovanni Paolo II è così inscindibilmente legata a quella martiriale e stentano ancora a essere riconosciuti come santi i laici presi singolarmente, nella quotidianità del loro stato.

Circa la nazionalità dei beatificati, anche se si scorge una certa tendenza verso l'internazionalizzazione della santità, la maggioranza resta di provenienza europea, con Italia, Spagna e Francia ai primi posti.[63] Molti paesi extraeuropei tuttavia possono per la prima volta vantare un beato, particolarmente quelli legati a chiese di recente istituzione o di paesi in cui il cattolicesimo è minoranza religiosa. Significativamente, invece, le canonizzazioni non presentano lo stesso andamento delle beatificazioni, con l'82% dei santi non provenienti dall'Europa.[64] La santità extraeuropea è, infatti, prevalentemente martiriale e missionaria – molto spesso è composta da catechisti e sacerdoti locali, formati da religiosi europei, per

61. Esemplare la commemorazione dei martiri tenutasi davanti al Colosseo il 7 maggio 2000: «L'ecumenismo dei martiri e dei testimoni della fede è il più convincente; esso indica la via dell'unità ai cristiani del ventunesimo secolo», *Insegnamenti di Giovanni Paolo II*, XXIII, 1, LEV, Città del Vaticano 2000, p. 776 (da ora in poi *Insegnamenti*. Se la citazione non è seguita dalla specificazione della lingua tra parentesi, significa che è stata pronunciata originalmente in italiano dal papa. Si è utilizzata la traduzione ufficiale in lingua italiana disponibile sul sito www.vatican.va). Per un confronto con la comunità ortodossa russa si veda Il'ja Semenenko-Basin, *Eternamente fiorisce. I nuovi santi della Chiesa ortodossa russa*, La Casa di Matriona, Milano 2005.

62. Grafici nn. 4, 7, 19 e 22.

63. Grafici nn. 5-6 e 8. L'elevato numero di beati francesi e spagnoli è imputabile alla presenza dei martiri della rivoluzione francese e della guerra civile. Già nel corso del Seicento e del Settecento vi era stato un equilibrio tra santi italiani e non italiani – ma comunque europei –, anche se poi la tendenza era cambiata nei primi quarant'anni dell'Ottocento. Con Pio IX si ha un incremento nel numero di santi e beati martiri non europei. Cfr. Vian, *Papi e santi tra Rivoluzione francese e primo dopoguerra*, p. 590.

64. Grafici nn. 20 e 21.

la cristianizzazione di nuove terre –, mentre la santità europea, anch'essa martiriale, è formata in prevalenza da religiosi o laici periti in particolari contingenze della storia d'Europa. A conferma vi è la classificazione delle ragioni del martirio: tra i beati la morte in missione è al quinto posto, dopo guerra civile spagnola, guerra di religione, dittatura nazista e rivoluzione francese, mentre tra i santi è al primo posto.[65] Altro elemento da rilevare è come Giovanni Paolo II presti particolare attenzione alla Polonia e alle sue figure agiografiche, che assumono una percentuale rilevante soprattutto tra i beati (12%, ovvero 155 beati), in grande maggioranza martiri. La motivazione non è solamente dettata dalle devozioni personali del pontefice, che si mostra in diverse occasioni molto affezionato al suo paese d'origine, ma rientra in una strategia più ampia legata tanto al suo concetto di patria e di Europa, quanto al suo rapporto con il regime sovietico prima del 1989 e con le democrazie occidentali poi. Come si vedrà meglio in seguito, il pontefice sembra, infatti, voler teorizzare l'inserimento a pieno titolo della Polonia nell'Europa occidentale, in comunione con Roma. Tale inclusione presuppone l'idea di uno stretto binomio tra civiltà europea e civiltà cristiana, in quanto è nel continente europeo che il messaggio evangelico si è particolamente diffuso e radicato, nonostante la secolarizzazione e l'indifferentismo religioso dell'ultimo secolo. Le beatificazioni e le canonizzazioni di personalità polacche spesso presentano inoltre la Polonia come «terra di santi» – titolo riservato storicamente alla sola Italia –, dove il cristianesimo ha rivestito nel corso della sua storia un ruolo di guida e di collante per l'identità nazionale.[66] Se nel pensiero del pontefice la patria

65. Grafici nn. 8 e 23.

66. Per una storia del cristianesimo polacco, *Storia del cristianesimo in Polonia*, a cura di Jerzy Kłoczowski, Cseo, Bologna 1980 e *Storia religiosa della Polonia*, a cura di Luciano Vaccaro, La Casa di Matriona, Milano 1985, in particolare sulla Polonia avamposto per la difesa del cristianesimo e della civiltà europea, pp. 50-52, e sui santi polacchi, pp. 73-95. Interessanti riflessioni sull'intreccio tra storia e martirio nella *Weltanschaung* polacca in Adriano Roccucci, *Giovanni Paolo II e i "nuovi martiri"*, in *Storia del cristianesimo 1878-2005. Il pontificato di Giovanni Paolo II*, XI, a cura di Elio Guerriero e Marco Impagliazzo, supplemento a «Famiglia Cristiana», Edizioni Paoline, Cinisello Balsamo 2006, pp. 187-234. Andrea Riccardi parla di una «teologia delle nazioni», tipica di papa Wojtyła: «Per lui non si arriva all'universalismo in maniera astratta e volontaristica, ma attraverso la storia di una nazione. [...] La "polonità" di Giovanni Paolo II, come scrive Tad Szulc, ha radici in tutta la storia nazionale, ma ci sono forse due stagioni che egli sente di più: la Polonia degli Jagelloni e la vicenda novecentesca delle guerre e della rinascita del paese», Andrea Riccardi, *Governo carismatico. 25 anni di pontificato*, Mondadori, Milano 2003, p. 31.

indica l'eredità dei contenuti culturali e dei valori spirituali di un determinato territorio ed è inserita in una dimensione escatologica, in quanto la salvezza individuale dell'uomo ha un nesso strutturale con la storia della salvezza del proprio paese,[67] la Polonia sembra ricoprire un tale ruolo non solo per il suo popolo, ma anche per gli altri paesi, particolarmente quelli dell'est europeo sia durante il dominio del blocco sovietico, sia dopo la sua dissoluzione, con l'auspicio che ne imitino il suo cattolicesimo, elemento fondamentale nel processo di costruzione identitaria e di resistenza alle avversioni storiche.[68]

L'analisi del numero di beatificazioni e canonizzazioni per anno di pontificato mostra un certo parallelismo tra l'elevato numero di beati e santi e precisi anni del pontificato– gli anni 1984, 1987-1988, 1999-2001 possono essere definiti i più prolifici.[69] In essi ricorrono particolari eventi pastorali e liturgici che motivano la concentrazione di cerimonie di beatificazione o canonizzazione rilevanti: il 1984 è l'anno del giubileo della redenzione, nel 1987 il sinodo dei vescovi si riunisce sul tema della vocazione dei laici nella chiesa, il 2000 è segnato dal grande giubileo. È assai probabile che col procedere del pontificato, in anni sempre più recenti, abbiano anche cominciato a concludersi molte delle numerose cause collettive legate ai martiri della guerra civile spagnola, ferme in congregazione per volere di Paolo VI, determinando così una larga disponibilità di martiri da santificare.[70] La strategia canonizzatrice wojtyliana si è dunque messa in moto col procedere del tempo, le cause collettive sono state via via unite per convenienza ora pastorale ora procedurale, fino a raggiungere cerimonie con un numero di personalità agiografiche sempre più alto.

67. Giovanni Paolo II, *Memoria e identità*, Rizzoli, Milano 2006, pp. 75-108 e 113-123 e Giovanni Reale, *Karol Wojtyła. Un pellegrino dell'assoluto*, Bompiani, Milano 2005, pp. 177-196.

68. Così anche Giovanni Miccoli, *In difesa della fede. La chiesa di Giovanni Paolo II e Benedetto XVI*, Rizzoli, Milano 2007, p. 168: «sembra riecheggiare l'idea, profondamente radicata nella cultura nazionale polacca, di un ruolo messianico, di rinnovamento religioso e civile, che la Polonia era chiamata a svolgere nei destini d'Europa. È la storia della nazione polacca a suggerire una tale prospettiva, che egli [Giovanni Paolo II] profila fin dal suo primo viaggio in Polonia. La sua storia infatti è profondamente legata a Cristo, si modella per così dire su Cristo».

69. Grafico n. 25.

70. Cfr. Vizuete Mendoza, *La fiesta católica*, pp. 1818-182. Il blocco delle cause dei martiri spagnoli optato da Paolo VI trova forse ragione nella spinta al rischieramento della chiesa spagnola a sostegno della transizione dal regime franchista alla democrazia.

Un altro aspetto da valutare è la scelta di Giovanni Paolo II di celebrare alcune cerimonie di beatificazione e canonizzazione in momenti liturgici emblematici, come la festa di Cristo Re, l'ultima domenica dell'anno liturgico.[71] In riferimento ai decenni tra il secondo Ottocento e il primo Novecento si è molto parlato, in questo senso, di politicizzazione delle devozioni e dei modelli agiografici:[72] è allora un caso o piuttosto la riproposizione di una determinata lettura dei culti il fatto che vengano celebrate cerimonie proprio in questa festività – a cui non si sottrae la canonizzazione nel 1992 di Claude de La Colombière, padre spirituale di Marguerite-Marie Alacoque?[73] Nell'articolato discorso riguardante il giudizio sulla storia moderna Giovanni Paolo II, nella sua contrapposizione tra chiesa e illuminismo, non rinuncia a incoraggiare, almeno in un primo momento, la devozione del Sacro Cuore, profondamente legata alla festa del Cristo Re, secondo uno schema tipico del cattolicesimo intransigente,[74] tuttavia non è un elemento che sembri perdurare. Se l'ufficiatura di beatificazioni e di canonizzazioni è spesso avvenuta anche in altri momenti dell'anno liturgico – mese dedicato alla Madonna, domenica della festa del Buon Pastore, giornata missionaria mondiale, etc. –, la scelta di legare le cerimonie a particolari devozioni è sicuramente meno casuale di quello che può apparire a un primo sguardo, senza per questo dover forzatamente parlare di una loro vera e propria strumentalizzazione.

Infine, tra i 1.342 beati si contano 374 donne, mentre tra i 482 santi vi sono 125 donne. Nonostante la presenza femminile rappresenti solo il 28% del totale delle beate e il 26% del totale delle sante, è possibile riconoscere

71. Istituita l'11 dicembre 1925 da Pio XI con l'enciclica *Quas primas*, la festa di Cristo Re è divenuta presto un simbolo del cattolicesimo intransigente. Cfr. Marie-Thérèse Desouche, *Genèse de l'encyclique* Quas Primas *de Pie XI sur le Christ Roi*, in *Pie XI et la France. L'apport des archives du pontificat de Pie XI à la connaissance des rapports entre la Saint-Siège et la France*, a cura di Jacques Prévotat, École Française de Rome, Roma 2010, pp. 285-313.

72. Tra le numerose opere relative a questo argomento, Daniele Menozzi, *Sacro Cuore. Un culto tra devozione interiore e restaurazione cristiana della società*, Viella, Roma 2001.

73. Esempi di glorificazioni celebrate durante la festa di Cristo Re sono: la beatificazione di José Manyanet y Vives (1833-1901) e di Élisabeth Catez (de la Trinité) (1880-1906) il 25 novembre 1984; la beatificazione degli 85 martiri inglesi il 22 novembre 1987; la beatificazione di 25 martiri messicani e María Venegas de la Torre (de Jesús Sacramentado) (1868-1959) il 22 novembre 1992.

74. Menozzi, *Giovanni Paolo* II, p. 32.

un forte incremento di tali modelli agiografici rispetto ai predecessori.[75] L'aumento del numero di beate e sante può essere considerato una conseguenza diretta dello sviluppo della società contemporanea e un tentativo da parte del magistero ecclesiastico di adattarvisi: il XX secolo, infatti, ha assistito allo sviluppo dei movimenti di emancipazione femminile e alla promozione di un ruolo sociale attivo per le donne, ai quali la santità ufficiale non poteva che conformarvisi, pena la perdita di esemplarità.[76] Dopo uno sguardo generale alle dinamiche della politica delle canonizzazioni di Giovanni Paolo II, la significativa presenza femminile tra le sue glorificazioni sarà il tema centrale dei capitoli a seguire.

75. Nel pontificato di Giovanni Paolo II il numero di donne rappresenta una percentuale discreta sul totale. Tuttavia, il loro numero risulta il più alto rispetto a tutti i suoi predecessori. Pio XII è stato il pontefice ad aver elevato alla gloria degli altari la percentuale più alta di donne rispetto al numero di beatificazioni e canonizzazioni, con 62 beate su un totale di 169 beati (37%) e con 17 sante su un totale di 33 santi (52%) (dati elaborati personalmente). Grafici nn. 10-16 e 26-30.

76. Opinabile l'interpretazione di Pierre Delooz, secondo il quale l'aumento delle canonizzazioni femminili del XX secolo è da attribuire ad una sorta di «unconscious pressure» di gruppi che hanno supportato questi processi senza percepirli distintamente come il risultato di forze sociali e storiche più ampie. Cfr. Pierre Delooz, *Towards a Sociological Study of Canonized Sainthood in the Catholic Church*, in *Saints and Their Cults. Studies in Religious Sociology, Folklore and History*, a cura di Stephen Wilson, Cambridge 1983, p. 201.

2. La politica delle canonizzazioni

1. *Santità per tutti*

1.1. *La santità universale*

L'attività canonizzatrice di Giovanni Paolo II si è realizzata in venticinque anni, dal 29 aprile 1979 al 3 ottobre 2004. Sicuramente durante il suo pontificato la materia agiografica si è espansa, frammentata e particolarizzata, tanto che si è parlato di una politica delle canonizzazioni «duttile ed inclusiva da riuscire indifferenziata ed ecumenica»,[1] ma da un'analisi accurata emerge anche la possibilità di operare dei distinguo e delle chiarificazioni all'interno di una tale ampiezza. Per prima cosa, è possibile individuare alcune tematiche ricorrenti, veicolate tanto dal modello agiografico in sé, nella sua dimensione storica ed esistenziale, quanto dalle omelie pronunciate dal pontefice, attraverso le quali il beato, o il santo, viene presentato ai fedeli. Il concetto di santità universale, la nuova evangelizzazione o la difesa della dignità umana sono solo alcuni esempi di come, attraverso le canonizzazioni, il pontefice abbia espresso particolari esigenze pastorali aventi precise coordinate spazio-temporali. Secondariamente, attraverso la strategia canonizzatrice è possibile ravvisare piuttosto chiaramente i differenti orientamenti assunti dal pontefice in relazione agli avvenimenti storici accaduti in quegli anni. La fine della guerra fredda e il conseguente riassestamento dell'Europa orientale, ma anche l'acceleramento del fenomeno della globalizzazione – con il conseguente consolidarsi di un vero e proprio cattolicesimo globale –, per citare solo due esempi, sono stati momenti simbolici anche all'interno

1. Sergio Luzzatto, *Padre Pio. Miracoli e politica nell'Italia del Novecento*, Einaudi, Torino 2007, p. 395.

del pontificato wojtyliano, soprattutto per la ristrutturazione delle urgenze sociali ed ecclesiali e delle priorità pastorali.

La riflessione wojtyliana sulla natura della canonizzazione parte dal concetto di santità universale. Come già accennato, la santità universale, che ha una lunga storia all'interno della chiesa cattolica, viene ufficialmente sancita durante il Concilio Vaticano II, nella costituzione dogmatica *Lumen gentium*, particolarmente dove afferma che «tutti coloro che credono nel Cristo di qualsiasi stato o rango, sono chiamati alla pienezza della vita cristiana e alla perfezione della carità e che tale santità promuove nella stessa società terrena un tenore di vita più umano» e che «tutti i fedeli del Cristo quindi sono invitati e tenuti a perseguire la santità e la perfezione del proprio stato».[2] Tale concetto, modellato da Giovanni Paolo II proprio a partire da quello conciliare e che rintraccia in esso la sua legittimazione, viene sottolineato tanto nei suoi documenti apostolici, quanto all'interno delle omelie delle cerimonie di beatificazione e canonizzazione.[3] Ad esempio, si possono citare sia la *Christifideles laici*, esortazione apostolica sulla vocazione e missione dei laici nella chiesa e nel mondo del 30 dicembre 1988, che ha messo in evidenza la potenziale santità dei laici nelle realtà temporali e nella partecipazione alle attività terrene,[4] sia la *Novo millennio ineunte* del 6 gennaio 2001, lettera di bilancio del giubileo del 2000, che ha sottolineato l'urgenza pastorale della santità riproponendo «a tutti con convinzione questa "*misura alta" della vita cristiana ordinaria*».[5] Simili riferimenti sono rintracciabili anche in alcune omelie di canonizzazioni. Durante la beatificazione di Luigi Orione (1872-1940), Maria Anna Sala (1829-1891) e Bartolo Longo (1841-1926) – di cui si parlerà anche in seguito –, il 26 ottobre 1980, il pontefice ha segnalato come attraverso diversi modi di vivere si possa ugualmente raggiungere la santità: di don Orione ha messo in risalto l'azione caritativa e fondatrice, di suor Maria Anna l'impegno d'insegnante perché «particolarmente oggi la scuola ha bisogno di educatori saggi, seri, preparati, sensibili e responsabili»,[6] del laico Lon-

2. Cfr., *Lumen gentium*, in *Enchiridion Vaticanum*, vol. 1, Edizioni Dehoniane, Bologna 1979, pp. 205-215.

3. Sul concetto teologico di santità a partire dal Concilio Vaticano II, Misztal, *Le cause di canonizzazione*, pp. 30-34.

4. *Christifideles laici*, in *Insegnamenti*, XI, 4, 1988, pp. 2100-2102. Così anche l'Angelus del 4 ottobre 1987, *Insegnamenti*, X, 3, 1987, pp. 804-805.

5. *Novo millennio ineunte*, in *Insegnamenti*, XXIV, 1, 2001, p. 108.

6. *Insegnamenti*, III, 2, 1980, p. 990.

go la testimonianza di fede attraverso la devozione mariana. In chiusura ha chiaramente espresso la promozione del concetto di santità universale, che trova la sua legittimazione proprio nella citazione della *Lumen gentium*:

> Oggi la Chiesa propone alla nostra meditazione e alla nostra imitazione un Sacerdote, una Religiosa ed un Laico: è davvero sintomatica questa coincidenza dei tre "stati" di vita! Si può dire che è un avvenimento ed un incoraggiamento a tutte le categorie che formano il popolo di Dio, che costituiscono la Chiesa pellegrinante verso il cielo: tutti siamo chiamati alla santità; per tutti ci sono le grazie necessarie e sufficienti; nessuno è escluso! Come ha rilevato il Concilio Vaticano II: «Tutti i fedeli di qualsiasi stato o grado sono chiamati alla pienezza della vita cristiana e alla perfezione della carità...Nei vari generi di vita e nei vari uffici un'unica santità è coltivata da quanti sono mossi dallo Spirito di Dio e, obbedienti alla voce del Padre, seguono Cristo povero, umile, e carico della croce, per meritare di essere partecipi della sua gloria» (*Lumen Gentium*, 40b, 41a). Ed ancora: «Tutti i fedeli quindi sono invitati e tenuti a perseguire la santità e la perfezione del proprio stato» (ivi, 42e). Don Orione, Suor Maria Anna Sala e Bartolo Longo, nel richiamarci questa dottrina fondamentale, ci danno una lezione di suprema importanza: la necessità della propria santificazione, perseguita con serietà, sincerità, umiltà e costanza...[7]

Il pontefice ha riproposto il concetto anche nell'omelia di beatificazione di Amabile Visenteiner (Paulina do Coração de Jesús Agonizante) (1865-1942) il 18 ottobre 1991. La santità universale si accompagna qui alla visione di una santità portatrice di evangelizzazione:

> Essere santo significa opporsi al peccato, alla rottura con Dio. L'uomo non sacralizzato, non santificato, permane schiavo del peccato e non è toccato dall'azione del mistero pasquale redentore del divino Salvatore degli uomini. *La Chiesa esiste per la santificazione degli uomini in Cristo*. È questa santità che essa deve portare anche tra gli uomini del mondo secolarizzato affinché non siano profanati. Per questo essa insegna anche che la santità non è "alienazione", come a volte si sente dire, ma una maggiore familiarità con le realtà più profonde di Dio. [...] Cristo chiama tutti noi, ognuno secondo la sua vocazione – in casa, sul lavoro, nel compimento degli obblighi che competono al proprio stato, sia inseriti nelle realtà temporali, sia nel sacerdozio ministeriale o nella vita religiosa, nei doveri di cittadino, nell'esercizio dei propri diritti – tutti siamo chiamati a partecipare al regno dei cieli.[8]

7. Ivi, p. 991.
8. *Insegnamenti*, XIV, 2, 1991, p. 917 (in portoghese).

Dietro molte beatificazioni e canonizzazioni wojtyliane è evidente, infatti, una ragione paidetica volta a dimostrare che tutti i cristiani sono chiamati alla santità e che essa non è una meta impossibile o riservata a pochi eletti. La chiamata di tutti i fedeli alla santità diventa così l'occasione per proporre modelli *ad hoc*, per ogni tipologia di persone, ogni strato sociale, ogni categoria lavorativa, in un'opera di capillare diffusione del messaggio cristiano in tutte le pieghe della società. Attraverso la sottolineatura del particolare apostolato o del destinatario dell'attività del beato, o del santo, di volta in volta elevato agli onori degli altari sono proposti esempi di santità destinati a tutti i settori sociali, dalla scuola alla sanità, dal mondo operaio agli ambienti ecclesiastici, dai giovani alle persone anziane, dai laici ai sacerdoti, dagli uomini alle donne. I numerosi modelli ricoprono gli aspetti più disparati del tessuto sociale, lavorativo e culturale, con una forte tensione totalizzante.

Ecco alcuni esempi. Il 4 ottobre 1981 Giovanni Paolo II ha beatificato Erminio Filippo Pampuri (1897-1930), membro dell'Ordine Ospedaliero di san Giovanni di Dio (Fatebenefratelli), additandolo come modello per i giovani, per i medici – con «l'appello che svolgano con impegno la loro delicata arte animandola con gli ideali cristiani, umani, professionali, perché sia una autentica missione di servizio sociale, di vera promozione umana» –, e per i religiosi che «realizzano la loro consacrazione fra le corsie degli ospedali e nelle case di cura»;[9] il 21 ottobre 1984 l'attenzione del pontefice è rivolta alle scuole cattoliche e ai catechisti grazie alla canonizzazione di Miguel Febres Cordero (1854-1910), membro dell'Istituto dei Fratelli delle Scuole Cristiane e insegnante; il 25 novembre 1984 José Manyanet y Vives (1833-1901), sacerdote e fondatore della Congregazione dei Figli della Sacra Famiglia e dell'Istituto delle Figlie missionarie della Sacra Famiglia di Nazareth, è segnalato per diffondere il modello della sacra famiglia nelle famiglie cristiane; il 29 marzo 1987 Manuel Domingo y Sol (1836-1909), fondatore degli Operai Diocesani del Cuore di Gesù, è beatificato e ricordato con il soprannome di «santo apostolo delle vocazioni sacerdotali».[10]

A proposito di una simile visione della santità va menzionato uno dei santi più discussi durante il pontificato di Giovanni Paolo II, Josemaría Escrivá de Balaguer (1902-1975), sacerdote e fondatore dell'Opus Dei, beatificato il 17 maggio 1992 e successivamente canonizzato il 6 ottobre

9. *Insegnamenti*, IV, 2, 1981, p. 343.
10. *Insegnamenti*, X, 1, 1987, pp. 859-860 (in spagnolo).

2002, grazie ad uno dei processi di canonizzazione più brevi nella storia della chiesa cattolica.[11] Tralasciando le polemiche circa una pressione molto forte operata dalla prelatura personale affinché il proprio fondatore salisse presto alla gloria degli altari, è interessante far notare qui come Escrivá de Balaguer sia stato presentato come il santo che meglio ha vissuto e teorizzato la vocazione alla santità universale. Nel discorso del 18 maggio 1992, il giorno successivo alla beatificazione e nel contesto delle celebrazioni ad essa correlate, Giovanni Paolo II sottolinea la consonanza tra intuizione balagueriana della santificazione del cristiano laico nell'esercizio della professione profana e l'assunto conciliare per cui i cristiani sono chiamati all'impegno secolare e alla santificazione, facendo propria la rappresentazione che circolava in diversi ambienti, non solo opusdeisti, secondo la quale il messaggio di Escrivá de Balaguer, con i suoi assunti sulla chiamata universale alla santità, sulla santificazione del lavoro e del mondo, sul sacerdozio dei fedeli e sulla vocazione matrimoniale, convergerebbe con il magistero del Concilio Vaticano II:

> Come non vedere nell'esempio, negli insegnamenti e nell'opera del Beato Josemaría Escrivá de Balaguer un'eminente testimonianza di eroismo cristiano nell'esercizio delle comuni attività umane? La chiamata universale alla santità e all'apostolato è, lo sapete bene, uno dei punti su cui maggiormente ha insistito il magistero del Concilio Vaticano II. Come già altri prima di lui, il Beato Josemaría, grazie alla luce di Dio, comprese questa vocazione universale non solo come una dottrina da insegnare e diffondere specialmente tra i fedeli laici, ma anche e soprattutto come il nucleo stesso di un attivo impegno nella sua attività pastorale.[12]

Il fondatore dell'Opus Dei viene in sostanza proposto come anticipatore del concilio e suo autorevole esponente. Tale visione era già presente nel decreto sull'eroicità delle virtù del Balaguer, che propone l'immagine dell'Opus Dei e del suo fondatore come protagonisti del rinnovamento ecclesiale voluto dall'assise conciliare e diffusosi negli anni seguenti. In un suo puntuale intervento Cavallotto sostiene, a ragione, che, seppure dovesse esistere una certa consonanza tra spiritualità balagueriana e concilio, è

11. Cenni biografici critici in Alfonso Botti, *Nazionalcattolicesimo e Spagna nuova (1881-1975)*, FrancoAngeli, Milano 1992, pp. 146-151.

12. *Insegnamenti*, XV, 1, 1992, pp. 1479-1480, discorso ai pellegrini giunti a Roma per la beatificazione di Josemaría Escrivá de Balaguer.

più apparente che reale, e di certo forzata nella presentazione agiografica:[13] nonostante nel messaggio opusdeista vi sia l'insistenza sulla chiamata dei laici affinché operino nel mondo, il tipo di presenza sociale proposto è assai distante da quello concepito dal Vaticano II, aperto al dialogo reciproco tra chiesa e società e tra chiesa cattolica e altre confessioni religiose. La partecipazione laicale balagueriana, dai tratti culturali intransigenti, si fonda piuttosto su una visione negativa del secolo e mantiene una netta separazione tra chiesa e consorzio umano. Essa è una presenza «destinata ad essere assorbita e "trascesa" già su questa terra da una *civitas christiana*, unica istituzione realmente in possesso di valori autentici».[14] Nel pensiero di Escrivá de Balaguer – basti pensare ad alcune pagine del suo *Cammino* – si può scorgere, inoltre, non solo l'ostilità e l'estraneità tra comunità dei credenti e società, tra cristiano e non cristiano, ma anche uno «spirito di crociata», di conquista e di sfida nei confronti del mondo, in vista di una conversione alla «civiltà cristiana», assai lontano dagli assunti conciliari.[15] Sicuramente il fondatore dell'Opus Dei incarna un modello che ben si armonizza con la necessità della nuova evangelizzazione wojtyliana: figura esemplare di apostolo che, pur mantenendo la sua dimensione presbiteriale, accredita una via vocazionale più comune, un modo di essere cristiani "restando" nel consorzio umano. Egli non solo è rappresentato come anticipatore conciliare – e per questo la sua santità è universale e lontana da quella classica del fondatore –, ma anche proposto come «pescatore di uomini», come «semplice banditore incaricato di indicare a tutti il vero *exemplum*, ovvero una nuova via per la santificazione del mondo».[16]

13. Stefano Cavallotto, *Sulla dimensione "conciliare" della santità di Escrivá de Balaguer: annotazioni critiche*, in *Santi del Novecento. Storia, agiografia, canonizzazioni*, a cura di Francesco Scorza Barcellona, Rosenberg&Sellier Torino, 1998, pp. 153-172. Si veda anche Francesco De Palma, *Diventare santi oggi: il caso della presentazione agiografica e della beatificazione di Josemaría Escrivá de Balaguer*, ivi, pp. 173-193.

14. Cavallotto, *Sulla dimensione "conciliare" della santità di Escrivá de Balaguer*, p. 159.

15. Proprio perché vi è uno strettissimo legame tra canonizzazioni ed ecclesiologia – nei santi canonizzati vi è il modello di chiesa che il papato vuole proporre –, José M. Castillo contrapponeva Escrivá de Balaguer, santo canonizzato, a Óscar Romero (1917-1980) ed Enrique Angelelli (1923-1976), santi non canonizzati. Cfr. José M. Castillo, *Storia della canonizzazione nella cristianità. Il suo significato di fondo*, in «Concilium», 49/3 (2013), pp. 92-101. Forse non è allora un caso che la causa dell'Angelelli abbia ricevuto il *nihil obstat* il 21 aprile 2015 e che papa Francesco abbia beatificato Romero il 23 maggio dello stesso anno.

16. De Palma, *Diventare santi oggi*, p. 179.

1.2. *I modelli laicali*

Il sensibile aumento nel numero di laici elevati agli onori degli altari è un dato rilevante. Nel lungo periodo l'incremento è dovuto in larga parte alla valorizzazione del mondo laicale attuata a partire dal Concilio Vaticano II e proseguita anche durante gli anni di Giovanni Paolo II, basti pensare all'anno 1987 dedicato proprio al laicato, all'esortazione apostolica *Christifideles laici*, pubblicata l'anno seguente, in cui dettagliatamente si delineavano meriti, compiti e direttive dedicate ai laici, o, ancora, alla particolare attenzione rivolta ad associazioni e movimenti ecclesiali laicali, soprattutto all'Opus Dei e a Comunione e Liberazione.[17] Dal punto di vista delle canonizzazioni, dati alla mano,[18] l'assise conciliare non è riuscita a imprimere una reale svolta quantitativamente significativa per la santità non martiriale dei laici, come invece negli anni Settanta molti avevano auspicato; e ancora negli anni Novanta Francesco De Palma annotava che «si avverte negli stessi ambienti vaticani la carenza di modelli laicali in grado di accompagnare e sostenere l'evoluzione che caratterizza alcuni temi pastorali come quello della nuova evangelizzazione, dell'impegno dei laici nella società, della spiritualità coniugale, etc.»:[19] una carenza da colmare che sarà una costante, come si vedrà dettagliatamente in seguito, all'interno della strategia canonizzatrice wojtyliana. Alla luce dei dati dell'intero pontificato di Giovanni Paolo II l'aumento numerico di beati e santi laici è rilevabile, ma non certo vertiginoso, anche per il persistere di motivi strutturali e tecnici legati al sistema delle canonizzazioni, quali la maggiore difficoltà a dimostrare l'eroicità delle virtù di un laico e il costo della causa: pratiche diffuse nel laicato come certe scelte matrimoniali o professionali possono essere guardate ancora con diffidenza dagli ambienti ecclesiastici preposti al giudizio e, inoltre, un laico, diversamente da un religioso, molto spesso non può contare su un istituto o una congregazione che si accollino le spese del processo. Il

17. Giovanni Paolo II abbraccia l'interpretazione, passata come maggioritaria dopo il Vaticano II, per la quale è il *saeculum* l'ambito dell'azione laicale, pur sempre guidata dalla gerarchia ecclesiastica. Si esclude così il recupero di un ruolo dei laici cattolici nella vita interna della comunità ecclesiale, che resta fortemente clericalizzata. Sui movimenti laicali durante il pontificato wojtyliano Massimo Faggioli, *The Rising Laity: Ecclesial Movements since Vatican II*, Paulist Press, New York 2016, pp. 19-27.

18. De Palma, *La santità postconciliare*, pp. 49-82. I dati raccolti si fermano al 1994.

19. Ivi, p. 60.

risultato è che i modelli laicali disponibili e conseguentemente proposti non sono sempre imitabili e auto-rappresentativi per il fedele cattolico che vive quotidianamente nel secolo, come lo stesso magistero invece auspica. Ci sono altri aspetti da tenere presente, come il fatto che per la chiesa cattolica è laico tanto colui che non è sacerdote o membro di una congregazione religiosa, quanto chi ha emesso voti privati o è membro di terz'ordini o istituti secolari. Inoltre, l'intera compagine che gestisce la santità fatica ancora a superare retaggi culturali di avversione e sospetto verso lo stato di vita che per secoli è stato considerato all'ultimo posto nella gerarchia ecclesiastica. Tuttavia, è ravvisabile già a partire dal primo decennio del pontificato wojtyliano una certa attenzione ai modelli agiografici laicali, legata in gran parte alla strategia di progressiva penetrazione in uno stato di vita in forte ascesa, non senza un'intenzione agonistica nei confronti dei sempre più numerosi ed effimeri esempi mediatici coevi. La grande novità di Giovanni Paolo II sta semmai nel fatto di aver presentato singole figure di laici comuni, che hanno vissuto la propria santità senza gesti di straordinaria religiosità e spiritualità, ma dotate di un fortissimo impatto emotivo, sociale e culturale.

Gli esempi sono molteplici. Giuseppe Moscati (1880-1927), beatificato da Paolo VI il 16 novembre 1975 e canonizzato da Giovanni Paolo II il 25 ottobre 1987, nell'anno del laicato, è uno dei santi laici più noti. Medico nato a Benevento da una famiglia religiosa e benestante, ha cominciato a esercitare la professione presso l'ospedale degli Incurabili di Napoli. All'attività medica pubblica ha affiancato ben presto l'insegnamento universitario e, soprattutto, visite private ai bisognosi, ai quali non chiedeva onorario. Definito «dottore delle anime oltre che dei corpi», ha praticato la scienza medica come una missione cristiana, una forma di apostolato al servizio della fede, attraverso cui curare le malattie sia fisiche che spirituali al fine di una conversione religiosa, in «un progetto che sembra mirare ad una vera e propria ricristianizzazione» contro la secolarizzazione dilagante.[20] La sua figura emerge come rappresentazione del compromesso tra scienza e fede, tra la dimensione intercessoria e taumaturgica del santo e la dimensione più innovativa dell'esemplarità

20. Cfr. Silvia Manganelli, *Un santo medico nella Napoli contemporanea. Alcune osservazioni sul caso di Giuseppe Moscati*, in «Cristianesimo nella storia» 3 (1997), pp. 637-657, in particolare sui tratti moscatiani legati al cattolicesimo intransigente dell'epoca pp. 646-648.

medico-scientifica e laicale, coerente, quando non d'anticipazione, con le disposizioni del Concilio Vaticano II.[21] Due sono le caratteristiche che emergono dall'analisi del personaggio, entrambe funzionali alla strategia wojtyliana: la scelta volontaria di conservare lo stato laicale, di rimanere, cioè, laico nel senso pieno del termine – egli non è né terziario, né membro di alcun istituto – e l'essere un medico scientificamente molto preparato.[22] È in questo senso che la «glorificazione di Moscati costituirebbe, almeno in parte, un esplicito riconoscimento del potere di parola sempre crescente assunto in quegli anni dal sapere medico-scientifico».[23] Giovanni Paolo II, infatti, lega la santità di Moscati tanto al suo essere laico quanto al suo essere medico. Nell'omelia di canonizzazione il novello santo è esibito come «laico autenticamente cristiano», medico esemplare, armonica sintesi tra scienza e fede.[24] Il fine del pontefice è di presentare un tipo di chiesa continuatrice del messaggio conciliare e, dunque, interessata a promuovere un modello realmente e ordinariamente laicale, ma anche in grado di relazionarsi, quando non competere, con il sapere medico-scientifico, la cui crescente estensione verso ambiti di comune pertinenza come la nascita e la morte diventa sempre più spesso un'occasione di confronto/scontro serrato per la rivendicazione di autorità e prerogative.

Il 26 ottobre 1980 Giovanni Paolo II ha beatificato Bartolo Longo (1841-1926), terziario domenicano, fondatore del santuario dedicato alla Madonna di Pompei, presentandolo come «il laico che ha vissuto totalmente il suo impegno ecclesïale», propagatore della fede «in un periodo doloroso di scetticismo e di anticlericalismo».[25] Agiograficamente parlando, il beato ha trasformato Pompei, che prima del suo intervento era una zona degradata e religiosamente abbandonata, in una città cristiana attraverso la devozione mariana e la pratica del rosario.[26] La sua laicità è presa a sintesi

21. Ivi, p. 640.

22. Cfr. Ead., *Un caso di santità contemporanea. Impostazione di una ricerca tra antropologia e storia*, in *Santità, culti, agiografia. Temi e prospettive. Atti del convegno dell'Associazione italiana per lo studio della santità, dei culti e dell'agiografia, Roma 24-26 ottobre 1996*, a cura di Sofia Boesch Gajano, Viella, Roma 1997, pp. 373-381.

23. Ivi, p. 377.

24. *Insegnamenti*, X, 3, 1987, pp. 923-925.

25. *Insegnamenti*, III, 2, 1980, p. 990.

26. Sul santuario di Pompei si veda Roberto P. Violi, *Religiosità e identità collettive. I santuari del Sud tra fascismo, guerra e democrazia*, Studium, Roma 1996, pp. 32-37 e *passim*.

del suo operato. Non solo il laico Longo ha fondato una città-santuario – la nuova Pompei, diventata il santuario dell'Italia meridionale per eccellenza –, ma ha anche ben armonizzato il rapporto tra cultura e scienza, un agire politico al di fuori degli schemi del cattolicesimo intransigente del tempo, e il rapporto col clero, poiché ha voluto l'autonomia del santuario da qualsiasi ordine religioso, affidandolo direttamente alla Santa Sede. Grazie alla rivendicazione dell'iniziativa autonoma del laicato, operazione non semplice nel contesto italiano meridionale tardo ottocentesco, attraverso un progetto che è stato anche di promozione civile, Longo è stato non a torto definito «anticipatore dell'intelligenza laicale del cristiano moderno».[27] Di più, la sua "libertà" di laico gli è stata in parte rimproverata nel processo di canonizzazione, particolarmente alcune sue amicizie con intellettuali che non nascondevano diffidenza verso il cattolicesimo papale, o uomini politici dei governi liberali.[28] La "modernità" di Bartolo Longo è stata vista anche nella sua religiosità interiore, lontana dal miracolismo largamente diffuso nel contesto in cui ha operato – si pensi alla spiritualità consolatoria legata al silenzio adorante –, interpretata come «pietà più moderna, senza nostalgie legittimistiche e tradizionalistiche, da *ancien régime*».[29]

Altro laico da segnalare è Pier Giorgio Frassati (1901-1925), beatificato il 20 maggio 1990. Nonostante la famiglia fosse conosciuta per le idee laiche e liberali – il padre è il noto Alfredo Frassati, direttore e proprietario de «La Stampa», senatore del Regno d'Italia, nonché ambasciatore a Berlino –, il giovane ha sviluppato presto un'intensa fede cristiana che lo ha avvicinato a diverse associazioni cattoliche (Fuci, Gioventù Cattolica, Conferenze di san Vincenzo) e al Partito popolare, in un clima di crescente tensione politica per l'avvento del fascismo, che però non ha vissuto nel suo sviluppo poiché, poco dopo la laurea in ingegneria mineraria, è morto a soli ventiquattro anni

27. Gabriele De Rosa, *Bartolo Longo anticipatore dell'intelligenza laicale del cristiano moderno*, in *Bartolo Longo e il suo tempo*, Atti del convegno storico promosso dalla Delegazione Pontificia per il Santuario di Pompei sotto l'Alto Patronato del Presidente della Repubblica (Pompei 24-28 maggio 1982), a cura di Francesco Volpe, Edizioni di Storia e Letteratura, Roma 1983, p. 23. Anche Roberto P. Violi, *Nazione e religione nei santuari italiani*, in *La Chiesa e l'Italia. Per una storia dei loro rapporti negli ultimi due secoli*, a cura di Antonio Acerbi, Vita e Pensiero, Milano 2003, pp. 113-117.

28. Cfr. Emma Fattorini, *Italia devota. Religiosità e culti tra Ottocento e Novecento*, Carocci, Roma 2012, che lo definisce «un Don Bosco trasportato al Sud», pp. 62-66 (la citazione a p. 63).

29. Si veda anche Cfr. Gabriele De Rosa, *Storie di santi*, Laterza, Roma-Bari 1990, p. 139.

di poliomielite fulminante. La fama di santità, che è cresciuta piuttosto lentamente nel tempo, è legata tanto alla morte prematura e improvvisa di Pier Giorgio Frassati, quanto al ruolo che la facoltosa famiglia ha ricoperto nella sua promozione.[30] Nella documentazione processuale e nella letteratura agiografica, che ha attraversato significativi momenti storici, l'accento è posto di volta in volta su molteplici aspetti, generando così complesse stratificazioni interpretative: l'attenzione è stata posta ora sull'impegno verso i poveri, ora sull'intensa pratica sacramentale, ma anche sull'attività di oppositore al partito fascista, a difesa dei principi cattolici. Al tempo della beatificazione si arriva a una sorta di sintesi e l'immagine di Pier Giorgio Frassati sembra piegarsi a uno schema agiografico laicale in parte già sperimentato col Moscati, ma con l'aggiunta di alcuni elementi che presto sono diventati archetipici per altri laici santi wojtyliani: prima età adulta, provenienza borghese, buona educazione, devozione e pratica ascetico-sacramentale frequente ma moderata, castità, impegno nel sociale. Come si vedrà negli altri casi, egli incarna una santità "normale", "ordinaria", sviluppatasi nella quotidianità dell'esistere:

> Il segreto del suo zelo apostolico e della sua santità è da ricercare nell'itinerario ascetico e spirituale da lui percorso; nella preghiera, nella perseverante adorazione, anche notturna, del Santissimo Sacramento, nella sua sete della parola di Dio, scrutata nei testi biblici; nella serena accettazione delle difficoltà della vita anche familiari; nella castità vissuta come disciplina ilare e senza compromessi; nella predilezione quotidiana per il silenzio e la "normalità" dell'esistenza. [...] Certo, a uno sguardo superficiale, lo stile di Pier Giorgio Frassati, un giovane moderno pieno di vita, non presenta granché di straordinario. Ma proprio questa è l'originalità della sua virtù, che invita a riflettere e che spinge all'imitazione. In lui la fede e gli avvenimenti quotidiani si fondono armonicamente, tanto che l'adesione al Vangelo si traduce in attenzione amorosa ai poveri e ai bisognosi, in un crescendo continuo sino agli ultimi giorni della malattia che lo porterà alla morte.[31]

Una nota di colore è l'accenno alla castità fatto da Giovanni Paolo II, che appare un tantino forzato se durante il processo ordinario informativo la

30. Cfr. Maria Angelica Genovese, *Pier Giorgio Frassati: un "caso" agiografico*, in *Santi del Novecento. Storia, agiografia, canonizzazioni*, a cura di Francesco Scorza Barcellona, Rosenberg&Sellier, Torino 1998, pp. 83-102, pp. 83-102. Sul complesso *iter* della sua causa si veda anche Paolo Molinari, *Iter della raccolta documentaria per la causa di Pier Giorgio Frassati*, in *Santità e archivi: fonti, luoghi, esperienze*, Atti del XXIII Convegno degli Archivisti Ecclesiastici (30 settembre-3 ottobre 2008), in «Archivia Ecclesiae», 50-52 (2007-2009), pp. 185-207.

31. *Insegnamenti*, XIII, 1, 1990, pp. 1359-1360.

difficoltà a procedere fu provocata proprio dall'eccessiva familiarità che il Frassati avrebbe avuto con alcune donne e dall'insinuazione di un testimone, in seguito smentito, che la sua morte fosse dovuta a una malattia venerea (!).[32] La beatificazione toglie poi ogni dubbio circa le virtù, castità compresa, ma il complesso *iter* della causa, dal *reponatur* di Pio XII alla ripresa di Paolo VI, fino all'esito positivo durante il pontificato di Giovanni Paolo II, mostra luci e ombre della vita del beato e della sua rappresentazione, costruitasi negli anni e servita a diversi attori, in tempi e con motivazioni differenti, per veicolare un determinato imitabile *exemplum* piuttosto che un altro.

Se si segue lo schema agiografico sopra descritto, è verso la fine degli anni Novanta che ha inizio una serie di glorificazioni di modelli laicali sempre più definibili come comuni e imitabili, come Ivan Merz (1896-1928),[33] beatificato il 22 giugno 2003 a Banja Luka in Bosnia, e Alberto Marvelli (1918-1946), beatificato il 5 settembre 2004 a Loreto, durante il pellegrinaggio promosso dall'Azione Cattolica, insieme a Pina Suriano (1915-1950) e Pere Tarrés i Claret (1905-1950). Merz, professore di lingua e letteratura francese al liceo arcivescovile di Zagabria, è stato il promotore dell'Azione cattolica croata, dapprima della Lega dei giovani cattolici croati e poi della Lega croata delle Aquile. In un articolo su «L'Osservatore Romano» viene paragonato proprio a Pier Giorgio Frassati – e a Marcel Callo (1921-1945), un giovane martire vittima del nazismo, su cui si tornerà in seguito –, in quanto ha condotto una vita "normale", simile a quelle di tanti suoi coetanei, una figura che ben risponde «al bisogno spirituale e pastorale delle nuove generazioni».[34]

Anche Alberto Marvelli rispecchia una santità vissuta interamente nei gesti e nelle scelte quotidiane, per nulla straordinari, come testimonia il suo profilo biografico. Nato a Ferrara il 21 marzo 1918, secondogenito di sette fratelli, si è formato all'oratorio salesiano e nell'Azione cattolica di Rimini. Laureatosi in ingegneria, ha lavorato presso la Fiat. Durante la seconda guerra mondiale ha prestato soccorso alle famiglie bisognose. Nel 1945 ha iniziato un'intensa attività sociale nell'associazionismo cattolico (presidente dei Laureati cattolici, vice presidente diocesano dei Giovani di

32. Genovese, *Pier Giorgio Frassati*, p. 84.

33. Profilo biografico nella raccolta agiografica, ma compilata con una certa attenzione storica seppur senza apparato critico, di Andreas Resch, *I beati di Giovanni Paolo II. 2001-2004*, vol. 5, LEV, Città del Vaticano 2006, pp. 319-320.

34. Marco Impagliazzo, *L'esaltante verità di fede dei giovani laici: Ivan, Pier Giorgio, Marcel...*, in «L'Osservatore Romano», inserto del 22 giugno 2003, p. 13.

Azione cattolica, membro delle Conferenze di S. Vincenzo) e in politica (consigliere comunale democristiano, assessore ai lavori pubblici, presidente del consorzio idraulico). È morto improvvisamente il 5 ottobre 1946, a soli ventott'anni, investito da un autoveicolo militare.[35] Se qui, rispetto al caso precedente, non vi è esplicito riferimento all'esempio laicale del Frassati, è il racconto agiografico a confermarne l'assimilabilità, particolarmente quando viene sottolineata la sua devozione verso il giovane torinese.[36] Giovanni Paolo II già nell'agosto 1982 lo segnala alle migliaia di giovani convenuti a Rimini per il *meeting* per l'amicizia dei popoli come modello da seguire per la gioventù cattolica.[37]

Nel corso del pontificato wojtyliano sempre più spesso la promozione del nucleo famigliare e del matrimonio si legano alle figure agiografiche laicali, tanto più con l'inasprirsi del dibattito contemporaneo sulle questioni biopolitiche, dal controllo delle nascite alle coppie omosessuali, dall'aborto all'eutanasia, e con l'intensificazione dell'impegno verso l'evangelizzazione delle società secolarizzate. Il 6 maggio 1990 a Città del Messico il pontefice celebra la beatificazione di Juan Diego Cuauhtlatoatzin (1474-1548),[38] il testimone dell'apparizione della Madonna di Guadalupe, la cui devozione gode tuttora di una ampissima risonanza in tutto il Messico e tra gli emigrati messicani sparsi nel mondo.[39] Tralasciando qui la nota polemica relativa alla storicità o meno del personaggio, sembra che la prima visione della Vergine risalga a Tepeyac, vicino Tlaltelolco, nel 1531.

35. Profilo biografico in Resch, *I beati di Giovanni Paolo II. 2001-2004*, vol. 5, pp. 393-396.

36. «Sceglie come modello Pier Giorgio Frassati», in http://www.vatican.va/news_services/liturgy/saints/ns_lit_doc_20040905_marvelli_it.html (6 dicembre 2016).

37. *Insegnamenti*, V, 3, 1982, p. 335, discorso ai partecipanti al III meeting per l'amicizia tra i popoli.

38. Più precisamente, si tratta di una *confirmatio cultus*. La beatificazione comprende altri quattro messicani: José María de Yermo y Parres (1851-1904), Cristóbal, Antonio e Juan (†1527-1529).

39. Tra le numerose opere Stafford Poole, *Our Lady of Guadalupe: The Origins and Sources of a Mexican National Symbol, 1531-1797*, The University of Arzona Press, Tucson 1996; William B. Taylor, *Mexico's Virgin of Guadalupe in the Seventeenth-Century: Hagiography and Beyond*, in *Colonial Saints. Discovering the Holy in the Americas, 1500-1800*, a cura di Allan Greer e Jodi Bilinkoff, Routledge, New York-London 2003, pp. 277-298; Timothy Matovina, *The Origins of the Guadalupe Tradition in Mexico*, in «The Catholic Historical Review», 100/2 (2014), pp. 243-270. Scritto dal postulatore della causa di canonizzazione Eduardo Chávez, *Our Lady of Guadalupe and Saint Juan Diego. The Historical Evidence*, Rowman&Littlefield Publishers, Lanham 2006.

A seguito della volontà espressa dalla Vergine viene eretta una chiesa nel luogo delle apparizioni, mentre Juan Diego, che al tempo dell'incontro divino aveva da poco perso la moglie, si ritira in un'esistenza di preghiera, meditazione e penitenza. Nonostante abbia trascorso il resto della sua vita come un consacrato, nell'omelia di beatificazione Giovanni Paolo II sottolinea con enfasi il suo stato laicale, glorificandolo come modello per i laici, utile a ricordare la funzione che a loro compete nella vita ecclesiale e nella santità:

> Il riconoscimento del culto che, già da secoli, è stato dato al laico Juan Diego, riveste un'importanza particolare. È un importante appello a tutti i fedeli laici di questa Nazione affinché assumano tutte le loro responsabilità nel trasmettere il messaggio evangelico e nel testimoniare una fede viva ed operante nell'ambito della società messicana. Da questo luogo privilegiato di Guadalupe, cuore del Messico sempre fedele, desidero esortare tutti i laici messicani ad impegnarsi più attivamente nella nuova evangelizzazione della società. I fedeli laici partecipano alla funzione profetica, sacerdotale e regale di Cristo (*Lumen Gentium*, 31), ma realizzano tale vocazione nelle condizioni ordinarie della vita quotidiana. Il loro campo naturale ed immediato di azione si estende a tutti gli ambienti della convivenza umana e a tutto ciò che fa parte della cultura nel suo significato più ampio e completo.[40]

Juan Diego è anche il primo santo indigeno del Messico. L'omelia di canonizzazione, il 31 luglio 2002, è un appello continuo all'evangelizzazione del paese, mentre la visione della Vergine di Guadalupe è interpretata dal pontefice come l'evento che ne ha segnato l'inizio. Il nuovo santo svolge così una funzione di recupero della matrice indigena del culto guadalupano, del suo «messaggio inteso come creatore di meticciato»,[41] frutto dell'incontro tra cattolicesimo e mondo nativo: «Guadalupe e Juan Diego possiedono un profondo significato ecclesiale e missionario e sono un modello di evangelizzazione perfettamente inculturata».[42] Proseguendo, l'attenzione generale rivolta al laicato presente nell'omelia di beatificazione è qui sostituita da esortazioni più concrete e dirette a sostenere particolari aspetti della vita sociale laicale, come il matrimonio, la famiglia, l'educazione dei figli o, in-

40. *Insegnamenti*, XIII, 1, 1990, p. 1129 (in spagnolo).

41. Massimo De Giuseppe, *Guadalupe: il caleidoscopio della pluriculturalità. Religione, nazione, società, nel lungo Novecento*, in «Memoria e ricerca», 53 (3/2016), p. 422. Spunti interessanti anche in David A. Brading, *La canonización de Juan Diego*, FCE-CIDE, Ciudad de México 2009.

42. *Insegnamenti*, XXV, 2, 2002, p. 127.

direttamente, l'attività legislativa dello stato, affinché vi sia «il rispetto della dignità di ogni uomo, perché così si consolidi la vera pace».[43] L'esaltazione del ruolo laicale e della difesa della dignità umana non sono però gli unici temi legati alla glorificazione di Juan Diego. Nel periodo compreso tra la beatificazione (1990) e la canonizzazione (2002) si sviluppa infatti una fase di normalizzazione delle relazioni stato-chiesa in Messico e la figura del veggente diventa così un «tramite umano, sociale e finanche istituzionale del messaggio mariano», assumendo una centralità politica quasi maggiore della "madre", la Vergine di Guadalupe. Giovanni Paolo II, attraverso la figura di Juan Diego, «interprete prototipico della nazione cattolica», ribadisce il diritto della chiesa di ricollocarsi al centro del discorso nazionale, in una sorta di «simbolica *reconquista* cattolica della nazione».[44]

I temi della famiglia e del matrimonio sono molto cari al pontefice e non sorprende di certo che sia proprio Giovanni Paolo II a celebrare la prima beatificazione di una coppia di sposi nella storia della chiesa cattolica, quella di Luigi Beltrame Quattrocchi (1880-1951) e di sua moglie Maria Corsini (1884-1965), il 21 ottobre 2001, durante la giornata missionaria mondiale.[45] I coniugi Beltrame-Quattrocchi, genitori di quattro figli, tutti votati alla vocazione religiosa, sono stati dei personaggi molto attivi nell'associazionismo laicale cattolico italiano tendenzialmente più conservatore: lui, avvocato, ha collaborato con i Comitati civici, la Gioventù italiana di Azione cattolica (Giac), il Movimento di rinascita cristiana e il Fronte della famiglia; lei, scrittrice di opere educative, è stata membro del Consiglio centrale dell'Azione cattolica femminile, ha operato nel Fronte della Famiglia come vice-presidente del comitato romano, e in Rinascita Cristiana. Il discorso che il papa ha pronunciato durante la cerimonia offre diversi spunti. Dopo aver sottolineato che la beatificazione avviene a vent'anni dall'esortazione apostolica *Familiaris consortio* (1981), un documento «di grande attualità» la cui bellezza risplende nella testimonianza dei novelli beati, definisce i due coniugi «espressione esemplare del

43. Ivi, pp. 128-129 (in spagnolo).

44. De Giuseppe, *Guadalupe: il caleidoscopio della pluriculturalità*, pp. 421-446, cit. a p. 423.

45. Cfr. l'agiografia di Giorgio Papàsogli, *Questi borghesi... I beati Luigi e Maria Beltrame Quattrocchi*, Marietti, Roma 1974 (seconda ed. Piemme, Cinisello Balsamo 1994 e terza ed. Cantagalli, Siena 2001) e il medaglione agiografico di Domenico Mondrone, *Maria Beltrame Quattrocchi. Una madre, un'apostola, una mistica*, in *I santi ci sono ancora*, vol. 2, Edizioni Pro Sanctitate, Roma 2003, pp. 356-377.

popolo italiano, che tanto deve al matrimonio e alla famiglia fondata su di esso». Questa sottolineatura, come si vedrà in seguito, rientra nel tentativo di eleggere l'Italia a «terra di santi». Ma marito e moglie diventano anche realizzatori sia dell'«amore coniugale» che del «servizio alla vita», in quanto hanno generato ed educato cristianamente i figli:[46] il matrimonio viene così indissolubilmente legato alla procreazione. Se la santificazione di una coppia sposata, da una parte, convalida finalmente il matrimonio come possibile via da percorrere verso la santità, affiancandolo alla consacrazione religiosa e alla castità, dall'altra, diventa efficace strumento promozionale dell'istituzione familiare. La beatificazione trova fecondo inserimento nella più ampia campagna wojtyliana di rivitalizzazione cristiana della società attraverso le sue stesse componenti naturali e fondamentali, come la famiglia, e di controllo ecclesiastico degli assetti del consorzio umano. Tuttavia, il pontefice non tralascia la dimensione «straordinaria» della «vita ordinaria» dei due sposi. Anche loro offrono un modello di santità laicale reale, di santità accessibile a tutti, come già era stato suggerito dal Vaticano II:

> La ricchezza di fede e d'amore dei coniugi Luigi e Maria Beltrame Quattrocchi è una vivente dimostrazione di quanto il Concilio Vaticano Secondo ha affermato circa la chiamata di tutti i fedeli alla santità, specificando che i coniugi perseguono questo obiettivo "propriam viam sequentes", "seguendo la loro propria via" (*Lumen Gentium*, 41). Questa precisa indicazione del Concilio trova oggi una compiuta attuazione con la prima beatificazione di una coppia di sposi: per essi la fedeltà al Vangelo e l'eroicità delle virtù sono state riscontrate a partire dal loro vissuto come coniugi e come genitori.[47]

La ripresa di entrambi i temi – santità nella vita ordinaria e difesa dell'istituto familiare – in un articolo de «L'Osservatore Romano» pubblicato qualche settimana più tardi del discorso del papa sembra sancire proprio l'importanza storica della beatificazione:

> Beatificare i coniugi Beltrame Quattrocchi come modello di eroicità nella vita ordinaria [...] è invece adempiere ad una precisa funzione della Chiesa, di assicurare la sua perenne attività creatrice. La Chiesa è fucina di santi nel senso che adesso tocca la cernita dei comportamenti, un po' come lo storico sceglie nell'oceano dei "fatti" quegli accadimenti che vuole significativi di un evento o di una linea di tendenza. [...] Al relativismo contemporaneo, all'in-

46. *Insegnamenti*, XXIV, 2, 2001, pp. 586.
47. Ivi, pp. 586-587.

> differenza etica (variamente coperta del diffuso buonismo autoindulgente) la Chiesa contrappone la scelta e il valore. Ecco allora che il riconoscimento pubblico e formale della virtù eroica dei coniugi, in un momento in cui l'istituto matrimoniale vacilla e decade, diventa una proposta efficace per i singoli e la società tutta. [...] Il santo insomma è capace di cambiare la storia, la sua vicenda può influenzare ciascuno e magari tutti noi. Riconoscendolo si premia l'originalità delle esperienze individuali e l'apporto del singolo. Ciò esalta la sua responsabilità perché se tutti possono essere santi, tutti possono influire sul corso della storia.[48]

L'auspicio è quello che il modello agiografico sia «capace di cambiare la storia», e che i due sposi, quindi, inducano la società a riattualizzare il matrimonio e la famiglia, nella sua forma tradizionale.

Infine, altri due esempi in questo senso sono il catechista Peter To Rot (1912-1945), beatificato il 17 gennaio 1995 a Port Moresby, in Papua Nuova Guinea, e László Batthyány-Strattmann (1870-1931), beatificato a Roma il 23 marzo 2003. Il primo, convertitosi presto al cristianesimo, quando il suo villaggio è stato occupato dai giapponesi durante la seconda guerra mondiale e i sacerdoti missionari sono stati imprigionati, ha continuato a sostenere la vita spirituale della comunità, anche praticando alcune funzioni sacerdotali. Si è battuto inoltre contro l'introduzione nel paese della poligamia. Sposato e con figli – che erano presenti alla cerimonia di glorificazione –, viene presentato nell'omelia di beatificazione come un sostenitore della sacralità del matrimonio cattolico e come protettore delle coppie e dei giovani. È anche esempio della prassi di dotare di santi i luoghi ancora sprovvisti, visto che è il primo beato della Nuova Guinea.[49] Il secondo è nato in Ungheria da una famiglia di antica nobiltà, medico a Vienna, padre di tredici figli. Dopo la specializzazione in chirurgia e oculistica ha deciso di aprire un ospedale a Körmend, nella provincia di Vas, in Ungheria, dove ha curato gratuitamente i malati poveri. Se da un lato è «esempio di vita familiare», padre e marito devoto e amorevole,[50]

48. Giorgio Rumi, *La santità di una coppia di sposi e di un missionario: una sfida alla mentalità del mondo*, in «L'Osservatore Romano», 4 novembre 2001, p. 1.

49. *Insegnamenti*, XVIII, 1, 1995, pp. 178-184 (in inglese). To Rot viene definito «martire del matrimonio» in Fabio Zavattaro, *I santi e Karol. Il nuovo volto della santità*, Ancora, Milano 2004, pp. 48-50. Si veda anche Giovanni Marchesi, *Il 63° viaggio apostolico di Giovanni Paolo II: Papua Nuova Guinea, Australia e Sri Lanka*, in «Civiltà Cattolica», 146/2 (1995), pp. 72-81, particolarmente 73-76.

50. *Insegnamenti*, XXVI, 1, 2003, pp. 363-364 (in tedesco).

dall'altro la sua figura viene assimilata a quella del Moscati: entrambi medici, che esercitano la professione senza percepire denaro, interessati non solo al corpo ma anche all'anima dei pazienti, riconosciuti santi già in vita da coloro che visitano o guariscono.[51] Il fatto che Strattmann, a differenza del medico napoletano, sia sposato e padre di famiglia, è sicuramente un aspetto assai funzionale in una fase più tarda del pontificato, in cui Giovanni Paolo II risultava impegnato in un'incessante opera di difesa dell'istituto familiare.[52]

2. *Santità e strategie pastorali*

2.1. *La nuova evangelizzazione*

La promozione della santità universale enfatizzata da Giovanni Paolo II, che ha trovato una sua particolare declinazione nella santità laicale, non è stata l'unica urgenza pastorale che il pontefice ha espresso attraverso l'uso delle canonizzazioni. La «fucina dei santi» wojtyliana si è legata in particolar modo al concetto cardine della «nuova evangelizzazione», introdotto a partire dal primo viaggio del papa in Polonia nel 1979,[53] con il significato di una attività predicatrice che non deve rinunciare a confini globali più ampi, ma che trova in Europa la sua prima realizzazione e il suo primo centro propulsore – un'Europa, un tempo originariamente e profondamente cristiana, ora scossa da istanze ateiste, laiciste e contestatrici della visione cattolica del mondo e dell'uomo, che torna ad essere terra di missione. La nuova evangelizzazione si armonizza con la concezione più ampia di una chiesa in perenne *statu missionis*. Nell'enciclica *Redemptoris missio* del 1990 il pontefice inserisce nella riflessione sull'attività missionaria della chiesa la necessità di cristianizzare gli «areopaghi moderni»,

51. Cfr. Resch, *I beati di Giovanni Paolo II. 2001-2004*, vol. 5, pp. 273-276.

52. Non è forse casuale che il processo informativo, apertosi nel 1944, sia caduto in oblio fino al 1982, anno della riapertura per volontà del vescovo di Eisenstadt, e forse di papa Wojtyła.

53. Si legga l'omelia del 9 giugno 1979 pronunciata a Mogila, in *Insegnamenti*, II, 1, 1979, pp. 1504-1509. Giovanni Miccoli inserisce proprio nel contesto della nuova evangelizzazione la ricchezza e l'assiduità di beatificazioni e canonizzazioni di Giovanni Paolo II. Cfr Miccoli, *In difesa della fede*, p. 172. Parla di «strategy of evangelisation» John Cornwell in *The Pope in Winter. The Dark Face of John Paul II's Papacy*, Penguin Books, London 2005, pp. 105-109.

cioè quei luoghi o strumenti prodotti dalla società contemporanea che devono (ri)assorbire il messaggio cristiano.[54] Il rinnovato compito missionario è così rivolto non più solo a territori lontani e toccati marginalmente dal cattolicesimo, ma anche ad aree geografiche dove il messaggio evangelico si è affievolito o spento a causa di processi storici differenti, *in primis* la secolarizzazione, e a nuovi attori socio-culturali come la comunicazione o la tecnologia. In sostanza, la nuova evangelizzazione si presenta come una strategia volta al recupero e alla ri-cristianizzazione del consorzio civile, recante con sé tuttavia una visione pessimistica del mondo, e la prerogativa di regolare ampi campi del sociale e della morale. L'elevato numero di canonizzazioni, ma anche i numerosi viaggi, le giornate missionarie mondiali e della gioventù,[55] o ancora il sostegno ai nuovi movimenti ecclesiali laicali, trovano proprio in questo progetto di ri-cattolicizzazione un punto di congiunzione, diventandone funzionale strumento pastorale. Tuttavia, proprio per le conseguenze ravvisabili nella politica delle canonizzazioni, all'indomani del crollo del muro di Berlino risulta sempre più evidente che secondo il magistero pontificio la nuova evangelizzazione europea debba partire da condizioni e realtà diverse all'est e all'ovest – se l'occidente si è allontanato da Dio e dalla chiesa a partire dalla filosofia illuministica, l'est europeo è invece stato vittima del sistema totalitario comunista –, anche se il fine comune resta l'opposizione alla deriva individualistica e consumistica, nonché relativistica, delle società, già peraltro ampiamente diffusa proprio nelle democrazie occidentali.

L'utilizzo dell'attività canonizzatrice ai fini della nuova evangelizzazione è rintracciabile in diversi discorsi omiletici, come quello del 14 luglio 1991, in occasione della beatificazione di Edoardo Giuseppe Rosaz (1830-1903), vescovo e fondatore delle Suore Francescane Missionarie di Susa, proclamata in Valle d'Aosta, dove Giovanni Paolo II ha esortato l'intero popolo cristiano alla mobilitazione e all'azione missionaria in ogni ambito della società:

54. Giovanni Paolo II, *Redemptoris missio*, particolarmente 37c. Sull'enciclica si veda la presentazione di Raffaele Farina in Josef Metzler, *La Santa Sede e le missioni. La politica missionaria della Chiesa nei secoli XIX e XX*, Edizioni Paoline, Cinisello Balsamo 2002, pp. 5-12.

55. Giovanni Paolo II è stato il primo papa a indire la giornata mondiale della gioventù (GMG). La prima si è tenuta a Roma il 23 marzo 1986. Alex Norman, Mark Johnson, *World Youth Day: The Creation of a Modern Pilgrimage Event for Evangelical Intent*, in «Journal of Contemporary Religion», 26/3 (2011), pp. 371-385. Uno sguardo intraecclesiastico sulla pastorale giovanile di Giovanni Paolo II in Dario Di Giosia, *La pastorale dei giovani. Uno studio sul magistero di Giovanni Paolo II*, LEV, Città del Vaticano 2011.

«Guai a me se non evangelizzassi» (*1Cor*. 9, 16). La Chiesa sente imperioso – come ho scritto nell'Enciclica *Redemptoris missio* (*Redemptoris missio*, n. 1) – il dovere di ripetere questo grido di Paolo, che nella vita di Monsignor Rosaz diviene esempio trascinante. È urgente, oggi, una nuova evangelizzazione, non riservata ad alcuni specialisti, ma all'intero Popolo di Dio. È impegno vostro, fratelli e sorelle carissimi della Comunità cristiana di Susa, rendere presente ed operante l'energia rinnovatrice del Vangelo in questa vostra Valle. Prendetene coscienza e fidatevi di Cristo. Non cedete alla tentazione del conformismo e dell'abbattimento; non ripiegatevi su voi stessi. Siate piuttosto aperti ed attenti ai «segni dei tempi» di questa nostra epoca. Ravvivate, a tal fine, un'ardente coscienza del vostro «essere Chiesa», che vi renda capaci di "incarnare" il messaggio della salvezza nel vostro territorio. [...] È a ciascuno di voi che è affidato tale compito, quasi si trattasse di una nuova «implantatio evangelica», che richiede una catechesi degli adulti, approfondita e capillare; una genuina testimonianza in ogni ambito della società.[56]

La nuova evangelizzazione rientra nella concezione ecclesiologica più ampia di una chiesa missionaria militante, impegnata in una perenne opera di predicazione nel mondo. Ed è all'interno di questo progetto che «i nuovi santi parlano oggi a tutta la Chiesa [e] la coinvolgono e la stimolano nella sua missione evangelizzatrice».[57]

La dimensione apostolica extraeuropea è rilanciata con la glorificazione di numerosi missionari operanti nei continenti a minoranza cattolica. Tra i più noti vi è sicuramente Daniele Comboni (1831-1881), fondatore della Congregazione dei Missionari Comboniani del Cuore di Gesù e delle Suore Missionarie Comboniane Pie Madri della Nigrizia.[58] La sua beatifi-

56. *Insegnamenti*, XIV, 2, 1991, pp. 97-98.

57. *Insegnamenti*, X, 3, 1987, p. 884 (in francese).

58. La denominazione "missionari comboniani" è successiva a Comboni: egli fonda nel 1871 l'Istituto delle missioni per la Nigrizia e nel 1872 quello delle Pie Madri della Nigrizia. Per una biografia e una contestualizzazione storica di Daniele Comboni si veda Gianpaolo Romanato, *L'Africa Nera fra Cristianesimo e Islam. L'esperienza di Daniele Comboni (1831-1881)*, Corbaccio, Milano 2003. L'*iter* della sua causa di canonizzazione, cominciato nel 1928 con il processo informativo diocesano, non è stato né lineare né veloce, poiché solo nell'aprile del 1982 è stato rimosso il *reponatur*, ovvero una sospensione *sine die* dell'intero processo, posto nel 1953. L'interruzione della causa fu presumibilmente dovuta alla questione sulla presunta relazione con una suora della sua opera, che ha turbato gli ultimi anni di vita del missionario. Le varie fasi delle cause di beatificazione e di canonizzazione di Daniele Comboni sono ben illustrate nel sito internet www.comboni.org. Per una lettura di genere si veda Lucetta Scaraffia, *"Nell'Africa centrale la suora è tutto". Daniele Comboni, profeta dell'emancipazione femminile*, in «Humanitas», 63/1 (2008), pp. 54-64.

cazione il17 marzo 1996, insieme a Guido Maria Conforti (1865-1931), e la sua successiva canonizzazione, il 5 ottobre 2003, insieme ad Arnold Janssen (1837-1909) e Josef Freinademetz (1852-1908), lo hanno consacrato a modello universale di vescovo missionario, apertosi all'Africa e ai suoi problemi con un approccio lungimirante e audace per l'epoca. Il suo innovativo *Piano per la rigenerazione dell'Africa*, che al tempo non aveva trovato ampi sostenitori, era una sorta di anticipazione della cooperazione allo sviluppo e prevedeva il rinnovamento del continente attraverso l'impiego delle sue stesse forze – formazione di un clero locale, preparazione adeguata del personale missionario europeo, valorizzazione dell'uomo africano, etc. Anche le sue fondazioni religiose, le cui regole sono state modificate solo dopo la sua morte, erano originariamente pensate non come tradizionali istituti di perfezione con voti e vincoli formali, ma come associazioni libere finalizzate alla conversione del continente nero. Nell'omelia il pontefice, come già espresso nell'enciclica *Redemporis missio*, ribadisce il compito primario degli istituti missionari:

> L'evangelizzazione, insegnano questi nuovi Santi, oltre a interventi di promozione umana, talora persino rischiosi come testimonia l'esperienza di tanti missionari, comporta sempre un esplicito annuncio di Cristo. Questo è l'esempio e questa è l'eredità preziosa che i tre Santi, elevati oggi alla gloria degli altari, lasciano specialmente alle loro famiglie religiose. Primo compito degli Istituti missionari è la missione *ad gentes*, da non posporre a nessun altro impegno, pur necessario, di carattere sociale e umanitario.[59]

Anche se l'Europa è tornata a essere terra di missione, – e «il messaggio dei martiri della suprema fedeltà a Cristo parla all'Europa con il suo comune fondamento cristiano lasciato dagli apostoli Pietro e Paolo: Europa che è stata un vivaio di missionari per duemila anni» –,[60] i continenti extraeuropei restano i luoghi tradizionali verso cui convogliare l'energia evangelizzatrice. Giovanni Paolo II ha presieduto numerose cerimonie collettive di beatificazione e canonizzazione riguardanti martiri missionari in terre da cristianizzare, presenti lungo l'intero arco del suo pontificato, ma particolarmente nel corso del primo decennio. Sono martiri che operano nel Vicino Oriente, come in Terra Santa, ma anche in Asia, come in Giappone, Corea, Vietnam, Cina o Tailandia, in luoghi spesso retti da governi

59. *Insegnamenti*, XXVI, 2, 2003, p. 347.
60. *Insegnamenti*, X, 3, 1987, p. 883 (in inglese).

ostili al messaggio cristiano, che inevitabilmente li trasformano in vittime e perseguitati. Parte dei missionari è europea, mentre parte è invece locale, con frequenti casi di primi beati o santi per alcuni paesi: il pontefice sembra percepire come una necessità, *in primis* pastorale, il dotare di modelli agiografici tutte le chiese particolari, soprattutto quelle giovani e che ancora ne erano sprovviste, con l'intento prioritario di legarle alla chiesa universale e a Roma proprio attraverso la composizione di una memoria e di un patrimonio comune, in una progressiva opera di «dinamizzazione»[61] e «animazione»[62] delle comunità cattoliche sparse nel mondo. In questo senso l'attività canonizzatrice diventa un mezzo incisivo non solo al fine di creare una identità nelle chiese locali, ma anche di compattarle intorno ai valori della fede della chiesa universale romana dettati dal magistero pontificio.[63] La ri-cristianizzazione europea e quella extraeuropea appaiono come facce di un'unica medaglia raffigurante la chiesa missionaria del nuovo millennio.

2.2. *Il giudizio sulla storia moderna e i nuovi martiri*

Il 20 giugno 1982 Giovanni Paolo II canonizza il suo primo santo, Crispino da Viterbo (1668-1750), al secolo Pietro Fioretti, questuante cappuccino.[64] Come è sottolineato nell'omelia di beatificazione, Fioretti ha vissuto e ha operato nel secolo dei lumi, un'era «di progressivo allontanamento dai contenuti essenziali del Cristianesimo». Il parallelo tra l'umanità di allora e quella di oggi, sempre «alla ricerca incessante di più alti traguardi di progresso e di benessere», «ricorrentemente tentata di falsa autonomia, di rifiuto delle categorie evangeliche», bisognosa «di santi, cioè di modelli che esprimano concretamente, dal vivo, la realtà della Trascendenza, il valore della Rivelazione e della Redenzione operata da Cristo»,[65] mostra chiaramente l'interpretazione che il pontefice offre di un periodo storico chiave nella visione conservatrice cattolica: fra Crispino «reca un messaggio per l'umanità di oggi, che come quella della

61. Cfr. Lecomte, *Giovanni Paolo II*, p. 574.

62. Cfr. Accattoli, *Giovanni Paolo*, p. 141.

63. Cfr. anche Gabriella Zarri, *Uomini e donne nella storia della santità: fra passato e presente*, in «Società e storia», 115 (2007), pp. 152-166.

64. Una sua breve biografia in Alfredo Cattabiani, *Santi d'Italia*, Rizzoli, Milano 1993, pp. 299-306.

65. *Insegnamenti*, V, 2, 1982, p. 2372.

prima metà del Settecento attende il passaggio confortante dei santi».[66] Giovanni Paolo II ancora percepisce dunque la storia moderna come un progressivo allontanamento dalla adesione al religioso, al messaggio evangelico e all'insegnamento della chiesa cattolica, con risultati critici e preoccupanti per la società apostata. Se l'origine dei mali del mondo non è più individuata nella riforma protestante, secondo lo schema classico del cattolicesimo intransigente – tanto che Wojtyła sembra avere un certo rispetto per Lutero –,[67] è l'illuminismo, che con il suo razionalismo, con il suo errato antropocentrismo e con la sua falsa etica fondata solo sulla ragione, mina alla base il rapporto del fedele con Dio e la chiesa. Nel pensiero wojtyliano la rivoluzione operata a partire da Cartesio ha ridotto l'*ens subsistens*, l'essere supremo, a contenuto del pensiero e della coscienza umana, togliendo così la dimensione ontologica al male: è l'uomo stesso che diventa giudice del bene e del male, che pensa e opera *etsi Deus non daretur*.[68] Dal secolo dei lumi l'umanità ha creduto di poter emanciparsi da Dio, di escludere la religione e il trascendente, di governarsi autonomamente, dimenticando che la vera pace e l'autentica libertà dimorano solo nel messaggio di Cristo e del suo vicario in terra, il papa. La repulsione verso tale momento storico fondante è rinvenibile ancora più esplicitamente nella canonizzazione del 13 aprile 1986 di Francesco Antonio Fasani (1681-1742), sacerdote francescano, in una digressione piuttosto lunga se si considera che la condivisione delle idee illuministiche del religioso non è neppure un dato storicamente certo:

> Il secolo XVIII, nei cui primi decenni il novello santo visse e operò, è comunemente noto come «il secolo dei lumi», a motivo del grande onore in cui vi fu tenuta la ragione umana. Non pochi dotti dell'epoca, sulla spinta dell'entusiasmo per le possibilità conoscitive dell'uomo, erano giunti a mettere in questione l'altra sua fondamentale fonte di luce: la fede. In particolare, urtava la loro sensibilità il discorso sull'incapacità dell'uomo a salvarsi con le sole sue forze, non riuscendo di conseguenza ad ammettere la necessità di un Redentore che venisse a liberarlo dalla sua situazione di disperata impotenza. È chiaro che in un simile contesto culturale, l'annuncio del mistero di un Dio

66. Ivi, p. 2374.

67. Menozzi, *Giovanni Paolo II*, p. 31. Questo non impedisce a Giovanni Paolo II di porre l'accento sulle guerre religiose del XVI-XVII secolo e sulla conseguente perdita dell'unità ecclesiale in alcune sue beatificazioni.

68. Cfr. Giovanni Paolo II, *Memoria e identità*, pp. 18-23 e l'analisi sul testo papale condotta da Reale in *Karol Wojtyła*, pp. 141-154 e 172.

incarnato, che è morto e risorto per redimere l'uomo dal peccato, poteva presentarsi particolarmente ostico e duro.[69]

Altro momento di rottura della società moderna dalla fede e da Dio è la rivoluzione francese, evento fortemente stigmatizzato dalla lettura intransigente, che Giovanni Paolo II marchia emblematicamente attraverso la sua attività canonizzatrice, riprendendo le glorificazioni dei martiri francesi, basti pensare alla beatificazione collettiva di Guillaume Repin (†1793-1794) e 98 *socii*, martiri d'Angers, il 14 febbraio 1984, o a quella di Jean Baptiste Souzy (1732-1794) e 63 *socii* (†1794-1795), il 1 ottobre 1995. I 99 martiri della Vandea, stando all'omelia, hanno continuato a professare la fedeltà alla chiesa cattolica e romana andando incontro così all'accusa di tradimento della patria e della rivoluzione, e dunque, alla morte.[70] Una simile lettura dell'evento storico si pone in continuità con la tesi, storicamente non attendibile, che la controrivoluzione vandeana sia stata una semplice difesa a oltranza della religione, in particolare della fede cattolica, contro le ingerenze rivoluzionarie, senza per nulla considerare la dimensione politica, storica, geografica e sociale di tale resistenza, che si è potuta alimentare a partire da una poco diffusa urbanizzazione dell'area, dalla povertà, dalla riluttanza alla leva militare e ancora da altri compositi aspetti.[71] Se attraverso le beatificazioni Giovanni Paolo II pare ancora profondamente legato a certi *clichés* intransigenti, non va dimenticato che in altri interventi lo stesso pontefice sembra, invece, mostrare una rivalutazione maggiormente positiva sia dell'illuminismo, sia della rivoluzione francese,[72] secondo però una lettura funzionale alla tesi che alle fondamenta dei due eventi storici vi siano proprio quei valori evangelici che la chiesa ora accetta e proclama.[73] Certamente

69. *Insegnamenti*, IX, 1, 1986, p. 1018.

70. *Insegnamenti*, VII, 1, 1984, pp. 437-443.

71. Per uno studio storico-sociologico sulla controrivoluzione vandeana si veda Charles Tilly, *La Vandea*, Rosenberg&Sellier, Torino 1976, in particolare sul ruolo della religione pp. 225 e sgg., e Jean-Clément Martin, *La Vendée et la France*, Seuil, Paris 1987. Più recente Claude Petitfrère, *La Vendée en l'an II: défaite et répression*, in «Annales historiques de la Révolution française», 300 (1995), pp. 173-185, soprattutto per una bibliografia più aggiornata. Sull'uso pubblico di alcuni temi storiografici, in particolare sulla Vandea, Marina Caffiero, *Miracoli e storia*, in *Per una riscossa laica*, supplemento a «MicroMega», Gruppo editoriale l'Espresso, Roma 2008, pp. 126-133. Cfr. anche Anna Maria Rao, *Folle controrivoluzionarie. La questione delle insorgenze italiane*, in *Folle controrivoluzionarie. Le insorgenze popolari nell'Italia giacobina*, a cura di Anna Maria Rao, Carocci, Roma 1999, pp. 255-290.

72. Cfr. Giovanni Paolo II, *Memoria e identità*, pp. 133-134.

73. Menozzi, *Giovanni Paolo* II, pp. 33-34.

il pontefice non ripropone immutato lo schema intransigente ottocentesco, con la sua genealogia degli errori moderni e con la sua nostalgia verso una mitica società cristiana medievale, ma certo non raggiunge una composizione positiva con il moderno, particolarmente nel suo sguardo pessimista verso alcune forme di affrancamento delle società occidentali.

I totalitarismi novecenteschi – nazismo e comunismo – rappresentano un'altra tappa fondamentale nella lettura ideologica dell'allontanamento dell'uomo da Dio proposta dal papa. Accomunati dalla violenza e dalla distruzione che recano con sé, si propongono come «religioni sostitutive», entrambe figlie dell'illuminismo, da cui è iniziato un processo di apostasia progressivo dove l'umanità ha creduto di costruirsi e regolarsi autonomamente, generando piuttosto soprusi e ingiustizie, ledendo la dignità del prossimo fino alla morte massificata. Nel pensiero wojtyliano è nella proclamazione illuministica dell'autonomia delle norme collettive dalla religione che trovano origine i regimi totalitari, con le loro espressioni più bieche, i lager e i gulag. La soluzione a questo declino, che via via sempre più insistentemente il papa prospetta, è il controllo ecclesiastico degli assetti del consorzio umano: spetta alla chiesa dare le giuste coordinate alla società, soprattutto sul piano etico, in vista di una definitiva e pacifica convivenza umana. A questo proposito, già dal primo decennio di pontificato sono state proclamate una serie di beatificazioni e canonizzazioni di vittime del regime nazista, quasi esclusivamente uccise nei campi di concentramento, mentre solo dalla seconda metà degli anni Novanta sono iniziate le glorificazioni dei martiri del comunismo. La più ampia politica papale nei confronti delle cosiddette «chiese del silenzio» può giustificarne il ritardo. Sottili polemiche e accuse alla gestione della questione religiosa nei paesi europei orientali sottoposti a dittature di stampo sovietico compaiono fin dai primi anni Ottanta nei discorsi pontifici, ma la strategia maggiormente utilizzata prima del 1989 sembra essere stata quella della prudenza, nel tentativo di evitare scontri aperti, maggiori persecuzioni anticattoliche, rifiuti alle richieste di potere effettuare visite apostoliche, in particolar modo in Polonia. Una politica, dunque, che è risultata più funzionale a garantire un ampio raggio d'azione – pastorale ed ecclesiale, ma anche sociale –, in vista dell'allora non più improbabile tracollo del blocco sovietico.[74]

74. Sulle relazioni tra Santa Sede e paesi dell'Est europeo Andrea Riccardi *Il Vaticano e Mosca. 1940-1990*, Laterza, Roma-Bari, 1992, in particolare l'ultimo capitolo su Giovanni Paolo II, pp. 321-377; Id., *Governo carismatico*, pp. 99- 99-134; Philippe Chenaux,

Il più noto martire del regime nazista è sicuramente Maksymilian Maria Kolbe (1894-1941), canonizzato il 10 ottobre 1982: sacerdote polacco, ad Auschwitz ha offerto la propria vita per salvare quella di un padre di famiglia. Padre Kolbe era stato beatificato il 17 ottobre 1971 da Paolo VI come confessore, mentre Giovanni Paolo II sceglie di annoverarlo tra i santi come martire, dando così un chiaro esempio dell'uso moderno del concetto di martirio.[75] Secondo il senso giuridico-canonico, che va codificandosi dall'esperienza dei primi secoli del cristianesimo, il martirio prevede la volontà di subire la morte piuttosto di rinnegare la fede, la morte fisica *in effusionem sanguinis*, la testimonianza della verità divina e l'agire *in odium fidei* del persecutore. Dunque, all'eroismo e alla perseveranza nella morte della vittima vi è anche l'accertamento dell'identità e delle intenzioni del persecutore. L'età contemporanea, particolarmente il Novecento con le sue «ideologie del male», mette in discussione tale modello tradizionale e trasforma il rapporto fra martirio e santità: l'annientamento sistematico del nemico, la morte serializzata, la burocratica banale ripetizione di gesti assassini, come è stato ad opera del nazismo e per il suo prodotto più tragico, la Shoah, non sempre prevedono la logica dell'odio, le categorizzazioni morali che solitamente distinguono vittima e carnefice, la scelta consapevole di morire da parte della vittima, perché tolgono agli oppressi la dignità di persone umane. Il martirio subisce così inevitabilmente un allargamento della sua definizione tradizionale non tanto per un'opzione consapevole della autorità ecclesiastica, quanto nell'evidenza della storia, con cui poi la Congregazione delle Cause dei Santi si è dovuta confrontare. Il caso di Maksymilian Maria Kolbe mostra appieno gli elementi di novità e la dif-

L'Église catholique et le communisme en Europe (1917-1989). De Lénine à Jaen Paul II, Les Éditions du Cerf, Paris 2009, particolarmente pp. 239-357. Si veda anche Adriano Roccucci, *Karol Wojtyla e Josef Ratzinger. Visioni d'Europa tra Russia e Occidente*, in «Humanitas», 65/1 (2010), pp. 79-100.

75. Sull'allargamento moderno del concetto di martirio si veda la sintesi storica di Maria Carosio, *Il martirio cristiano nel novecento tra storia e profezia*, in «Società e storia», 115 (2007), pp. 85-98. Si veda anche Ugo Sartorio, *Il segno del martirio oggi. Verso una dilatazione del concetto classico di martirio*, in «Credereoggi», 47 (1988), pp. 81-93; Alberto Melloni, *Martirio e santità nel Novecento*, in *Oscar Romero. Un vescovo centroamericano tra guerra fredda e rivoluzione*, a cura di Roberto Morozzo della Rocca, Edizioni Paoline, Cinisello Balsamo 2003, pp. 205-222; Misztal, *Le cause di canonizzazione*, pp. 35-54; Rino Fisichella, *Martirio*, in *Dizionario di teologia fondamentale*, a cura di Rino Fisichella, Cittadella editrice, Assisi 1990, pp. 669-682; Karl Rahner, *Dimensioni del martirio. Per una dilatazione del concetto classico*, in «Concilium», 18/3 (1983), pp. 25-29.

ficoltà del sistema ad adattarvisi: egli è canonizzato come martire, anche se la sua non è stata una morte *in odium fidei* tradizionale, in quanto non è stata provata l'esplicita dichiarazione dell'uccisore di agire specificatamente contro la fede del sacerdote, nonostante i tentativi degli attori della causa di indicare l'ideologia nazista come anticristiana – l'anticristianità del nazismo sarà riconosciuta solo nelle cause successive, superando così l'*impasse* circa la natura del persecutore. Il discorso di Giovanni Paolo II pronunciato durante la canonizzazione sembra tenere conto di tutto questo ed è teso a mostrare la testimonianza caritatevole resa da padre Kolbe, senza mai utilizzare l'espressione martire della fede. Il termine «amore» viene utilizzato più di dieci volte e spesso è seguito da «segno». La morte di Kolbe «ha il valore dell'amore supremo», egli è «un limpido segno di tale amore», è «martire dell'amore», «da sé si offrì alla morte per amore», e così via. La sua morte da martire diviene così simbolo di un'epoca intera:

> Non costituisce questa morte affrontata spontaneamente, per amore all'uomo, un particolare compimento delle parole di Cristo? Non rende essa Massimiliano particolarmente simile a Cristo, Modello di tutti i Martiri, che dà la propria vita sulla Croce per i fratelli? Non possiede proprio una tale morte una particolare, penetrante eloquenza per la nostra epoca? Non costituisce essa una testimonianza particolarmente autentica della Chiesa nel mondo contemporaneo? E perciò, in virtù della mia apostolica autorità ho decretato che Massimiliano Maria Kolbe, il quale, in seguito alla Beatificazione, era venerato come Confessore, venga d'ora in poi venerato "anche come Martire"![76]

L'altra questione che nella causa di padre Kolbe ha creato molteplici controversie nella giurisprudenza canonistica è quella relativa all'offerta spontanea della propria vita, un gesto non contemplato nella tradizione martiriale. La lettura dell'offerta come scelta consapevole maturata nel corso dell'esistenza intera, e non come semplice tentativo di abbreviarsi la vita, ha contribuito all'elaborazione moderna della prova dell'accettazione del martirio, ovvero la dimostrazione della sua preparazione remota. Aspetto, questo, che diventa anche una prova intermedia volta a confermare la pratica delle virtù nel periodo precedente il martirio. La pretesa di applicare metodi scientifici, come l'utilizzo della psicologia, della psichiatria e della medicina, ha facilitato l'accettazione dell'intenzione del martirio, proprio perché la si desume da scelte e comportamenti espressi

76. *Insegnamenti*, V, 3, 1982, p. 758.

nel corso dell'esistenza. A motivo, ma in qualche modo anche a giustificazione, dell'utilizzo di metodi di ricerca scientifica aumenta così anche la possibilità di beatificare o canonizzare personaggi la cui vita risulta poco conosciuta e poco rintracciabile sotto il profilo storico, come si avrà modo di vedere in seguito.

L'allargamento del concetto di martirio muta anche la nozione di persecutore, che si evolve, diventa collettivo, individualmente indefinibile, generalizzato, sotto forma di sistema politico o religioso.[77] Inoltre, è stato elaborato il concetto di persecutore in senso lato – come, ad esempio, gli organi del potere giuridico –, poiché spesso accadeva che nel materiale probatorio della causa non risultassero le parole o i gesti di un concreto persecutore attestanti la vera motivazione della sentenza di condanna del futuro martire. Solo lo studio complessivo della situazione socio-politica e dell'ambiente fisico in cui questi martiri si sono trovati a vivere, insieme a tutte le sfumature che una ideologia può assumere in chi la professa, ne ha permesso invece l'individuazione.[78] La difficoltà della distinzione fra l'odio della fede e l'azione più propriamente politica del persecutore, tipico dei regimi dittatoriali moderni, ha determinato che una doppia motivazione nella condanna a morte debba seguire il metodo del motivo prevalente (*motivum praevalens*) da parte del persecutore, ovvero quest'ultimo può aver agito per un fine politico o di altra natura, ma deve esser stato mosso *in primis* da ragioni anticristiane. Solo queste verificano il martirio. Infine, la condizione di diversi martiri del comunismo, morti di stenti nelle prigioni o dopo la scarcerazione a seguito dei maltrattamenti subiti, ha indotto un ulteriore allargamento nella verifica della morte naturale e reale, con spargimento di sangue. Si è introdotta così anche la morte fisica indiretta (*mediate o indirecte*), cioè non immediata e dovuta alle sofferenze patite nei sistemi detentivi (*ex aerumnis carceris*), ovvero il decesso del presunto martire può ora avvenire anche anni dopo la cessazione del regime persecutorio, ma deve essere dovuto alla offese da questo inflitte.[79] Durante il pontificato wojtyliano non è stata invece elaborata la differen-

77. A elaborare per primo la definizione di persecutore collettivo è stato lo studioso polacco padre J.R. Bar proprio in occasione della causa di Kolbe, Misztal, *Le cause di canonizzazione*, p. 45.

78. Tuttavia la prassi predilige che vi sia comunque l'individuazione della persona concreta che ha perseguito il presunto martire. Ivi, 46.

79. Mentre la morte giuridica (privazione dei diritti, assenza di libertà, etc.) non è contemplata, quella psicologica (privazione della sola vita sensitiva, spirituale e intellettiva

za tra azione passiva e lotta attiva dei perseguitati o martiri, nonostante vi sia stato un certo dibattito sul tema.[80]

Ritornando alla lettura che Giovanni Paolo II offre della storia moderna attraverso l'uso delle canonizzazioni e delle beatificazioni, l'omelia del 3 maggio 1987 mostra la relazione che il pontefice riconosce tra il regime nazista e i mali della contemporaneità, quasi ancora esistesse una genealogia degli errori che lega tra loro particolari eventi della storia, ritenuti tutti negativi dal magistero cattolico. Pronunciata nel contesto della visita pastorale nella Repubblica Federale di Germania, durante la beatificazione di Rupert Mayer (1876-1945), sacerdote gesuita perseguitato dal nazismo,[81] essa diventa anche l'occasione per affrontare il rapporto tra diritti dell'uomo e diritti di Dio:

> Oggi si parla molto dei diritti dell'uomo. In molti paesi essi sono violati. Non si parla mai, però, dei diritti di Dio. Eppure, i diritti dell'uomo e i diritti di Dio vanno di pari passo. Laddove Dio e le sue leggi non vengono rispettati, l'uomo stesso non sarà rispettato. L'esempio lampante ce lo fornisce il comportamento dei governanti nazionalsocialisti. Essi non si curavano di Dio e perseguitavano i suoi servitori; ed allo stesso modo trattavano gli uomini in modo disumano, a Dachau, alle porte di Monaco come ad Auschwitz alle porte della mia antica diocesi di Cracovia. Ed anche oggi vale lo stesso principio: i diritti di Dio ed i diritti dell'uomo vanno di pari passo. La nostra vita scorre regolarmente solo quando i nostri rapporti con Dio sono in regola. Per questo padre Rupert Mayer diceva a proposito delle angosce che colpivano

e non vegetativa) è considerata dalla teologia come morte reale, quindi qualificante per il martirio. Tuttavia le cause fino ad ora già concluse hanno riguardato solo morti fisiche.

80. Secondo la definizione della teologia dogmatica il martirio è l'accettazione libera e sofferta, non attivamente perseguita, di una morte per la fede. Già nel 1983 Karl Rahner auspicava l'inclusione della morte dovuta alla lotta attiva per l'affermazione di convinzioni cristiane tra i parametri da prendere in considerazione a favore del martirio, in quanto i persecutori moderni non permettono la possibilità di testimoniare la fede nel vecchio stile dei primi secoli e non condannano attraverso tribunali. Risulta chiaro che a quel tempo il pensiero dell'illustre teologo era rivolto all'America Latina e a personalità quali Óscar Romero. Rahner, *Dimensioni del martirio*, pp. 25-29.

81. Rupert Mayer viene internato nel campo di concentramento di Sachsenhausen per la sua attività di denuncia dei soprusi del regime nazista e muore dopo la liberazione americana nel 1945. Non viene beatificato come martire ed è possibile che la sua causa, cominciata negli anni Cinquanta, sia stata aperta, come molte altre, *per viam virtutibus* per garantirne un maggior successo essendo ancora in corso gli ampliamenti al concetto di martirio sopra descritti. La sua morte è, infatti, indiretta. Vita in Andreas Resch, *I beati di Giovanni Paolo II. 1986-1990*, vol. 2, LEV, Città del Vaticano 2002, pp. 37-40.

tutto il mondo nel corso dell'ultima guerra: «Il nostro tempo rappresenta un ammonimento estremamente serio ai popoli della terra affinché ritornino a Dio. Non si può vivere senza Dio!».[82]

Il legame tra il rifiuto di Dio e il regime nazionalsocialista è piuttosto evidente.

Considerare la beatificazione di Rupert Mayer, come anche quella di Tito Brandsma (1881-1942),[83] una strumentalizzazione di singole personalità per affermare «l'estraneità assoluta della Chiesa rispetto ai crimini nazisti, in un tentativo di purificazione della memoria volto sostanzialmente a sottovalutare le radici cristiane dell'antisemitismo nazista», quando non «a rimuovere del tutto l'annosa questione dei silenzi di Pio XII sul genocidio», come sostiene Ugo Zuccarello, risulta, documenti alla mano, forzato e fuorviante.[84] Non sembra si possa parlare, almeno in questo caso, di un'operazione volta a sostituire l'autocritica per complicità e tentennamenti storici con rari esempi apologetici o di «ideologia neo-intransigente legata alla dottrina del perfettismo che rende impossibile avanzare qualunque critica alla Chiesa e ai suoi pontefici».[85] Piuttosto, l'omelia di beatificazione di Rupert Mayer introduce un'altra grande tematica presente durante tutto il pontificato wojtyliano, cioè il rapporto tra la chiesa cattolica e i diritti umani. Giovanni Paolo II attinge ancora una volta al tradizionale schema intransigente, con però alcune varianti e ridefinizioni: ancora parla di «diritti di Dio», e non manca di rivolgere un duro monito a un umanesimo che pretende di dimenticarli, ma allo stesso tempo sottolinea come i diritti dell'uomo e quelli divini vadano «di pari passo», intrecciati gli uni agli altri, dove la violazione dei primi intacca la validità dei secondi e viceversa, quasi volesse in qualche modo equipararli, porli sullo stesso piano.[86] L'apertura, tuttavia, a tratti sembra più apparente che reale se si analizzano altri interventi papali in materia, non sempre chiari e omogenei, che perpetuano la sensazione di

82. *Insegnamenti*, X, 2, 1987, p. 1557-1558 (in tedesco).

83. Tito Brandsma è beatificato il 3 novembre 1985. Profilo biografico in Andreas Resch, *I beati di Giovanni Paolo II. 1979-1985*, vol. 1, LEV, Città del Vaticano 2000, pp. 209-212.

84. Ugo Zuccarello, *Le canonizzazioni e beatificazioni di Giovanni Paolo II: quale politica papale della santità?*, in «Società e storia», 109 (2005), p. 553.

85. *Ibid.*

86. Così anche Menozzi, *Giovanni Paolo II*, p. 46, ma soprattutto Id., *Chiesa e diritti umani. Legge naturale e modernità politica dalla Rivoluzione francese ai nostri giorni*, il Mulino, Bologna 2012, pp. 235-258.

un accento posto ancora sulla legittimazione religiosa necessaria ai diritti dell'uomo.[87] Infine, è interessante notare come nel corso del pontificato la priorità venga spostata dal diritto alla libertà religiosa – rivendicato fino al crollo dei regimi comunisti – al diritto alla vita – preponderante a partire dagli anni '90 –, giustamente definito da Daniele Menozzi «il valore di criterio centrale per il giudizio politico sul presente».[88]

Dopo il crollo del muro di Berlino si assiste a una serie di beatificazioni, ma a nessuna canonizzazione, di martiri del regime sovietico. Le cerimonie promuovono uno o al massimo due beati – l'unica rilevante eccezione riguardai 25 *socii* ucraini beatificati il 27 giugno 2001 –, e le figure agiografiche sono spesso in relazione tra loro (membri della stessa chiesa, compagni nella resistenza, condivisione di arresto e morte). Il tema ricorrente nei relativi discorsi omiletici è quello dell'ecumenismo martiriale, in particolare rivolto alle chiese ortodosse che hanno vissuto la stessa tragica esperienza di persecuzione – un tema che storicamente è difficile credere possa contribuire davvero a un proficuo ecumenismo con la chiesa ortodossa russa, connivente con il progetto stalinista di assimilazione dei cattolici di rito orientale all'ortodossia.[89] La glorificazione delle chiese unite a Roma non è mai stata un buon tema ecumenico per nessuna chiesa ortodossa nazionale. Come si vedrà in seguito, l'insistenza sul comune martirio novecentesco di cattolici e ortodossi come base sulla quale costruire il dialogo interreligioso troverà finalmente nel grande giubileo del 2000 la sua massima sistematizzazione e nella lettera apostolica *Tertio millennio adveniente* una delle sue più esplicite espressioni: a questo progetto sono sicuramente funzionali i martiri del comunismo.[90] Esempio calzante è la beatificazione del 27 giugno 2001 di

87. Si pensi all'enciclica *Redemptor Hominis* del 1979, al discorso al corpo diplomatico del gennaio 1988, all'esortazione apostolica *Christifideles laici* del 1988, in particolare sul diritto alla vita, o, ancora, al discorso al Congresso Universitario Internazionale dell'aprile 1998, riportati in Giorgio Filibeck, *I diritti dell'uomo nell'insegnamento della Chiesa. Da Giovanni XXIII a Giovanni Paolo II. Raccolta di testi del Magistero della Chiesa cattolica (1958-1998)*, LEV, Città del Vaticano 2001.

88. Menozzi, *Chiesa e diritti umani*, p. 255.

89. Cfr. Giovanni Codevilla, *Chiesa e impero in Russia: dalla Rus' di Kiev alla Federazione russa*, Jaca Book, Milano 2011, pp. 434-508 e pp. 561-649 e Adriano Roccucci, *Stalin e il Patriarca. Chiesa ortodossa e potere sovietico, 1917-1958*, Einaudi, Torino 2011, pp. 266-280.

90. «Nel nostro secolo sono ritornati i martiri, spesso sconosciuti, quasi "militi ignoti" della grande causa di Dio. Per quanto è possibile non devono andare perdute nella Chiesa

Mykola Čarneckyj (1884-1959) e 24 *socii* (†1941-1973), Teodor Romża (1911-1947) e Omeljan Kovč (1884-1944) a Leopoli. Tutti, a eccezione dell'ultimo, perseguitato dal regime nazista, sono stati vittime del programma sovietico che prevedeva la fusione dei greco-cattolici ucraini con gli ortodossi russi. Čarneckyj e Romża sono stati entrambi vescovi di comunità greco-cattoliche perseguitate a causa della resistenza opposta allo smantellamento della chiesa unita. Nell'omelia il pontefice si identifica con le figure elevate agli onori degli altari a causa della sua esperienza – «io stesso sono stato testimone, nella mia giovinezza, di questa sorta di apocalisse» – e inneggia all'ecumenismo dei martiri:

> Con loro furono perseguitati e uccisi a causa di Cristo anche cristiani di altre Confessioni. Il loro comune martirio è un forte appello alla riconciliazione e all'unità. È l'ecumenismo dei martiri e dei testimoni della fede, che indica la via dell'unità ai cristiani del ventunesimo secolo. Che il loro sacrificio sia concreta lezione di vita per tutti. Non si tratta certo d'una impresa facile. Nel corso degli ultimi secoli si sono accumulati troppi stereotipi nel pensare, troppi risentimenti reciproci e troppa intolleranza. L'unico mezzo per sgomberare questa strada è dimenticare il passato, chiedere e offrire il perdono gli uni agli altri per le offese inflitte e ricevute, e confidare senza riserve nell'azione rinnovatrice dello Spirito Santo.[91]

Inequivocabilmente il piano personale si fonde con quello più istituzionale, influenzando non solo l'interpretazione degli eventi storici accaduti, ma anche la loro ricaduta ecclesiale.

Le uniche due cerimonie collettive di martiri del regime nazista riguardano invece la Polonia e sono quelle relative ad Antoni Julian Nowowiejski (1858-1941) e 107 *socii* (†1939-1941), del 13 giugno 1999, e a Maria Stella Adela Mardosewicz e 10 *sociae* (†1943), del 5 marzo 2000. La beatificazione di Nowowiejski, arcivescovo della diocesi di Płock, e dei suoi compagni – sacerdoti, religiosi e laici uccisi per non aver abbandonato il proprio ministero, per aver soccorso prigionieri

le loro testimonianze. Come è stato suggerito nel Concistoro, occorre che le Chiese locali facciano di tutto per non lasciar perire la memoria di quanti hanno subito il martirio, raccogliendo la necessaria documentazione. Ciò non potrà non avere anche un respiro ed una eloquenza ecumenica. L'ecumenismo dei santi, dei martiri, è forse il più convincente. La *communio sanctorum* parla con voce più alta dei fattori di divisione», Giovanni Paolo II, *Tertio millennio adveniente*, in *Enchiridion Vaticanum*, vol. 14, Edizioni Dehoniane, Bologna 1997, pp. 987-989.

91. *Insegnamenti*, XIV, 1, 2001, pp. 1346-1350 (in ucraino).

malati di tifo, o, ancora, per aver aiutato degli ebrei – avviene durante l'ottavo viaggio che il pontefice compie nella sua terra natale. L'omelia è occasione per leggere la liberazione del paese e dell'Europa dalle ideologie del male novecentesche in chiave escatologica:

> Non è la risposta di Dio quanto si è compiuto in questo tempo in Europa e nel mondo, a cominciare dalla nostra Patria? Davanti ai nostri occhi sono avvenuti i cambiamenti dei sistemi politici, sociali ed economici, grazie ai quali le singole persone e le nazioni hanno visto nuovamente lo splendore della propria dignità. La verità e la giustizia stanno riacquistando il loro valore, divenendo una sfida impellente per tutti coloro che sanno apprezzare il dono della libertà. Per questo rendiamo grazie a Dio, guardando con fiducia verso il futuro.[92]

Alla base di questa beatificazione, ma anche di quella delle 11 suore professe dell'Istituto della Sacra Famiglia di Nazareth che si sono offerte per salvare la vita ai condannati di Nowogródek, sembra vi sia l'idea di una mirata e massiccia persecuzione anticattolica in Polonia a opera del regime nazista, mirante a dimostrare come il paese sia la nazione che più ha patito durante la seconda guerra mondiale e che però più ha testimoniato la sua fede cristiana. In tale ottica poco importa se le vittime sono state uccise perché cattoliche o perché polacche in quanto le due identità si intrecciano e si fondono. La Polonia, che già la storiografia ottocentesca definiva «nazione martire» e che nel Novecento vive non solo l'occupazione del proprio territorio da parte tedesca, ma anche l'instaurazione di una dittatura comunista, nel pensiero wojtyliano appare l'emblema del paese cattolico sofferente, la cui storia, che è stata spesso storia di martirio, e la storia della santità sono profondamente interconnesse: è in una visione messianica della nazione che i nuovi martiri rappresentano il punto di contatto tra storia e «metastoria».[93] Se a un livello più generale per Giovanni Paolo II il martirio svela il senso profondo delle vicende passate della sua terra e analogamente quello novecentesco fornisce una chiave interpretativa universale della storia di tutto il secolo, nel concreto della beatificazione sopra citata la sconfitta dell'oppressione tedesca attraverso la fede martiriale colloca ancora una volta la Polonia a modello per gli altri paesi.

92. *Insegnamenti*, XXII, 1, 1999, pp. 1326-1333 (in polacco).
93. Cfr. Adriano Roccucci, *Giovanni Paolo II e i "nuovi martiri"*, pp. 193-200.

2.3. *Il rapporto con le democrazie occidentali e la difesa del diritto alla vita*

Fino al 1989 la chiesa wojtyliana è occupata nel confronto con il regime comunista sovietico, che minaccia la pace e l'unità cristiana europea. Solo in seguito l'elemento destabilizzante e oggetto di sempre più esplicite accuse da parte del magistero ecclesiastico diviene il mondo occidentale, con il suo stile di vita consumistico e il suo relativismo filosofico. Con il crollo del muro di Berlino e il rivolgimento dell'attenzione verso l'Est europeo, affinché abbracci assetti autenticamente democratici e cristiani, si acuisce la critica agli ordinamenti occidentali, allontanatisi da quella «sana laicità» e da quella «vera democrazia» che riconoscono la chiesa cattolica e il ministero papale come garanti e interpreti delle dottrine e delle norme di comportamento etico e sociale. In quest'ottica alla nuova evangelizzazione viene saldata la difesa, che è anche recupero e sostegno, della dignità dell'uomo e del diritto alla vita. Con sempre maggiore intensità la denuncia alle democrazie occidentali diviene attacco agli orientamenti considerati lesivi dei diritti umani, che esse assumono nelle proprie legislazioni in materia di aborto, eutanasia e genetica, in un acutizzarsi della visione negativa della contemporaneità e dell'impossibilità di un'autentica vita morale se l'uomo non si attiene ai principi dettati da Dio ed espressi dalla chiesa.[94]

Il discorso critico verso l'Occidente democratico, già accennato nell'enciclica *Veritatis splendor* (1993), in cui si ha l'avvertenza che anche nell'Europa dell'Est si stia profilando un allontanamento religioso, si sviluppa soprattutto a partire dall'enciclica *Evangelium vitae* del (1995), duro messaggio sull'inviolabilità della persona e contro l'aborto, «delitto» chiamato «diritto» nelle moderne legislazioni statali.[95] In quest'ultimo pe-

94. Interessante sintesi del rapporto tra il pensiero di Giovanni Paolo II e la modernità liberale in Carson Hallowey, *The Way of Life: John Paul II and the Challenge of Liberal Modernity*, Baylor University Press, Waco-Texas 2008. Cfr. anche Philippe Portier, *L'ossessione dell'Illuminismo. Giovanni Paolo II e il mondo moderno*, Manni, San Cesario di Lecce 2009.

95. Merita qui la citazione dall'*Evangelium vitae*: «Ma la nostra attenzione intende concentrarsi, in particolare, su un altro genere di attentati, concernenti la vita nascente e terminale, che presentano caratteri nuovi rispetto al passato e sollevano problemi di singolare gravità per il fatto che tendono a perdere, nella coscienza collettiva, il carattere di "delitto" e ad assumere paradossalmente quello del "diritto", al punto che se ne pretende un vero e proprio riconoscimento legale da parte dello Stato e la successiva esecuzione mediante l'intervento gratuito degli stessi operatori sanitari. Tali attentati colpiscono la vita umana in situazioni di massima precarietà, quando è priva di ogni capacità di difesa. Ancora più gra-

riodo di governo Giovanni Paolo II giudica i sistemi occidentali dannosi, in quanto hanno abbandonato le direttive ecclesiastiche facendo proprio il relativismo etico, e li colloca nella stessa categoria dei totalitarismi, generati dallo stesso sviluppo storico e portatori delle stesse tragiche conseguenze. La loro delegittimazione morale, così come la rinnovata divaricazione tra diritti di Dio e diritti dell'uomo contenuta tra le righe della stessa *Evangelium vitae*,[96] non è solo il perdurare di uno schema passatista: è la battaglia ultima dell'intero pontificato, il simbolo del ruolo che la chiesa wojtyliana deve occupare nel mondo, ovvero quello di mediatrice etica primaria.

L'accusa all'Occidente e la rivendicazione di un ruolo più incisivo per il magistero ecclesiastico trovano espressione anche attraverso lo strumento della canonizzazione. In un contesto in cui la chiesa cattolica solo raramente riesce ancora ad imporre la propria legge morale attraverso uno strumento giuridico valido, Giovanni Paolo II affida, più che alle nuove figure agiografiche – eccezione fatta per santa Gianna Beretta Molla, di cui si parlerà a lungo in seguito –, alle sue omelie di beatificazione o canonizzazione la funzione di critica e ammonimento, utilizzando così al meglio la contingenza offertagli dalle cerimonie di santificazione.[97] Durante la canonizzazione di Enrique Ossó y Cervelló (1840-1896), fondatore della Compagnia di Santa Teresa di Gesù, il 16 giugno 1993 a Madrid, si possono notare ripetuti richiami alla necessità di una nuova cristianizzazione, al sostegno della famiglia cristiana e ad una politica antiabortista. L'omelia diventa davvero strumento

ve è il fatto che essi, in larga parte, sono consumati proprio all'interno e ad opera di quella famiglia che costitutivamente è invece chiamata ad essere "santuario della vita"», Giovanni Paolo II, *Evangelium vitae*, 11. Per un'analisi accurata della teologia morale di Giovanni Paolo II, anche se manifestante il dissenso cattolico all'insegnamento pontificio, si veda Charles Curran, *The Moral Theology of the Pope John Paul II*, Georgetown University Press, Washington D.C. 2005, particolarmente pp. 21-25.

96. Cade la nozione stessa di «diritto umano» in quanto non più universale per gli uomini di differenti orientamenti etici e religiosi: «In questo modo giunge ad una svolta dalle tragiche conseguenze un lungo processo storico, che dopo aver scoperto l'idea dei "diritti umani" – come diritti inerenti a ogni persona e precedenti ogni Costituzione e legislazione degli Stati – incorre oggi in una sorprendente contraddizione:proprio in un'epoca in cui si proclamano solennemente i diritti inviolabili della persona e si afferma pubblicamente il valore della vita, lo stesso diritto alla vita viene praticamente negato e conculcato, in particolare nei momenti più emblematici dell'esistenza, quali sono il nascere e il morire», Giovanni Paolo II, *Evangelium vitae*, 18. Cfr. anche Menozzi, *Giovanni Paolo II*, pp. 41-45 e 49.

97. Michael W. Higgins in *Stalking the Holy. The Pursuit of Saint Making*, Anansi, Toronto 2006, pp. 34 e sgg.

politico, o, se non altro, espressione di una forte preoccupazione sociale, piuttosto che illustrazione della vita e dell'opera del novello santo:

> La Spagna può vantarsi senz'altro di una magnifica storia di santità; allo stesso tempo è chiaro però che ai nostri giorni, per affrontare con decisione e speranza le sfide del futuro, questo paese ha bisogno di ritornare alle sue radici cristiane. Oggi più che mai si può sentire il bisogno di Dio. Quanto più la visione della vita si secolarizza, la società si disumanizza, perché perde la giusta prospettiva dei rapporti tra gli uomini; quando si indebolisce la dimensione trascendente dell'esistenza, diminuisce il senso dei rapporti personali e della storia, e si pongono in pericolo la dignità e la libertà della persona umana, che ha solo Dio, il suo Creatore, come suo principio e fine. [...] Sono ben noti i problemi che nei nostri giorni affliggono la coppia e l'istruzione familiare; per questo è necessario presentare con autenticità l'ideale della famiglia cristiana, basato sull'unità e fedeltà del matrimonio, aperto alla fecondità, guidato dall'amore. E come non esprimere vivo appoggio ai ripetuti richiami dell'Episcopato a favore della vita e sulla illegalità dell'aborto? Esorto tutti a non desistere nella difesa della dignità di ogni vita umana, nell'indissolubilità del matrimonio, nella fedeltà dell'amore coniugale, nell'educazione dei bambini e dei giovani seguendo i principi cristiani, di fronte a cieche ideologie che negano la trascendenza e che la storia recente ha screditato mostrandone il vero volto.[98]

Pochi anni dopo, il 23 giugno 1996, la beatificazione a Berlino di due sacerdoti martiri del regime nazista, Bernhard Lichtenberg (1875-1943) e Karl Leisner (1915-1945), diventa ancora una volta l'occasione per porre l'accento contro i mali delle società occidentali secolarizzate. In una cerimonia dedicata alle vittime del nazionalsocialismo la sottile allusione che «non sono solo i dittatori politici a limitare la libertà» crea quel nesso concettuale tra gli ordinamenti statali capitalisti e i totalitarismi, che in molti altri interventi restava invece inespresso:

> Il coraggio della sua [di Karl Leisner, *n.d.a*] fede e il suo entusiasmo per Cristo devono essere stimolo e modello soprattutto per i giovani, che vivono in un ambiente caratterizzato da miscredenza e indifferenza. Non sono solo i dittatori politici a limitare la libertà; c'è bisogno uguale di forza e coraggio per contrapporsi al risucchio dello spirito del tempo, che è orientato al consumo e al godimento egoistico della vita o, all'occasione, getta sguardi compiacenti nei confronti dell'ostilità alla Chiesa, o perfino dell'ateismo militante.[99]

98. *Insegnamenti*, XVI, 1, 1993, pp. 1565-1566 (in catalano e in spagnolo).
99. *Insegnamenti*, XIX, 1, 1996, p. 1592 (in tedesco).

I principi dell'ideologia nazista contro i quali Lichtenberg intraprende la sua lotta ricordano molto da vicino le istanze laiciste delle società contemporanee. La riflessione si amplia e si fa più chiara nel momento in cui il pontefice ricorda non solo la vittoria, attraverso la fede e il martirio, del nazionalsocialismo, ma anche la necessità di combattere contro tutto ciò che, alla pari, «sotto qualsiasi forma si presenti», conduce alla morte e contrasta la dignità umana:

> Bernhard Lichtenberg riconobbe chiaramente che lì, dove la verità di Dio non viene più rispettata, si lede anche la dignità dell'uomo. Dove domina la menzogna, domina sempre l'agire falso e cattivo: "le azioni di un uomo sono le conseguenze dei suoi principi. Se i principi sono sbagliati, anche le azioni non saranno giuste…io combatto i principi sbagliati, dai quali derivano necessariamente azioni sbagliate", scrive egli nel verbale della sua prima testimonianza di fronte ai giudici nazisti. E chiamò anche chiaramente e precisamente per nome alcuni di questi falsi principi: "…l'eliminazione dell'ora di religione nelle scuole. La lotta contro la croce…la secolarizzazione del matrimonio, l'uccisione intenzionale di vite considerate indegne di essere vissute (eutanasia), la persecuzione degli ebrei…" […] Come i due beati, siamo tutti chiamati a recare testimonianza per la vita. Per questo tenetevi saldi alla vita, che è Cristo. Opponetevi alla cultura dell'odio e della morte sotto qualunque forma essa si presenti. E non stancatevi di impegnarvi a favore di coloro la cui vita e la dignità vengono minacciate: i non nati, i malati terminali, gli anziani e i numerosi bisognosi del nostro mondo.[100]

Il crescendo critico del discorso si amplifica ancor più nella seconda parte, dove, anche se si riferisce principalmente al contesto socio-culturale tedesco, le considerazioni sembrano avere portata universale. L'identità cristiana deve essere difesa in qualunque frangente e lo stato deve garantire la libertà religiosa, senza alcun tipo di ingerenza:

> Il nostro compito nel mondo postula da noi cristiani non di assimilarvisi e di divenire comodi contemporanei rinunciando così alla nostra identità. Essa richiede invece che rimaniamo cristiani, che difendiamo e viviamo la nostra fede e offrendola come contributo essenziale alla società umana. In questo compito non dobbiamo farci ostacolare da nessuno, neanche dallo Stato. Nella tutela della reciproca libertà e indipendenza, in Germania il rapporto tra Chiesa e Stato è improntato sulla cooperazione e non sulla divisione. Il

100. Ivi, p. 1593.

> rapporto evolutosi nel corso della Storia obbliga lo Stato alla difesa delle istituzioni, che garantiscono l'adempimento dei compiti socialmente importanti, e vieta qualsiasi forma di ingerenza statale. [...] In considerazione di questa funzione di servizio dello Stato, la libertà di religione va garantita, soprattutto nel campo educativo e nell'educazione religiosa. È lo Stato a essere neutrale, non l'insegnamento di religione![101]

Nel pensiero wojtyliano, dunque, l'uomo senza la guida divina, mediata dalla chiesa, può costruire solo società inique come quelle moderne, dove nessuna pace è garantita. La famiglia e la dignità umana, particolarmente nell'accezione della vita prenatale, sono l'ultimo e strenuo baluardo da difendere, pena il crollo di una società che si definisce «di diritto». La visione pessimistica dell'uomo contemporaneo assume tinte quasi fosche, a tratti quasi ossessive.

2.4. *Canonizzazioni ed ecumenismo*

Come già in parte tratteggiato, l'atteggiamento che Giovanni Paolo II manifesta nei confronti del dialogo ecumenico sembra a prima vista caratterizzato da una certa ambiguità, almeno tra dottrina e pastorale. A livello dottrinale sembra prevalere nel suo magistero la tradizionale ambivalenza, che già il Concilio Vaticano II aveva cercato invano di superare, tra l'affermazione che la chiesa cattolica sia l'unica depositaria e interprete della verità insegnata da Cristo e l'invito alle altre chiese dell'ecumene cristiano di ricercare insieme l'autentico messaggio divino, carente e perfettibile in ciascuna tradizione confessionale. Tuttavia, a un'osservazione più attenta, nonostante vi siano all'interno dei discorsi papali, anche tra le omelie di beatificazione e canonizzazione, frequenti dichiarazioni che invitano i cristiani all'unità e ne rimpiangono le divisioni, gli interventi sembrano piuttosto orientati alla riproposizione di chiari elementi precedenti la svolta del Vaticano II.[102] Non è solo l'amplificazione mediatica del ruolo del pontefice come pastore universale, che incita indirettamente a un centralismo romano tipico del cattolicesimo degli ultimi secoli e particolarmente del pontificato di Giovanni Paolo II, ma anche la stessa dichiarazione della Congregazione per la Dottrina della Fede *Dominus Iesus*, firmata dal cardinale Ratzinger il 6 agosto 2000, che

101. Ivi, pp. 1596-1597.

102. Breve ma efficace sintesi sull'ecumenismo di Giovanni Paolo II in Giovanni Miccoli, *Tra vecchio e nuovo pontificato: una sostanziale continuità?*, «Passato e presente», 67 (2006), pp. 11-13.

ribadisce «che la Chiesa di Cristo, malgrado le divisioni dei cristiani, continua ad esistere pienamente soltanto nella Chiesa cattolica».[103] D'altra parte i numerosi gesti pubblici di Giovanni Paolo II in tema di ecumenismo sembrano mirare a un dialogo basato non tanto su questioni teologiche, quanto su un piano più spirituale ed esistenziale, ovvero sulla necessità di pace e fratellanza del mondo contemporaneo – e gli incontri di Assisi ne sono il più lampante esempio.[104] Essi appaiono così dettati da un'urgenza pastorale contingente, poco meditata, plateale.

L'ambiguità del discorso wojtyliano sull'ecumenismo scompare invece nella sua politica delle canonizzazioni, per lasciare il posto a una strategia marcatamente romanocentrica. Con la sua attività canonizzatrice il papa ha proposto modelli agiografici spesso controversi e storicamente poco consoni a un concreto avvicinamento alle altre confessioni cristiane. E, cosa assai curiosa, la consapevolezza di indicare personalità agiografiche imbarazzanti per il dialogo ecumenico è riscontrabile proprio nella loro presentazione omiletica, spesso anticipata o seguita da un accorto inciso sulla non intenzionalità di riaprire vecchi conflitti, sulla fine delle discordie tra cristiani e la speranza dell'unità. Tra le canonizzazioni più discutibili e criticate c'è quella del 21 maggio 1995 a Olomouc, in Repubblica Ceca, di Jan Sarkander (1576-1620), evangelizzatore della Boemia e martire messo a morte dalle autorità protestanti durante la fase boema (1618-1620) della guerra dei trent'anni (1618-1625), nel contesto delle guerre di religione del XVI-XVII secolo. Alcune chiese evangeliche hanno considerato provocatoria tale santificazione, tanto che alcuni loro rappresentanti non hanno partecipato all'incontro ecumenico con il pontefice il giorno precedente a Praga e in quegli stessi giorni si sono organizzate manifestazioni in memoria dei protestanti uccisi in quello stesso periodo dai cattolici.[105] Giovanni Paolo II ha risposto all'incidente introducendo nell'omelia una richiesta di perdono in senso storico, che appare tuttavia tardiva e poco strutturata:

103. *Dominus Iesus*, in *Enchiridion Vaticanum*, vol. 19, Edizioni Dehoniane, Bologna 2004, p. 693.

104. Sull'incontro di Assisi del 27 ottobre 1986 si veda Claudio Bonizzi, *L'icona di Assisi nel magistero di Giovanni Paolo II*, Edizioni Porziuncola, Assisi 2002. Sullo spirito di Assisi e il dialogo interreligioso durante il pontificato wojtyliano si legga Zizola, *L'altro Wojtyla*, pp. 390-398.

105. Cfr. Accattoli, *Giovanni Paolo. La prima biografia completa*, p. 264. Erroneamente qui, ma anche per i martiri di Košice, il vaticanista parla di beatificazioni in luogo di canonizzazioni.

La sua canonizzazione va anzitutto ad onore di tutti coloro che, in questo secolo, non solo in Moravia e Boemia ma in tutta l'Europa dell'Est, hanno preferito la privazione dei beni, l'emarginazione, la morte, piuttosto che piegarsi all'oppressione e alla violenza. Questa canonizzazione non deve in nessun caso aprire di nuovo le ferite dolorose che in passato hanno segnato in queste terre il Corpo di Cristo. Anzi, oggi io, Papa della Chiesa di Roma, a nome di tutti i cattolici, chiedo perdono dei torti inflitti ai non cattolici nel corso della storia turbolenta di queste genti, e al tempo stesso assicuro il perdono della Chiesa cattolica per quello che di male hanno patito i suoi figli.[106]

Analogamente, il 2 luglio 1995 la canonizzazione a Košice, in Repubblica Slovacca, di Marko Križevčanin (1588-1619), István Pongrácz (1582-1619) e Melichar Grodziecký (1584-1619) – altri tre martiri della rivolta boema – ha nuovamente provocato il malcontento del mondo protestante ceco, i cui rappresentanti si sono riuniti sotto il monumento in memoria delle loro vittime a Presov. La risposta di Giovanni Paolo II ancora una volta è stata strategica: ha ricordato il valore dei martiri protestanti ed è poi andato a pregare davanti al mausoleo dei perseguitati calvinisti, gesto all'apparenza spontaneo, ma di forte calcolato impatto mediatico.[107] Se si considera il valore simbolico che i santi sono in grado di assumere nella costruzione dell'identità collettiva, soprattutto nazionale, la riproposizione di simili modelli agiografici non ha offerto di certo un grande contributo al cammino ecumenico, particolarmente in quelle aree, scosse da dinamiche nazionalistiche piuttosto rilevanti all'indomani della dissoluzione dell'Urss e da dinamiche religiose composite per la presenza di numerose diverse chiese cristiane.

L'analisi della causa collettiva di Wincenty Lewoniuk (1849-1874) e di 12 *socii* (†1874), noti come martiri di Pratulin – si tratta di contadini ucraini membri della chiesa unita a Roma nata dall'Unione di Brest (1596), perseguitati dall'impero zarista che li voleva assimilati alla chiesa ortodossa russa – mostra chiaramente il clima e il retroterra culturale di cause di canonizzazione simili.[108] La *positio super martyrio* del processo offre interessanti

106. *Insegnamenti*, XVIII, 1, 1995, pp. 1362-1367 (in ceco).

107. Accattoli, *Giovanni Paolo. La prima biografia completa*, p. 265. Da rilevare che l'autore esalta entrambi i gesti del pontefice: quello di Olomouc è «la più bella tra le sue richieste di perdono» e quello di Košice è «il più umile e il più inaspettato degli atti ecumenici», secondo una visione apologetica semplicistica che ripiega sullo slogan mediatico del «papa di dialogo», coniato piuttosto per i suoi incontri con i leader delle religioni non cristiane.

108. La beatificazione si è tenuta il 6 ottobre 1996. Si leggano i tre diversi articoli sui martiri di Pratulin in «L'Osservatore Romano», 6 ottobre 1996, p. 7. Cfr. Congregatio de

spunti d'analisi. Colpisce fin da subito il tono acceso e polemico della parte storica, che sembra palesare una profonda e non troppo velata conflittualità tra chiesa cattolica romana e chiesa ortodossa russa, particolarmente intorno alla comunità dei fedeli uniti e al tema dell'evangelizzazione dei territori dell'est europeo:[109] è l'esempio calzante di una certa storiografia cattolica, piuttosto critica verso il mondo ortodosso. Già nella prima relazione del 14 febbraio 1984, scritta dal relatore generale Ambrosius Eszer,[110] appaiono i segni di una causa costruita *ad hoc*, a vantaggio di una precisa strategia ecclesiologica. Poiché per alcuni di questi martiri vengono forniti solamente i certificati di nascita e di morte, senza ulteriori informazioni sulla vita e le motivazioni del martirio come richiesto invece dalla procedura, lo stesso relatore manifesta dei dubbi, annotando come «le singole persone sono di una estrema semplicità, e le affermazioni sul loro conto riescono spesse volte estremamente stereotipate cosicché la fama di martirio viene affermata quasi sempre con le stesse parole». La fama di martirio si era infatti interrotta per diversi anni, per poi essere ripresa solo dopo il 1915, con la fuga dei russi dai territori ucraini, per sollecitazione di diversi presuli locali e allora con chiara funzione anti-ortodossa. È indubbio che in altre occasioni simile la scarsità di informazioni biografiche e sul martirio e l'interruzione della memoria del culto avrebbero scoraggiato l'apertura della causa stessa.[111] Eszer chiude la

Causis Sanctorum, *Prot. N. 1062, Siedlcen. Seu Podlachen. Beatificationis seu declarationis martytii Servorum Dei Vincentii Lewoniuk et XII Sociorum in odium fidei, uti feretur; die 24 ianuarii a. 1974 in pago Pratulin e diocesi Siedlcensi interfectorum. Positio super martyrio*, Roma 1995.

109. Ad esempio: «Furbi, come i russi erano e sono ancora, anche nell'eparchia di Chelm che non viene menzionata neanche una volta nella nostra *Positio*, eccezione fatta del Voto del Rev.mo Promotore Generale della Fede; essi usarono, in un primo momento, le autorità cattoliche, cioè la Curia eparchiale, per raggiungere i loro traguardi», ivi, *Relazione di Ambrogio Eszer*, p. 3 (la relazione è del 14 febbraio 1984). Si precisa che all'interno della *positio* si trovano due relazioni del relatore generale, una datata appunto al 1984 e una al 25 aprile 1995.

110. Ambrosius Eszer (1933-2010), sacerdote domenicano, professore di storia della Chiesa Orientale all'Angelicum di Roma, è una figura che si ritrova spesso nella documentazione relativa alle cause di canonizzazione durante il pontificato di Giovanni Paolo II: ha infatti lavorato presso la Congregazione delle cause dei santi dal 1979 al 2008 – dapprima come consultore storico, poi, dal 1983 come relatore e, infine, dal 1990 come relatore generale –, supervisionando circa 300 processi canonici. Cfr. Michael Dillmann, *Eszer (Eßer), Ambrosius*, in *Biographisch-Bibliographisches Kirchenlexikon (BBKL)*, Band 32, Bautz, Nordhausen 2011, pp. 345-354.

111. Ivi, p. 7.

sua prima relazione sostenendo che la causa così come è non può essere portata alla discussione dei teologi per mancanza di struttura formale e prove, ma ne suggerisce caldamente il rifacimento, poiché, a suo avviso, «la Chiesa cattolica deve onorare i propri martiri. Un'eventuale beatificazione dei martiri di Pratulin sarebbe un dovuto segno di solidarietà spirituale della Chiesa di Roma con i cattolici di rito bizantino, perseguitati attualmente in tutti i paesi dell'attuale blocco orientale».[112] L'esplicita ragione politico-pastorale della causa diventa così il suo avvaloramento, soprattutto se si storicizzano le coordinate spazio-temporali. I martiri di Pratulin, infatti, si inseriscono appieno nell'endemico problema delle relazioni tra Roma e Mosca sulla questione della chiesa unita ucraina, che si è acuita proprio durante il pontificato wojtyliano. Mentre la chiesa ortodossa russa chiedeva l'abbandono delle chiese unite – i fedeli ucraini dovevano, quindi, passare o al rito latino o a quello ortodosso –, Giovanni Paolo II reclamava in quel territorio la libertà religiosa.[113] Il sostegno alla chiesa cattolico-ucraina non era, infatti, percepito dal magistero papale come una contraddizione nel dialogo ecumenico per la ricostruzione dell'unità. La beatificazione di Lewoniuk e dei suoi compagni si contestualizza più precisamente quando, dopo il 1989, con l'avvallo delle autorità ex-comuniste in Ucraina, viene restaurata la chiesa unita, angariata a lungo anche dal regime comunista e il cui posto era stato occupato, anche concretamente, nei luoghi di culto, dagli ortodossi russi. Di più, la forte tensione creatasi tra le due confessioni cristiane è stata per certi versi acutizzata proprio dalla glorificazione dei martiri ucraini, la cui storia molto ricorda quella coeva alla loro glorificazione. Sembra permanere poi, alle fondamenta della causa, ma forse anche della beatificazione stessa, la concezione dell'unità tra Roma e le altre chiese cristiane in termini di "ritorno", ritorno a casa da parte di coloro che l'hanno precedentemente abbandonata.

112. *Ibid.*

113. Il forte interesse di Giovanni Paolo II verso tale causa è dimostrato da: 1) come arcivescovo di Cracovia firmò la lettera postulatoria del 1 settembre 1965, insieme a tutti gli arcivescovi e vescovi polacchi; 2) nel documento 41, nella sezione dei *documenta informationi adnexa* della *positio super martyrio*, è riportata una lettera che egli scrisse ai sacerdoti della diocesi di Siedlce il 9 ottobre 1981: «Ad ogni modo la causa, che avete portato qui, cioè la causa dei Martiri della Podlachia, è una causa che ogni polacco porta nel suo cuore. Ed è un grande capitolo della nostra storia. Non dovete pertanto temere che io non abbia a cuore questa causa. Dovete invece fare tutto il possibile, specialmente da parte della Chiesa, affinché tale causa raggiunga la sua piena espressione ecclesiastica. La causa ha una lunga storia – i Martiri della Podlachia», ivi, *Documenta informationi adnexa*, p. 306.

2.5. *Santi e beati del grande giubileo*

Il tema ecumenico è centrale anche durante il grande giubileo indetto da Giovanni Paolo II nel 2000. Nella lettera apostolica di preparazione all'evento, la *Tertio millennio adveniente* (1994), il papa enuncia i temi principali dell'anno santo, tra i quali la valorizzazione del martirio come prospettiva di unità delle chiese cristiane. L'attenzione verso la santità, in particolare quella martiriale, si è concretizzata nella creazione di uno speciale organismo, la Commissione "nuovi martiri" (1999-2000), che aveva il compito di recuperare la memoria dei cristiani morti nel XX secolo, chiamati con l'espressione più ampia di «testimoni della fede». Il lavoro è consistito nel raccogliere e catalogare molteplici esperienze e vissuti (più di 13.000 testimonianze) non tanto in vista di un processo canonico, quanto al fine di diffondere nella chiesa la coscienza delle dimensioni del martirio dei cristiani nel secolo scorso.[114] La presenza reale e concreta del martirio in seno alla chiesa cattolica diventa così spendibile sul piano del dialogo ecumenico, in quanto anche le altre confessioni cristiane hanno vissuto la stessa drammatica esperienza storica, particolarmente in Europa, ma anche altrove. Inoltre, il papa sembra lanciare il messaggio della santità martiriale dopo la fine dell'esperienza comunista europea a lettura di quella vicenda storica particolare, ma anche di tutto il Novecento in generale, come se i martiri fossero i protagonisti e gli interpreti del secolo che si è appena concluso.[115] L'immagine dei nuovi martiri introduce anche, nel processo del ricordare, la dimensione del perdono – il martire è, infatti, colui che assolve il persecutore –, che a sua volta rimanda a un'altra tematica centrale del pontificato wojtyliano, quella della purificazione della memoria attraverso i pentimenti.[116]

Richiamando e amplificando questioni fondamentali del magistero pontificio il grande giubileo diventa una sorta di «chiave ermeneutica» dell'intero governo papale, in cui ancora una volta le canonizzazioni non sono altro che strumenti atti a rafforzare eventi e linee guida.[117] Gli esempi sono numerosi. La beatificazione del 5 marzo 2000 è funzionale all'in-

114. Andrea Riccardi, *Il secolo del martirio*, Mondadori, Roma 2000, pp. 10-11.

115. Interessanti spunti in Roccucci, *Giovanni Paolo II e i "nuovi martiri"*, pp. 219-234.

116. Cfr. Miccoli, *In difesa della fede*, pp. 197-223 e Menozzi, *Giovanni Paolo II*, pp. 127-163.

117. Giovanni Paolo II, *Tertio millennio adveniente*, in *Enchiridion Vaticanum*, vol. 14, p. 965.

sistente discorso sull'evangelizzazione: i protagonisti, André de Soveral, Ambrósio Francisco Ferro e 28 *socii* (†1645), Nicolas Bunkerd Kitbamrung (†1944), Maria Stella Adela Mardosewicz e 10 *sociae* (†1943), Pedro Calungsod (†1672) e Anrê di Phú Yên (1626-1644), sono tutti modelli per le rispettive chiese locali, in grado di dare la prova della diffusione globale, passata e coeva, del martirio. Veicola invece riferimenti ben precisi la beatificazione dei due pastorelli a cui appare la madonna di Fátima, Jacinta (1910-1920) e Francisco Marto (1908-1919), avvenuta il 13 maggio 2000, nell'anniversario dell'apparizione, presso il santuario di Nostra Signora del Rosario. La scelta della visita in Portogallo a maggio e la pubblicazione del terzo segreto di Fátima il 26 giugno, nel corso dell'anno giubilare, non sono di certo casuali. Se la profonda devozione mariana e la coincidenza tra il giorno del suo attentato, il 13 maggio 1982, e quello dell'apparizione della madonna, il 13 maggio 1917, hanno di certo contribuito all'interpretazione del terzo segreto come profezia di salvezza dall'atto criminoso,[118] il suo svelamento proprio in quel frangente sembra mirare, oltre a una enorme visibilità mediatica, al recupero della prospettiva penitenziale del grande giubileo nella devozione mariana di Fátima, ché è *in primis* invito alla conversione e al ritorno a Dio. I due bambini veggenti assurgono così a segno dell'offerta sacrificale per la redenzione dei peccatori.[119]

L'anno santo fa da sfondo anche alla tanto discussa beatificazione di Pio IX (1792-1878) e a quella di Giovanni XXIII (1881-1963) – insieme a Tommaso Reggio (1818-1901), Guillaume Joseph Chaminade (1761-1850) e Columba Marmion (1858-1923) –, avvenuta il 3 settembre 2000. L'accostamento nella santità dei due pontefici romani, dalle personalità profondamente diverse, ma anche rappresentanti due concezioni ecclesiologiche distinte – le due differenti anime del cattolicesimo, una progressista e l'altra conservatrice, affrontatesi con tanta asprezza nel corso degli ultimi secoli –, rappresenta una scelta di mediazione, un tentativo di riconciliazione. In un

118. Così anche in *Memoria e identità*: «Di nuovo mi ritrovo debitore verso la Santissima Vergine e verso tutti i Santi Patroni. Potrei dimenticare che l'evento in Piazza San Pietro ha avuto luogo nel giorno e nell'ora nei quali, da più di sessant'anni, si ricorda a Fátima, in Portogallo, la prima apparizione della Madre si Cristo ai poveri pastorelli? In tutto ciò che mi è successo proprio in quel giorno, ho avvertito una straordinaria protezione e premura materna. Essa si è dimostrata più forte del proiettile», Giovanni Paolo II, *Memoria e identità*, pp. 193-194. Cfr. anche Accattoli, *Giovanni Paolo*, p. 121, e Lecomte, *Giovanni Paolo II*, pp. 381-388.

119. *Insegnamenti*, XXIII, 1, 2000, p. 840 (in portoghese).

sforzo analogo nel 1965 Paolo VI, rifiutando la beatificazione di Giovanni XXIII per acclamazione, come chiesto dai padri conciliari, aveva aperto simultaneamente la causa di Angelo Roncalli e quella di Eugenio Pacelli. Circolava l'idea che i due processi sarebbero proceduti insieme, ma alla conclusione positiva della causa roncalliana non è seguita quella del suo predecessore, arenatasi soprattutto a causa delle polemiche sui silenzi nei confronti dello sterminio ebraico. Giovanni Paolo II, in quest'ottica, con la beatificazione di Pio IX, il papa del concilio Vaticano I, non ha fatto altro che affiancare alla figura di Giovanni XXIII, in una sorta di "ripiegamento", una personalità dagli orientamenti distinti e più simile a quella pacelliana.[120] Sembra che qui sia in gioco anche l'interpretazione che il pontefice offre del Vaticano II: l'avvicinamento che Giovanni Paolo II di fatto suggerisce tra i due concili ecumenici presentandoli come elementi distintivi dell'azione dei papi che sta beatificando rientra appieno in quella che è stata definita lettura «normalizzante», ovvero il tentativo di inserire il Vaticano II nella tradizione della chiesa cattolica al fine di smorzarne la portata innovativa.[121] La strategia di ricomposizione degli scontri e degli strappi interni tra le due contrapposte posizioni ecclesiastiche non è sottesa a quest'unica cerimonia, anche se essa è la più emblematica e di forte impatto mediatico. Tra i modelli agiografici wojtyliani compaiono da una parte personaggi legati a Pio IX come il sacerdote passionista Cesare Silvestrelli (Bernardo Maria di Gesù, 1831-1911), beatificato il 16 ottobre 1988, o il francescano Domenico Mazzarella (Modestino di Gesù e Maria, 1802-1854), elevato all'onore degli

120. Nel 1990 Woodward prospettava che come Pio XII nel 1954 canonizzava Pio X in un momento di condanna a una certa teologia considerata dissidente, così Giovanni Paolo II avrebbe beatificato Pio IX negli anni Ottanta o Novanta con una valenza simile. Interessante anche l'interpretazione della promozione dell'infallibilità papale di Mastai Ferretti alla luce del dialogo ecumenico in vista della sua glorificazione, Woodward, *Making saints*, pp. 280-335, in particolare sulla causa Roncalli pp. 301-308 e su Pio IX pp. 309-335.. L'accostamento di due pontefici in una cerimonia di beatificazione permette di uscire dall'*impasse* di promuovere con la santità di un papa una sola linea ecclesiologica o dottrinale. Cfr. Roberto Rusconi, *Santo Padre. La santità del papa da san Pietro a Giovanni Paolo II*, Viella, Roma 2010, pp. 536-541. Sulla beatificazione di Pio IX si veda anche Massimo Viglione, *Il problema della beatificazione di Pio IX. Breve resoconto del dibattito storico sui giornali nazionali*, in «Nuova Rivista Storica», LXXXV/I, (2001), pp. 145-162.

121. L'omelia di beatificazione del 3 settembre 2000 in *Insegnamenti*, XXIII, 2, 2000, pp. 309-310. Sulla lettura normalizzante il rimando obbligatorio è a Miccoli, *In difesa della fede*, *passim*.

altari il 29 gennaio 1995, sostenitore del regno borbonico; e dall'altra personalità portatrici di istanze di opposto orientamento come il cardinale Andrea Carlo Ferrari (1850-1921), beatificato il 10 maggio 1987, sfiorato dalle accuse di modernismo, o Francesco Faà di Bruno (1825-1888),[122] glorificato il 25 settembre 1988, ufficiale a fianco del futuro Vittorio Emanuele II durante la prima guerra di indipendenza.[123] Nell'omelia di beatificazione del 3 settembre 2000 Giovanni Paolo II si adopera in un tentativo di avvicinamento e assimilazione delle due figure papali, entrambe allacciate alle due assise conciliari – Vaticano I e Vaticano II. La sottolineatura di una santità non sottratta alla contingenza, ma esemplare perché al di là delle opzioni storiche, è la risposta che il pontefice offre al problema suscitato dalle polemiche contro l'atteggiamento di Pio IX verso la neonata Italia e la modernità in generale – basti pensare al *Sillabo* del 1864. Il santo, insomma, può non agire nella storia sempre correttamente e con lungimiranza, ma è comunque perfetto nell'esercizio delle virtù e per questo proponibile come modello.[124] Nel breve medaglione biografico di Giovanni XXIII si nota, non a caso, la «profonda venerazione» che il papa portava per il suo predecessore Pio IX.[125]

Infine, il 1° ottobre 2000 vengono canonizzati a Roma Agostino Zhao Rong (†1815) e 119 *socii* (†1648-1930), martiri cinesi, insieme a María Josefa Sancho de Guerra (del Corazón de Jesús, 1842-1912), Katharine Mary Drexel (1858-1955) e Giuseppina Bakhita (1869-1947). L'atto, che è stato considerato provocatorio dalla Cina a causa della concomitanza con la data, il 1 ottobre, dell'anniversario della proclamazione della Nuova Cina maoista, ha raggelato i rapporti tra Vaticano e Pechino. Anche se secondo la letteratura agiografica i novelli martiri sono stati missionari zelanti e devoti e hanno difeso la fede fino alla morte, sono entrati nel paese al seguito delle autorità straniere, marcando così la compromissione

122. Seppur Faà di Bruno viene considerato per lo più un "santo sociale", sulla scia di don Bosco, la sua figura è stata reinterpretata anche da un certo cattolicesimo conservatore. Cfr. Vittorio Messori, *Il beato Faà di Bruno. Un cristiano in un mondo ostile*, Rizzoli, Milano 1998.

123. Così anche Zuccarello, *Le canonizzazioni e beatificazioni di Giovanni Paolo II*, pp. 567-568.

124. Approfondimenti sul distinguo di Giovanni Paolo II tra la glorificazione di un individuo e il giudizio positivo sulle sue opzioni storiche in Tommaso Caliò, *L'agiografia contemporanea tra storia e "controstoria"*, in *La santità. Ricerca contemporanea e testimonianze del passato*, (Atti del Convegno di Prato, Biblioteca Roncioniana, 24 novembre 2007), Edizioni Polistampa, Prato 2011, pp. 81-95.

125. *Insegnamenti*, XXIII, 2, 2000, pp. 308-309.

tra potenze coloniali e missioni cristiane.[126] Avvertito di ciò, nell'omelia di canonizzazione Giovanni Paolo II si concentra piuttosto sulla violenza del martirio e sui gesti eroici dei martiri, quasi volutamente eludendo il contesto storico, piuttosto distinguendo tra dimensione storica dei fatti e dimensione teologica delle virtù dei martiri: per il pontefice, infatti, esiste una santità e un martirio per la fede astratti dal contesto socio-politico e culturale dal quale escono, come già aveva affermato nella beatificazione di Giovanni XXIII e Pio IX.[127] Santi storici o santi metastorici a parte, la celebrazione di beatificazioni e canonizzazioni di figure rilevanti nella storia della chiesa cattolica durante il giubileo del 2000 non mostra solamente quali obiettivi e risultati la sinergia di due importanti momenti liturgici può raggiungere, sia a livello pastorale, che politico, ma anche ne rafforza la funzione di strumento mediatico, conferendo così alla strategia canonizzatrice un posto prominente all'interno del governo ecclesiastico.

2.6. *Donne, chiesa e santità*

Se la santità martiriale è essenzialmente legata alle cerimonie collettive, nelle quali il papa può beatificare un numero molto elevato di personalità agiografiche in una singola occasione, ma dove ogni esistenza individuale – persino il nome stesso – riveste un minore significato rispetto alla ragione di morte, è possibile affermare che i martiri non assurgono a modelli per la vita esemplare e virtuosa che hanno vissuto, ma per la ragione che li ha condotti alla morte. I martiri, tuttavia, seppur presenti in maggior numero, non sembrano però rappresentare il progetto agiografico che il pontefice riserva alle donne, che si esplica piuttosto in particolari modelli di vita cristiana esemplare, proposti in specifiche contingenze storiche e a specifiche comunità di fedeli, come si vedrà meglio nel corso del volume.

La santità femminile wojtyliana merita sicuramente un'attenzione particolare. Innanzitutto, vi è una dialettica tra le due tipologie predominanti, ovvero le religiose, che vantano la maggioranza – fondatrici comprese – tra le beate, e le laiche, che sono in numero maggiore tra le sante.[128] La presenza di donne fondatrici è stata interpretata da Lucetta Scaraffia non solo come

126. Cfr. Zizola, *L'altro Wojtyla*, pp. 463-469. Sulla chiesa cattolica e la Cina, Eric Hanson, *The Catholic Church in World Politics*, Princeton University Press, Princeton 1987 pp. 265-271.

127. *Insegnamenti*, XXIII, 2, 2000, pp. 503-504.

128. Grafici nn. 26, 36, 39.

parte del più complesso processo di "femminilizzazione" delle pratiche devozionali, cominciato all'interno della chiesa cattolica già nel XVIII secolo, ma anche, particolarmente durante il pontificato di Giovanni Paolo II, come il tentativo di dare alle donne un effettivo spazio e potere all'interno dell'istituto ecclesiastico, poiché le fondazioni religiose possono essere considerate esempi di imprenditorialità femminile. Secondo tale argomentazione le fondatrici dell'età contemporanea sperimentano una vita fatta di partecipazione pubblica e di attività manageriale in grado di coinvolgere il consorzio civile contemporaneo attraverso le loro opere assistenziali e caritative, e si ritagliano così un posto tale da potere proporsi come esempio – le altre religiose della congregazione scelgono infatti di finanziare la causa di canonizzazione della propria fondatrice, in una sorta di promozione/autopromozione tutta al femminile.[129] Pur senza minimizzare il ruolo di apertura che queste religiose hanno interpretato, o, perlomeno, hanno tentato di interpretare, la tesi di una chiesa all'avanguardia nella valorizzazione della donna, poiché proporrebbe fondatrici imprenditrici e donne religiose in grado di scegliersi il proprio modello agiografico appare opinabile, o, comunque, un'argomentazione forzata.[130] Dietro tali figure spesso si nascondono, invece, donne controllate dalla gerarchia ecclesiastica e irreggimentate in un sistema che perpetua ruoli subalterni e proposte educative e culturali che, se non incapaci di supportare una vera promozione femminile, almeno secondo i parametri delle società

129. Cfr. Lucetta Scaraffia, *"Il Cristianesimo l'ha fatta libera, collocandola nella famiglia accanto all'uomo" (dal 1850 alla "Mulieris Dignitatem")*, in *Donne e fede. Santità e vita religiosa in Italia*, a cura di Lucetta Scaraffia e Gabriella Zarri, Roma-Bari 1994, pp. 440-493 ed Ead., *La quota rosa dei santi*, in «Società e storia», 115 (2007), pp. 129-138.

130. Si aggiunga una riflessione che, seppur in apparenza marginale e di difficile contestualizzazione per mancanza di studi sul tema, potrebbe, invece, mettere in discussione l'intera argomentazione. La prima parte del canone 2004 del codice di diritto canonico del 1917 richiedeva una delega (maschile) per le donne che avessero voluto farsi parte attrice in una causa di canonizzazione – «Actor potest agere vel per se vel per procuratorem ad hoc legitime constitutum; mulieres nonnisi per procuratorem» –, rendendo quindi obbligatorio un intervento maschile fin nelle prime fasi del processo di canonizzazione. In pratica, per promuovere la beatificazione della loro fondatrice, le suore di una congregazione avevano necessariamente bisogno di un procuratore o di un postulatore che ne facesse le veci. Prima della riforma del 1983 le donne, dunque, non solo non potevano farsi postulatrici o vice-postulatrici, secondo una prassi consolidata nel tempo che prevedeva solo personale di sesso maschile all'interno delle mura vaticane, ma non potevano neppure agire come richiedenti autonome, ma solo affidandosi alla figura di un uomo, secondo la legge canonica. Quanto tale necessaria delega diventasse anche uno strumento di controllo sulla scelta della santità femminile è da appurare.

trasformate dai movimenti emancipazionisti femminili, hanno avuto un ruolo socio-culturale marginale.

Sensibilmente presente all'interno della politica delle canonizzazioni di Giovanni Paolo II è anche la la donna che entra nella vita consacrata – e che spesso diventa anche fondatrice – dopo avere vissuto come coniugata ed eventualmente aver avuto dei figli. I motivi del cambiamento nella scelta di vita sono dovuti più frequentemente alla morte del marito o dei figli (Marie Guyart de l'Incarnation, Maria Domenica Brun Barbantini, Marcelina Darowska, Anna Rosa Gattorno, etc.), anche se non è impossibile trovare colei che prende una decisione in comune accordo con il coniuge (Benedetta Cambiagio Frassinello). In ogni caso le agiografie testimoniano quanto la scelta di consacrarsi sia contornata da profonda sofferenza, alla base della quale vi è probabilmente la consapevolezza di una valutazione errata circa le proprie predisposizioni e un continuo dubbio sul passato, ciò che si è lasciato, ciò che si è costruito. Se ne ha traccia analizzando i dati relativi al numero di mogli, madri e vedove: tra le sante, 7 donne si sposano, 6 diventano madri, e ben 5, di cui 2 con figli, diventano religiose; tra le beate si possono annoverare 51 mogli – ma solo 16 *non sociae* e per le altre 35 *sociae* non è dato sapere della loro vita – e 12 madri, ma ben 10, di cui 7 con figli e 9 vedove, si consacrano.

L'altra categoria numericamente consistente è quella delle laiche – 141 beate e 85 sante –, che tuttavia, risulta ambigua, non solo perché una parte di queste sono martiri – e dunque i loro vissuti non sono così degni di significato quanto le loro morti –, ma anche perché è considerata laica la terziaria, ovvero colei che si dedica a un istituto o a una congregazione pur restando nel secolo e che spesso pronuncia voti non solenni. Esempi in questo senso sono le tre laiche, uniche ad essere anche fondatrici, accomunate appunto da un'esistenza più simile a quella consacrata che a quella laicale: Pina Suriano (1915-1950), iscritta all'Azione Cattolica, sulla quale ripiega essendogli impedita dalla famiglia l'entrata in un convento e che si offre vittima per la santificazione sacerdotale;[131] Virginia Bracelli (1587-1651), giovane vedova che pronuncia il voto perpetuo di castità, povertà e obbedienza dopo la precoce

131. La pratica di offrire la propria vita per la santificazione dei sacerdoti trova le sue origini nell'epoca post-tridentina, particolarmente nel Seicento (legata al Sacro Cuore come devozione riparatrice) e nel Settecento (come Saint Sulpice), senza però venire meno in epoca contemporanea. Essa può forse essere inserita nel più ampio processo di clericalizzazione della chiesa in età moderna e contemporanea.

morte del marito; Rafaela Ybarra de Vilallonga (1843-1876), che professa voti segreti fino a quando le condizioni familiari le permettano la consacrazione totale alla sua congregazione. Laiche *sui generis* sono anche le cinque beate *non sociae*, martiri della purezza, la cui vita viene violentemente conclusa nel loro tentativo di difendere la propria verginità: Karolina Kózka (1898-1914), Antonia Mesina (1919-1935), Pierina Morosini (1931-1957), Teresa Bracco (1924-1944) – di cui si parlerà ampiamente nel prossimo capitolo – e Anuarite Nengapeta (1939-1964).[132] Il tema fa riferimento tanto all'antico modello agiografico di santa Agnese, quanto a quello più recente di Maria Goretti, nuovamente riproposto e aggiornato da Giovanni Paolo II.

L'aumento del numero di donne beatificate e canonizzate riscontrabile nella politica delle canonizzazioni wojtyliana non trova la sua ragione nella sola strategia papale. Piuttosto si inserisce in un processo storico più ampio, dove il mondo femminile diventa un elemento centrale sul quale agire al fine della riconquista cristiana della società. A seguito di quella che è stata chiamata la «femminilizzazione della religione» la chiesa cattolica ha riletto, a partire dal XIX secolo, in modo rinnovato e positivo aspetti ritenuti peculiari e tipicamente femminili, come la debolezza fisica o l'inclinazione al sentimento, assegnando alla donna nuove responsabilità in seno alla famiglia e al consorzio civile.[133] In questo senso si è anche parlato, forse con una certa imprecisione, di un'alleanza tra questi due soggetti «perdenti» – la chiesa cattolica e la donna –, entrambi ai margini del pensiero post-illuminista, il cui avvicinamento ha avuto una certa fortuna sia dal punto di vista sociale che politico, basti pensare a come le donne siano state protagoniste dei movimenti sociali cattolici a partire dal secondo decennio degli anni Trenta del Novecento per l'Italia, ma altrove anche da prima, e a come nel secondo dopoguerra, alle loro prime esperienze

132. Oltre alla difesa della verginità la figura di Anuarite Nengapeta «serve[s]as powerful geographies of memory and provide[s] one of the most telling embodied critiques of the fighting in Eastern Congo, where a number of local militias and international forces seek to control Congo's mineral and natural resources», in Emmanuel Kantagole, *Born from Lament: The Theology and Politics of Hope in Africa*, Eerdmans, Grand Rapids 2017, p. 249-250.

133. Il processo di femminilizzazione del cattolicesimo trova le sue origini già nel Settecento. Cfr. Marina Caffiero, *Femminile/popolare. La femminilizzazione religiosa nel Settecento tra nuove congregazioni e nuove devozioni*, in http:://dprs.uniroma1.it/sites/default/files/181.html (6 dicembre 2016) ed Ead., *Dall'esplosione mistica tardo-barocca all'apostolato sociale (1650-1850)*, in *Donne e fede*, pp. 327-373.

di voto, contribuiscano in modo decisivo al successo elettorale di partiti cattolici in diversi paesi europei. Non va però scordato che la riconsiderazione del mondo femminile è avvenuta spesso sotto un segno restaurativo e antimoderno e che la collaborazione tra chiesa e donna è vacillata proprio quando l'avanzata secolarizzazione della società ne ha rinnegato lo schema di fondo.[134] La comparsa sulla scena pubblica e l'effervescenza del mondo femminile cattolico ha inevitabilmente influenzato anche la santità. Una prima analisi storiografica di tale fenomeno ha portato all'individuazione di tre categorie agiografiche: le sante per le diverse fasi della vita, le sante mistiche e le sante fondatrici.[135] Le prime sono figure spesso reinterpretate, quando non "costruite", dal mondo ecclesiastico, come Maria Goretti e Rita da Cascia, da destinare ai diversi momenti dell'esistenza di una donna (giovinezza, matrimonio, maternità, etc.); le seconde, le mistiche, incarnano piuttosto la lotta contro l'allontanamento della società dal dettato religioso. Il loro corpo martoriato da penitenze, digiuni o segni divini rappresenta simbolicamente il corpo della chiesa martirizzata dalla secolarizzazione; in contrapposizione vi sono infine le fondatrici, spesso impegnate nel campo sociale e dunque più adatte al tentativo di recupero del consorzio civile. Se la santità delle mistiche sette-ottocentesche è tendenzialmente promossa da istituzioni cattoliche tradizionaliste e descrive al singolare una religiosità basata sulla sofferenza fisica e sulla malattia come espiazione per i mali del mondo, le fondatrici sono più spesso l'espressione delle nuove congregazioni femminili del XIX-XX secolo e disegnano la chiesa aperta ai nuovi bisogni della società industrializzata.[136] L'azione e il pensiero di Giovanni Paolo II verso il mondo femminile non può essere posta al di fuori del contesto storico-agiografico appena descritto: quanto il pontefice riprende tali schemi? Quanto li abbandona? La sua riforma al sistema delle canonizzazioni è stata capace di aggiornare i modelli agiografici femminili e renderli fruibili dalla chiesa del nuovo millennio? Una prima considerazione riguarda la comparazione con le figure agiografiche femminili

134. Si veda il breve *excursus* storico-filosofico dell'idea di donna dal personalismo alla *Mulieris dignitatem*, passando per la *femme entérnelle* in Fattorini, *Italia devota*, pp. 79-88.

135. Scaraffia, *"Il cristianesimo l'ha fatta libera, collocandola nella famiglia accanto all'uomo"*, pp. 441-493.

136. *Ibid.* Un esempio per tutte è Francesca Cabrini (1850-1917), così come letta da Lucetta Scaraffia, *Francesca Cabrini. Tra la terra e il cielo*, Edizioni Paoline, Cinisello Balsamo 2003.

proposte dai papi prima del Concilio Vaticano II, quando tendenzialmente rappresentavano dei contro-modelli, ovvero esempi in antitesi alla cultura contemporanea, reputata ostile al messaggio religioso e ai dettami della chiesa cattolica.[137] Solo con Giovanni XXIII e Paolo VI alcune figure sembrano aprirsi alla possibilità di abbracciare alcuni valori moderni e alcune istanze femministe, grazie soprattutto ad una certa internazionalizzazione della santità. Giovanni Paolo II opta piuttosto per una sorta di mediazione tra alcuni tratti preconciliari e altri aspetti di accomodamento con nuove realtà storiche e sociali. Lo stesso concetto di «genio femminile», meglio contestualizzato più avanti, è una formula che riprende da una parte la visione integralista cattolica, poiché continua ad affidare alla donna una funzione ri-cristianizzante in virtù delle sue proprie peculiarità – e la chiesa wojtyliana sembra prendere atto con una certa ossessione che è proprio nel mondo femminile che si sono manifestati più incisivamente i processi di secolarizzazione e il distacco dal modello di cristianità –, ma che dall'altra non cerca più ostinatamente la contrapposizione né alla modernità, né ai movimenti femministi non cattolici. Quello che il pontefice sembra qua e là tentare è una costante reinterpretazione e attualizzazione dei modelli agiografici per garantir loro compatibilità con la società contemporanea e fruibilità secondo le sue esigenze ecclesiologiche.

Le omelie di beatificazione e canonizzazione sono uno strumento utile per verificare quanto sopra sostenuto. Esse presentano spesso, accanto alle caratteristiche più intrinseche delle figure agiografiche protagoniste, brevi riferimenti a una visione più ampia della donna nella chiesa e nella società. I messaggi che vengono veicolati attraverso di esse non si discostano molto da quelli espressi in encicliche o discorsi più ufficiali, ma qui l'efficacia sta nel porli accanto a esempi storici concreti, che danno forza al contenuto. Se teologicamente nella lettera apostolica *Mulieris dignitatem* del 1988 Giovanni Paolo II ha posto la donna alla pari dell'uomo, scardinando la sua inferiorità attraverso il testo biblico, un tempo utilizzato proprio per giustificarla,[138] socialmente le ha continuato ad affidare i ruoli tradizionali di sposa e madre, assai funzionali alla sua strategia di recupero della fa-

137. Sui modelli agiografici di Pio XI si veda Valentina Ciciliot, *La strategia canonizzatrice di Pio XI (1922-1939) tra femminismo, Francia e fascismo*, in «Rivista di storia del cristianesimo», XI/2 (2014), pp. 419-449.

138. Giovanni Paolo II, *Mulieris dignitatem*, in *Insegnamenti*, XI, 3, 1988, pp. 244-378. Per un'accurata rassegna stampa italiana sulla *Mulieris dignitatem* cfr. «Adista», XXII/71 (1988), con aggiornamenti nei numeri 72-73 e 76-77.

miglia cristianamente costituita, come punto di partenza della nuova evangelizzazione. Tale aspetto è ancora più visibile nelle glorificazioni, dove alla speculazione teoretica su uomo e donna si sostituiscono le proposte di esistenze esemplari presentate come modello ai fedeli. Ciò avviene anche in maniera indiretta. Il 15 maggio 1983 Giovanni Paolo II ha beatificato Luigi Versiglia (1873-1930) e Callisto Caravario (1903-1930), due «protomartiri» salesiani, missionari in Cina. Mentre si stavano recando in barca a una missione per la visita pastorale i due uomini vengono assaliti da un gruppo di pirati e, nel tentativo, riuscito, di salvare le tre donne che li accompagnavano, vengono uccisi.[139] L'omelia offre un'interessante riflessione sulla concezione wojtyliana della donna, tutta incardinata sulla sua corrispondenza con Maria:

> Nello sfondo di questo tragico e grandioso episodio si collocano con evidenza due concezioni della donna tra loro inconciliabili: o la donna come persona, responsabilmente protesa all'attuazione della sua dignità morale, convenientemente facilitata e protetta in ciò dall'ambiente umano e sociale: ed ecco la scelta dei due Martiri e delle tre giovani ad essi affidate; oppure la donna come oggetto e strumento del piacere e degli scopi altrui. Ecco allora la scelta degli uccisori. Queste due opposte concezioni della donna hanno, nella Scrittura e nella Tradizione cristiana, una stretta relazione con la figura di Maria santissima, della quale sono rispettivamente la fedele incarnazione e la totale negazione. I due Martiri da tempo avevano forgiato la loro concezione della donna e della sua dignità alla luce del modello mariano.[140]

Il messaggio, di cui si deve notare la precedenza cronologica rispetto alla *Mulieris dignitatem*, risulta essere piuttosto esplicito e in sottile polemica con l'edonismo della società capitalista, particolarmente con le immagini erotiche che offre del mondo femminile: la donna è persona solo se collocata nella sua dimensione di vergine o sposa, auspicabilmente protetta da un ambiente sociale che considera un valore la verginità e il matrimonio e che legifera in questo senso; in antitesi vi è la donna oggetto, mero ricettacolo di piacere, alla mercé degli altri e della violenza. Nella contrapposizione tra le due concezioni non vi trova spazio una figura femminile consapevole delle sue numerose possibilità di essere, figlia dei movimenti di emancipazione otto-novecenteschi occidentali, che accanto ai luoghi

139. Cfr. Luigi Accattoli, *Nuovi martiri. 393 storie cristiane nell'Italia di oggi*, Edizioni Paoline, Cinisello Balsamo 2000, p. 37.

140. *Insegnamenti*, VI, 1, 1983, pp. 1247-1248.

tradizionali hanno pensato la donna anche in ruoli pubblici e di responsabilità istituzionali.

Anche se la maggioranza di donne elevate alla gloria degli altari è religiosa, il tema che tende a prevalere nelle canonizzazioni femminili è proprio quello della famiglia, della maternità, dell'educazione. D'altronde, anche la donna consacrata nella sua dimensione spirituale è considerata madre in senso simbolico, aperta all'intera società bisognosa delle sue cure. Il magistero di Giovanni Paolo II sulle donne sembra qui inserirsi appieno nella tradizione dei predecessori, poiché quella che attua è una sorta di pastorale difensiva contro lo sfaldamento dei costumi e della morale, dove la famiglia, in senso tradizionale composta da padre, madre e figli, continua a essere l'argine di protezione dell'ordine sociale e della fede. La famiglia, secondo tale ottica, non è solamente un baluardo protettivo, ma anche la pietra miliare su cui fondare la ricostruzione di una società cristiana autentica. È in questa prospettiva che la chiesa ha assegnato e continua ad assegnare, anche nel progetto wojtiliano, alla donna il ruolo principale: internamente all'ambiente famigliare deve, attraverso l'educazione e la sua vocazione al prossimo, (re)insegnare e (ri)trasmettere quei valori morali e religiosi che il consorzio civile ha obliato.[141]

Durante il pontificato di Giovanni Paolo II si è assistito così a un aggiornamento della forma, ma non dei contenuti. La specificità vocazionale della donna è diventata il «genio femminile» e l'ideologia di cristianità si è trasformata nella «nuova evangelizzazione». Anche se dopo la *Mulieris dignitatem* l'inferiorità e la subordinazione della donna all'uomo hanno perso definitivamente ogni fondamento teologico all'interno della chiesa cattolica, la dogmatizzazione del discorso etico le ha assegnato una posizione a cui il magistero wojtyliano ha attribuito grandi aspettative, ma poco conciliante con la visione presente nelle società occidentali. Un'omelia che ben riassume quanto detto è quella pronunciata durante la beatificazione di due religiose polacche, Maria Bernardyna Jabłońska (1878-1940) e Maria Karłowska (1865-1935), il 6 giugno 1997 a Zakopane.[142] Dopo un ampio preambolo sulla festa del Sacro Cuore di Gesù – la glorificazione avviene

141. Cfr. Cecilia Dau Novelli, *Note sulla questione femminile nel Magistero della Chiesa, da Leone XIII a Pio XI*, in «Orientamenti sociali», 35/3 (1980), pp. 69-70.

142. Maria Bernardyna Jabłońska è figlia spirituale di Adam Chmielowski (1845-1916), collaboratrice e continuatrice della sua opera con le Suore Albertine Serve dei Poveri; Maria Karłowska è la fondatrice della Congregazione delle Suore Pastorelle della Divina Provvidenza.

proprio in tale ricorrenza –, Wojtyła evidenzia il «genio» di cui abbisogna la chiesa e la società, mostrando la sua particolare attenzione alla specificità femminile e alla sua possibilità di rinnovamento cristiano:

> Cari Fratelli e Sorelle, entrambe queste eroiche religiose, portando avanti le loro sante opere, in condizioni estremamente difficili, hanno manifestato in tutta pienezza la dignità della donna e la grandezza della sua vocazione. Hanno manifestato quel "genio femminile", che si rivela in una profonda sensibilità verso la sofferenza umana, nella delicatezza, nell'apertura e nella disponibilità a portare aiuto, e in altre qualità proprie del cuore femminile. Spesso esso si manifesta senza clamore, e perciò a volte viene sottovalutato. Quanto ha bisogno di esso il mondo di oggi, la nostra generazione! Quanto c'è bisogno di questa sensibilità femminile nelle cose di Dio e degli uomini, affinché le nostre famiglie e tutta la società siano colme di cordiale calore, di benevolenza, di pace e di gioia! Quanto c'è bisogno di questo "genio femminile", perché il mondo di oggi apprezzi il valore della vita, della responsabilità, della fedeltà; perché conservi il rispetto per l'umana dignità! Dio infatti, nel suo eterno disegno, ha stabilito un tale posto per la donna, creando l'essere umano "uomo e donna" a propria "immagine e somiglianza".[143]

Si ritrovano condensati i temi principali già espressi in altre occasioni, come quello dell'attitudine della donna al sacrificio di sé, quello della sensibilità tutta femminile all'uomo e ai suoi bisogni, quello del valore della vita e della famiglia. Il fine di molte figure agiografiche femminili, infatti, è proprio quello di mostrare e insegnare alla donna il ruolo di sposa e di madre, affinché salvi l'istituto familiare dalla crisi e dalla disgregazione e diventi strumento di diffusione della fede cattolica. Come si avrà modo di osservare, quando le questioni biopolitiche diventano centrali nella strategia magisteriale di Giovanni Paolo II negli anni Novanta, l'attenzione alle donne sarà davvero prioritaria anche in ambito agiografico, attraverso il «rafforzamento di modelli tradizionali da contrapporre ai comportamenti moderni che stanno trasformando la vita femminile per quanto riguarda l'uso del corpo o la tendenza a separare l'identità femminile dalla funzione biologica naturale».[144]

143. *Insegnamenti*, XX, 1, 1997, pp. 1422-1429 (in polacco).

144. Scaraffia, *La "quota rosa" dei santi*, p. 137. Come si dimostrerà nei prossimi capitoli, qui tuttavia si dissente dall'interpretazione che «non ci sono dunque dubbi, pertanto, sulla modernità delle canonizzazioni e beatificazioni femminili di papa Wojtyła». L'intero saggio dell'autrice vuole, infatti, dimostrare che «dal punto vista della presenza femminile nell'insieme dei santi la Chiesa cattolica si conferma all'avanguardia, sul piano sia quantitativo che qualitativo» (p. 132).

3. La geografia delle beate e sante

1. *La santità europea tra Italia e Polonia*

1.1. *L'Italia «terra di santi»*

L'ampio numero di beati e santi italiani testimonia il particolare interesse che Giovanni Paolo II ha riservato all'Italia e a una sua specifica santità.[1] Essa resta, infatti, il paese agiograficamente meglio rappresentato durante tutto il suo pontificato, anche se in termini assoluti la quantità di beatificazioni e canonizzazioni può sembrare a prima vista poco rilevante, con 131 beati, di cui 48 donne, e 32 santi, di cui 12 donne.[2] I modelli agiografici italiani, infatti, sono stati in larga maggioranza confessori, spesso proposti singolarmente o in coppia durante le visite pastorali compiute numerose dal pontefice nel paese,[3] a rilevare la valenza individuale assunta da

1. È forse più corretto parlare di una specifica declinazione delle figure agiografiche italiane operata dal pontefice, piuttosto che di una vera e propria santità italiana, in quanto le sue caratteristiche non si differenziano in modo sostanziale da altre forme di santità presenti nei diversi paese europei: quello che Giovanni Paolo II compie è una sorta di flessione nella lettura e interpretazione dei modelli agiografici, piegati verso proprie esigenze pastorali, dettate dalla situazione sociale, culturale e politica italiana. Per questo capitolo si rimanda a Valentina Ciciliot, *"Heritage Talks. Heritage calls": Some Instances of the Canonisation Policy of John Paul II in Italy*, in «Modern Italy», 18/3 (2013), pp. 269-283.

2. La considerazione è esatta se si escludono i martiri della guerra civile spagnola, i martiri della rivoluzione francese e infine i martiri polacchi uccisi dai nazisti durante la seconda guerra mondiale.

3. Le visite pastorali in Italia sono state 748, di cui però 301 alle parrocchie della diocesi di Roma. I viaggi totali in Italia sono stati 146 e 259 le città visitate (tolte le ripetizioni). Si vedano i dati nel sito della Santa Sede: http://www.vatican.va/news_services/press/documentazione/documents/viaggi/viaggi_santo_padre_statistiche_roma-castelgandolfo_

tali modelli di virtù cristiana, la cui portata storica, geografica o culturale varia contestualmente ai singoli casi.

L'elevata presenza di beati e santi italiani può essere spiegata solo in parte con il sistema canonico regolante il processo di canonizzazione, il quale determina una maggior facilità ad aprire e a sostenere, soprattutto finanziariamente, una causa se il gruppo di pressione del candidato alla santità si trova vicino al Vaticano.[4] A emergere, infatti, è piuttosto il tentativo di creare per l'Italia la specifica immagine pubblica di una nazione storicamente roccaforte del cattolicesimo, in grado di reagire alla secolarizzazione, e di dettare linee guida ed energiche direttive alle società civili, perlomeno a livello europeo, particolarmente su temi socio-politici ed etici che la chiesa ritiene di sua pertinenza.[5]

Attraverso l'osservazione dei dati statistici dei beati e santi italiani è possibile in primo luogo delineare le caratteristiche del modello agiografico più frequentemente celebrato da Giovanni Paolo II: confessore, fondatore, proveniente dal nord d'Italia, vissuto in età contemporanea. Nonostante il tentativo di introdurre figure agiografiche provenienti dal mondo laicale, la santità italiana resta ancora legata allo stato di vita clericale-religioso, come avviene anche nelle altre beatificazioni e canonizzazioni, particolarmente a livello europeo – le eccezioni di un certo rilievo, come Bartolo Longo, Pier Giorgio Frassati, Giuseppe Moscati e gli sposi Maria Corsini (1884-1965) e Luigi Beltrame Quattrocchi (1880-1951), sono già state citate. La contemporaneità dei modelli agiografici è dovuta, da un lato, alla riforma del processo canonico voluta da Giovanni Paolo II, che ha ridotto da cinquanta a cinque anni dalla morte del candidato alla santità il termine minimo di apertura di una causa di beatificazione, mentre, dall'altro, il paradigma agiografico si è spostato verso una concezione non agonistica della santità, dove i modelli proposti ai fedeli sono sempre meno distanti,

globale_it.html e http://www.vatican.va/news_services/press/documentazione/documents/viaggi/viaggi_santo_padre_statistiche_in-italia-fuori-roma-castelgandolfo_globale_it.html (9 dicembre 2016).

4. Si ricordi che la costituzione apostolica *Divinus perfectionis Magister* ha riconfermato l'obbligo di residenza a Roma per il postulatore durante la fase apostolica del processo.

5. L'interesse di Giovanni Paolo II per alcune questioni politiche italiane è sottolineato anche da John Pollard in *Catholicism in Modern Italy. Religion, Society and Politics since 1961*, Routledge, New York-London 2008, p. 153 e *passim*. Utile anche la lettura dell'editoriale di Bartolomeo Sorge, *Giovanni Paolo II e la Chiesa italiana*, in «La Civiltà Cattolica», 131/III (1980), pp. 449-459.

dove il singolo vissuto esistenziale, e non le forme classiche e idealizzate di vita cristiana, va a coincidere con la straordinarietà, l'eccezionalità. Infine, l'elevato numero di beati e santi provenienti dall'Italia del nord può essere spiegato sia con l'ipotesi, tutta da verificare, che le diocesi settentrionali siano, non solo territorialmente più vaste, ma abbiano goduto di un maggiore benessere materiale, in grado quindi di aprire e sostenere più processi di canonizzazione, sia con quella di una esigenza pastorale attenta a presentare un maggior numero di figure agiografiche in quella parte del paese dove la secolarizzazione ha avuto le ripercussioni più visibili, sul piano dell'allontanamento dei fedeli dalla pratica religiosa e dagli insegnamenti del magistero pontificio.

Come già ribadito, la nuova evangelizzazione ha caratterizzato a fondo la strategia canonizzatrice wojtyliana, anche quella relativa ai modelli agiografici italiani. L'ha sottolineato lo stesso pontefice il 18 ottobre 1991, durante la beatificazione di Amabile Visenteiner (Paulína do Coração de Jesús Agonizante), fondatrice delle Piccole Suore dell'Immacolata Concezione, affermando che «essi [i santi, n.d.a.] svolgono un compito speciale nell'ambito della missione di evangelizzazione della Chiesa sulla terra, e proclamano la vocazione cristiana alla santità».[6] All'elevato numero di fondatori e fondatrici italiani, che, come già sottolineato, può considerarsi un buon esempio in tal senso, si lega saldamente la visione wojtyliana dell'Italia come «terra di santi», a ragione dei numerosi paesi e città che possono vantare i natali o l'operato di figure dalle eroiche virtù cristiane: se l'Italia –insieme alla Polonia, le cui origini cattoliche sono state uno storico collante identitario e che nel progetto wojtyliano viene posta a modello per i paese dell'Europa orientale – è stata roccaforte del messaggio cristiano nel passato, nel presente il papa le affida nuovamente il compito di riscoprire il proprio ruolo evangelizzatore e riproporlo con tutta la forza necessaria al mondo moderno secolarizzato e allontanatosi dalla religione.[7] Tale missione è affidata in modo significativo a particolari beati e santi, come si evince da numerose omelie di beatificazione. Il 19 ottobre 1986, nel corso della visita pastorale a Fiesole e a Firenze, Giovanni Paolo II ha beatificato Maria della Croce, al secolo Teresa Manetti (1846-1910), fondatrice delle Suore Carmelitane di Santa Teresa. Durante la cerimonia

6. *Insegnamenti*, XIV, 2, 1991, p. 915 (in portoghese).

7. Cfr. l'omelia pronunciata domenica 31 dicembre 1995 per il *te deum* e i primi vespri in onore di Maria Santissima Madre di Dio, in *Insegnamenti*, XVIII, 2, 1995, pp. 1462-1463.

è emerso con forza il tema, altrove ripetuto più volte, di una eredità della cultura italiana ed europea essenzialmente cristiana, di cui la chiesa si è appropriata e che ha rilanciato per il futuro:

> Firenze, Capitale dell'*Umanesimo cristiano*, che ha dato un volto all'Europa e che ancora deve darlo, se l'Europa vuole svolgere nel mondo la sua missione di giustizia e di pace. Questa è Firenze! Sì, questa grande, meravigliosa *eredità della cultura italiana*, della cultura europea, della cultura cristiana è anche una *parte della Chiesa che nel corso dei secoli* e delle generazioni *è rimasta "in statu missionis"*. Questa eredità *ha forse soltanto l'eloquenza del passato?* Rende testimonianza soltanto a ciò che è stato? La parola di Dio dell'odierna liturgia ci induce a rispondere di no; non soltanto! Ecco, infatti, dal profondo di tutto ciò che Firenze è stata e che – grazie all'eloquenza delle opere della sua cultura – continua ad essere, *sembra risuonare questa esortazione che l'Apostolo dei Gentili* ha inserito nella Lettera a Timoteo: «*Ti scongiuro davanti a Dio e a Cristo Gesù* che verrà a giudicare i vivi e i morti, per la sua manifestazione e il suo regno: *annunzia la parola*, insisti in ogni occasione opportuna e non opportuna, ammonisci, rimprovera, esorta *con ogni magnanimità e dottrina*» (*2 Tm* 4, 1-2). L'eredità parla. L'eredità chiama. L'eredità è indirizzata verso il futuro, verso *il futuro definitivo che l'uomo e il mondo – mediante Gesù Cristo* – hanno *in Dio* stesso. Firenze! Ascolta questa voce, iscritta profondamente nella tua eredità. Firenze! Italia! Europa! *Ascolta! «Ti scongiuro»!*[8]

L'eredità cristiana che ha modellato la città e la sua cultura per secoli sembra ora doversi riattualizzare proprio a partire dall'Italia, per poi giungere in Europa e altrove, perché «i santi della Chiesa cattolica non sono soltanto per i cattolici, ma *per l'intera umanità*».[9] L'identità italiana, che è parte integrante dell'identità europea, contribuisce così in modo decisivo a rimarcare le radici cristiane d'Europa, secondo un progetto di mobilitazione verso una rinnovata coesione ecclesiale, rifondazione culturale e religiosa, rivendicazione della direzione della società, come era nel passato.[10] La postulazione di una vera e propria eccezionalità dell'Italia, custode privilegiata dell'eredità cattolica e protettrice del patrimonio religioso e culturale per tutta l'Europa, fa da sfondo anche alla ridefinizione della rotta della chiesa italiana impressa dal pontefice proprio a partire dagli anni '80, con la nomina di Camillo Ruini a segretario della CEI, la Conferenza

8. *Insegnamenti*, IX, 2, 1986, p. 1131.
9. Ivi, p. 1130.
10. Miccoli, *In difesa della fede*, pp. 160-196.

Episcopale Italiana: un "ri-orientamento" ecclesiale che doveva aderire a una evangelizzazione integrale della società e che presto si è tradotto in un massiccio interventismo in nome di principi etici «non negoziabili», che inevitabilmente ha poi interferito con le vicende politiche italiane.[11]

La ricattolicizzazione della società riparte dalla penisola italiana con una nuova *implantatio evangelica*, che richiede «una catechesi degli adulti, approfondita e capillare» e «una genuina testimonianza in ogni ambito della società», come è sottolineato durante la cerimonia di beatificazione di Giuseppe Rosaz (1830-1903), vescovo e fondatore delle Suore Missionarie Francescane di Susa, in Valle d'Aosta nel luglio 1991.[12] Nell'omelia pronunciata il 22 settembre 1985 durante la beatificazione della laica fondatrice Virginia Centurione Bracelli (1587-1651), in occasione della visita pastorale a Genova, è possibile leggere proprio di quell'intreccio agio-storico-culturale che il papa suole fare di una particolare area geografica:

> Un amore profondo a Cristo e un amore autentico ai poveri e ai bisognosi è il messaggio che Virginia ripete in questa circostanza alla città di Genova, quale essa è oggi, col suo intenso sviluppo, con la febbrile attività del suo porto e delle sue fabbriche, della sua vita operosa, dei suoi commerci. Genova deve essere, come è sempre stata, una città cristiana. Essa è una città che ha sofferto per disastrose calamità, ma che risulta, nella storia, come un simbolo di pace specialmente per la figura di Benedetto XV, Giacomo Della Chiesa, il papa che, durante il primo conflitto mondiale, nel 1917, ebbe il coraggio di richiamare tutti i popoli del mondo all'esigenza di superare le conflittualità tra le nazioni non con la forza delle armi, ma col ricorso alle trattative poggianti sul diritto [...] Sia questa una città testimone di Cristo nel conflitto delle idee che oggi sfidano i credenti e provocano chi ha la fede a vivere una carità coerente col messaggio annunciato.[13]

11. Enrico Galavotti, *Il Ruinismo. Visione e prassi politica del presidente della Conferenza episcopale italiana, 1991-2007*, in *Cristiani d'Italia. Chiesa, società, stato, 1861-2011*, Istituto dell'Enciclopedia Italiana, Roma 2011, pp. 1224-1234.

12. *Insegnamenti*, XIV, 2, 1991, pp. 97-98. Sull'*implantatio evangelica* si veda il noto discorso tenuto a Loreto l'11 aprile 1985, in *Insegnamenti*, VIII, 1, 1985, pp. 993-994 e 996. Sul discorso di Loreto e «la proposta del papa per l'Italia» si consulti Riccardi, *Giovanni Paolo II santo*, 2014, pp. 226-242. Opinabile la conclusione, ripresa da Marco Impagliazzo, che «l'approccio del papa alla situazione italiana, pur attento alla rilevanza civile del cattolicesimo, non è politico, ma religioso e sociale», p. 233. Senz'altro andrebbe meglio definito il termine "religioso e sociale", da contrapporre o affiancare a quello di "politico".

13. *Insegnamenti*, VIII, 2, 1987, pp. 757.

Giovanni Paolo II ha, infatti, spesso rimarcato la santità delle terre italiane anche attraverso la citazione dei nomi dei santi, o di personaggi illustri, che una particolare città, provincia, o regione che sia, ha donato alla chiesa.[14]

Il pontefice rimodella così il ruolo dei santi. Il loro compito, oltre a quello di offrire intercessione, o esempi di vita da imitare, è di ricondurre il cattolicesimo al suo radicamento territoriale, al fine di una rinnovata evangelizzazione.[15] Tramite i beati e i santi, infatti, Giovanni Paolo II mira a ricucire il tessuto cattolico nazionale partendo dal locale. Attraverso i modelli agiografici, in sostanza, il paese può riscoprire le sue origini cattoliche, collocare le direttive del magistero ecclesiastico nella giusta posizione e assurgere a modello per gli altri paesi: è questo «che rappresenta il suo tesoro più prezioso e costituisce l'apporto più significativo che esso può offrire alla costruzione della nuova Europa».[16]

1.2. *Gianna Beretta Molla e la prerogativa biopolitica*

La santa che meglio ha supportato uno dei temi più cari a Giovanni Paolo II, ovvero quello della difesa della vita umana, è l'italiana Gianna Beretta Molla (1922-1962), divenuta presto uno dei simboli dei movimenti "pro-life" di tutto il mondo, accanto a madre Teresa di Calcutta (1910-1997). Nata il 4 ottobre 1922 a Magenta, in provincia di Milano, da una famiglia benestante e numerosa, Gianna Beretta fin da fanciulla ha militato nell'Azione Cattolica e nelle Conferenze di San Vincenzo. Si è laureata in medicina e chirurgia nel 1949 all'università di Pavia e nel luglio del 1950 ha aperto un ambulatorio medico a Mesero (Mi). In seguito si è specializzata in pediatria a Milano. Dopo avere abbandonato l'idea di diventare missionaria in Brasile, dove il fratello operava come sacerdote, il 24 settembre 1955 si è sposata con l'ingegnere Pietro Molla, direttore di una importante azienda della zona. Presto è diventata madre di tre figli, riuscendo ad armonizzare l'impegnativo lavoro medico con quello materno. Nel settembre del 1961, verso il termine del secondo mese della quarta

14. Altro esempio è la beatificazione di Giuseppe Marello (1844-1895), vescovo fondatore degli Oblati di San Giuseppe, il 26 settembre 1993 ad Asti, in *Insegnamenti*, XVI, 2, 1993, pp. 870-872.

15. Cfr. *L'Italia dei santi*, a cura del comitato preparatorio del IV Convegno Ecclesiale Nazionale Verona 16-20 ottobre 2006, LEV, Città del Vaticano 2006.

16. *Insegnamenti*, XX, 2, 1997, p. 414 e, in generale, pp. 412-416.

gravidanza, i medici le hanno diagnosticato un fibroma all'utero. Dopo una prima operazione andata a buon fine il proseguimento della gravidanza si è complicato. Consapevole, in quanto medico, dei rischi a cui andava incontro, ha deciso comunque di non interrompere la gestazione. La nascita della figlia ha preceduto così di qualche giorno la morte della madre, avvenuta il 28 aprile 1962.[17]

Gianna Beretta Molla viene beatificata il 24 aprile 1994, non a caso nell'anno internazionale dedicato all'istituto familiare. Lo stesso giorno Giovanni Paolo II ha glorificato anche Elisabetta Canori Mora (1774-1825), un'altra figura femminile dedita al matrimonio e alla cura dei figli – almeno secondo una lettura agiografica più recente –, nobildonna romana, sposata a un uomo che per tutta la vita l'ha tradita, umiliandola e gettandola nel dissesto economico.[18] La dedizione e la fedeltà di Elisabetta Canori Mora verso il sacramento del matrimonio la colloca al centro del discorso pontifico sulla difesa della famiglia, come già espresso nella *Lettera alle famiglie* del 2 febbraio 1994 e nell'enciclica *Familiaris consortio* del 1981. È interessante qui far brevemente notare come Giovanni Paolo II non ri-

17. Sulla vita di Gianna Beretta Molla si vedano, in ordine cronologico: Antonio Rimoldi, *Testimonianze di vita della dott. Gianna Beretta Molla. Amare è dare la vita*, in «La Rivista del Clero Italiano», 11 (novembre 1974), pp. 856-864; Fernando da Riese Pio X, *Per amore della vita. Gianna Beretta Molla. Medico e madre*, Città Nuova Editrice, Roma 1979; Id., *Un "sì" alla vita. Gianna Beretta Molla*, Edizioni Paoline, Roma 1980; Domenico Mondrone, *Gianna Beretta Molla. Tra me e mio figlio, salvate lui!*, in *I santi ci sono ancora*, vol. 4, Edizioni Pro Sanctitate, Roma 1979, pp. 76-95; Thierry Lelièvre, *Madre. Gianna Beretta Molla 1922-1962*, Piemme, Casale Monferrato 1994 (seconda ed. italiana riveduta con diverso titolo: *Gianna Beretta Molla madre*, Casale Monferrato 2004); Giuliana Pelucchi, *Una vita per la vita. Gianna Beretta Molla*, Edizioni Paoline, Cinisello Balsamo 1994 (seconda ed. italiana riveduta con diverso titolo: *L'amore più grande. Santa Gianna Beretta Molla*, Cinisello Balsamo 2004; trad. ing. *Blessed Gianna Beretta Molla. A Woman's Life. 1922-1962*, Pauline Books&Media, Boston 2002); Paolo Iafolla, *Gianna Beretta Mola*, LDC, Leumann 1995; Pietro Molla, Elio Guerriero, *Santa Gianna Beretta Molla*, Edizioni Paoline, Cinisello Balsamo 2004; Hildegard Brem O Cist, *Nella gioia dell'amore. Santa Gianna Beretta Molla madre di famiglia*, Edizioni Paoline, Cinisello Balsamo 2008. Si veda anche l'*Informatio* in Congregatio pro Causis Sanctorum, *Mediolanen. Canonizationis Servae Dei Ioannae Beretta in Molla matrisfamiliae. Positio super virtutibus*, Tipografia Guerra, Roma 1989, pp. 1-193.

18. Vedi la breve nota biografica in http://www.santiebeati.it/dettaglio/90597 (10 dicembre 2016). Dettagliate notizie in Sacra Rituum Congregatio, *Romana Beatificationis et Canonizationis Ven. Servae Dei Elisabeth Canori Mora tertiariae Ordinis Excalceatorum SS.me Trinitatis Redemptionis Captivorum. Prima positio super virtutibus*, Ex Typographia Pontificia in Instituto Pii IX, Roma 1914.

prenda in nessun modo la precedente lettura agiografica intransigente e antimodernista che aveva fatto inizialmente della Canori Mora, così come di Anna Maria Taigi (1769-1837),[19] una figura ossequiosamente devota al papa, al fine di veicolare un'immagine sacralizzata del pontefice romano in contrapposizione ai suoi detrattori, fossero essi rivoluzionari, massoni o modernisti, e solo secondariamente modello esemplare «di vita perfetta per le coniugate».[20] L'omelia pronunciata dal pontefice durante la cerimonia di beatificazione, dedicata alle madri di famiglia, definisce le due laiche «donne d'eroico amore», non senza una sottile critica al consorzio civile contemporaneo – ed è difficile non scorgervi la critica anche alla società italiana, che aveva approvato legalmente due decenni prima il divorzio e l'aborto –, in quanto non sostenitrice della maternità:

> Additando queste due donne come modelli di cristiana perfezione, desideriamo rendere omaggio a tutte le madri coraggiose, che si dedicano senza riserva alla propria famiglia, che soffrono nel dare alla luce i propri figli, e sono poi pronte ad intraprendere ogni fatica, ad affrontare ogni sacrificio, per trasmettere loro quanto di meglio esse custodiscono in sé. [...] E non sempre queste madri eroiche trovano sostegno nel loro ambiente. Anzi, i modelli di civiltà, spesso promossi e propagati dai mezzi di comunicazione, non favoriscono la maternità. Nel nome del progresso e della modernità vengono presentati come ormai superati i valori della fedeltà, della castità, del sacrificio, nei quali si sono distinte e continuano a distinguersi schiere di spose e di madri cristiane.[21]

19. Francesco De Palma, *Il modello laicale di Anna Maria Taigi*, in *Santi, culti, simboli nell'età della secolarizzazione (1815-1915)*, a cura di Emma Fattorini, Torino 1997, pp. 529-546. Cfr. anche Id., *Santi romani e processi di canonizzazione a Roma nell'età della secolarizzazione*, in *La comunità cristiana di Roma*, vol. 3, *La sua vita e la sua cultura tra età moderna ed età contemporanea*, a cura di Mario Belardinelli e Pietro Stella, LEV, Città del Vaticano 2002, pp. 205-217.

20. Così in una delle prime agiografie, che risente molto della campagna antimodernista: Antonio Pagani, *Un vero modello di madre cristiana nel secolo decimonono. Biografia della ven. serva di Dio Elisabetta Canori Mora romana terziaria professa dell'Ordine della SS. Ma Trinità*, Tipografia pontificia nell'Istituto Pio IX, Roma 1911. «L'Osservatore Romano» in occasione della beatificazione riprende il tema dell'obbedienza al papa negli anni successivi alla Rivoluzione francese, Antonio Caprarola, *Profonda devozione al Papa e alla Chiesa*, in «L'Osservatore Romano», 24 aprile 1994, p. 12. Si aggiunga anche Paola Giovetti, *Madri e mistiche. Anna Maria Taigi ed Elisabetta Canori Mora*, Edizioni Paoline, Cinisello Balsamo 1991 e Caffiero, *Dall'esplosione misticatardo-barocca all'apostolato sociale (1650-1850)*, pp. 360-363.

21. *Insegnamenti*, XVII, 1, 1994, p. 999.

Sembra che la riflessione sia spinta verso un'ulteriore dimensione. Il pontefice non vuole porre l'attenzione solo sulla maternità come elemento peculiare e vera realizzazione della donna, ma anche sui suoi aspetti più difficili e dolorosi, ben rappresentati esistenzialmente dalle due beate, che davvero in questo senso vanno ad incarnare due esempi estremi – e in parte estremizzati –, e pur tuttavia proposti come imitabili, come madri «coraggio», madri «eroiche», madri «cristiane».[22]

La contestualizzazione della glorificazione offre ulteriori spunti di riflessione. Essa non coincide solamente con l'anno dedicato alle famiglie, ma segue di solo un mese la lettera che Giovanni Paolo II scrive, il 19 marzo 1994, ai capi di stato di tutto il mondo e al segretario dell'ONU in occasione della Conferenza internazionale sulla popolazione e lo sviluppo che si sarebbe tenuta il settembre successivo al Cairo, in cui emergono tutte le preoccupazioni e le critiche del pontefice riguardo alle posizioni sul controllo delle nascite e l'aborto espresse in agenda.[23] La conferenza del Cairo, che è stata il frutto di una concertazione tra numerose associazioni femminste del nord e del sud del mondo, ha rappresentato, tra le altre cose, la legittimazione a livello globale del nuovo paradigma dei "diritti riproduttivi", in sostituzione del precedente che utilizzava l'espressione "pianificazione familiare", riferendosi alla libertà di ogni persona di decidere liberamente in merito alla generazione dei figli.[24] Un altro documento chiave è la *Lettera alle donne* del 29 giugno 1995, legato invece alla IV conferenza mondiale sulla donna organizzata dalle Nazioni Unite a Pechino, nel settembre dello stesso anno.[25] La conferenza di Pechino, tenutasi tra il 4 e il 15 settembre 1995, ha avuto un grandissimo rilievo nella stampa italiana e internazionale. Il testo della

22. Renzo Allegri in *Le due madri di papa Wojtyla. EmiliaKaczorowska e Gianna Beretta Molla*, Ancora, Milano 2012, nell'accostare le due figure femminili, sottolinea come sia stato il vissuto personale e familiare di Karol Wojtiła a farlo prediligere donne che hanno vissuto «un grande dramma materno» e a pronunciarsi ripetutamente contro l'aborto: come Gianna Beretta Molla, sua madre decise di proseguire la gravidanza nonostante le avessero consigliato di non farlo, a causa della sua precaria salute. La nascita del futuro papa la condannò così a una morte precoce.

23. http://w2.vatican.va/content/john-paul-ii/it/letters/1994/documents/hf_jp-ii_let_19031994_population-develop.html (10 dicembre 2016). Si segnala qui anche la *Lettera alla signora Nafis Sadik*, segretario generale della conferenza del Cairo, datata 18 marzo 1994, in https://w2.vatican.va/content/john-paul-ii/it/letters/1994/documents/hf_jp-ii_let_19940318_cairo-population-sadik.html (10 dicembre 2016).

24. Isacco Turina, *La Santa Sede e i diritti riproduttivi*, pp. 362-365.

25. *Insegnamenti*, XVIII, 1, 1995, pp. 1871-1882.

dichiarazione finale, frutto di non facili trattative e lunghe mediazioni, ha riconosciuto per la prima volta l'equiparazione dello stupro a tutte le altre violazioni dei diritti umani e, tra le altre cose, la libertà sessuale e il diritto all'autodeterminazione, il riconoscimento dei diritti alla procreazione, la parità tra uomini e donne nelle questioni ereditarie (al tempo non ancora riconosciuta nei paesi islamici) e i diritti delle bambine (contro le mutilazioni genitali, la selezione prenatale del sesso, la loro discriminazione in generale). Tuttavia, è nota la controversia sollevata dalla Santa Sede per alcune istanze inizialmente proposte alla conferenza: una connotazione della piattaforma fortemente laicista riservava, secondo il Vaticano, molto più spazio all'attività sessuale che al matrimonio e poca attenzione alla famiglia e al ruolo della donna come madre.[26] In occasione di questo evento per la prima volta la Santa Sede nominava una donna, la statunitense Mary Ann Glendon, a capo della delegazione ufficiale vaticana. La *Lettera alle donne* approfondisce tematiche in parte già affrontate in interventi sparsi, ma che trovano particolare attenzione proprio in quel momento storico. Pur mantenendo aperto un certo dialogo con il femminismo iniziato con la *Mulieris dignitatem*, il discorso wojtyliano vincola i compiti della donna a quei caratteri morali che le sono consustanziali: la sua missione è quella di «umanizzare» una società contemporanea basata solo sulla produttività e sull'efficienza al fine di costruire una «civiltà dell'amore» da contrapporre a una «civiltà della morte». Il modello di donna proposto risiede così nel genio femminile rappresentante l'amore, il sacrificio, il dono nella relazione con l'altro, anche a prezzo della propria autonomia personale, in quanto solo dentro il quadro stabilito dai suoi ruoli di sposa e madre può svilupparsi in modo adeguato. In sostanza, la donna dovrebbe rappresentare il cardine di un ordine sociale centrato sulla famiglia tradizionale indissolubile e conforme ai dettati religiosi: un orizzonte che più è perduto nelle società contemporanee e più viene rivendicato con forza da Giovanni Paolo II.[27] Alla fine, nonostante gli interventi del magistero ponti-

26. Cfr. Piersandro Vanzan, *La preparazione della IV Conferenza mondiale sulla donna a Pechino*, in «La Civiltà Cattolica», 146 (IV/1995), pp. 227-239 e Id., *Il dibattito e le conclusioni della IV Conferenza mondiale sulla donna a Pechino*, in «La Civiltà Cattolica», 146 (IV/1995), pp. 345-357. Cfr. anche Turina, *La Santa Sede e diritti riproduttivi*, pp. 367-371, che scrive: «Infatti la conferenza di Pechino diventa per il papa l'ennesima occasione per ribadire la posizione della Chiesa sulla difesa della famiglia e della vita, vero e proprio *ceterum censeo* del suo pontificato». (p. 371).

27. Claudia Mancina, *Oltre il femminismo. Le donne nella società pluralista*, Il Mulino, Bologna, 2002, p. 73, dove si sottolinea come l'apprezzamento verso l'amore eroico possa

ficio e della delegata siano riusciti a moderare parte delle istanze considerate laiciste iniziali, i lavori della IV conferenza mondiale sulla donna non hanno soddisfatto le speranze vaticane, contribuendo così a rafforzare la visione declinista wojtyliana di un allontanamento sempre maggiore delle società dai dettami della chiesa cattolica e l'inasprimento del dibattito sulle questioni morali.[28] Con l'intensificarsi dell'attenzione sulla difesa della vita il ruolo di madre appare via via sempre più centrale, tanto da diventare quasi l'unico in grado di realizzare appieno la missione della donna. È in questo contesto che si inserisce a livello globale la beatificazione di Gianna Beretta Molla e di Elisabetta Canori Mora: un altro colpo sferrato all'interno della battaglia tra Giovanni Paolo II e l'ONU sulla questione biopolitica.

Gianna Beretta Molla è successivamente proclamata santa il 16 maggio 2004. La proposta agiografica, totalmente schierata a favore del diritto alla vita del nascituro, ha continuato a suscitare polemiche: se da una parte è glorificata un'autentica laica, una donna che ha vissuto comunemente la sua esistenza e la sua santità, vicina a qualsiasi altra moglie e madre – ed è dal Medioevo che non si annovera una madre di famiglia tra le sante cattoliche –, dall'altra la scelta radicale di morire pur di non abortire, e di rinunciare così a essere ancora moglie ed educatrice degli altri figli, colloca Gianna Beretta Molla in una dimensione di opposizione al concetto di libertà espresso dal consorzio civile secolarizzato, particolarmente dagli ambienti femministi, e al concetto di vita secondo la tradizione del pensiero laico. Così scriveva, ad esempio, il quotidiano «Il Manifesto» all'indo-

essere rappresentato anche da quelle donne che portano a termine la gravidanza anche se è frutto di stupro. Si pensi alla lettera del 2 febbraio 1993 che Giovanni Paolo II ha scritto all'arcivescovo di Sarajevo Vinko Pulijć, in cui faceva appello alle comunità cattoliche di sostenere le donne vittime della pulizia etnica affinché accettassero i figli degli stupri «quali immagini di Dio». *Insegnamenti*, XVI, 1, 1993, pp. 241-243. Cfr. anche Pasquale Borgomeo, *"Contro l'odio, la forza dell'amore"*, in «La Civiltà Cattolica», 144 (I/1993), pp. 559-562.

28. Si veda anche l'Angelus domenicale del 16 luglio 1995, dove la donna è *in primis* custode della vita. La distinzione tra madre e figlio nell'utero espressa da Giovanni Paolo II è evidentemente tanto lontana dalla concezione espressa dal consorzio medico di gran parte delle società occidentali, quanto funzionale alla strategia pastorale che il pontefice stava costruendo intorno alle tematiche biopolitiche. Il feto è infatti, dal momento del concepimento, indipendente nella definizione del sé: «Ognuno di noi, risalendo questa storia, non può non arrivare a quell'attimo in cui ha cominciato ad esistere dentro il corpo materno, con un esclusivo e inconfondibile progetto di vita. Eravamo "nella" madre, ma senza confonderci con essa: bisognosi del suo corpo e del suo amore, ma pienamente autonomi nella nostra identità personale», *Insegnamenti*, XVIII, 2, 1995, pp. 119.

mani della canonizzazione: «Secondo il modello che si è visto domenica in piazza San Pietro, la donna è madre e gestante, serve finché fa questo e per questo può morire – anzi, è santa se muore. È questa la cultura della vita e dell'amore della religione cattolica e dei vangeli?».[29] Ancora una volta è nell'omelia di canonizzazione che il pontefice manifesta una certa intenzione a voler radicalizzare ulteriormente il messaggio, interpretando il gesto della santa quasi come un dovere, un compito matrimoniale, in nome dell'amore coniugale:

> Sull'esempio di Cristo, che «avendo amato i suoi...li amò sino alla fine" (*Gv* 13,1), questa santa madre di famiglia si mantenne eroicamente fedele all'impegno assunto il giorno del matrimonio. Il sacrificio estremo che suggellò la sua vita testimonia come solo chi ha il coraggio di donarsi totalmente a Dio e ai fratelli realizzi se stesso. Possa la nostra epoca riscoprire, attraverso l'esempio di Gianna Beretta Molla, la bellezza pura, casta e feconda dell'amore coniugale, vissuto come risposta alla chiamata divina![30]

L'elevazione alla gloria degli altari di Gianna Beretta Molla ha seguito una logica non del tutto slegata da un vero e proprio intervento "politico" messo in atto dalla chiesa, e particolarmente sostenuto dal progetto ecclesiologico wojtyliano, volto a recuperare la prerogativa in campo biopolitico attraverso un processo più ampio di dogmatizzazione dei principi morali ai quali le società contemporanee devono piegarsi, pena la rottura della convivenza civile.[31] Tale figura agiografica, infatti, non propone e legittima solamente un modello comportamentale femminile al limite dell'emulazione, ma attraverso la stigmatizzazione dell'interruzione di gravidanza si pone in netta contrapposizione alla componente abortista e antinatalista presente nella società italiana, la stessa società in cui la santa è vissuta e che, attraverso il suo esempio, deve ripensarsi e riformulare la propria visione della maternità e della famiglia in senso cristiano.[32]

29. Roberta Carlini, *Sante donne*, in «Il Manifesto», 18 maggio 2004.

30. *Insegnamenti*, XXVII, 1, 2004, p. 619.

31. Parla di «transparent manipulation of St. Gianna to serve a "papal agenda"» Higgins in *Stalking the Holy*, p. 70.

32. Sembra riconducibile a questo contesto anche lo slittamento avvenuto nell'interpretazione della beata bergamasca Caterina Cittadini (1801-1857), beatificata il 29 aprile 2001, fondatrice dell'Istituto delle suore orsoline di san Girolamo di Somasca, diventata la «santa dell'accoglienza della vita» a motivo del miracolo che l'ha condotta alla gloria degli altari – una madre che partorisce un figlio sano, nonostante i medici le avessero consigliato l'aborto –, Tommaso Caliò, *L'agiografia contemporanea tra storia e "controstoria"*, p. 79.

Se la contestualizzazione della beatificazione di Gianna Beretta Molla aveva messo in luce l'azione papale in un contesto globale, l'analisi delle varie tappe attraversate dalla sua causa di canonizzazione dice qualcosa di più sulla sua costruzione agiografica nel contesto italiano. Il parallelo tracciabile tra l'*iter* del processo canonico e la discussione sull'aborto in Italia suggerisce infatti un'ulteriore linea interpretativa volta verso una netta contrapposizione tra il modello agiografico e le regole della comunità a cui viene proposto: nel 1972, infatti, la causa di beatificazione viene affidata al postulatore e nello stesso anno viene presentato in parlamento il primo tentativo di una legislazione favorevole all'aborto su richiesta del Partito socialista italiano (Psi); il 27 aprile 1978 vengono consegnati alla Congregazione delle Cause dei Santi i documenti relativi all'inchiesta diocesana, mentre il 18 maggio dello stesso anno vi è l'approvazione della legge n. 194 sull'interruzione di gravidanza.[33] La corrispondenza nella tempistica dei due procedimenti non può essere del tutto casuale ed è piuttosto evidente come Gianna Beretta Molla diventi uno degli strumenti utilizzati dalla chiesa nella lotta contro la «cultura della morte», e, più in generale, contro il relativismo etico presente nella cultura italiana. Ne è conferma l'inserimento di una serie di articoli a lei dedicati nel quotidiano vicino alla CEI, «Avvenire», a partire dal 1980, in cui viene definita «martire della vita», «madre-martire» o «figura profetica per tutte le situazioni in cui la vita è vilipesa».[34] In un clima assai teso, percepibile tra le pagine del quotidiano cattolico, che ha ingaggiato una vera e propria lotta combattuta a colpi di articoli e vignette satiriche contro l'interruzione di gravidanza e l'imminente legislazione favorevole,che ne regolamenta l'esercizio in precedenza interdetto dal

33. Sull'*iter* processuale della legge n. 194 si veda Giovanni Berlinguer, *La legge sull'aborto*, Editori Riuniti, Roma 1978 e su quello del processo canonico di Gianna Beretta Molla si consulti Congregatio pro Causis Sanctorum, *Mediolanen. Canonizationis Servae Dei Ioannae Beretta in Molla*, particolarmente la *praenotatio Rev.mo D.ni M. Di Ruberto, relatoris "ad casum"* e nell'*Informatio* l'*Iter della causa*, pp. 74-76. Oppure, in sintesi Paolino Rossi, *Gianna Beretta Molla*, in *Santità e archivi: fonti, luoghi, esperienze*, Atti del XXIII Convegno degli Archivisti Ecclesiastici (30 settembre-3 ottobre 2008), in «Archivia Ecclesiae», 50-52 (2007-2009), pp. 209-219.

34. Tra gli articoli su Gianna Beretta Molla si segnalano: *Rinunciò a vivere per salvare la sua creatura*, in «Avvenire», 28 giugno 1980; *Giovanna Beretta Molla una "martire per la vita"*, in «Avvenire», 1 luglio 1980; *La maternità è un amore senza confini*, in «Avvenire», 1 febbraio 1981; *Diritto alla vita, ecco un modello*, in «Avvenire», 13 maggio 1987.

punto di vista legale, Gianna Beretta Molla «in un mondo troppo facile ad uccidere, grida "no" all'aborto».[35]

Anche le lettere postulatorie, ovvero le missive indirizzate al pontefice o alla Congregazione delle Cause dei Santi scritte da diversi attori del mondo cattolico per sostenere l'apertura o la continuazione di una causa di beatificazione,[36] mostrano ancora una volta come l'interesse pastorale sia nettamente piegato verso un modello che risponda in modo efficace alle istanze abortiste:

> È quest'esempio di sposa e di madre che vorremmo, Noi Arcivescovi e Vescovi della Regione Lombarda anche a nome dei nostri fedeli, venisse proposto all'intera Chiesa oggi, in cui, per egoismo e nella violenza, è diventato troppo facile uccidere, in tutti i modi, siano essi palesi o nascosti. In questo nostro mondo proteso ad invocare e ad introdurre nelle proprie legislazioni la legalizzazione dell'aborto, la Serva di Dio Gianna Beretta Molla diventa un coraggioso esempio di comportamento cristiano.[37]

O, ancora, più esplicitamente:

> Il Consiglio Nazionale e gli iscritti all'Associazione dei Medici Cattolici d'Italia, mentre rinnovano alla Santità Vostra l'impegno di dedicare la loro professione, sempre e con fermezza, alla difesa della vita – resistendo perciò a leggi e proposte che, veri crimini contro i diritti della persona umana, calpestano più o meno il comandamento di non uccidere e la conseguente dottrina della Chiesa Cattolica circa l'aborto – si associano con particolare gioia e fierezza al grande coro di lodi e ammirazione per l'eroico comportamento della nostra collega Dottoressa Gianna Beretta Molla [...] Nella sua scelta e decisione riconosciamo l'eroico amore di mamma [...], l'adesione incondizionata, nella vita e nella professione medica, alla sapiente dottrina della Chiesa, con netto e totale rifiuto di altre morali egoistiche e laiche, proposte

35. *Gianna, eroico no all'aborto*, in «Avvenire», 28 maggio 1987.

36. Le lettere postulatorie vengono sollecitate dal postulatore a personalità laiche ed ecclesiastiche importanti. Le motivazioni e le argomentazioni in esse esposte per giustificare la richiesta della canonizzazione rendono possibile capire entro quali schemi cognitivi e parametri interpretativi gli esponenti ecclesiastici e laici inquadrino il potenziale nuovo santo. Cfr. Marina Caffiero, *Santità, politica e sistemi di potere*, in *Santità, culti e agiografia. Temi e prospettive*, Atti del convegno dell'Associazione italiana per lo studio della santità, dei culti e dell'agiografia (Roma 24-26 ottobre 1996), a cura di Sofia Boesch Gajano, Viella, Roma 1997, pp. 363-364.

37. Dalla lettera postulatoria dell'episcopato lombardo datata 11 aprile 1978, in Congregatio pro Causis Sanctorum, *Mediolanen. Canonizationis Servae Dei Ioannae Beretta in Molla, Summarium*, p. 566.

in nome della libertà e del civile progresso [...]. La sua immolazione ci ha ripetuto in modo eroico il nostro irrinunciabile dovere a difendere la vita.[38]

A dimostrare una certa "costruzione" operata sul processo canonico della santa si aggiunga che, come risulta dall'analisi della *positio super virtutibus*, la fama di santità della giovane donna non emerge come dato unanime e scontato. Infatti, un numero considerevole di testi interrogati durante il processo cognizionale di Milano e quello rogatoriale di Bergamo[39] restringe la fama di santità alla famiglia e ad ambienti circoscritti, oppure non ne è a conoscenza, o, ancora, esprime parere sfavorevole. Ricorrono tra i testimoni frasi come: «Anche se ho detto che questa fama è scontata presso la famiglia, devo riconoscere che lo è solamente all'interno di essa»;[40] «Questa fama di santità attribuita alla Serva di Dio, se c'è, è un fenomeno molto circoscritto perché il teste non ne è assolutamente a conoscenza»;[41] oppure, «La teste afferma che dopo la sua morte non si è sentito dire che fosse una santa».[42] Qualche dubbio sulla reale fama di santità goduta dalla serva di Dio era d'altronde emerso anche tra gli attori della causa stessa, visto che nel capitolo dedicatovi all'interno della *positio* l'estensore aveva sentito il bisogno di affronta il problema. All'accusa che il processo fosse stato spinto dalla famiglia Beretta Molla, la risposta includeva la prova che fosse stato invece Paolo VI – che di certo non si sarebbe mosso se non fosse stato convinto della santità della donna –, il primo a incoraggiare la causa, quando ancora era vescovo a Milano, e tanto più negli anni successivi alla preparazione e alla successiva pubblicazione

38. Dalla lettera postulatoria dell'associazione dei medici cattolici italiani datata 20 aprile 1978, ivi, pp. 568-569.

39. Durante il processo cognizionale di Milano, tenutosi tra il 1980 e il 1986, sono stati ascoltati 48 testi, tutti *de visu* (eccetto uno, il teste 48, don Giuseppe Locatelli, a cui è stato chiesto che cosa pensa la popolazione a Magenta circa l'apertura della causa), di cui 5 *ex officio*; durante il processo rogatoriale di Bergamo, tenutosi tra il 1980 e il 1983, sono stati ascoltati 7 testi, tutti *de visu*. Cfr. Congregatio pro Causis Sanctorum, *Mediolanen. Canonizationis Servae Dei Ioannae Beretta in Molla*, Informatio, le prove, pp. 76-85 e tutta la *depositionem testium* nel *Summarium*. Su un totale di 55 testi circa una ventina circoscrive la fama di santità della serva di Dio all'ambiente familiare o ad altri ambienti ristretti, oppure non ne è al corrente. Il numero è assai rilevante se si considerano due aspetti pratici: 1) ben 14 testi sono parenti o affini di Gianna Beretta Molla; 2) è prassi nei processi diocesani ascoltare testimoni che attestino la fama di santità.

40. Ivi, *Summarium*, p. 137.

41. Ivi, p. 207.

42. Ivi, p. 237.

dell'enciclica *Humanae vitae*. Di più, veniva aggiunto che proprio i familiari, in particolare il marito, furono sempre riluttanti verso l'apertura di un processo canonico.[43] La deposizione che forse meglio riassume le dinamiche sottostanti alla causa di beatificazione della Molla è però quella di don Gesuino Corti, vicario cooperatore a Mesero dal 1940 e parroco dal 1961, teste al processo milanese:

> Affermo anzi che in paese non c'è molto entusiasmo per questa causa di Beatificazione. Il teste si propone la questione perché questo sia l'atteggiamento della gente e cerca di spiegarlo in questo modo: a) Il referendum sull'aborto ci ha dimostrato che il 70% degli italiani non condivide il sacrificio della vita per salvare il concepito, e quindi la morte della Serva di Dio potrebbe essere sentita come un rimprovero. b) Il fatto che le famiglie di lei e di lui sono benestanti spinge la gente a dire che la Beatificazione è proposta perché le loro famiglie sono tenute in maggiore considerazione. Secondo me da nessuno però è negato il merito del suo sacrificio. c) Alcune famiglie fanno notare che altre mamme hanno fatto lo stesso sacrificio ma nessuno ne parla; questo secondo me non è giusto perché, in un certo senso, riconosce che anche il sacrificio di queste mamme era degno di ammirazione; e mettere in risalto uno vuol dire riconoscere il merito di tutte le altre. d) Può anche trattarsi di quella certa prevenzione verso le famiglie di condizione più elevata.[44]

La spiegazione dell'atteggiamento scettico di parte della popolazione diocesana verso la causa di Gianna Beretta Molla è spiegato dal sacerdote anche con il risultato del referendum abrogativo della legge n. 194 avvenuto il 17 maggio 1981, rivelatosi disastroso per le gerarchie ecclesiastiche cattoliche a causa dell'ampio consenso espresso dagli italiani, largamente favorevoli all'aborto (68%). Poiché la netta maggioranza della popolazione si era dichiarata abortista, una causa di canonizzazione così schierata contro l'aborto non poteva riscuotere quell'unanime atteso entusiasmo. Ecco che allora l'esempio che incarnava la Beretta Molla poteva essere vissuto dagli stessi fedeli come un "rimprovero" eccessivo, come un modello troppo forte, proprio perché in opposizione al sentire del consorzio civile. I dubbi sollevati sulla fama di santità e sull'opportunità pastorale della beatificazione dai testimoni, ignorati dalla macchina processuale, possono costituire dunque una delle prove che l'intero processo sia stato in qualche modo piegato da una logica ecclesiastica ma anche politica, nel

43. Ivi, *Informatio*, *La fama di santità*, pp. 85-95.
44. Ivi, *Summarium*, p. 141.

senso lato del termine, che prevede che ad una esigenza pastorale sentita come urgente dal pontefice si affianchi un modello agiografico *ad hoc.*

1.3. *La virtù della purezza*

Tra i laici italiani merita una trattazione a parte il gruppo delle martiri della purezza, vale a dire quelle donne, spesso molto giovani, che, ricalcando il modello di Maria Goretti, hanno accettato la morte pur di difendere la propria verginità. Su un totale di cinque beate martiri vergini, ben tre sono italiane: Antonia Mesina (1919-1935),[45] Pierina Morosini (1931-1957)[46] e Teresa Bracco (1924-1944).[47] La beatificazione della Mesina e della Morosini avviene insieme a quella di Marcel Callo (1921-1945), il 4 ottobre 1987, proprio nella prima domenica del sinodo generale ordinario sulla «vocazione e missione dei laici nella Chiesa e nel mondo».[48] Se questa triplice glorificazione dovesse esprimere l'atteggiamento della chiesa cattolica nei confronti della sessualità, della scelta di vita e del tipo di attività da svolgere nella società in quanto laici, gli elementi di distinzione con i consacrati sarebbero ben scarni, quando non inesistenti: tutti e tre i giovani hanno scelto la castità – Callo nel fidanzamento, mentre le due giovani decidono di votarsi alla verginità –, hanno militato in movimenti cattolici (AC e JOC) conducendo una vita di profonda spiritualità e preghiera, quando non di consacrazione privata, e muoiono per difendere la fede. La dimensione martiriale inoltre non è da sottovalutare, in quanto fortemente proposta anche ai laici – la difesa della fede che non c'entra direttamente con la castità è anche contro l'indifferentismo religioso e la secolarizzazione –, come via privilegiata alla santità.[49]

45. Profilo biografico in Congregatio pro Causis Sanctorum, *Nuoren. Canonizationis Servae Dei Antoniae Mesina iuvenis saecularis. In odium Fidei, uti fertur, interfectae (21 iunii a. 1919-17 maii a. 1935). Positio super martyrio*, Tipografia Guerra, Roma 1986, *Informatio.*

46. Profilo biografico in Congregatio pro Causis Sanctorum, *Bergomen. Beatificationis seu declarationis martyrii Serva Dei Petrinae Morosini virginis laicae et martyris (1931-1957). Positio super martyrio*, Tipografia Guerra, Roma 1986, *Informatio.*

47. Profilo biografico in Congregatio de Causis Sanctorum, *Aquensis. Beatificationis seu declarationis martyrii Serva Dei Teresia Bracco, iuvenis saecularis in odium Fidei, uti feretur, interfectae (28-VIII-1944). Positio super martyrio*, Tipografia Guerra, Roma 1995, Parere del consultore p. Gaetano M. Stano, pp. 12-18.

48. Sulla Morosini e la Mesina si vedano anche gli articoli de «L'Osservatore Romano», 4 ottobre 1987, pp. 8-9. Cfr. Accattoli, *Nuovi martiri*, pp. 254-257.

49. Sul rapporto tra formazione nell'Azione cattolica e castità si veda Francesco Piva, *Uccidere senz'odio. Pedagogia di guerra nella storia della Gioventù Cattolica Italiana*, FrancoAngeli, Milano, 2015.

Tuttavia è possibile notare uno scarto non trascurabile tra i modelli agiografici di Antonia Mesina e Pierina Morosini così come vengono proposti nella beatificazione da Giovanni Paolo II e quelli risultati dagli atti processuali e dalle numerose agio/biografie scritte a partire dalla morte delle due giovani.[50] Pierina Morosini, operaia in un cotonificio ad Albino (Bergamo), membra di Azione Cattolica e catechista, già a sedici anni emetteva il voto privato di castità temporaneo. Aveva una profonda devozione per la figura di Maria Goretti ed era andata a Roma alla sua cerimonia di beatificazione nel 1947. Aggredita il 4 aprile 1957, mentre tornava dal lavoro, da un giovane che aveva tentato di stuprarla, è morta il 6 aprile successivo in ospedale a seguito delle ferite riportate nello scontro. Una questione piuttosto delicata, non solo dal punto di vista teologico, emersa durante il processo di canonizzazione, riguarda proprio il riconoscimento della purezza, in quanto la giovane aveva subito violenza carnale da parte dell'aggressore. A favore dell'integrità morale è la testimonianza processuale degna di nota del prof. Pietro Bailo, ostetrico ginecologo che aveva visitato la giovanetta agonizzante in ospedale. L'attestazione medica che la violenza era stata subita a corpo inerte e privo di volontà e che, perciò, l'abuso era avvenuto senza coscienza da parte della giovane, la quale prima era sicuramente vergine, è il perno su cui può ruotare il proseguimento della causa. Una simile testimonianza non può evidentemente essere che quella di un uomo con una particolare visione religiosa, dove tuttavia sembra prevalere anche un certo maschilismo e una correlata condizione della donna, che, in una visione già celebrativa, a tratti pregiudizialmente ostile nei confronti di coloro che vivono la violenza sessuale in altro modo, contribuisce a costruire il modello agiografico futuro. Come si evince dalle parole del medico, il parallelo con la Goretti è ormai prassi:

50. Cfr. per Pierina Morosini: Bartolomeo Verzeroli, *Pierina Morosini*, Ed. Opera San Gregorio Barbarigo, Bergamo 1960; Ermengilda Poli, *Pierina Morosini. Testimone di Cristo*, Istituto grafico Litostampa, Bergamo 1985, ed Ead., *Beata Pierina Morosini la martire del Monte Misma*, Bortolotti Bergamo 1989; Gino Carrara, *La ragazza incredibile: Pierina Morosini nella sua epoca e nella sua valle*, Istituto grafico Litostampa, Bergamo 1989. Per Antonia Mesina: Maria Di Pietro, *Antonia Mesina, fanciulla sarda*, Vita e Pensiero, Milano 1937 (seconda ed. 1938 e terza edizione 1943); Fortunato Ciomei, *La Serva di Dio Antonia Mesina. Martire della purezza uccisa come S. Maria Goretti*, Poligraf, Aprilia 1977; Mario Massaiu e Clotilde M. Merlin Massaiu, *Una ragazza di Orgosolo: Antonia Mesina*, Edizioni Paoline, Cinisello Balsamo 1987; Giovanni Sanna, *Martirio a Orgosolo: Antonia Mesina*, Piemme, Casale Monferrato, 1987 (seconda ed. 1988 e terza edizione 1996).

> [...] è certamente riuscito più facile valutare l'eroismo della dodicenne Maria Goretti; 1. perché non è stata deflorata; 2. perché Maria è vissuta a sufficienza per parlare e così documentare il suo martirio; 3. perché Alessandro [Serenelli, è l'assassino di Maria Goretti, n.d.a.] è stato del tutto veritiero rispetto all'assassino di Pierina. In fondo, Alessandro ha rispettato la sua vittima, se così può dirsi e si è limitato a ripetere il triste cliché dello stolto innamorato respinto: "Ti uccido, perché così non volendo essere mia, non sarai di nessun altro!". Il meccanismo di morte nei riguardi di Pierina Morosini ha invece avuto – per opera dell'aggressore – un modo ben più perverso, più perfido, direi, con un aggettivo agghiacciante, "più moderno", allo stesso modo con cui oggi si parla di torture elettriche (vedi Sud America), di lavaggi del cervello o di ricoveri manicomiali (vedi URSS)! Difatti, noi, quel triste 5 aprile 1957, ci siamo trovati di fronte una giovane di 26 anni, che nel pieno della sua maturità fisica, psichica e spirituale, è stata abbattuta a morte, violentata in coma, restando così assolutamente incapace di dire una sola parola sul proprio terribile e angoscioso calvario, penoso fino in fondo, nel più tragico e assoluto mutismo, quasi a richiamare – nella difesa strenua della sua purezza – quel pensiero teresiano, che tanto aveva impregnato l'animo di Pierina: «La verginità è un profondo silenzio di tutte le cose della terra». Si potrebbe – piuttosto semplicemente – concludere che, trovato l'assassino reo confesso e sentitolo in merito, non restava altro che archiviare il caso – con una modesta condanna – come un disgraziato episodio di omicidio preterintenzionale, dovuto esclusivamente ad una...inopportuna e troppo vivace reazione della figliola alle profferte d'un Don Giovanni da strapazzo, forse respinto in malo modo! Sicuramente, una Pierina più remissiva alle voglie del...povero innamorato sarebbe ancora qui viva e vegeta tra noi, come lo sono tante altre figliole, coniugate o no, che hanno subito violenza senza...far troppe storie, tacendo poi il loro dramma per non accentuare fatalmente la propria umiliazione e il disprezzo del mondo! *Pierina Morosini è stata invece conseguente fino in fondo*; memore dell'ammirazione, direi quasi della santa invidia provata qualche anno prima a Roma durante la canonizzazione [sic! la beatificazione, n.d.a.] della Goretti, Pierina ha consapevolmente tenuto testa al violentatore, ha affrontato tutte le conseguenze del suo "no" deciso al peccato per questo cristiano modo di concepire la vita l'ha – da vergine prudente – senza incertezze sacrificata all'ideale di un autentico cristiano martirio![51]

Qui, come nella letteratura agiografica, l'elemento della purezza e della salvaguardia della verginità, è centrale.[52] Non è ciò che appare prepon-

51. Congregatio pro Causis Sanctorum, *Bergomen. Beatificationis seu declarationis martyrii Serva Dei Petrinae Morosini*, *Informatio*, pp. 82-83 e *Summarium*, pp. 281-282.

52. Si veda particolarmente Verzeroli, *Morosini Pierina* e Carrara, *La ragazza incredibile*, dove non si menziona neppure la violenza carnale subita dalla giovane martire.

derante invece nella lettura wojtyliana. Nell'omelia di beatificazione del 1987, infatti, il pontefice non ne fa alcun cenno, dedicandosi piuttosto alla spiritualità della giovane radicata nella terra bergamasca – ancora una volta soffermandosi sul carattere locale della santità e sul ruolo evangelizzatore operato dai santi –, sulla sua «alta vita spirituale incarnata nella famiglia», sulla sua «fedeltà al lavoro» in un cotonificio.[53] Procedimento a tratti speculare avviene per la figura agiografica di Antonia Mesina, giovanissima contadina di Orgosolo (Nuoro), membra anche lei di Azione Cattolica, che viene aggredita e uccisa mentre fa legna con una compagna il 17 gennaio 1935.[54] Anche qui lo scarto è rilevante, evidente soprattutto se si considerano le coordinate temporali della causa di canonizzazione. Vi è una chiara differenza tra le lettere postulatorie riportate negli atti processuali datate agli anni '70 e la gran parte di quelle degli anni '80, scritte durante il pontificato di Giovanni Paolo II: nel secondo gruppo si nota immediatamente come l'attenzione si concentri sulla laicità della Mesina, che può così diventare modello per la santificazione del laicato, particolarmente dei giovani; nonostante permanga la dimensione dello scontro con una società che ha scordato il valore della purezza, che la Mesina incarna, presto si affianca un secondo elemento, di più ampio respiro, cioè l'apertura al mondo laicale. Lo spostamento dell'attenzione su un tema piuttosto che l'altro non può essere casuale ed è plausibilmente dovuto all'insistenza di Giovanni Paolo II sulla universalità della vocazione alla santità e sulla necessità di dare esempi fruibili dai laici. Se in un primo tempo si evocava la Mesina solo come esempio da proporre in contrapposizione a una società edonistica e secolarizzata, in un clima di forte tensione con il moderno, gradualmente si inserisce, anche se resta presente questo aspetto, un modello in grado di dar valore ai laici, per mostrare come anche nella vita quotidiana, nella «ferialità», si può testimoniare la fede.[55] Nell'incontro con i fedeli della diocesi di Nuoro durante la visita pastorale dell'ottobre 1985, Giovanni

53. *Insegnamenti*, X, 3, 1987, p. 800. Anche il vescovo di Bergamo Giulio Oggioni sottolineava che «la sua beatificazione non solo innalza lei alla gloria degli altari, ma esalta questo cristianesimo popolare bergamasco che dobbiamo riprendere, là dove fosse caduto, e rinnovare dappertutto», in Carrara, *La ragazza incredibile*, pp. 290-291.

54. L'amica, Anna Maria Castangia, presente all'aggressione è stata poi la testimone chiave del processo canonico. L'assassino di Antonia Mesina verrà fucilato qualche mese dopo il delitto, secondo la legislazione fascista.

55. Congregatio pro Causis Sanctorum, *Nuoren. Canonizationis Servae Dei Antoniae Mesina*, *Summarium*, pp. 266.

Paolo II non mancava di ricordare la serva di Dio, esaltandone non tanto il martirio per la purezza, ma l'identità cristiana del territorio sardo dove aveva vissuto, secondo un'ottica evangelizzatrice:

> [...] fu sotto il pontificato di San Gregorio Magno che i Barbaricini ricevettero l'annuncio di Cristo e del Vangelo. Popolo forte, abituato a resistere ad ogni invasore, il barbaricino si lasciò conquistare dalla parola di missionari armati solo della croce di Cristo. [...] Da allora nella vostra terra la fede ha messo salde radici, dando origine a una realtà sociale vivacemente tesa verso l'attuazione sempre più piena delle esigenze sante dell'amore. Anche oggi anime meravigliose attestano questa forza della carità. Pensiamo alla beata Maria Gabriella Sagheddu e alla serva di Dio Antonia Mesina: figure eccelse, i cui esempi contrastano, quasi in un duro confronto tra due culture diverse, con le forze del male, della violenza, della vendetta, del sopruso. È doveroso riconoscere che il Signore ha diffuso in mezzo a voi, mediante la predicazione del cristianesimo, doni singolari di bontà, e che in forza del messaggio evangelico si sono sviluppate tra di voi tradizioni di sincerità, di fierezza, di rettitudine, che costituiscono ormai un patrimonio caratteristico di questa terra.[56]

Attorno a queste due giovani beate si innesca dunque una duplice dinamica. Da un lato, dal materiale processuale emerge un modello agiografico ispirato, quando non del tutto sovrapponibile a quello ormai con-

56. Omelia del 19 ottobre 1985 ai fedeli della diocesi di Nuoro nel campo sportivo, *Insegnamenti*, VIII, 2, 1985, pp. 1027-1028. È interessante inoltre notare come in ambito agiografico e locale venga sottolineata la glorificazione di Antonia Mesina. Ella infatti rappresenta una sorta di «giustizia sociale», di «rivincita» per il territorio in cui visse, la Barbagia, nota alle cronache per sequestri e delitti: «Molte, troppe volte la nostra terra è apparsa sulla stampa e nella TV come il luogo classico della violenza e della devianza; sarà adesso questa umile figlia del popolo, non ricca, non 'studiata', non alla moda, a ricordare agli italiani e agli uomini di tutto il mondo che questa terra è capace di produrre uomini e donne che alla sequela del Vangelo sono diventati modelli di eccelse virtù e giganti di sacrifici e di eroismo» (dalla lettera pastorale del 14 giugno 1987 del vescovo Giovanni Melis Fois), in Sanna, *Martirio a Orgosolo*, pp.256-257, anche pp. 210-211. Ancora: «L'eroismo di una donna, una laica, di una ragazza, apre prospettive nuove agli uomini, e trasmette al futuro fecondi messaggi di evangelizzazione del mondo, particolarmente oggi nel dramma ricorrente di Caino che chiama Abele nelle campagne e nei villaggi della terra sarda», Massaiu, Merlin Massaiu, *Una ragazza di Orgosolo*, p. 53. Nel testo del Sanna si dice inoltre che la causa è stata «spinta» da Giovanni Paolo II dopo il 1984, quando era già stato chiuso il processo diocesano nel contesto della disposizione di accelerare le cause dei laici, p. 250.

solidato di Maria Goretti, divenuto archetipico.[57] La sensazione è davvero che il modello gorettiano faccia da stampo ai processi canonici di Antonia Mesina e Pierina Morosini –tenendo ovviamente conto delle differenze prettamente procedurali dovute al cambiamento avvenuto con la riforma del 1983. Le caratteristiche esistenziali sono a tal punto comuni per tutte e tre le figure femminili che è quasi impensabile non si tratti di un unico modello agiografico. Si rifletta, per esempio, sugli analoghi contesti popolari e di emarginazione sociale in cui hanno vissuto le ragazze, alla condizione di povertà a cui hanno dovuto far fronte, alla presenza di una madre portatrice di valori religiosi, o ancora, alla promessa, fatta in giovanissima età, di preservare la verginità. La stessa morte ripresenta simili modalità, tanto nella presentazione del martirio formale, che in quello materiale. A queste si aggiungono ulteriori intrecci narrativi, come la devozione della Morosini per la Goretti, che la porta a Roma ad assistere alla sua beatificazione, o l'accostamento della figura della Mesina a quella della Goretti in diversi discorsi di Armida Barelli, presidentessa nazionale della Gioventù Femminile, tra cui le parole della lettera postulatoria inviata a Pio X nel 1935:

> Beatissimo Padre, nell'umiliare ai piedi della Santità Vostra l'ardentissimo nostro desiderio di vedere annoverata tra i beati l'umile figlia dei campi [Maria Goretti, n.d.a.] ci permettiamo di presentare il primo fiore della Gioventù Femminile di Azione Cattolica Italiana, il primo giglio reciso dal martirio, la sedicenne Antonia Mesina di Orgosolo, educata alla scuola di Maria Goretti.[58]

Dall'altro lato, invece, s'innesta l'operazione evangelizzatrice di Wojtyła, il quale propone ai fedeli modelli laicali femminili dove all'esaltazione per il valore ascetico della purezza, su cui sempre più difficilmente si può indurre un largo consenso, subentra una maggiore attenzione per la figura concreta delle beate nel loro operato sul territorio e per la loro dimensione appunto laicale. Ulteriore conferma di ciò è il caso

57. Su Maria Goretti si veda l'oramai classico articolo di Monica Turi, *Il "brutto peccato": adolescenze e controllo sessuale nel modello agiografico di Maria Goretti*, in *Bambini santi*, a cura di Anna Benvenuti Papi e Elena Giannarelli, Rosenberg&Sellier, Torino 1991, pp. 119-146; cfr. anche Ead., *La costruzione di un nuovo modello di comportamento femminile. Maria Goretti tra cronaca nera e agiografia*, in «Movimento operaio e socialista», 3 (1987), pp. 223-236. Su posizioni femministe, Kathleen Z. Young, *The Imperishable Virginity of Saint Maria Goretti*, in «Gender and Society», 3/4 (1989), pp. 474-482.

58. Congregatio pro Causis Sanctorum, *Nuoren. Canonizationis Servae Dei Antoniae Mesina*, *Summarium*, p. 258.

agiografico rappresentato da Teresa Bracco (1924-1944), giovane ligure, vittima di un soldato durante la seconda guerra mondiale. Il 28 agosto del 1944 un feroce rastrellamento tedesco aveva colpito l'abitato dove viveva la giovane, Santa Giulia (Dego, Savona), che con altre donne e bambini era stata presa in ostaggio di guerra. Capite le intenzioni non benevoli degli occupanti, la giovane aveva tentato la fuga, dirigendosi verso il bosco, ma era stata raggiunta da un ufficiale che, preso da foga e desiderio, l'aveva uccisa in un presunto tentativo di stupro. Il corpo di Teresa Bracco fu ritrovato due giorni dopo, mentre le altre donne rapite con lei tornavano a casa violentate. Fu proprio quest'ultimo fatto a essere portato come una delle prove più importanti del martirio, sia formale che materiale. La causa, infatti, era stata ritardata non solo per l'assenza di un certificato medico dettagliato della morte, ma proprio per la difficoltà a provare il *motivum fidei*, sia dell'aggressore sia della vittima, a ragione, come succede spesso in casi simili,[59] della mancanza di testimoni oculari diretti.[60] Il succedersi continuo di sacerdoti nella parrocchia di Santa Giulia e di vescovi in diocesi negli anni seguenti la morte della giovane non avevano infine giovato alla causa. La beatificazione di Teresa Bracco avviene il 24 maggio 1998, in occasione della visita pastorale a Torino. Giovanni Paolo II, dopo aver sottolineato che il gesto della giovane segue la «logica conseguenza d'una ferma volontà di mantenersi fedele a Cristo», si concentra sull'utilità pastorale del modello, ancora una volta senza dimenticare di fare riferimento alla terra in cui è vissuta:

> Quale significativa testimonianza evangelica per le giovani generazioni che si affacciano sul terzo millennio! Quale messaggio di speranza per chi si sforza di andare controcorrente rispetto allo spirito del mondo! Addito soprattutto ai giovani questa ragazza che la Chiesa proclama oggi Beata, perché imparino da lei la limpida fede testimoniata nell'impegno quotidiano, la coerenza morale senza compromessi, il coraggio di sacrificare, se necessario, anche la vita, per non tradire i valori che alla vita danno senso. Pensando all'ambiente rurale in cui Teresa è cresciuta, mi piace rivolgere una parola di affetto ai

59. Come detto all'interno della *positio*, sarà il caso della giovane polacca Karolina Kózka a fare da modello per la similarità della situazione. Cfr. Congregatio de Causis Sanctorum, *Aquensis. Beatificationis seu declarationis martyrii Serva Dei Teresia Bracco, Parere del consultore p. Gaetano M. Stano*, pp. 40-42.

60. La tarda apertura del processo hanno determinato la scarsezza di testimoni interrogati: 28 testi in tutto, di cui 17 *de visu*, ma ben 11 *de auditu a videntibus et ab audientibus*, Ivi, *Tabella testium*.

coltivatori diretti delle Langhe e dell'intero Piemonte, venuti in gran numero quest'oggi per renderle onore e per affidarsi alla sua intercessione.[61]

L'omelia fa da eco ad alcune lettere postulatorie allegate alla *positio super martyrio*, come quella del cardinale Luigi Dadaglio, scritta il 6 gennaio 1990:

Si tratta infatti di un'umile contadinella laica di modeste condizioni, che potrà essere un luminoso esempio per la gioventù di oggi, particolarmente delle Langhe piemontesi che si sono sempre distinte per il loro forte attaccamento alla fede e alla pratica cristiana. Sarà un esempio ed uno stimolo per quelle sante popolazioni, abbastanza preservate fino all'irruzione corruttrice dei mass-media e del materialismo. Beatissimo padre, la Serva di Dio Teresa Bracco tiene bene il posto tra le moderne eroine della fede e dell'integrità dei costumi, alcune delle quali recentemente glorificate dalla Santità Vostra. La sua glorificazione costituirà inoltre un grande onore e un premio per tutta la popolazione delle Langhe, in passato ricca di vocazioni sacerdotali e religiose, ma ancora priva di un modello di santità della sua gente.[62]

Il riferimento alle «eroine» «recentemente glorificate», come Antonia Mesina e Pierina Morosini, non è per nulla scontato. È però utile per l'inserimento di Teresa Bracco all'interno di uno schema agiografico che è risultato nuovamente vincente durante il pontificato di Giovanni Paolo II, forte proprio perché dedicato al laicato e forte perché espressione di quella dogmatizzazione della morale portata avanti dal magistero wojtyliano.

1.4. *Il caso di Pina Suriano*

Pina Suriano (1915-1950) è sicuramente una figura poco nota nel panorama agiografico cattolico non solo italiano, ma rappresenta un buon punto di arrivo per alcune osservazioni circa l'intero sistema processuale volto a regolare la santità durante il pontificato di Giovanni Paolo II. Giovane siciliana di Partinico (Palermo), membra attiva di Azione Cattolica, a cui si iscrive nel 1922, nel 1938 viene nominata delegata delle sezioni minori; dal 1939 al 1948 diventa segretaria della sezione locale di AC; dal 1945 al 1948 è presidente delle Giovani e fondatrice dell'associazione diocesana Figlie di Maria. Vive tutta la sua vita da laica, pur desiderando

61. *Insegnamenti*, XXI, 1, 1998, p. 1032.

62. Congregatio de Causis Sanctorum, *Aquensis. Beatificationis seu declarationis martyrii Serva Dei Teresia Bracco, Lettere postulatorie*, p. 15.

una consacrazione religiosa che i genitori hanno ostacolato in tutti i modi, anche quando nel 1940 era riuscita a entrare nell'Istituto delle Figlie di Sant'Anna di Palermo – la fondazione di Anna Rosa Gattorno: il racconto agiografico suggerisce che è stato proprio uno dei due genitori a riferire alla superiora della congregazione di un vizio cardiaco di cui soffriva la figlia, ragione per la quale dopo soli otto giorni, sarebbe stata espulsa. La vita di Pina Suriano si interrompe a soli 35 anni, nel 1948, quando si immola vittima per la consacrazione dei sacerdoti.[63] Nella documentazione processuale accessibile è sempre sottesa la necessità di un modello laicale. Già nelle prime pagine dell'*informatio* della *positio super virtutibus* si sottolinea come la causa sia opportuna proprio perché Giovanni Paolo II continua a sottolineare nei suoi interventi l'importanza di poter contare su un laicato impegnato: il papa, infatti, ha indetto nel 1987, l'anno precedente la stesura della *positio*, il sinodo episcopale sulla vocazione e missione dei laici e inoltre ha presieduto a particolari riti di beatificazione di laici come quello di Antonia Mesina, Pierina Morosini e Marcel Callo. Pina Suriano, si prosegue, è una laica, attivista dell'Azione Cattolica, che «ben si pone nella scia di quanti, durante questo mese di ottobre (1987), l'hanno preceduta nella pubblica esaltazione».

Se «la sfida dei laici è quella di essere se stessi», Pina Suriano l'ha accettata e l'ha vissuta e per questo «l'attuale Serva di Dio è una figura moderna, una di quelle figure che meritano di essere additate come simbolo cristiano del mondo di oggi».[64] L'avvaloramento della santità sembra essere totalmente piegato all'esigenza papale di disporre di modelli laicali. La forzatura non sembra coinvolgere solamente il piano meramente esistenziale – come può ella davvero essere additata come autentica laica se, parafrasando, non è stata se stessa per tutta la vita in quanto non ha seguito il suo desiderio di consacrazione religiosa? –, ma sembra piuttosto essere molto più profonda. La sensazione è quella di trovarsi davanti a un processo sommario. La causa è passata al *novum ius* l'11 maggio 1983.

63. Profilo biografico in Congregatio pro Causis Sanctorum, *Montis Regalis. Canonizationis Servae Dei Iosephae seu Pinae Suriano virginis saecularis Actionis Catholicae dirigentis paroecialis (1915-1950). Positio super virtutibus*, Tipografia Guerra, Roma 1988, *Informatio*, pp. 4-36. Cfr. anche *L'amore è il distintivo più grande. Pina Suriano, la sua città e il suo tempo*, a cura di Massimo Naro, Centro Studi di Cammarata-Edizioni Lussografica, San Cataldo-Caltanissetta 2004.

64. Congregatio pro Causis Sanctorum, *Montis Regalis. Canonizationis Servae Dei Iosephae seu Pinae Suriano*, *Informatio*, pp. 3-4.

Motivato dalle innovazioni legislative in materia canonica, si è tenuto un nuovo processo cognizionale a Monreale (1982-84), dove però sono stati sentiti solo cinque testi nuovi rispetto al processo ordinario precedente, datato 1970-1974.

La *positio super virtutibus* è molto breve e breve è soprattutto il profilo biografico, ove si trascura di indagare nodi esistenziali importanti come le maldicenze sulla sua figura e la sua intenzione di lasciare l'Azione Cattolica. Le testimonianze spesso non sono riprodotte per intero – pratica ammessa solo se sono di scarso valore o ripetitive –, il questionario, omesso e desumibile solo dalle risposte riportate, è scarno, mirato – e presumibilmente una delle domande sembra essere proprio se la serva di Dio sia un modello di virtù famigliare, o «domestico», quando non addirittura laicale. Lo si può dedurre da alcune risposte inserite nel *summarium* come: «La Serva di Dio, a mio giudizio, si può proporre come modello di virtù filiali e famigliari perché si dimostrò, nonostante le difficoltà di cui sopra, figlia e sorella, obbediente, premurosa e affettuosa», data dalla teste Maria Addamo;[65] oppure: «La Serva di Dio, a mio parere, merita di essere proposta come modello di virtù domestiche per il suo spirito di rispettosa ubbidienza e sottomissione umile e sincera ai genitori», rilasciata dal secondo direttore spirituale della Suriano, don Andrea Soresi, che aggiunge: «Penso che la Serva di Dio abbia tutti i numeri per essere proposta come modello di laica».[66] Del tutto poco sondata appare anche la fama di santità. Nel capitolo dedicatovi dalla *positio* si risponde semplicisticamente che tale fama è attestata dal fatto che i fedeli si rivolgono a lei nei momenti difficili [*sic*].[67] Infine, nelle conclusione dell'*informatio* si mette in luce la «straordinaria somiglianza» che intercorre tra l'apostolato che Pina Suriano ha prestato all'Azione Cattolica e quello che Giovanni Paolo II ha illustrato il 21 giugno 1980 rivolgendosi ai giovani dell'organizzazione cattolica riuniti a Villa Pamphili a Roma,[68] ancora una volta a sottolineare l'identità di vedute tra il pontefice e il tema portante della causa.[69] Davvero è difficile

65. Ivi, *Summarium*, p. 139. Difficile pensare tali parole come spontanee in bocca a un teste laico.

66. Ivi, *Summarium*, pp. 105 e 110.

67. Ivi, *Informatio*, pp. 86-92.

68. Ivi, *Informatio*, pp. 92-93.

69. Interessante notare come nel discorso pronunciato dal pontefice vi sia anche una forte critica alla società consumistica, in *Insegnamenti*, III, 1, 1980, p. 1802. Infine, si tenga presente come Giovanni Paolo II non abbia manifestato particolare stima per l'Azione

non pensare a un progetto pastoral-politico ben preciso e meditato, ovvero promuovere velocemente una figura laicale: Pina Suriano era laica e il suo processo canonico, già aperto, era disponibile. Quando poi Giovanni Paolo II la beatifica, come già menzionato, il 5 settembre 2004 a Loreto, è l'occasione appunto per esaltare la via laicale alla santità e incentivare i laici a un maggiore impegno nella storia, non troppo casualmente con l'inciso «in stretta comunione con i Pastori»:

> A voi laici spetta di testimoniare la fede mediante le virtù che vi sono specifiche: la fedeltà e la tenerezza in famiglia, la competenza nel lavoro, la tenacia nel servire il bene comune, la solidarietà nelle relazioni sociali, la creatività nell'intraprendere opere utili all'evangelizzazione e alla promozione umana. A voi spetta pure di mostrare – in stretta comunione con i Pastori – che il Vangelo è attuale, e che la fede non sottrae il credente alla storia, ma lo immerge più profondamente in essa. Coraggio, Azione Cattolica! Il Signore guidi il tuo cammino di rinnovamento! L'Immacolata Vergine di Loreto ti accompagna con tenera premura; la Chiesa ti guarda con fiducia; il Papa ti saluta, ti sostiene e ti benedice di cuore. Azione Cattolica Italiana, grazie![70]

La prassi di dare la precedenza ad alcune cause rispetto ad altre, indipendentemente dal loro approssimarsi alla conclusione, come già era stato visto tra le conseguenze della riforma wojtyliana del 1983, trova nel caso di Pina Suriano un buon esempio. La priorità di presentare modelli di laici che si sono santificati nella quotidianità del loro stato sembra determinare all'interno del sistema canonico una vera e propria ingerenza pontificia, dall'alto. Se i bisogni della chiesa militante, così come sono stati enunciati da Giovanni Paolo II, corrono a una velocità maggiore rispetto alla «fabbrica dei santi», allora diventa necessario forzarla, indirizzarla, piegarla. È indubbio, infatti, che i cambiamenti all'interno del sistema legato alla santità siano sempre stati lenti e soppesati – basti pensare all'allargamento del concetto di martirio precedentemente illustrato –, e che i modelli agiografici del passato sono stati e sono tuttora quelli utilizzati per plasmare i nuovi, in una sorta di tradizione imitativa

cattolica italiana e come abbia cercato di spingerla a una militanza più diretta e visibile nel corso del suo pontificato.

70. *Giovanni Paolo II pellegrino a Loreto con l'Azione Cattolica*, «L'Osservatore Romano», 6-7 settembre 2004, p. 7. Si veda anche lo speciale di 32 pagine *Giovanni Paolo II pellegrino a Loreto con l'Azione Cattolica per la beatificazione di tre nuovi beati*, allegato a «L'Osservatore Romano» del 5 settembre 2004, particolarmente su Pina Suriano, pp. 23-27. Qui Giovanni Paolo II è chiamato «padre del laicato».

vincente. D'altra parte, la rigidità delle procedure canoniche è forse stato l'elemento che ha garantito l'autonomia dell'intero sistema, almeno prima della riforma del 1983. Durante il pontificato di Giovanni Paolo II si assiste così a un duplice movimento trasformativo: da una parte vi è la dettatura degli esempi agiografici che meglio rispondono alle esigenze pastorali più urgenti direttamente alla Congregazione delle Cause dei Santi, mentre dall'altra il papa continua a operare quella interpretazione e contestualizzazione del tutto personale dei modelli che egli trova già disponibili, e che già era in parte prassi dei predecessori.

La strategia canonizzatrice che il pontefice utilizza per l'Italia assume diverse sfumature, ma è sempre volta a un recupero del consorzio civile, con una iniziativa che risulti efficace su tutti i fronti. Gli esempi agiografici femminili rappresentati da Gianna Beretta Molla, le giovani martiri della purezza e Pina Suriano rappresentano così diverse facce di una stessa medaglia. Da un lato si ha la riproposizione di una sorta di contro-modello, estremizzato e di forte impatto mediatico, legato alla pastorale circa le questioni biopolitiche, in opposizione al relativismo morale della società contemporanea, mentre dall'altro, vi è la volontà di utilizzare i temi della modernità, come la promozione del laicato, attraverso figure agiografiche in grado di trovare maggior radicamento proprio tra i fedeli non consacrati. Di Pierina Morosini e Antonia Mesina, che restano pur sempre delle vergini martiri, viene infatti esaltato l'impegno fattivo nel lavoro e nel proprio territorio in modo da legare i valori di un determinato luogo all'impegno della comunità cattolica che vive in quei territori, facendo emergere un terreno ancora profondamente cristiano dal "basso". Così è anche per la forzatura di inserire la figura di Pina Suriano tra il laicato impegnato. In tutti e quattro i modelli è comunque ben visibile il progetto wojtyliano di ricattolicizzazione della società italiana, che a una lettura critica e declinista della contemporaneità unisce una certa valorizzazione di alcuni suoi elementi. La stessa attenzione riservata dal pontefice ad alcuni modelli agiografici femminili italiani, ma non solo, presenta una simile duplice dinamica: da una parte si fa spazio alle donne, nuovi attori sociali che assurgono a soggetti religiosi finalmente attivi, mentre dall'altra il ruolo femminile all'interno della politica delle canonizzazioni viene sempre più spesso interpretato secondo una lettura critica dei comportamenti e dei valori del consorzio civile contemporaneo, allontanatosi dai dettami del magistero ecclesiastico.

2. *La Polonia e la nuova Europa*

2.1. *Le strategie agiografiche prima e dopo il crollo del regime sovietico*

Giovanni Paolo II non ha mai nascosto la sua origine polacca e l'affezione verso il paese natale. Ne sono prova non solo le nove visite effettuate lungo il corso del suo pontificato,[71] ma anche l'incontro durante i suoi viaggi con le comunità polacche sparse nel mondo, a riaffermare il vincolo con la sua patria e la sua missione: è noto infatti che Wojtiła interpretò la sua elezione al soglio pontificio, avvenuta in piena guerra fredda, come un segno divino, dalla valenza messianica per i paesi dell'est europeo, allora sottoposti a regimi comunisti. Il suo contributo al crollo del comunismo in Polonia attraverso il supporto al sindacato Solidarność – come è stato sottolineato da più parti –[72] è prova di un'azione di sostegno non solo teorico, ma anche concreto volto alla liberazione e alla fine di quella ideologia atea e materialista tanto stigmatizzata dalla chiesa cattolica, non solo wojtyliana.

Sul processo storico polacco ha avuto enorme importanza la prima visita del papa in Polonia, dal 2 al 10 giugno 1979, durante la quale ha incoraggiato i fedeli a essere costruttori del proprio futuro, nel tentativo di risollevare l'orgoglio nazionale e lo zelo religioso. La visita sembra aver avuto come missione quella di motivare i polacchi a opporsi al regime, senza però una critica diretta, piuttosto attraverso la proclamazione di un messaggio di pace e di ricostruzione della società. A questo fine le tematiche principali utilizzate dal papa sono state tre: ribadire la natura cristiana del nazionalismo polacco – il paese e il cattolicesimo sono inseparabili. Ricordando la figura di san Stanislao, ucciso per la sua opposizione al potere monarchico, Giovanni Paolo II ha sottolineato come sia stata la chiesa polacca a custodire i tratti caratteristici del paese quando le strutture dello

71. Queste le date delle visite in Polonia di Giovanni Paolo II: 2-10 giugno 1979; 16-23 giugno 1983; 8-14 giugno 1987; 1-9 giugno 1991 e 13-16 agosto; 22 maggio 1995; 31 maggio-10 giugno 1997; 5-17 giugno 1999; 16-19 giugno 2002.

72. Su Solidarność si veda Vincenzo Bova, *Solidarność. Origini, sviluppo ed istituzionalizzazione di un movimento sociale*, Rubbettino, Soveria Mannelli 2003 e Riccardi, *Il Vaticano e Mosca. 1940-1990*, pp. 365-366. Si veda anche Gracjan Kraszewsk, *Catalyst for Revolution: Pope John Paul II's 1979 pilgrimage to Poland and its effects on Solidarity and the fall of Communism*, in «The Polish Review» 57, (4/2012), pp. 27-46 ed Eric Hanson, *The Catholic Church in World Politics*, Princeton University Press, Princeton 1987, pp. 197-233.

stato si sono dissolte nella tormentata storia nazionale[73] –; a definire il vero significato del lavoro. Affermando il suo significato trascendentale ed etico il papa ha così sottilmente polemizzato con la concezione socialista del lavoro, fondamentale nella legittimazione del regime comunista polacco stesso; a rialimentare la fede nella sfera privata e pubblica.[74] Nonostante l'intervento pontificio non sia stato né diplomatico né politico in senso stretto, ha comunque avuto un peso non irrilevante nel susseguirsi degli eventi, particolarmente nella rivolta successiva dell'agosto 1980. Nelle prime due visite pastorali in Polonia Giovanni Paolo II utilizza specificatamente alcune personalità agiografiche per un confronto con il governo comunista su più livelli. Sant'Adalberto (Wojciech), Stanislao (Stanisław), Edwige e Kolbe sono, infatti, protagonisti di alcuni discorsi e celebrazioni veicolanti temi chiave come la sfida all'ateismo di stato, la contestazione della posizione della Polonia all'interno del blocco sovietico e il suo avvicinamento all'Europa occidentale, la critica alla dimensione totalizzante dello stato comunista, la perseveranza nella sofferenza, che costella l'intera storia nazionale, in vista di una rigenerazione futura.[75] Anche le successive visite nel paese, con la relativa offerta di nuovi modelli agiografici, come si vedrà a breve, svolgono una funzione catalizzatrice, più o meno vincente, di specifiche rivendicazioni del magistero nei confronti della società polacca.[76] La loro contestualizzazione storica è però fondamentale.

Giovanni Paolo II si è recato in Polonia tre volte prima del crollo del muro di Berlino. La possibilità di far visita alla propria patria – unico paese dell'est europeo visitato prima del 1989 – nonostante la dittatura sovietica gli ha permesso di sviluppare un discorso originale sul ruolo della chiesa cattolica nello stato comunista e di ricavare uno spazio, seppur piccolo, di autonomia in cui operare un allargamento d'azione e d'influenza sull'opinione pubblica mondiale. Nell'analisi delle beatificazioni e delle canonizzazioni colpisce come l'attenzione di Giovanni Paolo II si sia rivolta diverse volte a una problematica tanto centrale quanto scottante, par-

73. Discorso all'episcopato polacco a Jasna Góra, *Insegnamenti*, II, 1979, pp. 1432-1445 (in polacco).

74. Kraszewski, *Catalyst for Revolution*, pp. 30-46. L'autore enfatizza molto il ruolo di Giovanni Paolo II nella caduta del comunismo a partire proprio dalla Polonia.

75. James Ramon Felak, *Pope John Paul II, the Saints, and Communist Poland: The Papal Pilgrimages of 1979 and 1983*, in «Catholic Historical Review», 3 (2014), pp. 555-574.

76. Sui viaggi in Polonia di Giovanni Paolo II si veda de Montclos, *Un pèlerin politique?*, pp. 72-77 e *passim*, e Riccardi, *Il Vaticano e Mosca*, pp. 354-375.

ticolarmente per il regime socialista polacco, come quella della crisi del settore agrario. Anche se l'agricoltura polacca, al pari di quella degli altri paesi socialisti, ha risentito «dell'attuazione del modello d'accumulazione primitiva di tipo sovietico che recuperava nello sfruttamento delle campagne il capitale necessario da investire nell'industrializzazione», rappresenta però un'eccezione proprio per la più profonda crisi che l'ha investita a seguito di una politica di «socializzazione indiretta», incapace da una parte di collettivizzare forzatamente e dall'altra di garantire una proprietà agricola individuale.[77] Il tema è affidato a due glorificazioni femminili, avvenute rispettivamente nel 1983 e nel 1987. Il 20 giugno 1983 l'omelia per la beatificazione di Urszula Ledóchowska (1865-1939),[78] fondatrice del ramo polacco della Congregazione delle Suore Orsoline del Cuore di Gesù Agonizzante, a Poznań, diventa l'occasione per difendere il lavoro agricolo di fronte all'industrializzazione e all'urbanizzazione eccessive e per auspicare che il tenore di vita della «popolazione agricolo-rurale sia distanziato quanto meno possibile dal tenore di vita dei cittadini che traggono il loro reddito dal settore industriale e da quello dei servizi». La Polonia, sottolinea il pontefice, ha sempre avuto un profondo legame con la terra, basato su una coltivazione razionale e su un'organizzazione sociale che garantiva lo «stato di possesso» dei contadini polacchi. Il riferimento poco positivo alle trasformazioni avvenute nel paese durante il regime socialista non può essere più esplicito. Dopo aver citato l'enciclica *Mater et magistra* di Giovanni XXIII, interpretata come documento a sostegno dei lavoratori della terra, Wojtyła ricerca infine una conferma del suo pensiero anche nelle parole del primate Wyszyński, vescovo di Varsavia e figura a lui tanto cara, quanto portatrice di una linea di diverso confronto con lo stato comunista: proprio perché l'ambiente rurale è sostrato di forza morale e spirituale, va preservato.[79] Anche l'omelia per la giovane contadina Karolina Kózka (1898-1914),[80] beatificata il 10 giugno 1987, verte, nella seconda parte, sui problemi legati alla svalutazione dell'agricoltura ed è

77. Bova, *Solidarność*, pp. 89-98, dove viene dettagliatamente descritta la politica agraria del regime socialista polacco e la costituzione del dissenso contadino a partire dalla fine degli anni '70.

78. Urszula Ledóchowska è poi canonizzata il 18 maggio 2003 a Roma. Cfr. Domenico Mondrone, *Maria Teresa Ledóchowska. Una insigne missionaria delle retrovie*, in *I Santi ci sono ancora*, vol. 6, Edizioni Pro Sanctitate, Roma 1981, pp. 181-204.

79. *Insegnamenti*, VI, 1, 1983, pp. 1604-1605.

80. Cenni biografici in *Bibliotheca sanctorum*, Città Nuova, Roma 1987, pp. 720-721.

dedicata proprio «a coloro la cui vocazione di vita [...] è la vita rurale e il lavoro della terra». Attraverso una serie di metafore si suggerisce la solidarietà della chiesa cattolica con il mondo contadino polacco meridionale e l'auspico che non solo sopravviva, ma anche che trovi un certo benessere. Lo sviluppo di una pastorale degli agricoltori può aiutare il superamento della crisi morale conseguente a quella del mondo contadino e l'elaborazione di una rinnovata religiosità:

> Non vengo come esperto dell'agricoltura e non porto delle soluzioni. Desidero in un certo senso trovarmi sulle orme della pastorale del mondo rurale polacco, dell'agricoltore polacco. Condividere le vostre preoccupazioni e inquietudini. Ricordare e confermare il rapporto della Chiesa verso di voi. In tutto il mondo tutti sono concordi che la mancanza di pane è uno scandalo. Nella nostra terra tutti sono concordi che non dovrebbe e non può mancare il pane in essa. Allo stesso tempo si sa che il mondo rurale polacco d'oggi, in conseguenza delle drammatiche esperienze che sono divenute la sua parte, sta vivendo una complessa crisi: la crisi economica e morale. [...] Bisogna ammettere che la Polonia meridionale è sempre una fonte viva di cultura. Qui lavorano centinaia di "artisti popolari". Desidero incoraggiare loro e tutti gli altri e volgere l'attenzione nel loro lavoro sui legami tra la cultura spirituale e la religione.[81]

Il papa non teme dunque di prendere le difese del settore maggiormente colpito da un regime dittatoriale considerato iniquo, a suo avviso noncurante della storia millenaria del paese, che aveva trovato proprio nella terra un suo fondamento e una sua rigenerazione spirituale. E lo fa utilizzando in modo duttile e versatile beati e santi. Karolina Kózka è, tra l'altro, una giovane martire della purezza, uccisa nel 1914 da un soldato russo in un tentativo di stupro. La nuova beata, che «parla con la sua vita e la sua morte prima di tutto ai giovani, ai ragazzi e alle ragazze, agli uomini e alle donne, parla della grande dignità della donna: della dignità della persona umana», dona la propria esistenza «per difendere la dignità di una ragazza polacca contadina».[82] La sottolineatura della sua nazionalità e del suo stato – del suo essere insieme polacca e contadina – non è casuale: la Polonia viene qui considerata prevalentemente come terra di agricoltori e proprio a questi il papa sembra voler proporre una guida morale, secondo la consueta ottica evangelizzatrice. L'accentuazione dell'appartenenza della giovane alla chiesa di Tarnów,

81. *Insegnamenti*, X, 2, 1987, pp. 2081-2090 (in polacco).
82. *Insegnamenti*, X, 2, 1987, pp. 2081-2090 (in polacco).

inoltre, il cui popolo «ha conservato in sé la consapevolezza di essere il santo Popolo di Dio»[83] è ancora una volta il tentativo di meglio ancorare la figura agiografica a un preciso contesto storico e geografico locale, così come si è visto accadere per diversi modelli agiografici italiani.

La beatificazione della religiosa Urszula Ledochowska avviene, invece, durante la seconda difficile visita del pontefice in Polonia, quando ancora vigeva nel paese la legge marziale. Il viaggio papale diventa l'occasione per proporre il tema, che verrà sviluppato nei primi anni successivi alla caduta dei regimi comunisti nell'est europeo, di una Polonia storicamente unita a Roma. Nella celebrazione della novella beata il pontefice rileva, appunto, che la cultura polacca «possiede i contrassegni caratteristici soprattutto occidentali europei».[84] Questa formula, che sottende l'inserimento a pieno titolo della Polonia nell'Europa occidentale, ha come fondamento il binomio tra civiltà europea e civiltà cristiana e ha la funzione di presentare il paese come modello per gli altri che si trovano nella stessa condizione di silenzio religioso. La stessa ottica è presente nella beatificazione del 22 giugno 1983 di Józef (Rafał) Kalinowski (1835-1907) e Adam (Albert) Chmielowski (1845-1916), due religiosi che meritano qui una breve menzione per il posto loro riservato all'interno delle devozioni personali di Giovanni Paolo II.[85] Nell'omelia è ricordata la loro partecipazione all'insurrezione del gennaio 1863 contro gli oppressori russi, azione antecedente la loro scelta religiosa, che però viene letta come «una tappa sulla via verso la santità, che è l'eroismo di tutta la vita» e che hanno pagato con la deportazione in Siberia e la mutilazione.[86] La proposizione di due simili icone agiografiche libertarie che hanno agito attraverso un'azione di resistenza morale e culturale all'oppressore non è accidentale data la situazione della Polonia nel 1983, così come non lo è l'attenzione posta

83. *Ibid.* Si veda anche Mario Ponzi, *La "stella del popolo" agli onori degli altari*, in «L'Osservatore Romano», 11 giugno 1987, p. 6, dove si dice che la famiglia Kózka si è sempre identificata con il mondo contadino della Polonia.

84. *Insegnamenti*, VI, 1, 1983, p. 1603.

85. Kalinowski è canonizzato il 17 novembre 1991 e Chmielowski il 12 novembre 1989 a Roma. Il fascino che quest'ultimo ha suscitato in Wojtyła è attestato nel suo dramma teatrale giovanile *Fratello del nostro Dio*, dove il protagonista è proprio Adam Chmielowski. Vedi Luigi Accattoli, *Giovanni Paolo*, p. 34. Brevi cenni biografici in *John Paul II's Book of Saints*,a cura di Matthew E. Bunson, Margaret Bunson, Our Sunday Publishing Division, Huntington 2007, pp. 16-17 (Albert Adam Chmielowski of Krakow) e pp. 138-139 (Raphael Kalinowski).

86. *Insegnamenti*, VI, 1, 1983, p. 1643.

sul loro «eroico amore per la Patria»: ciò ben si ricollega all'immagine più volte proposta di un cristianesimo polacco sensibile alle tematiche storiche identitarie e nazionali, quali appunto la lotta per l'indipendenza del paese da una potenza straniera, qui dalla chiara funzione attualizzante.[87] Infine, nell'omelia di beatificazione summenzionata il pontefice prosegue introducendo un altro tema forte, ovvero l'ostentazione della santità polacca come soluzione ai mali del presente, legata a una sottile critica al regime comunista, atta però a non suscitare eccessivi malumori governativi e a mantenere un sufficiente spazio di azione, in una lenta preparazione del terreno a una nuova evangelizzazione che avrà libero corso al crollare del totalitarismo ateo.[88] L'evangelizzazione destinata alla sua terra natale è sicuramente da collegare alla visione "alta" e provvidenziale che Giovanni Paolo II ha del suo ruolo, della sua elezione a pontefice, per il futuro del cristianesimo e per quello dell'Europa. Nel continente ancora diviso in due blocchi contrapposti un papa slavo, o meglio, polacco diventa infatti un

87. Secondo Daniele Menozzi l'idea nazionalista qui espressa mal si armonizza con la complessiva visione di guerra e pace espressa da Giovanni Paolo II in altre occasioni: «Penso in particolare alla difficile compatibilità delle parole pronunciate nell'omelia per il rito di beatificazione di R. Kalinowski e A. Chmielowski durante il viaggio in Polonia del giugno 1983 con le dichiarazioni del febbraio 1986 fatte in occasione della celebrazione di Gandhi in India. Nel primo caso Giovanni Paolo II esaltava l'eroico amore per la patria che aveva spinto i due futuri beati a partecipare all'insurrezione antirussa del 1863, tanto da presentarlo come una "tappa sulla via verso la santità"; nel secondo asseriva la sua profonda convinzione che l'azione non violenta praticata dal Mahatma ne aveva fatto un "eroe dell'umanità", in quanto egli aveva così indicato la sola via idonea a conseguire la pace nel mondo contemporaneo. Per quanto il piano dei due discorsi non sia il medesimo (diversi sono gli intenti che ad essi presiedono e diverse sono le epoche storiche considerate), resta l'impossibilità logica di comporre l'apprezzamento dell'eroismo della non violenza con l'esaltazione dell'eroismo patriottico della rivolta armata». Se tali incongruenze possono essere in parte spiegate con il procedimento adottato dal papa nella redazione dei suoi interventi, alcuni commissionati agli uffici curiali, altri alle chiese locali incontrate nei viaggi, altri ancora da lui direttamente dettati, tanta parte ha certamente giocato la contingenza del momento, la funzionalità di certe parole in un determinato contesto spazio-temporale, l'opportunità di sottolineare elementi diversi in circostanze dissimili, tutto inserito in una visione carismatica, quasi profetica, del proprio ruolo di pontefice, «in una sorta di apostolato basato sulla stretta identificazione tra il papa e la chiesa, in cui si privilegia il significante sul significato, l'immagine sul contenuto», in Menozzi, *Giovanni Paolo II*, pp. 61-62. La contingenza storica determinerebbe dunque scarti non del tutto irrilevanti nel pensiero wojtyliano. Cfr. anche Id., *Chiesa, pace e guerra nel Novecento. Verso una delegittimazione religiosa dei conflitti*, il Mulino, Bologna 2008, pp. 292-293.

88. *Insegnamenti*, VI, 1, 1983, pp. 1645-1646.

simbolo di cambiamento e riscoperta per il paese della sua storica funzione di avamposto cristiano.

La situazione politica dopo il crollo dell'Unione Sovietica, agli inizi degli anni Novanta, sembra dare speranza alla visione wojtyliana di una ricomposizione cristiana dell'Europa, nella quale i territori dell'est sono invitati a svolgere una funzione di rinforzo alla chiesa cattolica e al suo messaggio di ri-cattolicizzazione della società occidentale. La chiamata di tali paesi alla responsabilità del loro specifico ruolo inizia proprio con la Polonia, alla quale è attribuita una funzione messianica e propulsiva alla quale è legatolo stesso compito provvidenziale papale. Come ha scritto efficacemente Giovanni Miccoli:

> La caduta dei regimi comunisti non poteva che confermarlo in questa idea, nella persuasione che quella caduta apriva energie antiche capaci di evitare la strada che era stata dell'Europa opulenta nata dalla rivoluzione e dal capitalismo. Le chiese martiri dell'Est, provate nella loro fede e forti di una tradizione vitale di cristianesimo, potevano diventare il modello di una pratica della fede e di una forma di società che l'Occidente aveva dimenticato.[89]

Nell'ottica wojtyliana il progetto di «risveglio delle democrazie» prevede non solo il riordinamento politico dell'Europa dell'est con il diffuso installarsi di apparati democratici, ma parallelamente una nuova evangelizzazione dell'intero continente. La velata critica alle legislazioni occidentali, in certa misura implicita nel progetto stesso di ri-cristianizzazione, con il procedere del tempo diventa un vero e proprio attacco, particolarmente contro le politiche abortiste e anti-familiari, in funzione di monito per le nuove democrazie dell'est sulle possibili derive delle società i cui assetti governativi si allontanano dai precetti etici ed ecclesiastici. Tuttavia, le speranze del papa vengono presto spente dalla realtà storica. Il progressivo fallimento del progetto di rinascita cristiana europea e il diffondersi generalizzato di pratiche di indifferentismo religioso e di relativismo etico anche nei territori un tempo sottoposti alle dittature sovietiche provoca così ben presto l'inasprimento dei toni della denuncia dei mali arrecati dagli ordinamenti occidentali da parte del papa e l'arroccamento della chiesa su posizioni di difesa ad oltranza del proprio diritto di legiferare in materia di morale e di rifiuto verso la contemporaneità.[90]

89. Miccoli, *In difesa della fede*, p. 184.
90. Cfr. Menozzi, *Giovanni Paolo II*, pp. 39-41.

La prima visita che il pontefice compie in Polonia dopo il crollo del regime comunista nel 1991 può essere considerata l'iniziale segnale del crescente scollamento tra le aspettative wojtyliane e la comunità cattolica polacca.[91] Qui Giovanni Paolo II insiste sul concetto di sviluppo e di libertà, che non vanno intesi solo come vivere una nuova dimensione economica e aprirsi verso nuove forme culturali, ma come momento in cui, alla luce delle proprie radici cristiane, ripensare criticamente le regole delle società capitaliste occidentali.[92] Le visite alle diverse città vengono ancorate, come egli stesso sottolinea, al «programma del Decalogo», ovvero all'illustrazione dei comandamenti divini e alla loro attualizzazione. Il destinatario è l'intera società polacca che non vive solo una crisi economica ereditata dal passato appena trascorso, ma anche una crisi etica. La moralità diventa il cardine di diversi interventi pontifici, come l'omelia di beatificazione di Bolesława Lament (1862-1946), fondatrice polacca delle Suore Missionarie della Sacra Famiglia e figura particolarmente attenta al tema dell'unità tra cattolici e ortodossi, pronunciata il 5 giugno 1991 presso l'aeroclub di Białystok, nella giornata mondiale dell'ecologia.[93] Dopo il crollo dell'ideo-

91. Sul viaggio in Polonia del giugno 1991 e sull'attenzione del pontefice alle insidie di una libertà svincolata dalla morale si legga Sergio Trasatti, *Una società nuova da costruire non sulla sabbia ma sulla roccia*, in «L'Osservatore Romano», 4-5 giugno 1991, pp. 1 e 7, e Id., *Le nuove sfide della chiesa alla società*, in «L'Osservatore Romano», 5 giugno 1991, pp. 1 e 6. Si veda anche George Weigel, *Testimone della speranza. La vita di Giovanni Paolo II, protagonista del secolo*, Mondadori, Milano 2001, pp. 802-806 (ed. orig. *Witness to Hope. The Biography of Pope John Paul II*, Cliff Street Books, New York 1999), che afferma: «Pareva essersi consumata una frattura tra le aspettative della popolazione e le intenzioni del Pontefice. I polacchi si attendevano che il Papa condividesse il loro intenso senso di liberazione, ma gli interventi del Santo Padre tendevano a concentrarsi sulle insidie di una libertà svincolata da ogni norma morale» (pp. 802-803).

92. A proposito merita forse citare l'articolo di Magister, *Giovanni Paolo II, 1978-2005. L'ultimo papa antimoderno*, http://chiesa.espresso.repubblica.it/articolo/26992.html (5 dicembre 2017), in particolare quando riporta il fuori testo del papa a Wloclawec: «Il cedimento al desiderio, al sesso, al consumo: questo è l'europeismo che accreditano taluni sostenitori del nostro dovere d'entrare in Europa. Ma noi non dobbiamo diventare parte di questa Europa. L'Europa l'abbiamo creata noi, con molta più forza di quelli che pretendono l'esclusiva dell'europeismo. Qual è il loro criterio? La libertà. Ma quale libertà? Quella di togliere la vita al bambino non nato? Fratelli e sorelle, io protesto contro questa concezione dell'Europa che si sostiene in Occidente. E proprio in questa terra di martiri questo deve essere gridato forte. L'Europa attende una redenzione. Il mondo ha bisogno di un'Europa redenta».

93. Cfr. *Bibliotheca sanctorum*, Citta Nuova, Roma 1978, prima appendice, pp. 733-735.

logia comunista, rivelatasi incapace di creare un sistema socio-economico solido ed equo, si prospettano per la Polonia orizzonti economici e politici nuovi, che però devono essere perseguiti senza dimenticare quella dimensione morale che, tra le righe, è prerogativa della chiesa:

> È un compito particolarmente importante per la nostra nazione e società perché, superando le conseguenze di un sistema che si è dimostrato economicamente incapace ed eticamente dannoso, si costruisca, nell'ambito di un sistema nuovo, un giusto ordine, in cui i talenti umani non siano sprecati, e l'insieme della vita socio-economica riacquisti il necessario equilibrio. Basta che non tentiamo, nelle nostre aspirazioni alla formazione di una nuova economia e nelle nuove impostazioni economiche, di prendere delle scorciatoie evitando i segnali morali della strada.[94]

Il pontefice rafforza così la prospettiva della ricostruzione eticamente cristiana della nazione, affiancando alla critica del regime sovietico quella dei paesi occidentali, affinché rivedano il loro sistema sulla proprietà privata e sulle regole di mercato, che ha mantenuto lo squilibrio tra primo e terzo mondo e ha concorso al divario tra ricchi e poveri. Lo spunto è dato proprio dal settimo comandamento, «non rubare»:

> «Non rubare» significa non abusare del tuo potere sulla proprietà, non abusare facendo sì che gli altri si impoveriscano per questo. È la verità e noi ricordiamo questa verità anche nell'Occidente. E non smettiamo di ripetere a quelle società ricche, capitaliste: chi si deve prendere la responsabilità per il Terzo Mondo? perché il Terzo Mondo? Osservate bene, rivedete il vostro sistema, sistema del libero mercato, sistema della proprietà privata, della produzione privata. [...] Così la nostra questione polacca, il nostro passaggio al nuovo sistema dopo che siamo usciti da quello vecchio, a ciò ha contribuito tutta la società nel periodo di "Solidarnosc" e grazie ad essa: questo è un grandissimo risultato storico. Per questo ci aspetta un enorme sforzo di natura organizzativa, strutturale, ma nello stesso tempo di natura morale: dobbiamo imparare a possedere e a produrre. Dobbiamo imparare a costruire una società giusta mentre introduciamo l'economia di mercato. Tutto ciò è legato a questo semplice comandamento: «non rubare».[95]

La figura di Bolesława Lament si carica inoltre di un ulteriore significato, ovvero quello dell'unità ecclesiale nei territori europei orientali, questione, come già visto, assai spinosa tra chiesa cattolica e ortodossa

94. *Insegnamenti*, XIV, 1, 1991, pp. 1495-1503 (in polacco).
95. *Ibid.*

per la presenza nell'area, incoraggiata dalla stessa politica wojtyliana, di comunità unite a Roma. Nel corso della sua vita la novella beata si è, infatti, spesa a favore dell'avvicinamento tra i cattolici e gli ortodossi. Echi di ciò si trovano tanto nell'omelia di beatificazione, in cui si dice che «molto prima del Concilio Vaticano II divenne l'ispiratrice dell'*ecumenismo nella vita quotidiana mediante l'amore*»,[96] quanto nella *positio super virtutibus* redatta nel 1989, dove si conferma che «può veramente annoverarsi tra quelle anime elette che, con la loro dedizione, hanno aperto le nuove vie di manifestazione della Chiesa Cattolica dell'età moderna, attraverso la testimonianza dell'ideale ecumenico, di apertura ai cristiani di altre Chiese, ai fedeli di altra confessioni, agli uomini tutti. Esso si ricollega direttamente al Vaticano II».[97] Sorvolando sull'evidente forzatura nella lettura del concetto di ecumenismo maturato durante l'assise conciliare, che difficilmente è pensabile negli stessi termini proposti dalla Lament – riassumibile nell'espressione «perché tutti fossimo uno» –, resta chiarissima la funzione acquisita da un simile modello agiografico nella situazione politica dell'est europeo dopo il 1989: la religiosa polacca è stata infatti missionaria a Pietroburgo e in altri territori al tempo sottoposti all'impero russo che ora, dopo la caduta del regime sovietico, si vorrebbe nuovamente evangelizzare e rivendicare come cattolici, o come uniti a Roma. Ella dà voce così al «paradigma integrazionista» della visione della chiesa wojtyliana, che mira all'inclusione della Russia nell'Europa cristiana, o meglio, cattolica.[98] Non si può non aggiungere che proprio durante la visita in Polonia del papa del 1991 si sono manifestate forti tensioni religiose ed etniche legate all'endemica animosità tra la comunità polacca greco-cattolica in Ucraina e quella polacca di rito latino nella diocesi di Przemyśl, al confine ucraino, a dimostrare come il tema coinvolgesse profondamente il tessuto sociale di quei territori.[99]

Giovanni Paolo II torna in visita in Polonia nello stesso anno, dal 13 al 16 agosto, per proseguire poi verso l'Ungheria. È in questa occasione che beatifica Aniela Salawa (1881-1922), terziaria francescana e donna di

96. *Insegnamenti*, XIV, 1, 1991, pp. 1495-1503 (in polacco).

97. Congregatio de Causis Sanctorum, *Vilnen. Canonizationis Servae Dei Boleslavae Mariae Lament fundatricis Congregationis Sororum Missionalium a S. Familia. Posito super virtutibus*, Tipografia Guerra, Roma 1989, *Informatio*, p. 34.

98. Adriano Roccucci, *Karol Wojtyla e Josef Ratzinger. Visioni d'Europa tra Russia e Occidente*, pp. 79-100.

99. Weigel, *Testimone della speranza*, pp. 804-805.

servizio.[100] Se nella documentazione della causa di beatificazione l'attenzione è riservata allo stato laicale della giovane – all'umiltà del suo lavoro e del suo ceto sociale –, la contingenza storica in cui avviene la glorificazione determina invece uno scarto nella lettura del modello agiografico immediatamente riconducibile allo stesso Giovanni Paolo II, alle sue stesse parole. Nella lettera postulatoria scritta da Wojtyła vescovo di Cracovia, l'opportunità pastorale offerta dalla Salawa risiedeva nella sua dimensione esistenziale e lavorativa:

> È quest'anima virtuosa, di cui tutti chiedono la beatificazione, in quest'anno dedicato appunto dalla Chiesa ai laici: la sua elevazione sugli altari sarà di sprone ad una vita migliore spirituale e di conforto di questi fedeli e specialmente di tante giovani, che umilmente e nascostamente ma con tanti sacrifici svolgono nelle famiglie l'umile servizio di domestiche, oggi chiamate "collaboratrici domestiche", pur sempre e però ancora oggi oppresse nel loro difficile compito e messe alla prova moralmente, spiritualmente e fisicamente. Angela Salawa sarà per queste giovani – come da Arcivescovo di Cracovia scrisse l'attuale pontefice Giovanni Paolo II nella lettera postulatoria: «exemplum firmae fidei et perfectae conformitatis voluntati divinae, praesertim in satisfaciendis officiis proprii status, omnimode subiectionis erga Eccleiam eiusque rectores, assidui laboris coniuncti cum admirabili pietate» (*Litt. Postul.*, p. 3, n. 2).[101]

Nell'omelia di beatificazione, invece, Giovanni Paolo II sembra abbandonare l'interesse verso una beata laica e modello per le donne che prestano servizio domestico in famiglia – e il tema è di sicura attualità nell'est europeo, la cui emigrazione, particolarmente femminile, verso i paesi dell'ovest è principalmente legata a questo tipo di attività – per ritornare ancora una volta sul tema della comunità che rinnega la propria fede, in linea con lo spirito della precedente visita in Polonia:

> Oggi non si pone più l'interrogativo «Se Dio è il Signore, seguitelo, se Baal, seguite lui». Oggi si tenta di rendere questo problema essenzialmente non importante. Verso la fine del ventesimo secolo all'uomo il programma suona così: «viviamo così, come se Dio non esistesse». Però: se Dio non esiste, tutto è lecito – ha già affermato Dostojevski. Siamo al di fuori del bene e del male, aggiunge Nietzsche. Mentre il ventesimo secolo volge verso la fine, abbiamo

100. Cenni biografici in *Bibliotheca sanctorum*, prima appendice, pp. 1212-1213.

101. Congregatio pro Causis Sanctorum, *Cracovien. Canonizationis Servae Dei Angelae Salawa ex III Ord. S. Francisci Ass. (1881-1922). Positio super virtutibus*, Tipografia Guerra, Roma 1987, *Disquisitio de vita et virtutibus*, pp. 164-165.

dietro le spalle le esperienze fin troppo eloquenti ed orrende, che attestano che cosa in realtà significa quel programma di Nietzsche. A che cosa andiamo incontro, se viviamo come se Dio non esistesse?[102]

L'apostasia della sua terra natale è quasi un'ossessione e la figura di Aniela Salawa occupa a tal punto poco spazio nel discorso papale tanto da venir sostituita da un altro modello agiografico, quello di Edwige (anche, Jadwiga), che di lì a qualche anno sarà canonizzata. Le due donne vengono accostate – «la regina e la donna di servizio» – ancora una volta in una prospettiva di recupero cristiano della società polacca, che nell'immaginario pontificio si sta sempre più allontanando dal progetto che le aveva riservato.

La canonizzazione di Edwige (1374-1399) avviene l'8 giugno 1997, durante il settimo viaggio apostolico del papa in Polonia. La cerimonia, non a caso, avviene in concomitanza con il 600° anniversario della fondazione della facoltà teologica dell'università di Cracovia, che la stessa santa ha contribuito a creare. Nota figura agiografica, per la quale il papa sente una profonda devozione personale, Edwige nasce a Buda nel 1374, dalla stirpe capetingia degli Angioini a quel tempo regnati sull'Ungheria. Nel 1386 va sposa al granduca lituano Jagełło (o Jogaila), che così riceve il battesimo insieme con tutta la sua nazione, ultimo baluardo pagano europeo, nonché l'unificazione alla Polonia. Come più volte sottolineato da Giovanni Paolo II, la loro unione ha trasferito la frontiera della civiltà occidentale cristiana sino ai confini orientali del neonato regno polacco-lituano, aprendo la strada alla cristianizzazione della Lituania e di altri territori limitrofi. Ritenendo che anche l'università di Cracovia debba collaborare all'opera di evangelizzazione, nel 1397 con il consenso di papa Bonifacio IX, Edwige concorre alla fondazione della prima facoltà teologica polacca. L'agiografia racconta che la regina aveva così a cuore quest'opera da lasciarvi in testamento i suoi gioielli, affinché dopo la sua morte essa potesse continuare a finanziarsi – l'accademia cracoviense nel 1817 è stata ribattezzata Università Jagellonica in suo onore e in quello di suo marito.[103] Il processo di canonizzazione, ritardato in età medievale e moderna per questioni storiche generali (conciliarismo, riforma protestante, guerra dei

102. *Insegnamenti*, XIV, 2, 1991, pp. 218-225 (in polacco).

103. Sulla sua vita si veda Bolesław Przybyszewski, *Saint Jadwiga. Queen of Poland (1374-1399)*, Postulate for the Canonisation of Blessed Queen Jadwiga and Veritas Foundation Publication Centre, Roma-London 1996.

trent'anni), viene ripreso con determinazione solo durante il pontificato di Giovanni Paolo II, che accorda la *concessio missae et officii* per Edwige il 31 maggio 1979 e ne incoraggia il prosieguo.[104] L'omelia di canonizzazione, riecheggiante l'entusiasmo papale per l'occasione, si pone ancora una volta sulla scia dei messaggi già pronunciati nei precedenti viaggi dei primi anni Novanta.[105] Dopo aver elogiato la fondazione dell'università di Cracovia, enfaticamente il papa pone alcune domande di riflessione sullo stato del messaggio cattolico tra i fedeli. La verità di cui la chiesa si fa portavoce diventa qui, in un espediente retorico ben riuscito, la «verità polacca». L'assimilazione dei concetti di cattolicità e polonità, confermato dall'altra espressione utilizzata, «prassi polacca», mostra quanto profondo e unico sia stato il tentativo wojtyliano di identificare il sostrato identitario e culturale del proprio paese natale con la dottrina cattolica magisteriale:

> Riflettiamo sulla "verità polacca". Riflettiamo se è rispettata nelle nostre case, nei mezzi di comunicazione sociale, negli uffici pubblici, nelle parrocchie. Non ci sfugge essa a volte sotto la pressione delle circostanze? Non viene distorta, semplificata? È sempre al servizio dell'amore? Riflettiamo sulla "prassi polacca". Meditiamo se viene attuata con prudenza. È sistematica e perseverante? È coraggiosa e magnanima? Unisce oppure divide gli uomini? Non colpisce qualcuno con odio, o con disprezzo? O forse di una prassi d'amore, d'amore cristiano, c'è troppo poco (cfr. St. Wyspianski, Wesele [Nozze])?[106]

Esplicitamente la novella santa diventa il modello che «insegna ad usare» secondo la logica cristiana «il dono della libertà» che i polacchi hanno ricevuto dopo il crollo del regime comunista, affinché davvero essi conoscano «che cosa vuol dire amare con i fatti e nella verità, che cosa

104. Anche se non dettagliati, cenni al ritardo nella beatificazione e canonizzazione di Edwige in ivi, pp. 89-95. La conferenza dell'episcopato polacco il 29 settembre 1933 aveva deciso all'unanimità di riprendere la questione della beatificazione, ma nel 1950 gli atti erano ancora all'esame della Sacra Congregazione dei Riti. Nel 1973 la causa è stata ripresa per *viam cultus*. Dietro richiesta del cardinale F. Macharski, arcivescovo di Cracovia, la Congregazione del Culto Divino ha approvato nel 1979 la messa e l'ufficio propri e nello stesso anno Giovanni Paolo II ha celebrato, l'8 giugno, nella cattedrale di Cracovia, la messa in onore di Edwige. La Congregazione delle Cause dei Santi ha poi dichiarato l'11 luglio 1986 che, in seguito alla celebrazione della messa da parte del papa, Edwige è equiparata agli altri beati. Cfr. *Edvige*, in *Bibliotheca sanctorum*, IV, Città Nuova, Roma 1987, pp. 929-933, e *Edvige*, in *Bibliotheca Sanctorum*, prima appendice, p. 443.

105. Weigel, *Testimone della speranza*, pp. 1011-1012.

106. *Insegnamenti*, XX, 1, 1997, pp. 1447-1454 (in polacco).

vuol dire essere veramente liberi».[107] Ricollegandosi poi al discorso del papa più generale, Edwige è la figura «chiamata da Dio per abbracciare col cuore le aspirazioni della Polonia, della Lituania e delle terre russe, simbolo della fratellanza tra questi popoli»[108] e considerata infine il simbolo ponte tra oriente e occidente europeo.[109]

Nelle ultime due visite in Polonia Giovanni Paolo II, oramai anziano e malato, sembra progressivamente e amaramente prendere atto del fallimento del suo progetto di ricostruzione di una società cristiana nel suo paese natale e negli stati liberatisi dal comunismo, appiattitisi invece sul modello capitalistico occidentale. Con la beatificazione di Stefan Wincenty Frelichowski (1913-1945) il 7 giugno 1999 a Toruń, in Pomerania, e quella del 18 agosto 2002 di Zygmunt Szczęsny Feliński (1822-1895), Jan Balicki (1869-1948), Jan Beyzym (1850-1912) e Sancja Szymkowiak(1910-1942), a Cracovia, si palesa tutto l'avvilimento per l'apostasia della contemporaneità, ormai giunta anche a est, e l'impossibilità di una pace autentica.[110] Quest'ultima beatificazione è celebrata in occasione della dedicazione di un santuario alla Divina Misericordia durante il nono e ultimo viaggio polacco del pontefice, nel 2002. L'accusa, sempre più insistente, non è più rivolta al sistema comunista ormai sconfitto, ma alle democrazie liberali occidentali, portatrici di relativismo, «libertà senza verità», e falsa indipendenza. La cieca lotta contro l'ideologia marxista perseguita dalla chiesa ha forse impedito di cogliere fin da subito il male che quella capitalistica portava con sé. La nazione polacca può arginare tale propaganda solo richiamandosi alle sue strutture cristiane, ma la forza di enunciazione del papa ha perso i toni speranzosi del decennio precedente:

> Questo [la difesa della libertà nazionale, n.d.a.] è necessario anche oggi, quando diverse forze, spesso guidate da una falsa ideologia di libertà, cercano di appropriarsi di questo terreno. Quando una rumorosa propaganda di liberalismo, di libertà senza verità e responsabilità, si intensifica anche nel nostro Paese, i Pastori della Chiesa non possono non annunciare l'unica e infallibile

107. *Ibid.*

108. Dalla cerimonia presieduta da Giovanni Paolo II nella cattedrale del Wawel a Cracovia l'11 giugno 1987, in «L'Osservatore Romano», 12 giugno 1987, p. 1.

109. Przybyszewski, *Saint Jadwiga*, p. X. Cfr. anche Weigel, *Testimone della speranza*, p. 1011.

110. Cfr. il supplemento sulla visita in Polonia dal 5 al 17 giugno 1999, in «L'Osservatore Romano», 4-5 giugno 1999.

filosofia della libertà che è la verità della Croce di Cristo. Tale filosofia di libertà è strutturalmente legata alla storia della nostra nazione.[111]

Le beatificazioni e le canonizzazioni polacche mostrano chiaramente come, nel susseguirsi dei viaggi apostolici in Polonia, si assista a un progressivo scollamento del papa dalle istanze e rivendicazioni della sua terra natale. La prima visita nel 1991, dopo il crollo del muro di Berlino, ne è l'esempio più lampante, ma anche gli altri viaggi, che a detta del biografo Weigel sono stati meglio organizzati e coordinati, hanno comunque avuto sullo sfondo le tinte fosche dei moniti del pontefice. A partire dagli anni Novanta Giovanni Paolo II, sempre più concentrato, quasi in una sorta di ossessione, sulle tematiche biopolitiche, sembra non riuscire più a dialogare con i propri fedeli e parte della gerarchia ecclesiastica polacca, incapace forse di accettare che la fine dei regimi comunisti ha per prima cosa determinato nell'est europeo l'arrivo dello stile di vita occidentale, con la sua enorme ventata secolarizzante. Anche i modelli agiografici perdono il loro valore esistenziale ed esemplare per lasciare posto alla sola interpretazione negativa della realtà. Se il retaggio del ventesimo secolo al nuovo millennio è il «mistero dell'iniquità», che fa di Dio il grande assente e che «continua a segnare la realtà del mondo», l'ultima risposta viene affidata da Giovanni Paolo II a una devozione dalle forti radici polacche e dai chiari connotati "declinisti", quella alla Misericordia Divina.

2.2. *Faustyna Kowalska e la devozione alla Divina Misericordia*

Modello agiografico femminile che si può definire interamente wojtyliano è Faustyna Kowalska (1905-1938).[112] Religiosa polacca appartenente alle Suore della Beata Vergine Maria della Misericordia, è nota per essere stata l'iniziatrice del culto e del movimento apostolico dedicato a Gesù

111. *Insegnamenti*, XXV, 2, 2002, p. 179 (in polacco).

112. Congregatio pro Causis Sanctorum, *Cracovien. Canonizationis Servae Dei Faustinae Kowalska sororis professae Insituti Sororum B.M.V. a Misericordia (1905-1938). Positio super virtutibus*, vol. 1, Tipografia Guerra, Roma 1991, *Informatio Patroni*, *Compendio biografico della Serva di Dio*. L'affezione di Giovanni Paolo II per questa santa è ravvisabile anche nell'enciclica *Dives in Misericordia* del 1980 che, nonostante non menzioni mai la Kowalska, è chiaramente ispirata dall'intera sua opera. Joseph Ratzinger, riferendosi a tale documento papale ha scritto: «Si può ben credere che l'input per questa tematica sia venuto al Papa dalla devozione della suora cracoviense Faustina Kowalska che in seguito egli ha elevato all'onore degli altari», in *Storia del cristianesimo 1878-2005. Il pontificato di Giovanni Paolo II*, XI, p. 84. Cfr. anche Weigel, *Testimone della speranza*, pp. 480-481.

Misericordioso tra le due guerre mondiali, nato e sviluppatosi a seguito di due visioni – una avuta nel febbraio 1931 a Płock e l'altra a Wilno nel giugno 1935 – e della solerzia del suo direttore spirituale, Michał Sopoćko, a sua volta beatificato nel 2008 da Benedetto XVI. La lettura dei documenti del processo di canonizzazione di Faustyna Kowalska, la cui condizione di umile religiosa nasconde invece tratti di alta levatura spirituale, consistente in visioni mistiche, rivelazioni divine, stigmate, etc., offre la possibilità di vedere da vicino il funzionamento del meccanismo interno di una causa articolata e per certi versi difficile, alle cui spalle vi è stato però un forte sostegno ecclesiastico, dapprima vescovile e poi pontificio. Il processo informativo è iniziato nel 1965 per espressa volontà di Wojtyła, allora arcivescovo di Cracovia.[113] Al tempo pendeva già sulla devozione alla Divina Misericordia un decreto proibitivo della Congregazione del Sant'Uffizio datato 6 marzo 1959, che interdiceva la diffusione di immagini e scritti che presentassero la venerazione nelle forme proposte da Faustyna Kowalska, demandando il compito di supervisione all'autorità dei singoli vescovi.[114] L'interessamento verso la causa è continuato anche successivamente, quando Wojtyła, diventato cardinale, chiedeva presso la Congregazione per la Dottrina della Fede l'abolizione della notificazione del 1959, come è esplicitamente asserito nella *positio super virtutibus* di Faustyna Kowalska.[115] Tuttavia, non ci è dato sapere in che modo si è pervenuti alla revoca del decreto proibitivo il 15 aprile 1978, né quale ruolo lo stesso Wojtyła vi abbia eventualmente giocato, pochi mesi prima di diventare papa.[116] Certo è che

113. Per la precisione il processo viene costruito da mons. Julian Groblicki, investito della delega vescovile con decreto del 7 settembre 1965, poiché Wojtyła era impegnato a Roma, al Concilio Vaticano II. Congregatio pro Causis Sanctorum, *Cracovien. Canonizationis Servae Dei Faustinae Kowalska*, vol. 1, *Informatio Patroni*, *Il processo di beatificazione e canonizzazione della Serva di Dio*, p. 13.

114. AAS, 51 (1959), p. 271. Già il 7 gennaio 1957 il Sant'Uffizio chiede al cardinal Wyszyński, primate di Polonia, di dar notizie circa lo stato della devozione alla Divina Misericordia secondo le rivelazioni della Kowalska nel paese; il 4 maggio 1957 egli risponde, dopo accurato esame (riporta le opinioni di 17 ecclesiastici), che essa è assai diffusa, nonostante non sia stata approvata. Favorevole alla devozione, senza però pronunciarsi sulle rivelazioni, si era dichiarato l'allora amministratore apostolico di Cracovia Wojtyła, mentre altri erano rimasti più cauti e riservati. Ivi, *Iudicium prioris theologi censoris super scriptis*, pp. 6-64.

115. Ivi, *Informatio Patroni*.

116. L'intervento di «molti Ordinari Polacchi» può tranquillamente includere Karol Wojtyła: «Da diverse parti, specialmente dalla Polonia, anche autorevolmente, è stato chie-

il proseguimento della causa, prima del 1978, non appariva così scontato. La notificazione del 1959 nel giudizio dei censori teologi restava una grave riserva – dettata più da ragioni di prudenza e opportunità pastorale che da errori dottrinali gravi –, anche se non rappresentava comunque un divieto assoluto, tanto che la Congregazione per la Dottrina della Fede non aveva precluso in seguito alla Congregazione per le Cause dei Santi l'introduzione della causa di beatificazione, ma l'aveva invece lasciata alla discrezione e alla prudenza di quest'ultima. Il problema che si poneva come centrale nel giudizio dei censori teologi riguardava invece la natura e l'autenticità delle visioni kowalskiane che, anche se non oggetto diretto del decreto proibitivo, ne costituivano il fondamento. La strategia utilizzata, necessaria fin da subito per ottenere l'introduzione della causa stessa, è stata quella di scindere l'eroicità delle virtù della Kowalska dalle sue visioni, ovvero non considerare le rivelazioni come elementi comprovanti la sua santità: anche se le visioni fossero state di origine naturale, frutto di processi immaginativi più che di malattia mentale, e non soprannaturale, le virtù sarebbero comunque potute essere eroiche, e la santità essere così appurata. È dottrina comune della chiesa che, pur approvando le virtù dei santi, non intenda per ciò stesso approvare tutti i loro scritti, le loro affermazioni, le visioni o le rivelazioni.[117] Nella documentazione uno dei teologi chiamati a giudizio sostiene infatti sottilmente:

> la devozione della Serva di Dio aveva per suo precipuo ed essenziale oggetto l'ineffabile attributo alla Divina Misericordia (ossia Dio Misericordioso, Gesù Misericordioso) per se stesso, non già le modalità o forme che la devozione poteva o veniva ad assumere in dipendenza dalle "rivelazioni". Per cui, anche nell'ipotesi che tutto il complesso delle "visioni e rivelazioni" di Sr.

sto se le proibizioni contenute nella "Notificazione" della S. Congregazione del S. Offizio, pubblicata sugli A.A.S., anno 1959, p. 271, riguardanti la devozione alla Divina Misericordia nelle forme proposte da Suor Faustina Kowalska, si debbano ritenere ancora in vigore. Questa S. Congregazione, tenuti presenti i molti documenti originali, non conosciuti nel 1959; considerate le circostanze profondamente mutate, e tenuto conto del parere di molti Ordinari Polacchi, dichiara non più vincolanti le proibizioni contenute nella citata "Notificazione"», ASS, 70 (1978), p. 350.

117. Per questo aspetto il "primo" teologo paragona la causa di Faustyna Kowalska a quella di Gemma Galgani, nota mistica laica italiana beatificata da Pio XI e canonizzata da Pio XII. Cfr. Congregatio pro Causis Sanctorum, *Cracovien. Canonizationis Servae Dei Faustinae Kowalska sororis professae Insituti Sororum B.M.V. a Misericordia (1905-1938). Positio super virtutibus*, vol. 1, *Informatio Patroni, Iudicium prioris theologi censoris*, pp. 51-52.

> Faustina sia stata una grande illusione, la bontà della devozione, nello spirito con cui veniva praticata dalla S.D. [Serva di Dio, n.d.a], non ne verrebbe affatto intaccata o compromessa. [...] Sebbene, pertanto, sia estremamente difficile raffigurarci la spiritualità della S.D. avulsa dalla peculiare forma di devozione in rapporto alle asserite "visioni e rivelazioni", tuttavia la questione dei predetti fenomeni "carismatici" e della "devozione" che vi è connessa, non interferisce per sé nella indagine delle sue virtù, né può, a nostro avviso, ostacolare o intralciare l'eventuale Introduzione della Causa.[118]

Scindere nettamente l'esame delle virtù eroiche dalla questione delle rivelazioni e visioni e altri presunti fenomeni «carismatici» lasciava così impregiudicate le disposizioni emanate dall'autorità ecclesiastica nei riguardi della forma di devozione proposta dalla Kowalska nel 1959, permettendo l'apertura della causa. L'attività di Wojtyła, volta a sollecitare la revoca della notificazione, farà poi il resto.

La beatificazione e la canonizzazione di Faustyna Kowalska avvengono, infine, rispettivamente il 18 aprile 1993 e il 30 aprile 2000. L'omelia della cerimonia di canonizzazione introduce un secondo aspetto, non marginale, legato alla specifica lettura wojtyliana. Giovanni Paolo II assimila il messaggio della divina misericordia a «un *messaggio sul valore di ogni uomo*» perché è «a questo amore che l'umanità di oggi deve ispirarsi per affrontare la crisi di senso, le sfide dei più diversi bisogni, soprattutto l'esigenza di salvaguardare la dignità di ciascuna persona umana».[119] Se ben si comprende come nel linguaggio wojtyliano «dignità» sia un termine spesso sinonimo di «diritto alla vita», non è forse fortuito il fatto che già nella documentazione del processo canonico, raccolta nella *positio super virtutibus* del 1991, si rilevi più volte come la serva di Dio leghi il suo amore per la patria, la Polonia, alla preghiera per il peccato più grande contro la dignità umana, quello dell'aborto. Si forniscono diversi esempi: rammaricata per il numero di interruzioni di gravidanza compiuti in una città polacca, ella sembra aver detto «o patria mea, quantas tu absumis obsecrationes, lacrimas, quantunque sacrificia!»;[120] si riportano le parole che il suo direttore spirituale, don Sopoćko, pronuncia sullo stesso tema come testimone nel processo:

118. Ivi, pp. 61-62.

119. *Insegnamenti*, XXIII, 1, 2000, pp. 706-707 (in polacco).

120. Congregatio pro Causis Sanctorum, *Cracovien. Canonizationis Servae Dei Faustinae Kowalska*, vol. 1, *Informatio Patroni*, p. 6.

Praenuntiavit similiter clades et strages, quae patriam affligent, quod venient tempora maestissima, vidit concives suos expulsos in Orientem et Occidentem. [...] Quibus perlectis in Diario, interrogavi eam, quid sibi vult haec prophetia? Respondit confermando ea, quae scripsit et respondendo ad ulteriorem meam interrogationem, propter qualia peccata Deus has poenas infliget, respondit praesertim propter caedes infantium nondum natorum, utpote crimen omnium gravissimum.[121]

E ancora, quando suor Faustina sente dei dolori interni al corpo, la cui causa non vuole indicare al medico, ella dice «tum ad S. Alfredam quae erat infirmaria se a nemine sanatum iri ab istis doloribus, nam se patio pro his matribus quae procurant abortum».[122] La *positio super virtutibus* risale agli anni Novanta e non è impensabile che risenta appieno delle dinamiche più generali del pontificato. Seppur da contestualizzare nella più generale attenzione che Giovanni Paolo II riserva al tema della misericordia,[123] vette spirituali e sguardi secolari si uniscono anche in un modello agiografico complesso sotto diversi punti di vista come quello di Faustyna Kowalska, che tuttavia si piega ancora una volta all'urgenza pastorale ritenuta più incalzante e improrogabile dal pontefice, ovvero la difesa della dignità umana.

3. *La santità extraeuropea*

3.1. *Canonizzazioni e geopolitica*

Come già visto nell'analisi dei dati statistici, le canonizzazioni di Giovanni Paolo II si aprono a una certa internazionalizzazione. La politica canonizzatrice relativa alle beate e sante extraeuropee è di particolare importanza per comprendere tanto l'atteggiamento che il pontefice riserva a specifiche situazioni geopolitiche e sociali nel mondo, quanto al tema dell'inculturazione della fede, ovvero a quel processo di incontro tra una determinata cultura locale e il messaggio cristiano con i suoi valori costitutivi, come si vedrà

121. Congregatio pro Causis Sanctorum, *Cracovien. Canonizationis Servae Dei Faustinae Kowalska*, vol. 2, *Summarium*, p. 95.

122. Ivi, p. 377.

123. Spunti interessanti sul tema della misericordia in papa Francesco, che però riprende i contenuti dal predecessore Giovanni Paolo II, non senza modificarli, in Giovanni Vian, *Le pape François et Vatican II. Un aperçu*, in «Rivista di storia del cristianesimo», 13/2 (2016), pp. 305-322.

meglio in seguito. Sicuramente i numerosi viaggi di Giovanni Paolo II, accompagnati da beatificazioni e canonizzazioni, sono stati strumenti ottimali al fine di legare le chiese locali, particolarmente quelle dove il cattolicesimo è minoranza religiosa, alla chiesa universale di Roma attraverso la composizione di una memoria agiografica comune. Soggiace a ciò l'idea di una religione solida e monolitica, accentrata intorno al carisma del papa, fedele ai dettati del magistero e della tradizione, al cui interno le forze centrifughe trovano comunque esistenza, ma poco margine di azione e sviluppo. La chiesa cattolica, particolarmente quella wojtyliana interessata all'aspetto "politico" del reale, proprio perché meglio attrezzata di altri organismi pubblici – per esperienza, radicamento e organizzazione –, è stata in grado di individuare alcune tendenze fondamentali della società e di costruire strategie di lunghissimo respiro, intervenendo con diversi mezzi, tra i quali le canonizzazioni, su eterogenee e complesse situazioni locali e nazionali.[124]

Non è difficile riportare alcuni esempi incisivi di come i modelli agiografici diventino efficaci strumenti geopolitici. Il 3 aprile 1987 Giovanni Paolo II celebra la beatificazione della giovane carmelitana scalza Juana Fernández del Solar (Teresa de los Andes, 1900-1920),[125] a Santiago, durante il viaggio apostolico in Cile, Argentina e Uruguay.[126] Il papa non manca di rilevare la «santità semplice e accessibile» di un modello adatto alla gioventù cilena per il suo amore verso lo sport e la natura e la sua adolescenza vissuta «negli ambienti normali di una giovane del suo tempo».[127] Tuttavia la glorificazione si carica di molteplici altri significati. Da una parte, essa diventa una buona occasione per accennare al contenzioso tra Cile e Argentina di qualche anno prima, nel 1984, dove la Santa Sede aveva svolto un ruolo arbitrale di non secondaria importanza –,[128] si pensi alla ratifica del *Tratado de Paz y Amistad entre Argentina y*

124. Interessanti spunti in Graziano, *Il secolo cattolico.*

125. Brevi cenni biografici in *Bibliotheca sanctorum*, prima appendice, p. 484.

126. Questo, come altri viaggi di Giovanni Paolo II, sono anche l'occasione di un intervento magisteriale sui dibattiti politici nazionali, particolarmente sulle questioni della morale. Ad esempio, in Argentina nel 1987 il papa si pronuncia contro il divorzio, tema dibattuto nella recente campagna elettorale del presidente Raul Alfonsin. Cfr. Anne Haller, *Jean Paul II et l'Amérique Latine. La politique religiuese du Saint-Siège: mise au pas, restauration, dynamiques*, L'Harmattan, Paris 2008, p. 125.

127. *Insegnamenti*, X, 1, 1987, p. 1020 (in spagnolo).

128. «In questa cerimonia di beatificazione di suor Teresa de los Andes voglio rendere, con tutta la mia anima, grazie al Signore, perché, mediante lo spirito di dialogo e riconciliazione si è mantenuta la pace tra due nazioni sorelle, il Cile e l'Argentina, con la

Chile firmato il 29 novembre 1984 nella Città del Vaticano alla presenza di Giovanni Paolo II –, secondo una tradizione diplomatica di arbitrato internazionale ereditata da uno schema ecclesiologico che ancora riserva alla chiesa il primato morale necessario a instaurare nel mondo la pace e la giustizia.[129] Dall'altra, il discorso omiletico va necessariamente inserito all'interno del viaggio del pontefice in Cile e contestualizzato cronologicamente tra la fine degli anni Ottanta e gli inizi degli anni Novanta. I continui rimandi alla riconciliazione interna dello stato, alla pace e al perdono, alla condanna di atti terroristici e di violenza, all'«autentico cammino della liberazione cristiana senza ricorso all'odio, alla lotta programmata di classe» sono cenni chiaramente riferiti a un paese che in quegli anni era scosso da proteste sociali e movimenti rivoluzionari contro la dittatura di Augusto Pinochet.[130] Il clima teso è ravvisabile anche dai disordini avvenuti proprio in concomitanza con la cerimonia. Già durante la prima parte della messa erano scoppiati scontri tra la folla e alcuni agitatori, che si sono poi conclusi con più di 600 persone ferite tra rivoltosi e poliziotti. Se la ripetizione della parola «riconciliazione», per ben 22 volte, non è casuale nelle parole wojtyliane – scrive Weigel che da una parte «per alcune figure eminenti del governo di Pinochet "riconciliazione" era una parola in codice per indicare una Chiesa politicizzata», ma dall'altra «c'era l'opposizione di sinistra, che voleva lo scontro, se necessario anche violento, e che dichiarava che "il popolo" non era interessato alla riconciliazione» –, tuttavia l'atteggiamento papale resta senza troppe specificazioni concrete, sospeso, di certo non in contraddizione con la visita al dittatore Pinochet, caldeggiata dal nunzio apostolico Angelo Sodano, avvenuta due giorni prima della beatificazione – una visita che aveva suscitato non poche polemiche nella stampa internazionale e italiana.[131]

soluzione della controversia sulla zona australe», *Insegnamenti*, X, 1, 1987, pp. 1022-1023 (in spagnolo).

129. Cfr. Jean-Marc Ticchi, *Aux frontières de la paix. Bons offices, médiations, arbitrages du Saint-Siège (1878-1922)*, École Français de Rome, Roma 2002 e Menozzi, *Chiesa, pace e guerra nel Novecento*, pp. 289-319.

130. Nel 1986 Pinochet aveva anche subito un attento. *Insegnamenti*, X, 1, 1987, p. 1024 (in spagnolo).

131. Tra i molti articoli pubblicati in quel frangente si veda William D. Montalbano, *Pinochet's Grip Intact in Wake of Pope's Visit*, in «Los Angeles Times», 6 April 1987, consultato in http://articles.latimes.com/1987-04-06/news/mn-137_1_chile-today (20 dicembre 2016) e Saverio Tutino, *Il papa e Pinochet*, in «La Repubblica.it», 14 aprile 1987, consultato in http://ricerca.repubblica.it/repubblica/archivio/repubblica/1987/04/15/il-pa-

Anche se il viaggio apostolico sembra in definitiva aver in qualche modo accelerato il processo di transizione verso la democrazia del paese, che due anni dopo, nel 1989, convocava elezioni democratiche, la foto della benedizione data da Giovanni Paolo II, dal balcone della Moneda, accanto ad Augusto Pinochet resta nell'immaginario collettivo «come una delle pagine più nere di questo pontificato», secondo il giudizio del quotidiano laico italiano «La Repubblica».[132] La linea interpretativa del discorso va poi inserita anche all'interno della più elaborata riflessione sui problemi della guerra e della pace che Giovanni Paolo compie in quegli anni attraverso encicliche quali la *Laborem exercens* del 1981, la *Sollecitudo rei socialis* del 1987 e la *Centesimus annus* del 1991, dove sottolinea come i conflitti possano derivare non solo dai nazionalismi o dai totalitarismi, ma anche dalle ideologie marxiste, che trovano terreno fertile in situazioni di soprusi, ingiustizie e povertà. All'origine delle numerose guerre resta l'errore di una concezione della libertà umana sottratta all'obbedienza dei precetti divini.[133] In quest'ottica il clima diffusamente creatosi nell'America Latina del tempo, in parte descritto anche dalle parole dell'omelia sopra citata, necessita la condanna della lotta di classe e di quella teologia della liberazione che, mutando dal marxismo, la teorizza in nome di un autentico cristianesimo.[134]

Teresa de los Andes viene poi canonizzata il 21 marzo 1993, ma l'accento che era stato al centro dell'omelia di beatificazione muta, perde la sua politicizzazione contingente per concentrarsi sul tema più generale dell'apostasia. Questa volta a predominare è l'urgenza pastorale determinata da linee più generali del pontificato – l'attenzione verso le tematiche biopolitiche e la critica alle società consumistiche –, piuttosto che il con-

pa-pinochet.html (20 dicembre 2016). Giustificatorio invece Weigel, secondo il quale la foto del papa con Pinochet, che fece scatenare i mass media, fu fraintesa, in quanto non rappresentava un conferimento di legittimità del pontefice verso il dittatore. Cfr. Weigel, *Testimone della speranza*, p. 662-668.

132. *Il papa e Pinochet*, in «La Repubblica», 20 febbraio 1999, p. 14. L'articolo viene scritto in occasione del sostegno dato dalla Santa Sede a Pinochet, esiliato in Gran Bretagna, contro una sua possibile estradizione in Spagna.

133. Cfr. Guido Verucci, *Pace e guerra nelle linee dei pontificati di Paolo VI e di Giovanni Paolo II*, in *Chiesa e guerra. Dalla "benedizione delle armi" alla "Pacem in terris"*, a cura di Mimmo Franzinelli e Riccardo Bottoni, il Mulino, Bologna 2005, pp. 685-719, in particolare su Wojtyła pp. 699-719 e Menozzi, *Chiesa, pace e guerra nel Novecento*, pp. 294-300.

134. Miccoli, *In difesa della fede*, pp. 31-70.

testo storico e geografico. Se da beata la giovane carmelitana è il modello evangelico proposto alla gioventù cilena per la sua santità accessibile e insieme una velata occasione per dichiarare la contrarietà ai movimenti di ispirazione marxista che incoraggiavano la violenza nel continente sudamericano, nella canonizzazione interessa l'esclusività che la novella santa conferisce al divino, la sua ambasciata d'amore in contrapposizione ad una società che ne ha perso il valore:

> A una società secolarizzata, che vive voltando le spalle a Dio, questa carmelitana cilena,.che con grande gioia porto come modello della giovinezza del Vangelo, offre la limpida testimonianza di un'esistenza che proclama agli uomini e alle donne di oggi che nell'amare, adorare e servire Dio risiedono la grandezza e la gioia, la libertà e la piena realizzazione della creatura umana. La vita della Beata Teresa grida sommessamente dal chiostro: «Solo Dio basta!». E lo grida specialmente ai giovani affamati di verità e in cerca di una luce che dia senso alle loro vite. A una gioventù sollecitata dai continui messaggi e stimoli di una cultura erotizzata, e a una società che confonde l'amore autentico, che è donazione, con l'utilizzazione edonistica dell'altro, questa giovane vergine delle Ande proclama la bellezza e la beatitudine che emana dai cuori puri.[135]

Teresa de los Andes è uno dei numerosi esempi che mostra la strategia geopolitica di Giovanni Paolo II nei confronti del continente sudamericano. La chiesa wojtyliana cerca di rispondere al fenomeno della globalizzazione, che è stato devastante in America Latina, concorrendo alla destrutturazione delle forme di organizzazione comunitarie e tradizionali e alla disgregazione sociale, attraverso una pastorale evangelizzatrice che metta la dottrina morale tradizionale e la protezione della struttura familiare al primo posto, non senza una certa funzione contro il pentecostalismo – che aveva guadagnato ampio spazio grazie a una efficace risposta religiosa ai rapidi processi di urbanizzazione degli anni Cinquanta – e l'influenza della teologia della liberazione – che aveva invece accordato maggior importanza al discorso sociale e politico, rispetto a quello più propriamente pastorale: è la chiesa che diventa «organisation de l'ordre moral du monde».[136]

Come si è visto, il legame tra geopolitica e canonizzazioni è rappresentato tanto dal tentativo del pontefice di intervenire nel contesto sociale e politico, a volte anche economico, di un territorio nel suo sviluppo storico,

135. *Insegnamenti*, XVI, 1, 1993, p. 718-719 (in spagnolo).
136. Cfr. pp. Haller, *Jean-Paul II et l'Amérique Latine*, p. 105-163.

quanto di dettare le coordinate d'azione basate sul proprio punto di vista – un punto di vista che per la levatura, se non altro morale, è ritenuto imprescindibile –, proponendo modelli agiografici la cui funzione si allarga a tal punto da trasformarli in sorte di guide del pensiero magisteriale stesso.

Alcune volte, invece, è semplicemente la tempistica della contingenza storica a valere più di qualsiasi altra riflessione, come avviene per i beati e santi che Giovanni Paolo II propone per rafforzare il legame con le chiese orientali unite a Roma: basti pensare alla beatificazione del 17 novembre 1985, seguita poi dalla canonizzazione del 10 giugno 2001, di Rafqa Pietra Choboq Ar-Rayes (1832-1914), religiosa libanese dapprima della Congregazione delle Suore Mariamât (Figlie di Maria) nel convento di Nostra Signora della Liberazione a Bifkaya, e poi nel monastero di San Simeone dell'ordine libanese maronita a seguito della soppressione del precedente istituto nel 1871.[137] Sia la beatificazione che la canonizzazione sono per Giovanni Paolo II l'occasione per auspicare la pace in Libano, paese che a partire dagli anni Ottanta è dapprima il teatro più ampio dello scontro tra israeliani e palestinesi e poi scosso dalla guerra civile.[138] Già il patrono della causa aveva auspicato la conclusione positiva del processo di canonizzazione al fine di proporre un simbolo di pacificazione in quell'area, non senza però un'allusione alla persecuzione anticristiana:

> È una *figlia del Libano*, dove ha vissuto 82 anni (1832-1914), di questo nobile Paese, devastato oggi dalla guerra più nefasta, che distrugge non soltanto gli uomini e le case, ma sta per annientare in quei luoghi la fiamma della fede cristiana che, nonostante le ripetute persecuzioni nei secoli, si è mantenuta vivida e salda fino ai nostri giorni in mezzo ad un mondo di popoli non cristiani. È necessario, pertanto, che non solo questa fiamma non perisca ma rimanga sempre di più splendente per poter dar luce e calore agli uomini e a portarli a Cristo, affinché si faccia un solo ovile sotto un solo Pastore, Gesù Cristo, che è *via, verità e vita*.[139]

137. Brevi cenni biografici (col nome italiano di Rebecca) in *Bibliotheca sanctorum*, XI, Città Nuova, Roma 1968, pp. 66-67.

138. *Insegnamenti*, VIII, 2, 1985, pp. 1271-1276 e *Insegnamenti*, XXIV, 1, 2001, pp. 1179-1182.

139. Sacra Congregatio Pro Causis Sanctorum, *Antiochena Maronitarum Beatificationis et Canonizationis Servae Dei Rebeccae Ar-Rayès de Himlaya de Bikfaya monialis professae Ordinis libanensis S. Antonii Maronitarum (1832-1914). Positio super virtutibus*, Tipografia Guerra, Roma, 1980, *Responsio Patroni ad Animadversiones*, pp. 1-2.

La difesa della fede cattolica osteggiata non è dunque di secondaria importanza in un paese considerato centrale nella visione vaticana del Vicino Oriente proprio per la tradizionale forte presenza dei cristiani maroniti, comunità storicamente unita Roma pur conservando il rito e la liturgia di tradizione siro-antiochena. Già dagli anni del pontificato di Pio XII il Libano è, infatti, considerato un paese essenziale per il mantenimento dell'influenza cattolica in quell'area dominata dalla cultura arabo-musulmana.[140] L'esigenza politico-pastorale di fortificare, attraverso un modello agiografico, il rapporto tra il centro, che è Roma, e la periferia, che sono le chiese medio-orientali unite, emerge chiaramente anche dalle lettere postulatorie presenti nella *positio super virtutibus*. Il cardinale Eugène Tisserant[141] scriveva il 9 febbraio 1952 che con la beatificazione della religiosa maronita «una nuova luce» si sarebbe accesa per l'Oriente, a testimoniare che «la santità non è scomparsa dal suo seno per la linfa soprannaturale vivificata dall'unione con Roma», a dire che è proprio lo stretto legame con Roma l'elemento da cui scaturisce la santità all'interno della comunità maronita; e ancora il cardinale Ignace Gabriel I Tappouni, membro della chiesa cattolico-siriaca, affermava che «en même temps, elle donnera du prestige à l'Eglise Catholique devant les Orthodoxes et les Musulmans en Orient»,[142] coinvolgendo così anche una riflessione sulla sfida con le altre religioni diffuse in Medio Oriente, come appunto l'ortodossa e la musulmana. Anche se nelle omelie ufficiali delle due cerimonie dedicate a Rafqa Ar-Rayes Giovanni Paolo II non allude a questioni interreligiose, non è certo casuale l'attenzione al Libano nella specifica contingenza storica, quando l'atten-

140. Andrea Riccardi, *Il potere del papa da Pio XII a Giovanni Paolo II*, Laterza, Roma-Bari 1993, pp. 137-138. Tra il 1982 e il 1985 hanno luogo diversi interventi diretti della Santa Sede in Libano ed è in questo contesto che va inserita la beatificazione della religiosa Rafqa, cfr. George Emile Irani, *Santa Sede e Medio Oriente. Il ruolo del Papato nella controversia arabo-israeliana 1962-1988*, Vita e Pensiero, Milano 1989, particolarmente pp. 146-153 e Hanson, *The Catholic Church in World Politics*, pp. 234-243. In generale, sui conflitti in Libano dal 1975 al 1990 si veda Robert Fisk, *Pity the Nation: Lebanon at War*, Oxford University Press, Oxford 1990 (trad. it *Il martirio di una nazione. Il Libano in guerra*, Il Saggiatore, Milano 2010). Sulla storia del Libano anche Rosita Di Peri, *Il Libano contemporaneo. Storia, politica, società*, Carocci, Roma 2009.

141. Étienne Fouilloux, *Eugène cardinal Tisserant 1884-1972. Une biographie*, Desclée de Brouwer, Paris 2011.

142. Sacra Congregatio Pro Causis Sanctorum, *Antiochena Maronitarum Beatificationis et Canonizationis Servae Dei Rebeccae Ar-Rayès, Animadversiones Promotoris Generalis Fidei*, pp. 35-36.

zione mediatica è puntata sul paese a seguire un conflitto dalle forti ripercussioni in tutta l'area mediorientale.

Altro esempio legato all'interesse papale verso le vicende contemporanee di una particolare area geografica, in questo caso il Sudan, scosso da una guerra fratricida e da un processo di crescente limitazione delle libertà religiose e civili, è quello di Giuseppina Bakhita (1869-1947), canossiana, beatificata con Escrivá de Balaguer – e per questa associazione c'è chi l'ha vista come un contraltare polemico e uno strumento per il bilanciamento della scelta –,[143] il 17 maggio 1992, e canonizzata il 1 ottobre 2000, insieme a numerosi altri personaggi, durante l'anno giubilare.[144] Bakhita ha una storia alquanto singolare, che tocca il tema ancora non del tutto sviscerato, non solo dalla chiesa cattolica, della schiavitù della popolazione africana.[145] Nata nel Darfur, viene rapita dai negrieri quando è ancora una bambina e venduta diverse volte sui mercati africani, esperienza che le fa provare «le atrocità di una schiavitù che lasciò nel suo corpo i segni profondi della crudeltà umana».[146] Viene infine comprata dal console italiano Callisto Legnani, che le permette di emigrare in Italia, per poi essere affidata alle Suore canossiane dell'Istituto dei Catecumeni di Venezia, dove non solo si converte alla fede cattolica, ma prende i voti come figlia della Carità, trascorrendo il resto della sua vita a Schio (Vicenza), affettuosamente chiamata «Madre Moretta».[147] Giovanni Paolo II, sia nell'omelia di beatificazione che in quella di canonizzazione si concentra sul continente africano, particolarmente sulla pacificazione, sul rispetto dei diritti umani e sulla difesa della libertà religiosa

143. De Palma, *Diventare santi oggi*, p. 174.

144. Bakhita è canonizzata insieme a 120 martiri cinesi, a María Josefa Sancho de Guerra (del Corazón de Jesús) (1842-1912) e Katharine Mary Drexel (1858-1955).

145. Cfr. Adrian Hastings, *The Church in Africa, 1450-1950*, Clarendon Press, Oxford 1994 e Bengt Sundkler and Christopher Steed, *A History of the Church in Africa*, Cambridge University Press, Cambridge 2000. Di interesse anche anche Paul V. Kollman, *The Evangelization of Slaves and Catholic Origins in Eastern Africa*, Orbis Book, Maryknoll-New York 2005.

146. *Insegnamenti*, XV, 1, 1992, p. 1471.

147. Notizie biografiche in Maria Luisa Dagnino, *Bakhita racconta la sua storia*, Casa Generalizia canossiana Figlie della Carità, Roma 1989; José Luis Lizalde, *Todos los santos africanos*, Editorial mundo negro, Madrid 2000, pp. 278-286; Domenico Mondrone, *Giuseppina Bakhita. La singolare avventura di una schiava sudanese*, in *I santi ci sono ancora*, vol. 5, Edizioni Pro Sanctitate, Roma 2008 pp. 321-338.

nel Sudan.[148] Durante la canonizzazione, inoltre, il pontefice sottolinea la necessità della tutela e della protezione della donna in contesti di violenza e guerra:

> Nel mondo di oggi, innumerevoli donne continuano a essere rese vittime, anche nelle società moderne più sviluppate. In santa Josephine Bakhita troviamo un'avvocata luminosa di emancipazione autentica. La storia della sua vita non ispira l'accettazione passiva, ma la ferma determinazione a operare efficacemente per liberare ragazze e donne dall'oppressione e dalla violenza e restituire loro dignità nel pieno esercizio dei loro diritti. Penso al Paese della nuova Santa che negli scorsi 17 anni è stato lacerato da una guerra crudele, per la cui soluzione non si intravedono che pochi segni. [...] Invito tutta la Chiesa a invocare l'intercessione di santa Bakhita su tutti fratelli e le sorelle perseguitati e resi schiavi, in particolare in Africa e nel suo Paese natale, il Sudan, affinché possano sperimentare pace e riconciliazione.[149]

In accordo con uno dei più attestati agiografi di Bakitha, la santa diventa, dunque, una «promessa di liberazione, segno del riscatto dell'Africa» o, ancora, «un simbolo di riscatto per i tanti cattolici del Sudan e del mondo che vivono sulla loro pelle la quotidiana repressione per motivi religiosi e spesso il martirio».[150] Infatti, il 10 febbraio 1993, durante il viaggio pastorale in Benin, Uganda e Kahartoum, Giovanni Paolo II conferisce a Bakhita un'ulteriore dimensione, quella panafricana, quando esclama: «*Rejoice, all of Africa!* Bakhita has come back to you: the daughter of the Sudan sold into slavery as a living piece of merchandise and yet still free. Free with the freedom of the saints».[151] L'attenzione verso la santa sudanese si colloca così nell'interesse più generale del pontefice verso la realtà africana in generale, di cui fa parte la richiesta di perdono per il «vergognoso commercio» degli schiavi pronunciata in quello stesso periodo.[152] La figura di Bakhita, tuttavia, oltre ad una proiezione globale, gode anche di una dimensione europea e

148. *Insegnamenti*, XV, 1, 1991, pp. 1468-1473 e *Insegnamenti*, XXIII, 2, 2000, p. 506 (in inglese).

149. *Ibid.*

150. Roberto Italo Zanin, *Bakhita. Inchiesta su una santa per il 2000*, Edizioni Paoline, Cinisello Balsamo 2000, pp. 21 e 31.

151. AAS, 85 (1993), p. 964. Si noti che papa Francesco ha nominato Bakhita patrona di tutte le vittime del traffico di uomini.

152. Si veda l'incontro con la comunità cattolica dell'isola di Gorée, durante il viaggio pastorale in Senegal, Gambia e Guinea, 22 febbraio 1992, *Insegnamenti*, XV, 1, 1992, pp. 385-389 (in francese).

italiana, che lega il suo nome a centri di accoglienza per immigrati e rifugiati e a un modello di speranza per gli extracomunitari.[153]

3.2. *Sante per l'inculturazione*

Giovanni Paolo II ha interpretato personalmente il concetto teologico di «inculturazione», legandolo strettamente alla strategia della nuova evangelizzazione. L'inculturazione è un elemento centrale dell'intero pontificato wojtyliano perché contribuisce a chiarire la lettura che il papa compie del Concilio Vaticano II – è un concetto chiave nella *Gaudium et Spes*, ma anche nella *Lumen gentium* e nella *Ad gentes* –, perché definisce la sua visione ecclesiologica di chiesa in modo relazionale – più che giuridico e istituzionale –, come «corpo di Cristo» e «sposa di Cristo» presente nel mondo, e infine perché è direttamente correlato alla critica, a volte trasformatasi in vera repressione, verso le teologie della liberazione.[154] Il punto di partenza della riflessione delle teologie di liberazione è, infatti, la relazione tra il messaggio evangelico e le culture locali, che conduce a privilegiare l'emancipazione economica e politica piuttosto che la dottrina e la liturgia,[155] mentre nel pensiero wojtyliano la priorità va data all'integrità del Vangelo, senza per questo rifiutare a priori i contributi delle culture locali. La recezione dei doni di una particolare cultura da parte della chiesa universale ha, dunque, luogo dopo che specifici elementi di quella cultura sono stati trasformati dal messaggio evangelico, concepito come parola che ha bisogno di diventare «carne». Infatti, il contributo che l'eredità culturale

153. Cfr. Tommaso Caliò, *La "fabbrica dei santi" e l'opinione pubblica italiana a cavallo del Grande Giubileo*, in *L'Italia e i santi. Agiografie, riti e devozioni nella costruzione dell'identità nazionale*, a cura di Tommaso Caliò e Daniele Menozzi, Istituto dell'Enciclopedia Italiana Treccani, Roma 2017, pp. 709-710.

154. Dennis M. Doyle, *The Concept of Inculturation in Roman Catholicism. A Theological Consideration*, in «U.S. Catholic Historian», 30/1 (2012), pp. 1-13. Si veda anche il commento all'esortazione apostolica di Giovanni Paolo II *Catechesi tradendae* in Alyward Shorter, *Toward a Theology of Inculturation*, Orbis Book, Maryknoll-New York 1988, pp. 223-225.

155. Sulla teologia della liberazione in America Latina si veda Silvia Scatena, *La teologia della liberazione in America Latina*, Carocci, Roma 2008 e Silvia Scatena, Luiz Carlos Susin, Sandro Gallazzi, *Chiesa e teologia in America Latina*, Edizioni Messaggero, Padova 2013. Ma la teologia della liberazione latinoamericana è solo una delle numerose esistenti. Cfr. *Liberation Theologies in the United States. An Introduction*, a cura di Stacey M. Floyd, Thomas Pinn, Anthony B. Pinn, NYU Press, New York-London 2010.

può apportare avviene successivamente, come si evince da un discorso papale ai vescovi africani, pronunciato a Nairobi, il 7 maggio 1980:

> L'"acculturazione" o "inculturazione" che voi a ragione promuovete sarà realmente un riflesso dell'incarnazione del Verbo, quando una cultura, trasformata e rigenerata dal Vangelo, produce dalla sua propria viva tradizione espressioni originali di vita, di celebrazione, di pensiero cristiani (cf. Giovanni Paolo II, *Catechesi Tradendae*, 53). Rispettando, preservando e favorendo i valori propri e la ricca eredità culturale del vostro popolo, voi sarete in grado di guidarlo verso una migliore comprensione del mistero di Cristo, che dev'essere vissuto nelle nobili, concrete e quotidiane esperienze della vita africana. Non è questione di adulterare la parola di Dio, o di svuotare la croce della sua potenza (cf. 1Cor 1,17), ma piuttosto di portare Cristo proprio nel cuore della vita africana e di elevare fino a Cristo l'intera vita africana. Così non solo il cristianesimo è importante per l'Africa, ma Cristo stesso, nelle membra del suo corpo, è africano.[156]

Anche se l'interesse verso i patrimoni culturali non cristiani è reale e presente, Giovanni Paolo II sembra tuttavia non abbandonare la preoccupazione verso la deriva culturalista e verso la «cultura della morte».[157]

A servizio dell'inculturazione è anche il rilevante sforzo di glorificare personalità indigene, che, come già visto, ha impegnato il pontefice nei suoi viaggi intorno al mondo. Tuttavia, è proprio qui che a volte si mostra il non sempre facile incontro tra il cattolicesimo, o meglio, la sua declinazione nella chiesa cattolica romana, e la cultura locale, particolarmente extraeuropea. Ciò è testimoniato non solo nelle biografie di alcune beate proposte da Giovanni Paolo II, ma anche nel modo in cui la macchina processuale legata alle canonizzazioni ha interpretato ed elaborato alcune figure agiografiche provenienti da contesti socio-culturali lontani e profondamenti diversi da quello occidentale. L'urgenza pastorale di proporre alle comunità cattoliche non europee modelli empaticamente più vicini ai fedeli poiché autoctoni, o maggiormente rispondenti alla costruzione di una identità nazionale, è sicuramente il movente della causa di Kateri Tekakwitha (1656-1680), indiana irochese morta a soli ventiquattro anni e beatificata da Giovanni Paolo II il 22 giugno 1980.[158] L'interesse verso la giovane

156. *Insegnamenti*, III, 1, 1980, p. 1223 (in inglese).

157. Cfr. Shorter, *Toward a Theology of Inculturation*, pp. 225-230.

158. Kateri Tekakwitha è poi canonizzata da Benedetto XVI il 21 ottobre 2012. Tra le prime agio/biografie si trovano: Ellen Hardin Walworth, *The Life and Times of Kateri Te-*

donna della tribù Mohawk, stanziata presso Fort Orange (odierna Albany, New York) e convertitasi al cattolicesimo grazie all'opera evangelizzatrice di alcuni missionari francesi in Canada, nasce verso la fine del XIX secolo, quando diventa oggetto di due campagne di canonizzazione, una sostenuta dai gesuiti in Canada e l'altra dalla diocesi di Albany, negli Stati Uniti.[159] Anche se alla fine è prevalsa l'azione della diocesi statunitense, il processo è stato inizialmente gestito dai gesuiti – tanto che si è detto che i gesuiti hanno «creato» Kateri Tekakwitha –, che di fatto lo hanno ritardato per la precedenza data ai martiri della compagnia morti in Canada – si tratta di Jean de Brébeuf (1593-1649) e 7 *soci* (†1642-1647), beatificati nel 1925 e canonizzati nel 1930. Originariamente, infatti, la causa di Kateri Tekakwitha era inclusa in quella dei gesuiti martiri.[160] Viene successivamente aperta autonomamente solo nel 1932, a tre secoli dalla sua morte, e introdotta a Roma nel 1939.[161] Se inizialmente la giovane indiana è ritratta come la

kakwitha. The Lily of the Mohawks. 1656-1680, Peter Paul&Brother, Buffalo 1893; Nicolas Victor Burtin, *Vie de Catherine Tekakwitha, vierge iroquoise*, Léger Brousseau, Québec 1894; Edward James Devine, *Kateri Tekakwitha, the Lily of the Mohawks 1656-1680*, The Catholic Truth Society of Canada, Toronto 1916; Edward Lecompte, *Kateri Tekakwitha, the Lily of the Mohawks 1656-1680*, Impr. Du Messager, Montréal 1927; John J. Wynne, *Caterina Tekakwitha. Il giglio dei Mohawks. Il più bel fiore che sia mai sbocciato in mezzo a veri uomini*, Pious Society of Saint Paul for the Apostolate of the Press, New York 1933; Giacomo Alberione, *Tekakwitha*, Edizioni Paoline, Roma 1950; Francis X. Weiser, *Kateri Tekakwitha*, Kateri Center, Montréal 1972; Lillian M. Fisher, *Kateri Tekakwitha. The Lily of the Mohawks*, Pauline, Boston 1996.

159. Si è ampiamente occupato di Kateri Tekakwitha Allan Greer in *Natives and Nationalism: the Americanization of Kateri Tekakwitha*, in «The Catholic Historical Review», 90/2 (2004), pp. 260-272 (p. 265 sulle due campagne di canonizzazione) e nel successivo volume Id., *Mohawk Saint: Catherine Tekakwitha and the Jesuits*, Oxford University Press, Oxford-New York 2005. Si veda anche Christopher Vecsey, *On the Padre's Trail*, University of Notre Dame Press, Notre Dame (IN) 1996 e il successivo Id., *The Path of Kateri's Kin*, University of Notre Dame Press, Notre Dame (IN) 1997; Paula Elizabeth Holmes, *The Narrative Repatriation of Blessed Kateri Tekakwitha*, in «Anthropologica», 43/1 (2001), pp. 87-103. Sulla devozione della Tekakwitha in Messico si veda sempre Allan Greer, *Iroquois Virgin: The Story of Catherine Tekakwitha in New France and New Spain*, in *Colonial Saints. Discovering the Holy in the Americas, 1500-1800*, a cura di Allan Greer e Jodi Bilinkoff, Routledge, New York-London 2003, pp. 235-250.

160. Kellie Jean Hogue, *A Saint of Their Own: Native Petitions Supporting the Canonization of Kateri Tekakwitha, 1884-1885*, in «U.S. Catholic Historian», 32/3 (2014), p. 28.

161. La causa è iniziata con enorme ritardo per diverse ragioni: 1) la zona dove Kateri Tekakwitha viveva era terra di una missione provvisoria; 2) il paese è stato scosso dal pas-

prova del successo delle missioni gesuitiche,[162] in seguito subisce un forte processo di americanizzazione, determinato dalla volontà degli attori di radicare il cattolicesimo negli Stati Uniti: Tekakwitha, proprio perché indigena, ha, infatti, lo scopo di «addomesticare» la chiesa cattolica, percepita al tempo dell'apertura della causa come qualcosa di straniero, e potenzialmente pericoloso, nel continente nordamericano, in grado così di slegare il cattolicesimo dal pesante retaggio colonialista e di trasformarlo in un simbolo di connessione con la propria terra di origine, un'America primordiale, in armonia con la natura.[163] L'idealizzazione dell'elemento nativo indiano è inoltre strumento per la presentazione di un modello autoctono, tipicamente nordamericano, diverso per virtù e vita da quelli provenienti dal processo di civilizzazione europeo.[164] L'eco di simile logica, presente nella letteratura agiografica, emerge anche nel settimo voto espresso al congresso eucaristico nazionale tenutosi a Cleveland nel settembre 1935 e riportato nella *positio super introductione causae* di Kateri Tekakwitha:

> AND WHEREAS: CATHERINE TEKAKWITHA's life and example make a peculiar appeal to this nation because she was born within its territory and passed much of her life within this present confines; AND WHEREAS: The liturgy of the Church lacks a feast established in honor of a native North American saint; BE IT RESOLVED: That Eucharistic Congress of the United States of America petition the Holy See [...] for an early declaration concern-

saggio del Canada dalla Francia all'Inghilterra nel 1763; nel 1783 i gesuiti hanno abbandonato la missione per ritornarvi solo nel 1903. A prova di ciò, la stessa sorte è toccata anche alle cause di altri beati e santi canadesi, i cui processi sono stati procrastinati per le stesse ragioni, seppur con una tempistica minore: es. la causa di Marie Guyart de l'Incarnation è stata introdotta nel 1877, quella di Marguerite Bourgeoys nel 1878, quella di François de Montmorency-Laval nel 1890 e infine quella degli 8 martiri gesuiti nel 1916. Cfr. Sacra Rituum Congregatio, *Marianopolitana seu Albanen. in America Beatificationis et Canonizationis Servae Dei Catharinae Tekakwitha virginis indianae. Positio super virtutibus*, Typis Pont. Universitatis Gregorianae, Romae 1940, *Positio ex officio compilata a sectione historica*, LXXXVII-412.

162. Michael Draxlbauer, *Catherine Tekakwitha: The Construction of a Saint*, in *Twenty-First Century Perpectives on Indigenous Studies: Native North America in (trans) Motion*, a cura di Birgit Däwes, Karsten Fitz e Sabine N. Meyer, Routledge, London-New York 2015, pp. 204-216.

163. Greer, *Natives and Nationalism*, p. 262.

164. Un processo di "americanizzazione" si può scorgere anche in Santa Brigida ed Elizabeth Ann Seton, in Kathleen Sprows Cummings, *American Saints: Gender and the Re-Imaging of U.S Catholicism in the Early Twentieth Century*, in «Religion and American Culture. A Journal of Interpretation», 22/2 (2012), pp. 203-231.

ing the sanctity of the said CATHERINE TEKAKWITHA and for the establishment of a feast in her honor in the event of her canonization.[165]

Quello che sorprende è, invece, come Giovanni Paolo II durante la beatificazione a Roma nel 1980, insieme ad altri quattro servi di Dio, attui esattamente un processo inverso, che si può forse definire di europeizzazione del modello agiografico: egli paragona infatti la giovane indiana a grandi sante europee come Scolastica, Gertrude, Caterina da Siena – non a caso compatrona d'Europa – e Angela Merici, tralasciando quasi del tutto la sua dimensione aborigena. Al papa preme inoltre evidenziare il voto di verginità di Kateri Tekakwitha, che per «la prima volta [...] avvenne tra gli indiani del nord America»:[166] la sottolineatura della sua consacrazione verginale, elemento tipico della vita religiosa cattolica europea tradizionale – e che riprende l'aspetto maggiormente evidenziato in una delle prima agiografie scritta dal gesuita Pierre Cholenec, *La vie de Catherine Tegakoüita première vierge irokoise* (1696)[167] con il fine di contrapporre la giovane allo stereotipo della donna indiana promiscua –, fa così perdere al modello quell'originalità data dalla sua condizione di nativa convertita e ricercata invece dai promotori della causa di canonizzazione. Giovanni Paolo II è interessato piuttosto ad associare la giovane indiana al grande tema della missione della chiesa in epoca moderna – missione che partiva dall'Europa verso gli altri continenti –, così come avviene molto più naturalmente per gli altri beatificati della cerimonia, José de Anchieta (1534-1597), François De Montmorency-Laval (1623-1708), Marie de l'Incarnacion (Guyart) (1599-1672), Pedro de San José de Betancur (1626-1667), tutti missionari europei. Inoltre, è interessante notare come, due giorni dopo la beatificazione, il 24 giugno 1980, durante il discorso agli indiani del Nord America giunti a Roma in pellegrinaggio, il papa, pur riconoscendo la ricchezza della loro tradizione, trasformi Kateri Tekakwitha, simbolo di questa eredità, nell'icona di una fede cristiana non indigena:

165. Sacra Rituum Congregatio, *Marianopolitana seu Albanen. in America Beatificationis et Canonizationis Servae Dei Catharinae Tekakwitha virginis indianae. Positio super Introductione Causae*, Typis Pont. Universitatis Gregorianae, Romae 1938, *Litterae postulatoriae pro Introductione Causae*, pp. 6-7.

166. *Insegnamenti*, III, 1, 1980, p. 1815 (in inglese).

167. Si veda la versione francese (in appendice) e quella tradotta in inglese in Pierre Cholenec, *Catherine Tekakwitha: Her Life*, vol. 7, *Early Jesuit Missions in Canada*, William Lonc, Halifax 2002.

È tempo di riflettere e di ringraziare Dio per la cultura e la ricca tradizione umana che avete ereditato e per il dono più grande che si possa ricevere, quello della fede. Infatti, la Beata Kateri sta di fronte a noi come simbolo della vostra eredità come Indiani del Nord America.[168]

Simile interpretazione, definita «a supremely patronizing statement»,[169] sembra possa considerarsi perfettamente coerente con la visione wojtyliana del cattolicesimo inculturato, sopra menzionata: la valorizzazione della cultura autoctona – in questo caso quella degli indiani nordamericani – avviene solo dopo che questa è stata convertita dal messaggio evangelico – qui, grazie all'esempio di Kateri Tekakwitha, che diventa «simbolo» di quella eredità culturale. Spingendo tale logica oltre confini certi, verrebbe da concludere che la priorità data alla ricezione corretta della fede sulla valorizzazione della cultura locale non potrà che determinare una interpretazione degli elementi indigeni solo e sempre attraverso la lente di una fede che sarà comunque straniera e comunque europocentrica/occidentecentrica.

La complessità della questione dell'inculturazione all'interno della macchina processuale legata alle canonizzazioni è riscontrabile anche nella letteratura agiografica e nel processo canonico della laica malgascia Victoire Rasoamanarivo (1848-1894), beatificata il 30 aprile 1989 ad Antananarivo, in Madagascar. Nata a Tananarive in una delle più ricche e potenti famiglie dell'isola, in gioventù segue la religione dei suoi antenati. Quando nel paese giungono alcuni missionari gesuiti francesi, si iscrive alla scuola della missione e viene battezzata, nonostante le resistenze dei parenti. Data in sposa a un alto ufficiale dell'esercito, schiavo dell'alcol e delle passioni, conduce il resto della sua vita tra sofferenze e sacrifici, senza però mai optare per la separazione, alla luce dell'insegnamento cattolico sull'indissolubilità del matrimonio. Nel 1883 una persecuzione contro gli stranieri porta all'espulsione dei missionari dall'isola e la comunità cattolica malgascia riesce a difendere la sua attività grazie all'apostolato e all'intercessione presso la corte offerto dalla Rasoamanarivo.[170] Morta in fama di santità nel 1894, la causa di beatificazione comincia con notevole ritardo

168. *Insegnamenti*, III, 1, 1980, pp. 1829-1830.

169. Draxlbauer, *Catherine Tekakwitha: The Construction of a Saint*, p. 211.

170. Cenni biografici in Lizalde, *Todos los santos africanos*, pp. 287-291 e Jean Louis Clément Ramahery, *L'ange visible de l'eglise naissante a Madagascar. Nouvelle biographie de Victoire Rasoamanarivo*, Madagascar 1993.

a causa di contingenze storiche avverse e viene introdotta a Roma solo nel 1956.[171] Dalle brevi note biografiche sopra riportate si possono individuare tre aspetti che hanno richiamato l'attenzione su tale modello agiografico durante il pontificato wojtyliano: la difesa del matrimonio, l'opera evangelizzatrice, lo stato laicale. Anche se da una parte ricompare ancora una volta la concezione del rapporto coniugale come luogo di sofferenza e l'immagine di sposa sottomessa e rassegnata, dall'altra si trova illustrato lo speciale ruolo che spetta alle donne laiche nella cristianizzazione della società, particolarmente nelle comunità cattoliche nascenti: Victoire Rasoamanarivo ha infatti assunto i compiti di evangelizzazione e animazione della chiesa locale non solo restando nello stato laicale, ma adempiendoli all'interno dell'istituto famigliare, pur mantenendo stretti rapporti con la gerarchia ecclesiastica locale. L'omelia di beatificazione pronunciata da Giovanni Paolo II offre diversi spunti di riflessione. Dopo aver proposto la Rasoamanarivo come esempio per la chiesa del Madagascar – non si dimentichi che è la prima beata malgascia –, il pontefice apre il discorso alle diverse potenzialità dell'esempio agiografico: modello di fede, modello di apostolato sociale verso i poveri, modello per i laici, modello per le donne, modello di inculturazione ben riuscita. La beata malgascia non solo aiuta a far comprendere «il ruolo insostituibile dei fedeli laici, così fortemente evidenziato dal Concilio Vaticano II e recentemente dall'assemblea del Sinodo dei Vescovi», ma è anche «un incoraggiamento per tutte le sue sorelle del Madagascar» affinché «si sentano pienamente riconosciute nella loro dignità e responsabilità di cristiane» e «non esitino a dare il loro contributo specifico all'evangelizzazione».[172] Nell'ambiente familiare non ha ceduto

171. I motivi della dilazione sono dettagliatamente elencati nella *positio super virtutibus*: 1) la missione cattolica in Madagascar ebbe molto a soffrire (persecuzioni, ostilità, etc.) nei primi tempi e i missionari, seguendo le direttive ecclesiastiche, preferirono insegnare prima i fondamenti di fede e rimandare a un periodo successivo quello circa il culto dei santi. I testimoni dicono, infatti, di non sapere quale fosse il comportamento da tenere nei confronti di una figura morta in odore di santità; 2) la rivolta dei Ménalamba, avvenuta nel paese nel 1896, contro il governo francese; 3) il successivo scoppio della prima guerra mondiale (molti sacerdoti presero le armi e morirono e la missione si ridusse drasticamente di numero); 4) il successivo scoppio della seconda guerra mondiale procrastinò lo slittamento del processo apostolico. A questo si può forse aggiungere il processo di decolonizzazione. Cfr. Sacra Congregatio pro Causis Sanctorum, *Tananariven. Beatificationis et canonizationis Servae Dei Victoriae Rasoamanarivo viduae (1848-1894). Positio super virtutibus*, Tipografia Guerra, Roma 1981, *Informatio*, pp. 12-17.

172. *Insegnamenti*, XII, 1, 1989, p. 1007 (in francese).

alle pressioni di separazione e ha santificato il matrimonio secondo i valori cristiani, nel settore della libertà religiosa ha difeso il diritto di professare la religione cattolica e nell'apostolato è divenuta la promotrice dell'evangelizzazione rurale. Il tema del doppio movimento dell'inculturazione – da una parte, la ricezione del messaggio cristiano ai livelli più profondi della mentalità autoctona e, dall'altra, la sua armonizzazione con l'eredità culturale propria – è infine compiutamente espresso nel discorso wojtyliano quando si evidenzia che la Rasoamanarivo «non si staccò mai dai legami ancestrali di solidarietà che nel suo popolo uniscono ogni persona a tutta la società», che «faceva fiorire in se stessa la spiritualità naturale dei Malgasci» o, ancora, quando viene affermato:

> Noi ammiriamo in lei una donna a cui è stato concesso di unire meravigliosamente quello che ha ricevuto dalla tradizione e dalla cultura malgasce con quello che ha ricevuto dalla luce del Vangelo. Nella sua semplicità spontanea, è un magnifico esempio per la vostra comunità cristiana desiderosa di valorizzare il meglio della sua eredità in un fecondo incontro con la grazia del Battesimo. Credo che la santità di Vittoria potrà illuminare in profondità le ricerche che state facendo per una giusta inculturazione della fede cristiana nella vostra terra.[173]

Anche qui è possibile notare come già nei documenti processuali Victoire Rasoamanarivo venga modellata secondo esigenze precise, tanto da renderla un esempio calzante per le necessità pastorali del magistero pontificio: donna, laica, moglie, prima beata di un paese extraeuropeo che il pontefice ha intenzione di visitare, fedele in una comunità cattolica giovane. In diverse parti della documentazione si esplicita che il messaggio che l'esistenza della Rasoamanarivo offre è attuale proprio perché: è una cristiana che ha vissuto nel mondo, non in un istituto di perfezione o in un chiostro; è una laica che, «pur vivendo in un tempo e in una cultura in cui la posizione della donna non era tale da far sì che tutti gli aspetti della personalità femminile fossero rispettati e apprezzati», ha esercitato la sua funzione con elevatezza cristiana; è una donna sposata che «mette in valore la dignità della donna nella sua qualità di sposa»; è una cristiana in una chiesa locale «quasi nascente», che è diventata «*il sostegno dei fedeli in tempi difficili* e di persecuzione».[174] La sua dimensione femminile esemplare per

173. Ivi, p. 1008.

174. Sacra Congregatio pro Causis Sanctorum, *Tananariven. Beatificationis et canonizationis Servae Dei Victoriae Rasoamanarivo*, *Informatio*, pp. 2-3.

le donne è particolarmente sottolineata in una nota del cardinale Victor Razafimahatratra, arcivescovo di Tananarive, datata 16 febbraio 1977. Dopo aver illustrato l'ambiente in cui la donna ha vissuto, misto di paganesimo e di protestantesimo, parla di «audace féminine» proprio per il ruolo che ha ricoperto in seno alla comunità cattolica, insolito nella cultura malgascia:

> Victoire interpelle les femmes et les chrétiens d'aujourd'hui. Sa foi robuste, son courage imperturbable et intrépide, son dévouement éclairé, responsabilités pleinement assumées: voilà ce que nous souhaitons ardemment pour les laïcs chrétiennes comme pour les épouses et mères chrétiennes de notre temps. [...] Elle se situe à l'avant-garde de la "promotion de la femme" que l'ensemble des nations et l'Eglise prônent de plus en plus.[175]

L'esplicito riferimento alla pastorale wojtyliana e alla convenienza di un simile modello agiografico per il continente africano si trova infine nel voto del secondo consultore teologico, dove si osserva che «la condotta della Serva di Dio è in mirabile sintonia con quanto il Santo Padre Giovanni Paolo II in questi anni va predicando direttamente anche in terra africana, e la glorificazione della Serva di Dio sarebbe provvidenziale per la elevazione dei popoli dell'Africa».[176] La causa, tuttavia, non è esente da dubbi e incertezze, sollevando problemi ben più strutturali. Nella *relatio et vota* del congresso peculiare sull'eroicità delle virtù della Rasoamanarivo il giudizio dei consultori teologici non è unanime. In particolare il IV voto, anche se l'unico sospensivo, esprime delle perplessità proprio sull'indagine storica condotta.[177] Il consultore muove in primo luogo una critica all'assenza di un'integrazione storiografica criticamente vagliata da un organo competente, che poteva essere fatta solo dall'Ufficio storico (dunque, sarebbe stato preferibile che la causa fosse stata considerata storica). La conferma della ricostruzione storica viene, infatti, affidata quasi

175. Ivi, p. 6.

176. Sacra Congregatio pro Causis Sanctorum, *Tananariven. Beatificationis et canonizationis servae Dei Victoriae Rasoamanarivo. Viduae (1848-1894). Relatio et vota congressus peculiaris super virtutibus, die 1 februarii an. 1983 habiti*, Tipografia Guerra, Roma 1983, p. 11.

177. La critica supera però il piano metodologico per avanzare su quello della politica ecclesiastica quando il consultore scrive: «Dalle pagine uscite dalla penna del Patrono altre difficoltà emergono, a incominciare dal vezzo, direi ingiustificato, di appellarsi con monotona insistenza al Vaticano 2, per trovarvi la giustificazione più alta dell'operato di Vittoria; a lungo andare certe convergenze si rivelano per quel che sono, cioè di comodo», ivi, p. 24.

esclusivamente all'autorevolezza delle testimonianze prodotte dall'arcivescovo di Tananarive, che non hanno però il valore e le caratteristiche di uno studio scientifico. Il consultore conclude categorico: «Tali note, infatti, di storico nel senso dato all'aggettivo dalla scienza storiografica, non hanno proprio nulla».[178] In secondo luogo, è proprio tale carenza di rigore storico-scientifico che apre alla complessità della questione dell'inculturazione. Il teologo prosegue evidenziando il rischio di cadere nell'errore di valutare una cultura diversa da quella europea, se non si dispone di informazioni raccolte criticamente:

> Quali obiettive risultanze critiche ci offre [la *positio*, n.d.a] perché la nostra sensibilità non giochi un brutto scherzo nell'interpretazione di un personaggio malgascio e di tanto rilievo come fu Vittoria Rasoamanarivo? Alludevo poco fa alla cultura malgascia ed aggiungo ora che Vittoria parrebbe espressione tipica di ciò che oggi si è soliti chiamare cristianesimo inculturato: ma come prevenire a un giudizio obiettivo, se di quella cultura, all'interno della quale il cristianesimo portò il suo fermento, non vien segnalato nemmeno l'"abbiccì"?[179]

Simile pensiero viene sfiorato anche dal V consultore, che parla di «un delicato problema metodologico», ovvero se il materiale processuale raccolto sia sufficiente a giudicare la serva di Dio o se appunto sia necessario integrarlo con altre informazioni di indole storica e culturale.[180] Sostanzialmente il dubbio che emerge in questi due pareri, unanimi nel porre l'accento sulla mancanza di un apparato storico critico valido, sembra riguardare la capacità di giudicare una figura agiografica extraeuropea da parte di un sistema che utilizza categorie ermeneutiche europee. La difficoltà interpretativa di alcuni aspetti del comportamento della Rasoamanarivo, dovuta proprio alle differenze culturali sopra menzionate, è palese anche nelle osservazioni sollevate dal promotore della fede nelle sue *animadversiones* circa il trattamento degli schiavi. Non solo la donna ne possedeva, ma nei documenti processuali vengono riportate delle testimonianze su un loro presunto trattamento crudele, con fustigazioni e incatenamento.[181] Nella

178. Ivi, p. 23.
179. *Ibid.*
180. Ivi, pp. 32-33.
181. Sacra Congregatio pro Causis Sanctorum, *Tananariven. Beatificationis et canonizationis Servae Dei Victoriae Rasoamanarivo positio super virtutibus*, *Animadversiones Promotoris Generalis Fidei*, pp. 21-25.

responsio il patrono affida l'argomentazione a una nota ancora una volta di Victor Razafimahatratra, in cui si invita alla contestualizzazione delle testimonianze e a tener presente la cultura schiavista del Madagascar ottocentesco.[182] Anche ammettendo la smentita di un comportamento poco caritatevole da parte della serva di Dio, si percepisce come il sentire cattolico europeo novecentesco a fatica riesca ad accettare l'eroicità delle virtù in presenza di una tale usanza, quella della liceità della schiavitù. La questione andrebbe dunque giustificata dal contesto storico-culturale? In Madagascar al tempo di Victoire Rasoamanarivo gli schiavi non erano considerati esseri umani ed era impensabile la loro liberazione? È sufficiente dunque provare che la serva di Dio ha trattato i suoi schiavi "meglio" degli altri padroni per dimostrare la sua carità in stadio eroico? Nella *relatio et vota* il voto del IV consultore propone il rinvio alla sezione storica – rimanda cioè all'istituzione che doveva fare da garante scientifico all'intero meccanismo processuale uscito dalla riforma wojtyliana, ma che evidentemente nella realtà concreta ha mancato –, mentre il V suggerisce piuttosto la nomina di un certo numero di consultori della nazionalità dellaservadi Dio che è sotto esame – a dire, un'apertura concreta verso il diverso, che non può essere davvero compreso, se non lo si fa parlare. In realtà i suggerimenti interni sono stati semplicemente ignorati e la «fabbrica dei santi» ha proseguito la sua attività. Di certo il messaggio semplificato da Giovanni Paolo II nell'omelia di beatificazione sull'inculturazione ha nascosto invece questioni molto più complesse, non solo di natura storico-culturale o sociale, ma anche teologica.

Altro caso interessante è quello di Mary Helen MacKillop (Mary of the Cross, 1842-1909), la prima beata australiana, elevata alla gloria degli altari il 19 gennaio 1995, in occasione della giornata mondiale della gioventù a Sidney e durante il viaggio apostolico di Giovanni Paolo II in Filippine, Papua Nuova Guinea, Australia e Sri Lanka. Fondatrice, insieme al sacerdote Julian Tenison-Woods, della Congregazione delle Suore di San Giuseppe del Sacro Cuore di Gesù, Mary MacKillop presenta una biografia alquanto singolare, soprattutto a causa dei rapporti con i superiori assai turbolenti, al punto che, a seguito di diverse accuse, viene scomunicata dal vescovo di Adelaide nel 1871 – salvo poi riabilitarla l'anno successivo. La questione della scomunica, che passa del tutto inosservata al tempo della beatificazione, diventa però motivo di dibattito mediatico in occasione

182. Ivi, *Responsio ad Animadversiones*, pp. 39-41.

della canonizzazione, proclamata il 17 ottobre 2010 da Benedetto XVI, quando circola la notizia che all'origine vi sia stata la denuncia avanzata dalla MacKillop contro un prete della diocesi ritenuto pedofilo.[183] La tempistica con cui l'informazione è divulgata e le modalità della sua gestione sono alquanto amene, se si analizza la letteratura agiografica riguardante la religiosa fondatrice. Nonostante le biografie meno recenti non riportino alcun riferimento a simile denuncia di abuso sessuale,[184] già a partire dagli anni '90, ovvero prima della beatificazione, si possono trovare delle corrispondenze scritte. Ad esempio, nell'opera del 1993 del gesuita Paul Gardiner, biografo ufficiale e postulatore della causa dal 1985, si racconta di una denuncia di «condotta scandalosa» – di cui però non è specificata la natura – che le suore giuseppine hanno avanzato verso un certo padre Keating e come questo abbia inimicato loro il sacerdote Charles Horan.[185] Keating viene espulso dalla diocesi nel 1870 e il vescovo di Adelaide, evidentemente mal consigliato da Horan, scomunica la fondatrice delle giuseppine l'anno successivo.[186] Così è anche nella biografia di Lesley O'Brien, una

183. *Sugli altari la prima santa australiana. Nel 1870 denunciò un prete pedofilo*, «Il Corriere della sera», 17 ottobre 2010. Si veda anche il sito http://www.abc.net.au/compass/s2968600.htm (20 dicembre 2016), dove è possibile trovare la trascrizione della trasmissione televisiva australiana in cui il biografo e postulatore Paul Gardiner ha parlato della denuncia dell'abuso sessuale da parte delle suore giuseppine.

184. Non vi è alcun riferimento alla denuncia di abusi sessuali in George O'Neill, *Life of Mother Mary of the Cross (MacKillop) (1842-1909). Foundress of the (Australian) Sisters of St. Joseph*, Pellegrini&Co., Sidney-Melbourne-Brisbane 1931; in Osmund Thorpe, *Mary MacKillop. The Life of Mother Mary of the Cross, Foundress of the Sisters of St. Joseph of the Sacred Heart*, Burns&Oates, London 1957; e in William Modystack, *Mary MacKillop. A Woman Before Her Time*, Rigby Publishers, Adelaide 1982. In tutti e tre i testi la scomunica è attribuita indirettamente al comportamento del co-fondatore Tenison-Woods.

185. Sulla relazione tormentata tra le suore di San Giuseppe e Charles Horan si veda William Modystack, *Blessed Mary MacKillop*, Lansdowne, Sidney 1995 (prima ed. 1982), pp. 56-80. Nessun riferimento però al caso Keating.

186. Paul Gardiner, *An Extraordinary Australian: Mary MacKillop*, Trustees of the Sisters of St. Joseph-David Ell Publishing, Sidney 2007 (prima ed. 1993 col titolo aggiuntivo *The Authorised Biography*), pp. 85 e 98-99. Si noti anche come l'autore cripticamente racconti del ritardo della causa: «The first step on the road of canonization was taken in Sidney in 1925 when Archbishop Kelly set up a Tribunal of investigation, During the years 1926-1928 a number of witnesses were interrogated, but the procedure was suspended in 1931 when an important document could not be found in the Roman archives. The notary, N.T. Gilroy, was convinced that this interruption was an injustice to Mary's name, and twenty years later – now as Dr Kelly's successor, with the extra leverage of a cardinal – he took effective steps to procure the missing document and to reconstitute the Tribunal.

pubblicazione ufficiale del segretariato delle suore di San Giuseppe, dove si scrive che il Keating aveva tenuto un «comportamento indecente» con i bambini.[187] In entrambi i casi la denuncia del prete pedofilo viene associata a tutta la congregazione e non solo alla fondatrice, che però paga in prima persona il coraggio del gesto. Se Gardiner, che menziona nell'introduzione al suo volume un testo che ricalca la *positio super virtutibus* da lui stesso preparata per la causa di canonizzazione, l'*affaire* Keating, è arduo pensare che gli attori della causa non fossero a conoscenza del caso. La domanda non è cavillosa, poiché è ipotizzabile che già prima della beatificazione la notizia sia stata mediaticamente disponibile e che Giovanni Paolo II non l'abbia in ogni modo considerata. Perché allora il caso MacKillop di lotta alla pedofilia esplode solo con la canonizzazione del 2010? Parte della risposta è data dalle tempistiche dello scandalo dei preti pedofili, che scoppia all'interno della chiesa cattolica nel 2002, ma raggiunge il suo apice durante il pontificato benedettino, nel biennio 2009-2010. Tuttavia, neppure Benedetto XVI propone la figura agiografica della MacKillop come patrona delle vittime di abusi sessuali, nonostante diversi gruppi di pressione spingessero verso quella direzione. Più in generale, la vicenda dimostra come l'interpretazione dei modelli agiografici sia profondamente influenzata dal contesto storico della loro glorificazione e, ancora una volta, dall'interpretazione che il pontefice riserva loro. Anche se si potesse togliere ogni dubbio sul fatto che Giovanni Paolo II sapesse del ruolo di Mary MacKillop nella denuncia di un presunto prete pedofilo, è comunque difficile credere che avrebbe usato la beatificazione come momento di riflessione sul tema degli abusi sessuali, per lo meno stando a quanto storicamente si conosce sul suo atteggiamento e quello della chiesa in merito nel periodo del suo pontificato.[188] Durante la cerimonia di beatificazio-

Further sessions were held in Sidney in 1951 and 1956-1961, in Brisbane in 1959, and in Adelaide in 1961», p. 3. Non ci è dato sapere di quale documento si tratti.

187. Lesley O'Brien, *Mary MacKillop Unveiled. Australia's first saint*, John Garratt Publishing, Mulgrave 2008 (prima ed. 1994), p. 89.

188. Cfr. Kieran Tapsell, *Potiphar's Wife: The Vatican's Secret and Child Sex Abuse*, ATF Press, Adelaide 2014; *Sexual Abuse in the Catholic Church: A Decade of Crisis. 2002-2012*, a cura di Thomas G. Plante e Kathleen L. McChesney, Praeger, Santa Barbara (CA) 2011; *Sex, Priests, and Secret Codes: The Catholic Church's 2000-year Paper Trail of Sexual Abuse*, a cura di Thomas P. Doyle, A.W. Richard Sipe e Patrick J. Wall, Volt Press, Los Angeles 2006. Si veda anche il pezzo giornalistico, seppur polemico, di Jason Berry, *The Shame of John Paul II. How the Sex Abuse Scandal Stained His Papacy*, «The Nation»,

ne Giovanni Paolo II esplora diversi temi, attribuendo alla nuova figura agiografica linee interpretative multiple. Da una parte emerge chiaramente il tema dell'inculturazione: Mary MacKillop è soprattutto un modello comportamentale da proporre a tutti gli australiani, in quanto personifica i caratteri nazionali di gentilezza e generosità verso gli stranieri. Se «per la sua storia di ospitalità verso gli immigranti, l'Australia è diventata *una terra di incontri tra culture e civiltà molto diverse*», la chiesa dichiarando la religiosa beata «dice che la santità invocata dal Vangelo è australiana come ella era australiana»:

> Ella sapeva, poiché era una vera figlia del suo tempo e del suo luogo: la figlia degli immigrati che dovettero sempre lottare per costruire una vita per loro nel loro nuovo territorio. La sua storia ci ricorda il bisogno di accogliere la gente, di accostarsi a quelli che sono soli, che soffrono di privazioni, gli svantaggiati. Lottare per il regno di Dio e per la sua giustizia significa lottare per vedere Cristo nello straniero, incontrarlo in loro e aiutarli ad incontrarlo in ognuno di noi![189]

All'inculturazione si lega strettamente l'urgenza dell'evangelizzazione. La beatificazione della MacKillop è allora un auspicio affinché il paese riscopra e fortifichi le sue fondamenta cattoliche:

> La Beatificazione di Madre Mary MacKillop vuol essere una specie di "consacrazione" del popolo di Dio in Australia. Attraverso la sua testimonianza, la verità dell'amore di Dio e i valori del suo regno sono stati resi visibili in questo Continente – valori che sono la vera base della società australiana. Possa la vostra nazione restare fedele alla sua eredità cristiana! Possa la Chiesa peregrina in Australia continuare a portare avanti la sua missione, proclamando il regno di Dio e la sua giustizia.[190]

Sulla scia dell'entusiasmo della beatificazione il tentativo totalizzante di identificare tale figura agiografica come un modello per tutti gli australiani, compresi i non cattolici, non è stato sottolineato solo dal pontefice. Josephine Laffin riporta, come esempio, le parole della deputata parlamentare Mary Easson, che definisce Mary MacKillop un «paradigm of Australian», – «her ingenuity, determination, intelligence and plain stubborn

27 April 2011, consultabile online https://www.thenation.com/article/shame-john-paul-ii-how-sex-abuse-scandal-stained-his-papacy/ (15 gennaio 2017).

189. *Insegnamenti*, XVIII, 1, 1995, p. 212 (in inglese).

190. Ivi, p. 214 (in inglese).

courage are Australian values that are accessible to all Australians, whether Catholic or not» – e quelle del primo ministro Paul Keating – «in honouring Mary MacKillop His Holiness has honoured all Australian women and, I believe, he is honouring us all».[191] Tuttavia, vi è anche un'altra faccia della medaglia, ovvero la sua glorificazione rappresenta piuttosto «a publicity triumph for the Roman Catholic Church, which had recently overtaken the Anglican Church as the largest religious body in Australia, with twenty-seven per cent of the population claiming adherence».[192] La concorrenza vittoriosa con la confessione anglicana, che difficilmente non è stata notata in Vaticano, non è però una carta che Giovanni Paolo II può o vuole utilizzare. La novella beata australiana ha il fine di diffondere altre sollecitudini pastorali. Per prima cosa si rileva che emerge anche qui, ossessivamente, il tema della difesa della vita. La chiesa attraverso i suoi santi deve, infatti, difendere «*la vita* dal male dell'aborto e dell'eutanasia, incoraggiando una forte *vita familiare* di fronte alle vecchie e nuove sfide alla sua stabilità, facendo avanzare la giustizia ad ogni livello attraverso la sua dottrina sociale».[193] Secondariamente, lo stesso giorno della beatificazione il pontefice nella liturgia delle lodi con le suore di San Giuseppe, nella cattedrale di Sidney, adatta il modello della fondatrice al suo istituto, trasformando Mary MacKillop in un perfetto esempio per «l'integrità morale della consacrazione religiosa» e per comprendere la dignità e la missione della donna, nella famiglia, nella società e nella chiesa.[194] Anche questo caso, dunque, mostra ancora una volta come la polisemanticità del beato, o del santo, può determinarne la ricchezza spirituale, ma anche l'appropriazione da parte del magistero pontificio, che grazie al suo ruolo predominante lo colloca nella dimensione che più gli risulta congeniale.

Da quanto visto fin qui, la geografia della santità femminile wojtyliana mappa una realtà articolata e composita, non solo legata ai bisogni delle comunità locali, ma anche alle esigenze della chiesa universale. Se la di-

191. Josephine Laffin, *A Saint for all Australians?*, in *Saints and Sanctity*, in *Saints and Sanctity*, Peter Clarke and Tony Claydon eds., The Boydell Press for The Ecclesiastical History Society, Suffolk-Rochester 2011, p. 409 ed Ead., *The Historian. Saints in the Catholic Tradition*, in *What Does It Mean to Be a Saint? Reflection on Mary MacKillop, Saints and Holiness in the Catholic Tradition*, Josephine Laffin ed., Wakefield Press, Kent Town, 2010, pp. 16.

192. Ivi, p. 411.

193. *Insegnamenti*, XVIII, 1, 1995, pp. 212-213.

194. Liturgia delle lodi, 19 gennaio 1995, Ivi, pp. 203-208 (in inglese).

mensione globale che ha raggiunto il cattolicesimo proprio durante gli anni del pontificato wojtyliano rende, dunque, ancora più importante tanto lo sguardo verso tutti i continenti, quanto la decifrazione delle relazioni tra chiese locali e chiesa romana, che si esplicano anche in quella che è stata definita, con un neologismo, la «"hagioplastic" machinery of the Holy See»,[195] non va per questo trascurata la dimensione della santità più propriamente legata alle esigenze del papa, tanto più che in molte occasioni ha di certo avuto la priorità, come ben si vedrà nel prossimo capitolo.

195. Draxlbauer, *Catherine Tekakwitha: The Construction of a Saint*, p. 204.

4. La santità femminile al servizio del papa

1. *Sante tra passato e presente*

1.1. *Verginità, matrimonio, difesa della vita*

Il messaggio che Giovanni Paolo II affida alle figure agiografiche femminili dei diversi paesi europei è spesso incentrato sulle tematiche famigliari e sulla carica umanizzante che la donna porta in sé, come caratteristica propria del suo «genio». La maternità è stata il perno intorno al quale la chiesa ha fatto ruotare il recupero dell'elemento femminile, già dall'Ottocento, soprattutto in vista dell'educazione dei figli e dell'intera famiglia, in netta antitesi ai primi movimenti femministi laici, che tendevano piuttosto a spingere la donna verso la sfera maschile, rimarcandone l'uguaglianza, in chiave emancipazionistica. L'essere madre rappresentava al tempo stesso la libertà e il limite dell'auto-realizzazione della donna cattolica: da una parte le dava la responsabilità di salvare il mondo dalla scristianizzazione, attraverso una serie di devozioni a lei riservate che permettevano di garantire la continuità con la tradizione religiosa e di riportare gli uomini alla pratica sacramentale, mentre dall'altra esprimeva una scelta imposta, unico ruolo alternativo alla consacrazione religiosa, e dunque alla verginità, chiaramente rispondente a un'obbediente accettazione delle regole maschili, fossero dell'autorità ecclesiastica o del marito.[1]

1. Si veda anche Lucetta Scaraffia, *Devozioni di guerra. Identità femminile e simboli religiosi negli anni quaranta*, in *Donne e uomini nelle guerre mondiali*, a cura di Anna Bravo, Laterza, Roma-Bari 1991, pp. 135-160. Secondo la tesi della nota femminista Uta Ranke-Heinemann la difesa della maternità e la lotta alla contraccezione della chiesa cattolica sono da porre in correlazione con le guerre e il riarmo: «La strategia militare non va

Durante il pontificato di Giovanni Paolo II l'aggiornamento del paradigma, come già visto in precedenza, risiede nella forma, più che nel contenuto. La maternità è sicuramente uno dei temi centrali del discorso agiografico papale legato alle beatificazioni e alle canonizzazioni femminili. Il suo recupero, nel pensiero wojtyliano, non è visto però come una rinnovata opzione di sottomissione, ma piuttosto come il migliore assecondamento possibile della natura intrinseca della donna. La sottolineatura della funzione materna in anni scossi da accesi dibattiti mediatici sul controllo delle nascite, sulla contraccezione e sulla legalità dell'aborto, come quelli in cui si è trovato a operare Giovanni Paolo II, non sembra avere tanto l'intento di assegnare alla donna un preciso ruolo sociale – donna come madre e casalinga –, ma preferibilmente difendere una prerogativa nella materia in cui la chiesa cattolica sempre più insistentemente vuole proporsi come unico soggetto legislatore, ovvero la biopolitica – e già si è parlato del caso più significativo in questo senso, quello di Gianna Beretta Molla. Il tema della maternità, tuttavia, è legato indissolubilmente anche a quello del matrimonio eterosessuale, unica vera unione possibile tra uomo e donna. Nonostante sia un elemento importante nella valorizzazione dei modelli agiografici laicali, diverse volte nelle omelie di beatificazione o di canonizzazione wojtyliane è accostato a ciò che a prima vista può sembrargli antitetico, ovvero la verginità, due opzioni che invece vengono presentate come egualmente onorevoli, secondo una tradizione affermatasi nel medioevo piuttosto consueta.[2] L'esempio più calzante è, infatti, il discorso omiletico per la santificazione della principessa ungherese Kinga, o Cunegonda (1224-1292), il 16 giugno 1999 a Stary Sącz, in Polonia, durante l'ottavo viaggio apostolico nel paese natale. Giovanni Paolo II riesce qui ad affiancare e a esaltare sia la verginità che il matrimonio, facilitato proprio dal fatto che Kinga aveva vissuto numerosi anni della sua vita da donna sposata, prima di diventare monaca – ma in accordo con il marito aveva fatto voto di castità e insieme

d'accordo con la contraccezione e la contraccezione non va d'accordo con la strategia militare. Se ne viene impedita la nascita, l'uomo manca come arma. I preparativi bellici devono essere trasferiti nella camera da letto. Un ostacolo al concepimento significa un disarmo unilaterale. Non è perciò un caso se il rifiuto della contraccezione raggiunge il culmine nel secolo della corsa agli armamenti e delle guerre mondiali», in Uta Ranke-Heinemann, *Eunuchi per il regno dei cieli. La chiesa cattolica e la sessualità*, Rizzoli, Milano 1988, p. 284.

2. Cfr. il classico Peter Brown, *The Body and Society: Men, Women, and Sexual Renunciation in Early Christianity*, Columbia University Press, New York 1988.

avevano deciso di vivere come fratello e sorella.[3] Il papa dapprima esprime un'accorata difesa del consorzio familiare:

> La famiglia si trova al centro del grande combattimento tra il bene e il male, tra la vita e la morte, tra l'amore e quanto all'amore si oppone. Alla famiglia è affidato il compito di lottare prima di tutto per liberare le forze del bene, la cui fonte si trova in Cristo Redentore dell'uomo. Occorre far sì che tali forze siano fatte proprie da ogni nucleo familiare, affinché, come è stato detto in occasione del millennio polacco del cristianesimo, la famiglia sia «forte di Dio».[4]

Mentre in seguito, non senza una certa forzatura – ci si domanda con indiscrezione come realmente sia possibile vivere autenticamente il matrimonio e allo stesso tempo vivere autenticamente la verginità/castità –, rinsalda il valore dell'integrità sessuale, da difendere anche se nei tempi moderni sembra difficile da comprendere e da perseverare senza vergogna. Verginità e castità conducono, infatti, nelle parole del pontefice, alla libertà interiore:

> Oggi rileggiamo questa grande testimonianza. Santa Kinga insegna che sia il matrimonio che la verginità vissuta in unione con Cristo possono diventare una via di santità. Oggi santa Kinga si pone a salvaguardia di questi valori. Ricorda che in nessuna circostanza il valore del matrimonio, questa indissolubile unione d'amore di due persone, può essere messa in dubbio. Qualunque difficoltà nasca, non si può rinunciare alla difesa di questo amore originale, che ha unito due persone e che viene incessantemente benedetta da Dio. Il matrimonio è la via della santità, perfino quando diventa la via della croce. Le mura del convento di Stary Sącz, a cui santa Kinga diede inizio e nel quale terminò la sua vita, sembrano oggi testimoniare quanto essa apprezzasse la castità e la verginità, vedendo giustamente in un tale stato un dono

3. A questo proposito si noti, a titolo di curiosità, quanto riportato nel popolare sito www.santiebeati.it, a prova di come la storicità dei modelli agiografici medievali risulti quasi sempre problematica. Sul matrimonio tra Cunegonda e l'imperatore del sacro romano impero Enrico II «specialmente al principio del XX secolo, sono sorte parecchie polemiche: in alcuni testi antichi, infatti, tra i quali la bolla di papa Innocenzo III, si narra che i due coniugi fecero voto di perpetua verginità e si parlò così di "matrimonio di San Giuseppe" e per tale motivo a Cunegonda è stato talvolta attribuito il titolo di "vergine", ma secondo altri autori moderni una simile qualifica non corrisponderebbe alle narrazioni di contemporanei come Rodolfo il Glabro. Secondo quest'ultimo, infatti, Enrico si accorse della sterilità della moglie, ma nonostante il matrimoniale germanico ammettesse il ripudio, non volle usare questo diritto per la grande pietà e santità che riscontrava nella consorte e preferì continuare a vivere insieme a lei pur senza speranza di prole». Cfr. http://www.santiebeati.it/dettaglio/43700 (20 dicembre 2016).

4. *Insegnamenti*, XXII, 1, 1999, pp. 1379-1386 (in polacco).

straordinario, grazie al quale l'uomo sperimenta in un modo speciale la propria libertà. [...] Ai piedi di questo convento, insieme con santa Kinga chiedo in modo particolare a voi, giovani: difendete la vostra libertà interiore! Che una falsa vergogna non vi distolga dal coltivare la castità![5]

Quanto letto sembra mostrare piuttosto chiaramente una certa ambiguità di fondo: se da un lato viene ribadito che la santità può compiersi anche all'interno della vita matrimoniale, tentando così il superamento di una tradizione che raramente ha riconosciuto l'istituto familiare come luogo di realizzazione di una santità piena, dall'altro non solo la verginità resta centrale, ma si persevera nella presentazione di modelli agiografici femminili di spose votatesi alla castità all'interno del matrimonio (Benedetta Cambiagio Frassinello, Agnese di Boemia), di fondatrici che lasciano la famiglia per consacrarsi interamente al proprio istituto (Marie d'Oultremont de Jésus o Anna Rosa Gattorno) o ancora, mogli abbandonate e maltrattate che sacrificano la propria vita per salvare un matrimonio vissuto come luogo di sofferenza (Elisabetta Canori Mora, Victoire Rasoamanarivo).

La cosa certa è che il tema della difesa della dignità umana diventa il minimo comun denominatore, il tema che colloca la santità femminile al servizio del papa. L'esempio di Zdislava di Lemberk (ca. 1220-1252), canonizzata da Giovanni Paolo II il 21 maggio 1995 a Olomouc, durante il suo viaggio in Repubblica Ceca, è piuttosto efficace.[6] Figura conosciuta nei territori slavi, Zdislava, o Zedislava, nasce e vive in Moravia nel XIII secolo. Presto obbligata dai genitori a sposare un principe della famiglia Lemberk, ha quattro figli che educa religiosamente. Con il permesso del marito veste l'abito del Terz'Ordine Domenicano e cura la diffusione dell'Ordine dei Frati Predicatori in Boemia. La fama di santità si diffonde rapidamente in seguito alla sua morte, ma dopo circa un secolo e mezzo sembra del tutto affievolita. Solo a seguito di un suo risveglio nel XVI secolo si riesce a giungere alla conferma del culto per volontà di Pio X il 28 agosto 1907. Bisognerà poi attendere il 1948 per un nuovo interessamento curiale, quando l'allora vescovo di Litoměřice, Stefan Trochta, presenta una petizione a Pio XII per la canonizzazione di Zdislava. Il dopoguerra e la situazione del paese non permettono tuttavia un'azione concreta in questo senso. Un ennesimo tentativo viene fatto nel 1968 dal provinciale dei domenicani in

5. *Ibid.*

6. Biogramma di Zdislava di Lemberk in *Bibliotheca sanctorum*, XII, Città Nuova, Roma 1969, pp. 1460-1461. Zdislava è canonizzata insieme a Jan Sarkander (1576-1620).

Cecoslovacchia, Ambroz Svatoš, che invia senza successo una supplica a Paolo VI. Il coinvolgimento della Santa Sede riprende nel biennio 1980-1982, grazie ad alcune lettere postulatorie indirizzate a Giovanni Paolo II, e la causa viene finalmente riaperta nel 1987 con la deputazione del relatore Ambrosius Eszer, secondo le nuove normative wojtyliane. Le difficoltà nel reperire le informazioni biografiche per attestare le virtù di Zdislava di Lemberk hanno giocato sicuramente un ruolo importante nel ritardo con cui la causa di canonizzazione è poi proceduta: come ha scritto lo stesso relatore, non è infatti interesse delle fonti medievali conoscere il santo nella sua individualità, ma semmai nella sua funzione, e, di più, non è presente il concetto di virtù eroica in quel periodo storico. Infine, la distruzione nel 1419 del monastero dei domenicani a Jablonné, alla quale la beata era legata e dove era stata sepolta, ha solo complicato ulteriormente un processo con un *iter* già piuttosto problematico.[7] Il rinnovato interesse per la causa durante il pontificato di Giovanni Paolo II, particolarmente negli anni Ottanta, non si rivela fortuito. Sono le parole dello stesso Eszer a palesare precise esigenze politico-pastorali legate alla figura della santa morava:

> L'importanza ecclesiale della figura della "domina" Zdislava è fuori questione. La Nazione ceca appartiene al gruppo di popoli relativamente "poveri" di Cause, ed il cristianesimo cattolico di quel paese deve affrontare, dopo quattro decenni di dominio comunista, un difficile periodo di ricostruzione in ogni senso di ciò che è stato distrutto, non solo dai comunisti ma anche dall'anticlericalismo apostatico del primo dopo guerra. La Chiesa cattolica ceca ha senza dubbio bisogno di un ritorno alle sue radici di un cattolicesimo forte, non incrinato da secoli di dubbi distruggenti, che sarà anche propizio per l'avvenire. La b. Zdislava unisce nella sua persona tutte le caratteristiche della donna cristiano-cattolica, essendo madre di famiglia, anima contemplativa di preghiera, ricca di carità, che non si adatta a frasi socialistoidi, fino a poco tempo fa di grande moda, non solo nei paesi del socialismo reale, ma anche nell'Occidente, definito libero.[8]

Il discorso appena citato non solo appare come una sorta di *captatio benevolentiae* nel toccare le tematiche più sensibili del pontificato wojtyliano – anticomunismo e difesa della famiglia – al fine di assicurare alla

7. Congregatio de Causis Sanctorum, *Litomericen. Canonizationis B. Zdislavae de Lemberk materfamilias (c. 1220-1252). Positio super vita, virtutibus et cultu*, Tipografia Guerra, Roma 1993, *Informatio*, pp. XI-XXXI.

8. Ivi, *Praenotatio Relatori Generalis*, p. IX.

causa un esito felice, ma rimarca anche la rilevanza strategica che un simile modello agiografico può avere in un paese come la Repubblica Ceca negli anni Novanta – e non si dimentichi che è proprio nell'anno della stesura della *positio super virtutibus*, il 1993, che il paese diventa indipendente. Per prima cosa, e non gratuitamente, si rileva la povertà della nazione nel numero di modelli agiografici, in seguito si menziona appunto la situazione politica del paese, da poco uscito da un regime comunista, e bisognoso di un ritorno alle precedenti, «forti» radici nazional-cattoliche, e, infine, si presenta Zdislava come una figura duttile e polisemantica – perché donna poliedrica, sia madre di famiglia sia contemplativa, perché personaggio storico espressione di un cattolicesimo antico, lontano da compromessi con il passato dittatoriale, perché facilmente anticomunista. Se si considera che la canonizzazione è avvenuta a soli due anni dalla stesura della sua *positio super virtutibus*, è ipotizzabile anche che la stessa Congregazione delle Cause dei Santi sapesse già dell'intenzione del pontefice di vistare il paese nell'immediato futuro e che, dunque, si sia sollecitata appositamente la conclusione della causa. Questo potrebbe infatti spiegare il breve lasso di tempo intercorso tra la stesura della *positio* e la chiusura della causa – si pensi che il decreto sul miracolo è datato 6 aprile 1995, solo poco più di un mese prima della visita del pontefice in Repubblica Ceca –[9] e della prospettiva così mirata nelle parole del relatore.

L'eco della dedicazione dell'anno precedente, il 1994, alla famiglia è ancora forte e presente nell'omelia di canonizzazione, pronunciata dal papa il 21 maggio 1995:

> Il suo esempio appare di notevole attualità, soprattutto in riferimento al valore della famiglia, che – ella ci insegna – dev'essere aperta a Dio, al dono della vita e alle necessità dei poveri. La nostra santa è una mirabile testimone del «Vangelo della famiglia» e del «Vangelo della vita», che la Chiesa è più che mai impegnata a diffondere in questo passaggio dal secondo al terzo millennio cristiano. Famiglie della Boemia, famiglie della Moravia, tesoro inestimabile di questa nazione, diventate ciò che siete nel piano di Dio, specchiandovi nell'esempio dei vostri santi! E tu, Zdislava di Lemberk, guida le famiglie della tua Patria e del mondo intero alla conoscenza sempre più profonda della loro missione, rendile aperte al dono, tu, madre dolce e forte, caritatevole e pia![10]

9. Cfr. AAS, 87 (1995), pp. 1125-1126.
10. *Insegnamenti*, XVIII, 1, 1995, pp. 1362-1367 (in ceco).

Ma ancora più forte è l'interesse del pontefice a piegare sempre di più il modello verso il tema della difesa della vita: Zdislava, infatti, non è solo testimone del «vangelo della famiglia», ma anche del «vangelo della vita», entrambi, come lui stesso afferma, messaggi che la chiesa del terzo millennio è impegnata a proteggere. L'affiancamento di tale prerogativa biopolitica alla figura di Zdislava di Lemberk è cronologicamente osservabile anche nelle lettere postulatorie, accluse nella *positio super virtutibus et cultu*. La santa emerge dapprima come modello di apostolato sociale per le famiglie appena formate o per quelle minacciate di disgregazione – Zdislava è segnalata come patrona di chi vive un matrimonio difficile –, come ad esempio nella lettera dei parrocchiani di Křižanov, in diocesi di Brno, datata all'aprile 1980:

> Hodie ea intercedente iuvat Deus maxime in aegritudinibus huius temporis quibus mundus mederi nequit, scilicet in vitae familiaris difficultatibus solvendis. Zdilsava valde veneratur uti exemplum et patrona adolescentium qui matrimonium sanctificatum contrahere desiderant, uti exemplar patronaque coniugum, simulque auxiliatrix in hodiernis vitae coniugalis periculis et scopulis.[11]

O, come nella lettera di Franciszek Macharski, arcivescovo di Cracovia, del 15 novembre 1989, dove emerge sia il tema della difesa della famiglia cristiana – «Zdislava è divenuta santa nel matrimonio e nella famiglia e perciò è il modello perfetto e la fonte di ispirazione per le famiglie cristiane di oggi, per le quali Vostra Santità dimostra la sua grande sollecitudine» –, sia la necessità di un modello nazionale – «e chiedo a Vostra Santità che canonizzi questa donna esemplare, madre di quattro figli, e in tal modo possa rafforzare nella fede il popolo di Dio in Cecoslovacchia, per la quale esso soffre persecuzioni e contrarietà da oltre 40 anni».[12] Lo slittamento del modello agiografico verso la difesa della vita avviene definitivamente nella testimonianza assai significativa del presidente della Cecoslovacchia Václav Havel, datata 1990. Nella sua lettera postulatoria al pontefice scrive:

> Per la rinascita spirituale delle nostre famiglie il nostro esempio è la Signora Zdislava, donna di santa vita. [...] Il suo culto da noi è grande e ci riempie di

11. Congregatio de Causis Sanctorum, *Litomericen. Canonizationis B. Zdislavae de Lemberk*, *Documenta*, p. 200.
12. Ivi, *Documenta*, pp. 204-205.

speranza che il suo ulteriore approfondimento aiuterà a curare e risanare l'atmosfera della vita, contaminata e avvelenata dall'egoismo e dalla mancanza d'amore. La Signora Zdislava, importante donna della storia boema, continua attraverso la sua vita di ispirata a parlare alle mogli e alle madri di oggi sulla loro dignità di trasmettitori del dono della vita. Fa loro vedere che la vita va aumentata e difesa, non distrutta.[13]

Il modello agiografico ha qui una chiara funzione di recupero dell'identità nazionale dopo gli anni del regime comunista, ma sembra aggiungere anche quella di rispondere a una preoccupazione che evidentemente non è solo di Giovanni Paolo II, ma che con questo è in perfetta armonia, ovvero quella dell'aborto: è risaputo, infatti, come dopo il crollo dell'Urss i paesi dell'est Europa, Cecoslovacchia compresa, abbiano avuto il tasso mondiale di aborti più alto, tanto da diventare un problema di natura non solo privata.[14] Se la comunanza di vedute, quella del potere politico e quella del potere spirituale, risulta, se non già nel successo della causa, nella popolarità del modello agiografico, l'incontro tra le due esigenze trasforma invece la canonizzazione in un vero e proprio strumento pastoral-politico di ampio raggio, a partire dalla nascita della santità stessa.

1.2. *Fondatrici tra tradizione ed emancipazione*

Come già rilevato nell'analisi statistica, l'elevato numero di fondatrici tra le beate e le sante wojtyliane non può essere rubricato solamente a caratteristica della santità otto-novecentesca. Il loro numero – 92 beate e 25 sante fondatrici – sta a significare che il sistema canonico legato ai processi di canonizzazione privilegia tanto gli ordini e le congregazioni religiose in grado di sostenere una causa per la santità, quanto la particolare promozione di un modello agiografico facilmente declinabile al femminile e dedicabile non solo al mondo intra-ecclesiale, ma alla donna *tout court*. Come in parte già visto, la storiografia cattolica femminista ha letto la santa fondatrice come

13. Ivi, pp. 206-207.

14. L'Europa dell'est presenta il più alto tasso di aborti nel mondo (43 ogni mille donne) secondo la ricerca pubblicata sulla rivista medica «Lancet», che fa il punto della situazione globale sull'interruzione di gravidanza nel 2008, mettendo i dati a confronto con ricerche simili realizzate nel 2003 e nel 1995. Cfr. *Global Abortion Rates, An update on abortion rates around the world offers little comfort*, in «The Economist online», 19 January 2012 (http://www.economist.com/blogs/graphicdetail/2012/01/daily-chart-7, 20 dicembre 2016).

persona di azione e di potere, esempio ben riuscito di emancipazione in grado di coniugare elementi spirituali tradizionali con il progressivo evolversi dei bisogni della società, in una relazione proficua e innovativa.[15] Secondo tale lettura le congregazioni religiose femminili europee intorno alla metà del XIX secolo, a seguito dell'ampio fenomeno di secolarizzazione dei beni ecclesiastici, hanno liberato energie compresse per secoli nella clausura, dando vita a nuove forme istituzionali senza base fondiaria – non è infatti più prevista la dote come requisito obbligatorio per l'entrata nella vita religiosa –, che poggiano il loro sostentamento sul lavoro della comunità stessa e sulla nuova figura della superiora generale. Proprio le leggi di secolarizzazione in diversi paesi europei, come Italia e Germania, hanno stimolato l'imprenditorialità delle fondatrici, che hanno dovuto garantire patrimoni per la continuazione delle proprie fondazioni e gestire fondi in modo produttivo, secondo un'ottica di tipo capitalistico (reinvestimento del surplus, autonomia decisionale, pubblicizzazione, etc.). La fondatrice che costruisce una congregazione religiosa di questo tipo diventa così un modello trasgressivo tanto per la gerarchia ecclesiastica, perché di fatto emancipa la donna cattolica dall'interno, nella concretezza di un modello vincente, quanto conseguentemente per la società laica. Anche le fondazioni religiose femminili italiane studiate da don Rocca, così come quelle in Francia sondate da Langlois, confermano in parte il ragionamento: il periodo più fulgido per le religiose sembra effettivamente essere stato proprio l'Ottocento, quando, attraverso la fondazione di nuove congregazioni a carattere sociale, «hanno più lottato per superare gli effetti negativi cui le conduceva una determinata concezione della specificità di sesso».[16]

A tale proposito tra i modelli agiografici wojtyliani la figura di Anna Rosa Gattorno (1831-1900), beatificata il 9 aprile 2000, è alquanto indicativa. Oltre a essere fondatrice delle Figlie di Sant'Anna, è anche madre di

15. Cfr. Scaraffia, *La "quota rosa" dei santi*, pp. 129-138 ed Ead., *Fondatrici e imprenditrici*, in *Santi, culti e simboli nell'età della secolarizzazione*, pp. 479-491.

16. Giancarlo Rocca, *Donne religiose. Contributo a una storia della condizione femminile in Italia nei secoli XIX-XX*, Edizioni Paoline, Roma 1992, particolarmente pp. 303-305 (cit. a p. 301). Si veda anche Id., *Riorganizzazione e sviluppo degli Istituti religiosi in Italia dalla soppressione dal 1966 a Pio XII (1939-58)*, in *Problemi di storia della Chiesa dal Vaticano I al Vaticano II*, Edizioni Dehoniane, Roma 1988, pp. 239-294. Monumentale anche l'opera di Claude Langlois, *Le catholicisme au feminin. Les congrègations françaises à superieure gènèrale au XIXe siècle*, Les Éditions du Cerf, Paris 1984, in particolare sulle fondatrici pp. 263-301.

famiglia che saggia la perdita dei propri cari e che trasforma la sofferenza interiore in messaggio religioso, secondo l'archetipo di Maria *mater dolorosa*, addolorata per la perdita del figlio e allo stesso tempo consapevole di un progetto escatologico più grande. È una figura di certo non marginale nella visione sacrificale che Giovanni Paolo II attribuisce all'elemento femminile. La biografia e la tradizione agiografica sono eloquenti. Anna Rosa Gattorno, proveniente da una famiglia benestante di Genova, sposa nel 1852, a ventun anni, il cugino Gerolamo Custo e si trasferisce a Marsiglia. Presto il marito subisce un dissesto finanziario e la coppia è costretta a far ritorno a Genova in povertà. Nel 1853 nasce la prima figlia, che a causa di un improvviso malore diventa sordomuta, seguita in pochi anni da altri due bambini. Nel 1858, a distanza di pochi mesi uno dall'altro, muoiono sia il marito che il terzogenito. Le perdite vengono colmate da una conversione religiosa, operata sotto la guida di un confessore, e dall'emissione dei voti privati perpetui di castità, obbedienza e povertà come terziaria francescana. Nel 1862 riceve il dono delle stimmate occulte. Per la sua fama di donna devota le è conferita la presidenza della Pia Unione delle Nuove Orsoline Figlie di S. Maria Immacolata a Genova. Le perplessità legate alla paura di non occuparsi in modo adeguato dei figli spingono Anna Rosa Gattorno a chiedere consiglio a papa Pio IX, che la incoraggia invece verso una nuova fondazione. Superate le resistenze dei parenti e abbandonate le opere genovesi, dà inizio a Piacenza all'Istituto delle Figlie di Sant'Anna. Nel 1870 emette la professione religiosa e opera nel sociale per il resto della sua vita.[17] Indubbiamente la beata è stata l'importante fondatrice di una grande congregazione – le Figlie di Sant'Anna sono diffuse in tutti i continenti e contano 1404 religiose in 219 case –[18] in grado, attraverso una certa indipendenza, imprenditorialità e *status* sociale, di ritagliarsi il proprio spazio tra una gerarchia ecclesiastica tutta al maschile, ma, come emerge indirettamente dai documenti del processo canonico, è stata comunque costretta a sottostare ai modelli regolativi dell'apparato ecclesiastico:[19] seppur don-

17. Notizie biografiche in Ambrogio Maria Fiocchi, *Rosa Gattorno. Fondatrice (1831-1900)*, Congregazione Figlie di S. Anna, Roma 1996 (è una versione aggiornata della prima biografia datata al 1937 e scritta da suor Ernestina Degetto) e Natalina A. Sotgia, *Rosa Gattorno. Fondatrice*, Congregazione Figlie di S. Anna, Roma 1997.

18. *Annuario Pontificio per l'anno 2010*, LEV, Città del Vaticano 2010, p. 1648.

19. Congregatio de Causis Sanctorum, *Romana Canonizationis Servae Dei Annae Rosae Gattorno fundatricis Instituti V.D. "Figlie di S. Anna" (1831-1900). Positio super virtutibus*, Tipografia Guerra, Roma 1991, *Informatio*, pp. 1-167.

na d'azione e imprenditrice, la sua figura non può dunque essere letta in modo del tutto dirompente e trasgressivo, come certa letteratura cattolica ha fatto. La sua fondazione rientra appieno in quelle nuove congregazioni tardo-ottocentesche a carattere sociale sopra citate, ma come è accaduto per la maggior parte di esse, anche le Figlie di Sant'Anna hanno subito un inquadramento/disciplinamento secondo strutture più classiche, non volute dalla fondatrice e dalla comunità religiosa, ma dalla Santa Sede. Il braccio di ferro tra la congregazione della Gattorno e la Santa Sede per il suo riconoscimento ufficiale non è stato né facile né di breve durata. Poiché nelle regole della fondazione erano previsti i voti temporanei per le religiose, la prestazione agli infermi di giorno e di notte anche a domicilio e negli ospedali, qualunque fosse la loro condizione e sesso, la possibilità di accettare le vedove e la gestione delle scuole frequentate anche da bambini maschi dai 7 ai 10 anni, le costituzioni non sono state subito accettate dalla Congregazione dei Vescovi e Regolari, che nel 1876 e nel 1879 ha chiesto precise correzioni, ritenendo alcuni aspetti sconvenienti, quando non pericolosi. Le Figlie di Sant'Anna nel capitolo generale del 1881 hanno a loro volta rifiutato le *animadversiones* della Congregazione dei Vescovi e dei Regolari, giungendo a uno scontro aperto, risoltosi solo nel 1892 con l'approvazione definitiva delle costituzioni, profondamente modificate rispetto al progetto originario.[20] L'inquadramento di una figura come quella di Anna Rosa Gattorno è avvenuta anche attraverso l'imposizione di una visita apostolica *ad hoc* – conclusasi dopo la sua morte –, che sembra far parte di una più ampia sottomissione costitutiva della donna religiosa alla gerarchia ecclesiastica, anche se si tratta di una superiora generale.[21]

20. Rocca, *Donne religiose. Contributo a una storia della condizione femminile*, pp. 161-163. La sistemazione giuridica di simili nuove congregazioni religiose avviene solo nel 1900 con la costituzione apostolica *Conditae a Christo* e le *Normae* dell'anno successivo. Cfr. anche Giuseppe Julia, *Figlie di Sant'Anna*, in *Dizionario degli Istituti di perfezione*, a cura di Guerrino Pelliccia e Giancarlo Rocca, vol. 3, Edizioni Paoline, Roma 1976, pp. 1733-1734.

21. Una delle due visite apostoliche ricevute dalla Figlie di Sant'Anna durante il superiorato della Gattorno aveva infatti come obiettivo il controllo della fondatrice e della congregazione a seguito di rimostranze avanzate da alcune suore sulla direzione dell'istituto e a seguito della pubblicazione di un testo intitolato *Travagli e conforti*, una sorta di storia della fondazione scritta dalla Gattorno stessa, ma in forma anonima, la cui lettura era stata vietata dalla Santa Sede e che è la ragione del *dilata* posto dal Sant'Uffizio alla causa nel 1932. Cfr. Congregatio de Causis Sanctorum, *Romana Canonizationis Servae Dei Annae Rosae Gattorno fundatricis Instituti V.D. "Figlie di S. Anna" (1831-1900). Positio super virtutibus*, *passim*.

Un secondo aspetto che traspare dalla documentazione giuridica e dalla tradizione agiografica è il grande valore che viene dato alla consacrazione religiosa di Anna Rosa Gattorno, a scapito del suo stato matrimoniale, della sua condizione di sposa e madre. Anche se in più parti della *positio super virtutibus* la fondatrice genovese viene definita un bell'esempio di moglie, alcuni testimoni chiamati in causa depongono diversamente. La testimonianza di suor Serafina Foglia, ad esempio, è alquanto eloquente. La religiosa rileva che la serva di Dio non parlava mai del suo matrimonio, a meno che non glielo si chiedesse direttamente «e un'altra volta ancora mi disse che il mutismo della sua figliuola, si doveva all'aver preso essa marito. "È un castigo sopravvenuto, perché ho preso marito". Sentiva come un'umiliazione la Serva di Dio l'essere stata unita in matrimonio».[22] A seguito della fondazione della congregazione i due figli vengono affidati a dei tutori, ma è chiaro dalle testimonianze che sono stati un problema costante non solo per la fondatrice, ma anche per l'istituto stesso.[23] È narrato come il secondogenito, per poter sposare una donna incinta, confessi alla madre la paternità di un figlio non suo e di come la Gattorno, per tutelare la sua fondazione, promuova una causa di disconoscimento, o di come la figlia, invece, una volta sposata, venga sobillata dal marito a ricevere vantaggi economici dai beni di famiglia e dall'istituto.[24] In certa letteratura agiografica s'intravedono ancora più insistentemente i difficili rapporti filiali a seguito della consacrazione religiosa. In un testo prodotto dalle Figlie di Sant'Anna, tutto incentrato sullo studio del «carisma della maternità», sia reale che spirituale, di Anna Rosa Gattorno, gli episodi di incomprensione, pur riportati a vantaggio di un modello di madre perfetta, dipingono piuttosto relazioni filiali drammatiche, al limite di comportamenti psicologici

22. Congregatio de Causis Sanctorum, *Romana Canonizationis Servae Dei Annae Rosae Gattorno fundatricis Instituti V.D. "Figlie di S. Anna" (1831-1900). Positio super virtutibus*, *Informatio*, pp. 118-119 o *Summarium*, p. 162.

23. Si cita qui la testimonianza di suor Anna Camilla Valentini, superiora in diverse case della congregazione. Riferisce anche lei, tra le tante cose, che la serva di Dio considerava la figlia sordomuta una pena meritata, perché non aveva seguito la sua vocazione religiosa fin da subito. Emerge inoltre come i parenti della Gattorno frequentassero l'istituto – la casa dove abitavano confinava con la casa religiosa di Roma e così anche a Piacenza – e come spesso chiedessero soldi e inscenassero commedia pietose – la figlia mostrava a tutti i lividi procurati dal marito, etc. Risulta chiaro come lo stato civile della fondatrice non sia stato di giovamento per la congregazione. *Ibid.*, pp. 366-417.

24. Ivi, *Informatio*, *Breve esposizione della vita della Serva di Dio.*

socialmente accettabili.[25] Come si evince dalle lettere riportate nel volume, la figlia soffre a tal punto della lontananza della madre che un giorno, mentre la fondatrice scrive a una delle sue suore chiamandola «figlia mia», le «prende la penna e fa uno scarabocchio sulla parola figlia. Questo non è vero, non può scrivere ciò! La figlia è lei!».[26] Come emerge da altri scritti, il figlio, invece, quasi impazzisce quando la madre lo lascia per la consacrazione religiosa, diventando da allora un motivo di continue sofferenze a causa dei suoi insuccessi esistenziali e lavorativi (disoccupazione, debiti, cattive compagnie, etc.).[27] Sembra pertanto eloquente, da quanto affiorato, l'ambivalenza del modello agiografico di madre e fondatrice. A dispetto del tentativo di armonizzazione agiografica, che semplifica ciò che invece è molto complesso sul piano esistenziale, tra le quinte i due stati di vita si mostrano invece in tutta la loro differenza e inconciliabilità. La maternità effettiva e la maternità spirituale, quando coesistono, lasciano evidentemente fratture profonde che, seppur minimizzate, non riescono a scomparire del tutto, velando così l'esemplarità del modello femminile.

Altra nota fondatrice glorificata da Giovanni Paolo II è Anjeza Gonxhe Bojaxhiu, universalmente nota come madre Teresa di Calcutta (1910-1997), proclamata beata il 19 ottobre 2003, durante la giornata missionaria mondiale a Roma. La vita di questa figura di straordinario apostolato sociale a favore dei poveri è piuttosto conosciuta. Nata a Skopje, in Albania da una famiglia originaria del Kosovo di fede cattolica, a diciotto anni entra nella Congregazione delle Suore Missionarie di Nostra Signora di Loreto. Missionaria in Irlanda nel 1928, l'anno successivo viene mandata in India, dove per circa vent'anni insegna storia e geografia alle ragazze di buona famiglia in un collegio di Calcutta. Il 10 settembre 1946, mentre è in treno diretta a Darjeeling per degli esercizi spirituali, avverte quella che lei stessa ha poi definito la «seconda chiamata», ovvero la fondazione di una congregazione dedicata ai «più poveri dei poveri». Nel 1950 fonda così la Congregazione delle Missionarie della Carità, che è solo l'inizio di un'attività fondatrice davvero consistente: nel 1963 nasce il movimento Corpus Christi per i sacerdoti, nel 1979 i Fratelli contemplativi missionari della carità, nel 1984 i padri missionari della carità, nel 1987 i missionari

25. Maria E. Convertini, *Rosa Gattorno, una madre*, Casa Generalizia Figlie di S. Anna, Roma, senza data.

26. Ivi, p. 38.

27. Ivi, p. 56.

della carità laici. Nel frattempo, il 22 agosto 1952 inaugura la Casa *Kalighat*, ovvero la Casa per i morenti, poi chiamata Casa dei puri di cuore (*Nirmal Hriday*), nata per offrire assistenza ai numerosi malati rifiutati dagli ospedali cittadini a causa delle condizioni di estrema povertà in cui versano. Due anni dopo madre Teresa crea il Centro di speranza e di vita per accoglierVi i bambini abbandonati e qualche anno dopo comincia ad accogliere e assistere anche i malati di lebbra. Nel 1958 viene aperto un centro per i lebbrosi a Tigarah, in una zona degradata nella periferia di Calcutta, chiamato *Gandhiji's Prem Niwas* (Dono d'amore di Gandhi). Nel 1961, a seguito di una donazione voluta dal governatore del Bengala, viene realizzato il villaggio di *Shanti Nagar* (Città della pace), dove i lebbrosi possono vivere e lavorare. Già dal febbraio 1965, dopo la concessione alle missionarie della carità del titolo di Congregazione di diritto pontificio e la possibilità di espandersi anche fuori dall'India, madre Teresa comincia a viaggiare e ad aprire case in altri paesi. La sua fama diventa presto internazionale, anche grazie all'amicizia con Giovanni Paolo II. I due si scambiano diverse visite e in virtù dell'appoggio papale madre Teresa apre ben tre case a Roma. Nel corso della sua vita è insignita di numerosi premi, tra i quali: nel 1971 il premio per la pace Giovanni XXIII, assegnatole da Paolo VI; nel 1978 il premio Balzan per l'umanità, la pace e la fratellanza tra i popoli; nel 1979 il premio Nobel per la pace. Dopo varie degenze in ospedale madre Teresa muore a Calcutta il 5 settembre 1997.[28] In seguito alla morte, l'ampia risonanza mediatica che circonda la sua figura ha si-

28. Tre le biografie autorizzate: Edward Le Joly, *We Do It for Jesus*, Longman & Todd, London 1977 (trad. it., *Lo facciamo per Gesù. Madre Teresa e le Missionarie della Carità*, Edizioni Paoline, Roma 1978); Navin Chawla, *Mother Teresa. The Authorised Biography*, Diane Publishing Co., Boston 1992 (trad. it. *Madre Teresa*, Rizzoli, Milano 1993); Kathryn Spink, *Mother Teresa: A Complete Authorized Biography*, Harper, San Francisco 1997 (trad. it., *Madre Teresa. Una vita straordinaria*, Piemme, Milano 1997). Si vedano anche: Joan Graf Clucas, *Mother Teresa*, Chelsea House Publications, New York 1988; Elena Bergadano, *Madre Teresa. La donna più potente del mondo*, Edizioni Paoline, Milano 1997; Annalisa Borghese, *La donna delle beatitudini. Madre Teresa di Calcutta*, Ancora, Milano 2001; José L. González Balado, *Madre Teresa. Ricordo e messaggio*, Edizioni Paoline, Cinisello Balsamo 2003; Meg Greene, *Mother Teresa: A Biography*, Greenwood Press, Westport 2004. Sulla figura agiografica si consultino: Mario Cardinal, *Blessed Mother Teresa of Calcutta: The Making of a Saint*, CBC Radio-Canada and Novalis, Toronto 2003 e Gezim Alpion, *Mother Teresa: Saint or Celebrity?*, Routledge, London 2007. Rimando anche alla mia sintesi Ciciliot, *Una santa sotto i riflettori: Madre Teresa di Calcutta*, pp. 477-492.

curamente contribuito all'apertura anticipata della causa di beatificazione, concessa da Giovanni Paolo II già nel dicembre 1998, e alla rapida conclusione del processo canonico. Il caso di madre Teresa di Calcutta è alquanto rappresentativo per l'intersecazione che si può riscontrare tra il piano della vita vissuta e quello della dimensione agiografica, che non presenta alcuna discontinuità, e tra la misura della memoria e quella del tempo presente, evidentemente verificabile solo grazie alla possibilità di aprire una causa di canonizzazione a pochi anni dalla morte del candidato alla santità. Definire tale modello del tutto wojtyliano non è più sufficiente, poiché qui il livello d'interazione tra santo e pontefice raggiunge una dimensione altra: non solo la causa di beatificazione e la cerimonia di madre Teresa avvengono entrambe durante il pontificato di Giovanni Paolo II, per sua espressa volontà, ma lo stesso pontefice è legato alla fondatrice da intima conoscenza e ammirazione, – e invero nell'omelia di beatificazione fa riferimento esplicito ad alcuni ricordi personali riguardanti il suo rapporto con la novella beata. Fin dall'inizio dell'omelia di beatificazione il papa presenta la suora fondatrice con le parole: «Sono personalmente grato a questa donna coraggiosa, che ho sempre sentito accanto a me».[29] L'affinità tra i due, già presente in vita ed esplicantesi soprattutto nell'urgenza della missione pastorale sulla difesa della vita, continua così anche attraverso il processo di santificazione. Come ha ben espresso Michael W. Higgins:

> Mother Teresa's unqualified support for traditional Catholic teaching on all matters relating to sexuality – premarital sex, abortion, homosexuality, artificial means of birth regulation – became more strident, singularly focused, and indeed ubiquitous in the last two decades of her life. She became a reliable barometer of Vatican anxiety and a major component of a "culture of life" strategy conceived and organized by the Pope himself. They were partners in a mission that they saw as staunching the flow of the "culture of death" into the very arteries of humanity[30].

Nell'omelia di beatificazione si possono rintracciare diversi livelli interpretativi. Giovanni Paolo II presenta madre Teresa come missionaria operante a favore dell'evangelizzazione, rilevando proprio la ricorrenza della giornata mondiale missionaria ed evidenziando il suo apostolato tra i poveri – la suora albanese è l'«icona del Buon Samaritano» –; allo stesso tempo dimostra la sua potenzialità come modello di donna che risponde

29. *Insegnamenti*, XXVI, 2, 2003, p. 619 (in inglese).
30. Higgins, *Stalking the Holy*, p. 147.

perfettamente alle aspettative papali circa la figura femminile, – «nel dono totale di sé a Dio e al prossimo, Madre Teresa ha trovato il suo più alto appagamento e ha vissuto le qualità più nobili della sua femminilità» –, e contro l'aborto:

> Ogni tanto veniva a parlarmi delle sue esperienze a servizio dei valori evangelici. Ricordo, ad esempio, i suoi interventi a favore della vita e contro l'aborto, anche in occasione del conferimento del Premio Nobel per la pace (Oslo, 10 dicembre 1979). Soleva dire: «Se sentite che qualche donna non vuole tenere il suo bambino e desidera abortire, cercate di convincerla a portarmi quel bimbo. Io lo amerò, vedendo in lui il segno dell'amore di Dio».[31]

È il tema dell'evangelizzazione che si connette strettamente a quello della «promozione umana»: la difesa della vita diventa così uno degli aspetti inderogabili della predicazione missionaria. Madre Teresa diventa la portavoce di questa strategia wojtyliana. A tal proposito, è interessante notare come vi sia un lento slittamento interpretativo verso l'ancoramento della sua figura al tema della lotta contro l'aborto: non più solo figura di pace, dedita ai poveri e missionaria della carità, ma anche salvatrice dei non-nati. Madre Teresa nel corso della sua esistenza si è sovente spesa contro l'interruzione di gravidanza, sia nei fatti che nelle parole. Il momento pubblico più significativo, in cui ha espresso il suo punto vista su questo tema, non senza la consapevolezza di aprire con ciò dibattiti e polemiche, è stato il suo intervento alla cerimonia di consegna del premio Nobel, l'11 dicembre 1979, quando ha detto:

> And today the greatest means – the greatest destroyer of peace is abortion. And we who are standing here – our parents wanted us. We would not be here if our parents would do that to us. Our children, we want them, we love them, but what of the millions. Many people are very, very concerned with the children in India, with the children in Africa where quite a number die, maybe of malnutrition, of hunger and so on, but millions are dying deliberately by the will of the mother. And this is what is the greatest destroyer of peace today. Because if a mother can kill her own child – what is left for me to kill you and you kill me – there is nothing between. And this I appeal in India, I appeal everywhere: Let us bring the child back, and this year being the child's year: What have we done for the child? At the beginning of the year I told, I spoke everywhere and I said: Let us make this year that we make every single child born, and unborn, wanted. And today is the end of the year, have we

31. Ivi, pp. 617-618.

really made the children wanted? I will give you something terrifying. We are fighting abortion by adoption, we have saved thousands of lives, we have sent words to all the clinics, to the hospitals, police stations – please don't destroy the child, we will take the child.[32]

Il discorso è diventato una delle citazioni preferite dai movimenti per la vita, tanto che nel 1987 madre Teresa viene persino nominata presidentessa onoraria mondiale dei *pro-life*.[33] Tuttavia, è soprattutto dopo la sua morte che questa chiave ermeneutica trova un certo spazio anche nella letteratura agiografica che, in questo caso, proprio perché si muove in una dimensione metastorica e teologica e quindi solo di rado soggetta alle regole storiografiche, diventa strumento ideologico. L'esempio più eloquente è il volume del giornalista dell'«Avvenire» Pier Giorgio Liverani, *Dateli a me. Madre Teresa e l'impegno per la vita*, pubblicato per Città Nuova nel 2003. Lo spazio specifico che il testo vuole coprire è proprio quello del rapporto della suora albanese con «il diritto alla vita dei figli concepiti, ma non ancora nati»: «il tema è presente in quasi tutte le altre pubblicazioni, ma qui lo si è collocato sotto una specifica lente di ingrandimento, quasi per non consentire la diluizione e, forse, l'emarginazione e infine la dimenticanza»[34]. L'autore, che sottolinea fin da subito come madre Teresa sia stata nominata già dal 1990 presidente onorario di tutti i Movimenti per la Vita del mondo, riporta numerosi discorsi pubblici della fondatrice, dai quali emerge chiaramente come la tutela della vita nascente costituisca la «nuova questione sociale» per la chiesa cattolica e come il diritto alla vita diventi il fondamentale pilastro su cui poggiano tutti gli altri diritti dell'uomo. Le conseguenze di tale presupposto influenzano intrinsecamente la visione e il ruolo della donna cattolica, in quanto torna ad essere «cuore della casa» e «cuore della famiglia»,[35] figura chiave nella lotta all'aborto, in perfetta sintonia con il pensiero wojtyliano dell'*Evangelium Vitae*.

32. http://nobelprize.org/nobel_prizes/peace/laureates/1979/teresa-lecture.html (10 gennaio 2017).

33. Si guardi ad esempio il sito www.prolife.it, www.prolife.it/2016/08/10/madre-teresa-lap- puntamento-immancabile/ (10 gennaio 2017). Nel 2007 il movimento per la vita italiano ha anche istituito il premio europeo per la vita «Madre Teresa di Calcutta».

34. Pier Giorgio Liverani, *Dateli a me. Madre Teresa e l'impegno per la vita*, Città Nuova, Roma, 2003, p. 5.

35. Ivi, p. 33. Si vedano anche i tre articoli a cura di Giovanna Abbagnara, *Specialmente madre*, *Profeta di pace* e *Un medico a scuola da Madre Teresa*, in «Punto Famiglia», 5 (2010), pp. 14-25. Oltre a una intervista a Pier Giorgio Liverani vi è quella di un altro

1.3. *Le mistiche e il recupero cristiano del consorzio civile*

Particolarmente nella seconda metà del suo pontificato Giovanni Paolo II sembra prediligere figure di donne provate, nel corso della loro esistenza, da sofferenze molto profonde, sia fisiche che psicologiche, attraverso le quali hanno trovato l'autentica fede o hanno sperimentato nuove forme di religiosità.[36] È il caso di alcune mistiche, il cui dolore e la cui mortificazione del corpo, segni presenti in tante sante medievali, sembrano nuovamente riproporsi come efficaci prerogative per la santità femminile contemporanea,[37] come le due laiche novecentesche Anna Schäffer (1882-1925), beatificata il 7 marzo 1999, e Alexandrina Maria da Costa (1904-1955), divenuta beata il 25 aprile 2004. Le due biografie mostrano diverse similarità. Anna Schäffer, terziaria tedesca dell'Ordine francescano, nasce in un piccolo paese in Baviera, in Germania, da una famiglia di umili condizioni. Per aiutare i genitori svolge fin da piccola umili lavoretti e servizi, fino a quando non cade in una caldaia piena di lisciva bollente ed è costretta all'infermità. Tuttavia, nonostante l'indisposizione fisica e gli intensi dolori dovuti a ustioni e piaghe, riesce a sviluppare un efficace apostolato attraverso l'utilizzo di lettere – è un *Briefapostolat* –, ovvero una fitta corrispondenza che intrattiene con quanti cercano conforto e aiuto presso di lei.[38] Alexandrina Maria da Costa è, inve-

protagonista della promozione di madre Teresa come strenuo difensore della vita nascente, ovvero quella al professor Giuseppe Noia, ginecologo presso l'ospedale Gemelli di Roma, che ha incontrato per la prima volta la religiosa nel 1981, al ritiro della laurea *honoris causa* presso la facoltà di medicina e chirurgia dell'Università cattolica di Milano. Stando alla sua testimonianza, da quel giorno non ha più smesso di «servire l'embrione», definito da madre Teresa «il più povero tra i poveri», ivi, p. 23.

36. Giovanni Paolo II già nel 1984 aveva dedicato una riflessione alla sofferenza umana nella lettera apostolica *Salvifici doloris*, in cui esplicava il valore redentivo e salvifico del dolore vissuto in Cristo. Cfr. *Insegnamenti*, VII, 1, 1984, pp. 279-359.

37. Sulla santità femminile medievale, anche secondo una lettura di genere, gli ormai classici: Donald Weinstein, Rudolph M. Bell, *Saints and Society. The Two Worlds of Western Christendom. 1000-1700*, The University of Chicago Press, Chicago-London 1982; Rudolph M. Bell, *Holy Anorexia*, The University of Chicago Press, Chicago-London 1985; Caroline Walker Bynum, *Holy Feast and Holy Fast. The Religious Significance of Food to Medieval Women*, University of California Press, Berkeley-Los Angeles 1987; Ead., *Jesus as Mother. Studies in the Spirituality of the High Middle Ages*, University of California Press, Berkeley-Los Angeles-London, 1982; Cristina Mazzoni, *Saint Hysteria. Neurosis, Mysticism, and Gender in European Culture*, Cornell University Press Ithaca-London 1996.

38. Georg Franz X. Schwaiger, *La sofferenza che alimenta l'amore*, in «L'Osservatore Romano», inserto del 7 marzo 1999, p. 8. Note biografiche in *Bibliotheca sanctorum*, prima appendice, 1241-1243.

ce, una giovane portoghese di Balasar, un piccolo villaggio nella municipalità di Póvoa de Varzim, che a quattordici anni si getta dalla finestra per salvare la sua purezza, minacciata da tre uomini malintenzionati che erano entrati in casa. La caduta le causa progressivamente la perdita dell'uso degli arti e infine la paralisi. Costretta a letto, inizia un percorso spirituale molto intenso, contraddistinto da fenomeni mistici, devozione mariana, gesti di pietà estrema: in diverse occasioni, ad esempio, chiede la consacrazione del mondo al Cuore Immacolato di Maria – atto che compie Pio XII il 31 dicembre 1942 –, cessa di alimentarsi, vivendo solo di eucaristia, è assalita ripetutamente dal demonio, vive ogni venerdì le sofferenze della passione di Cristo. Gli ultimi anni della sua vita si iscrive all'Unione dei Cooperatori Salesiani, permettendo così poi all'ordine di sostenere la sua causa di canonizzazione.[39] In quanto figura religiosamente estrema suscita, già in vita, sospetti e perplessità da parte della gerarchia ecclesiastica, che negli anni Trenta e Quaranta dapprima le allontana i confessori, poi la pone sotto esame da parte di una commissione teologica istituita dall'arcivescovo di Braga e, infine, intima silenzio sulla devozione a lei dedicata.[40] Entrambe accomunate da una esperienza di infermità fisica a seguito di incidenti che le costringono a letto in giovane età e che permettono loro di esprimere in modo originale il proprio zelo religioso, Anna Schäffer e Alexandrina Maria da Costa presentano, presentano ulteriori affinità: origine rurale, povertà, sofferenze estreme, devozione al Sacro Cuore di Gesù, spiritualità rivolta alla riparazione e all'espiazione del mondo, dono delle stigmate. In entrambe, la dimensione oppositiva al

39. Sulla vita e gli scritti di Alexandrina da Costa si vedano le numerose agiografie scritte dal postulatore Umberto Pasquale come: *Alexandrina Maria Da Costa*, LDC, Leumann, 1957; *"Tu sei amore che tutto vince". La mia vita è l'amore. Scritti Spirituali di Alessandrina M. Da Costa*, vol. 1, LDC, Leumann 1965; *"Tu sei dolore che dà la vita". La passione intima di Gesù. Scritti Spirituali di Alessandrina*, vol. 2, LDC, Leumann 1965; *Voleva chiudere l'inferno. Scritti, commenti storici eascetici, testimonianze sulla Serva di Dio Alexandrina Maria da Costa*, LDC, Leumann 1968. Si vedano inoltre Carlo De Ambrogi, *Non c'è amore più grande*, LDC, Leumann 1963; Gabriele Amorth, *Dietro un sorriso. Alexandrina Maria da Costa*, LDC, Leumann 2006; Domenico Mondrone, *Alexandrina Maria da Costa. Visse nell'anima e nella carne la Passione di Cristo*, in *I santi ci sono ancora*, vol. 5, Edizioni Pro Sanctitate, Roma 2008, pp. 283-305.

40. Congregatio pro Causis Sanctorum, *Bracaren. Canonizationis Servae Dei Alexandrinae Mariae Da Costa sodalis Assoc. Cooperatorum S.D.B.. Positio super virtutibus*, Typis Polyglottis Vaticanis, Roma 1991, *Informatio*, pp. 1-371. Cfr. anche Pasquale Liberatore, *Quei venerdì in cui riviveva nel corpo la Passione di Cristo*, in «L'Osservatore Romano», inserto del 25 aprile 2004, p. 23.

mondo moderno è riscontrabile soprattutto nella dimensione esistenziale, del tutto inimitabile, quando non incomprensibile, da parte di un consorzio civile sempre più lontano dal riconoscere alla sofferenza e al sacrificio un così alto valore. I destinatari, secondo quanto, ad esempio, è espressamente scritto nella documentazione per la causa di Anna Schäffer, dovrebbero invece essere proprio gli emarginati della società contemporanea, che possono trovare in lei un modello ideale:

> La presente causa riveste particolare importanza perché Anna Schäffer, con tutta la sua esistenza, ha messo in risalto il fatto che, nell'ambito della Chiesa cattolica, anche una vita trascorsa all'insegna della sofferenza può essere una vita piena di senso e di soddisfazione religiosa, poiché libero sacrificio nell'unione con il Cristo sofferente. Numerosi ammalati, trascurati nei loro affetti in una società neopagana, che praticamente adora il benessere volgare ed il successo materiale, troveranno in Anna Schäffer una consolazione, nonché un modello motivante.[41]

Il tema del recupero cristiano della collettività è ben presente anche in tutta la biografia di Alexandrina da Costa. La riparazione dei peccati degli uomini, particolarmente quello dell'impurità, è, infatti, il compito principale assunto dalla giovane mistica attraverso la sofferenza.[42] Esempi spiritualmente così estremi, legati a temi quali il sacrificio fisico, il dolore vittimale, il rifiuto di ogni atto peccaminoso – peccato è il proprio corpo di donna? –, sembrano in qualche modo contrastare con il tentativo di apertura verso i valori del laicato moderno, riproponendo piuttosto modelli antagonistici, che hanno speso la loro esistenza lottando con il mondo in cui sono vissuti.

Altro caso che offre diversi spunti interpretativi è quello della mistica tedesca del XIX secolo Anna Katharina Emmerick (1774-1824), beatificata il 3 ottobre 2004. Canonichessa regolare di Sant'Agostino a Agnetenberg, presso Dülmen, conduce una vita monastica appartata, dovuta a varie infermità, che la costringono nella sua stanza. Nel 1811 il

41. Congregatio de Causis Sanctorum, *Ratisbonensis Canonizationis Servae Dei Annae Schäffer iuvenis saecularis (1882-1925). Positio super virtutibus*, Tipografia Guerra, Roma 1992, *Preaenotatio Fr. Ambrosii Eszer, O.P., Relatoris Generalis*, p. 4.

42. Nella documentazione per la causa di canonizzazione viene citato il tentativo di moralizzare i comportamenti in spiaggia attraverso una lettera scritta al dittatore del Portogallo, António de Oliveira Salasar, e al cardinale Manuel Gonçalves Cerejeira, a seguito della quale sembra che il governo abbia preso dei provvedimenti rigorosi circa il costume da usarsi nelle aree di balneazione. Cfr. Congregatio pro Causis Sanctorum, *Bracaren. Canonizationis Servae Dei Alexandrinae Mariae Da Costa*, *Informatio*, *Biografia*.

convento è soppresso dalle leggi napoleoniche e la Emmerick si mette al servizio di un sacerdote fuggito dalla Francia. Indisposizioni e dolori, aggravati dalla presenza delle stigmate, la costringono a letto fino alla morte. Le sue visioni mistiche sono raccolte da Clemens Brentano, noto esponente del romanticismo tedesco, suo confidente in vita, e successivamente pubblicate.[43] Il processo di canonizzazione, che si apre con un certo ritardo a seguito dapprima della prussificazione protestante e poi del *Kulturkampf* della zona della Westfalia e della Renania, viene successivamente bloccato dal *reponatur* posto alla causa dal Sant'Uffizio nel 1928 (a seguito della decisione della Congregazione dei Riti presa l'anno precedente) a causa della presunta partecipazione alla stesura dei diari della Emmerick da parte del Brentano. Il blocco alla causa viene tolto dalla Congregazione per la Dottrina della Fede solamente il 1 luglio 1973, dopo uno studio attento il cui risultato decreta che le visioni presenti nell'opera del Brentano sono da attribuire a lui solo e non alla monaca.[44] Tuttavia, l'elemento alquanto particolare dell'intera causa è il miracolo preso in considerazione per la beatificazione, che è avvenuto nel 1880: si tratta di un evento storico soprannaturale in una causa recente, caso unico nella storia della santità cattolica contemporanea.[45] Il dubbio circa una fama di santità assopita è lecito se gli attori della causa hanno scelto di utilizzare come unico miracolo per la glorificazione della monaca tedesca una guarigione avvenuta molto tempo addietro, dalle sicure difficoltà interpretative considerato il progresso della medicina negli ultimi due secoli. L'altra perplessità riguarda la natura della causa che, pur trattando una figura di tarda età moderna, è stata considerata recente. Il motivo, come si esplicita nella presentazione alla *positio super virtutibus*, è legato alla disponibilità dei processi, ordinario e rogatoriale, sulla fama di santità – sostanzialmente si dispone delle testimonianze orali in forma scritta –, i cui risultati, a quanto sottolinea però lo stesso relato-

43. Si vedano gli articoli ne «L'Osservatore Romano», inserto del 3 ottobre 2004, pp. 8-10. Cenni biografici in *Bibliotheca sanctorum*, prima appendice, pp. 449-451.

44. Congregatio de Causis Sanctorum, *Monasterien. Canonizationis Servae Dei Annae Catherinae Emmerick monialis professae Ord. Can. Reg. S. Augustini (1774-1824). Positio super virtutibus*, vol. 1, Tipografia Guerra, Roma 1992, *Relatio Fr. Ambrosii Eszer, O.P., Causae Relatoris* e *Informatio*, *Histoire de la cause*. Tale conclusione sembra più strategica – il fine è sbloccare la causa –, piuttosto che filologica. Se viene riconosciuta come mistica, è, almeno in parte, grazie alle sue visioni, che però sono state tramandate solo dal Brentano.

45. Il *decretum supr miraculo* è datato 7 luglio 2003, AAS, 96 (2004), pp. 63-64.

re, non vengono definiti soddisfacenti, perché iniziati molto tardi. Allora perché la causa non viene trasferita all'ufficio storico? Il relatore prosegue sostenendo che i problemi della causa, non essendo di natura storica, ma filologica, non hanno richiesto ulteriori ricerche storiografiche, ma piuttosto precise perizie tecniche, che di fatto hanno permesso il proseguimento del processo.[46] La decisione di non trasformare, in un secondo momento, la causa in storica sembra sia dettata più da motivazioni pratiche, che teoriche, forse perché la scrupolosità della sezione storica e la necessità di raccogliere più dettagliate informazioni biografiche avrebbe reso più difficile il proseguo della causa stessa. La scarsità di informazioni storiche è palese. È certo però che la mistica della sofferenza espressa dalla spiritualità di Katharina Emmerick occupa, come viene dimostrato anche nella documentazione processuale, un rilevante posto all'interno dell'insegnamento di Giovanni Paolo II e che la causa ricopre una certa importanza in questo senso. Lo evidenzia lo stesso relatore Eszer:

> Ciò vuol dire che la figura, pur non essendo moderna nel senso di un certo *radical chic*, ovvero di una *Schickeria*, per usare la parola tedesca, resta moderna nel senso che c'è della gente che ha bisogno di lei in guisa di modello esemplare, per superare la prova della propria sofferenza. [...] D'altronde, oggi va di moda un certo protagonismo attivistico che viene definito apostolico, ma rimane tuttavia senza alcun impatto ed effetto incisivo sulle masse. La contemplativa monaca di Dülmen, nell'impossibilità di muoversi, muoveva e muove ancora oggi numerosissime anime.[47]

La difesa delle sante contemplative e sofferenti si affianca qui a un sottile attacco ai più recenti modelli agiografici operanti attivamente nella società – e il riferimento è senza troppi veli alle sante fondatrici –, la cui incisività è messa in discussione dal modello mistico tradizionale di Katharina Emmerick. La profonda diversità, ma anche l'antagonismo, dei due modelli femminili, quello di mistica e quello di fondatrice, coesistono tuttavia senza troppe forzature nel progetto agiografico wojtyliano, entrambi facce di una stessa medaglia, quella del protagonismo della donna santa al servizio della chiesa e del papa.

46. Congregatio de Causis Sanctorum, *Monasterien. Canonizationis Servae Dei Annae Catherinae Emmerick monialis professae Ord. Can. Reg. S. Augustini (1774-1824). Positio super virtutibus*, vol. 1, P*raenotatio Fr. Ambrosii Eszer, O.P., Relatoris Generalis*, pp. 1-5.

47. Ivi, p. 4.

2. *Le nuove martiri*

2.1. *Le cause delle martiri della guerra civile spagnola*

I martiri della guerra civile spagnola, insieme a quelli del nazismo, rappresentano una novità rispetto alla tradizione agiografica dei pontificati precedenti.[48] È interessante notare come la prima beatificazione di martiri spagnoli, che ha svolto la funzione di apripista a tutte le successive, sia completamente al femminile: il 29 marzo 1987 è beatificata María Pilar de San Francisco de Borja (Jacoba Martínez García) (1877-1936) insieme a due *sociae*, Eusebia García y García (Teresa del Niño Jesús y de San Pablo de la Cruz) e Marciana Valtierra Tordesillas (María Ángeles de San José) (†1936). Le altre due consistenti beatificazioni martiriali femminili spagnole sono quelle di Francisca Lloret Martí (Ángeles de San José) (1875-1936) e 16 *sociae*, il 1 ottobre 1995, e di María Gabriela Hinojosa e 6 *sociae* (†1936), insieme a Elvira Moragas Cantarero (María Sagrario de San Luis Gonzaga) (1881-1936), Rita Dolores Pujalte Sánchez (1853-1936) e Francisca Aldea Araujo (del Sagrado Corazón de Jesús) (1881-1936), il 10 maggio 1998.[49]

Dopo la conclusione della guerra civile molte diocesi e congregazioni religiose in Spagna hanno cominciato a raccogliere materiale sui propri sacerdoti e religiosi uccisi nel conflitto, spesso compilando dei martirologi – il primo di un certo respiro è stato quello voluto dall'arcivescovo di Toledo e redatto da Juan Francisco Rivera, *La persecución religiosa en la diocesis de Toledo, 1936-1939* (2 voll., 1945) –, prima pietra per la costruzione dell'istruttoria delle cause di beatificazione. Presto queste

48. Sulla guerra civile spagnola Paul Preston, *The Spanish Holocaust. Inquisition and Extermination in Twentieth-Century Spain*, Harper, London 2012; Harry Browne, *La guerra civile spagnola. 1936-1939*, il Mulino, Bologna 2000. Sul ruolo dell'episcopato spagnolo durante la guerra civile Alfonso Botti, *Nazionalcattolicesimo e Spagna nuova (1881-1975)*, in particolare pp. 120-133. Sui prodromi della guerra civile Francisco J. Romero Salvadó, *The Foundations of Civil War. Revolution, Social Conflict and Reaction in Liberal Spain, 1916-1923*, Routledge, New York-London 2008. Ottima sintesi sull'argomento anche l'articolo di Botti pubblicato ne «il Manifesto» in occasione della beatificazione dei 498 martiri della guerra civile spagnola nell'ottobre 2007, Alfonso Botti, *Le beatificazioni di oggi e le violenze anticlericali della guerra civile spagnola*, in «Il Manifesto», 28 ottobre 2007.

49. Per avere un'idea generale sul numero e la composizione dei martiri della guerra civile spagnola si veda Conferencia Episcopal Española. Oficina para las Causas de los Santos, *Quiénes son y de dónde vienen. 498 mártires del siglo XX en España*, María Encarnación Rodríguer ed., Editorial EDICE, Madrid 2007.

iniziali ricerche e raccolte sono andate a confluire nei processi informativi diocesani, che negli anni Cinquanta e Sessanta del Novecento sono arrivati copiosi a Roma. Per evitare che tale massa di nuovi martiri fosse strumentalizzata politicamente dal regime franchista ancora al potere, Paolo VI, poco dopo la sua elezione, sembrerebbe essere intervenuto su tali processi impartendo alla Congregazione dei Riti (poi, dal 1969, si occuperà della materia la Congregazione per le Cause dei Santi) disposizioni non pubbliche che di fatto avrebbero portato alla loro sospensione. È plausibile affermare che il pontefice sia stato influenzato in questa decisione dal cardinale Anselmo Albareda, già prefetto della Biblioteca Vaticana.[50] Nell'aprile del 1964 la Congregazione dei Riti si era infatti riunita per discutere l'apertura della causa della religiosa spagnola María Ricart, assassinata a Valencia nel 1936, e in questa occasione Albareda aveva redatto un promemoria che tramite mons. Dell'Acqua era arrivato direttamente a Paolo VI, in cui tra le altre cose diceva che «hoy ciertamente no es un tempo propicio» per la chiesa di riconoscere martiri i numerosi religiosi spagnoli che perirono durante la guerra civile e che dunque «convendría suspender todas las causas referentes a las personas muertas en la revolución española».[51] Il rallentamento di questi processi può avere tuttavia differenti possibili motivazioni: all'opportunità – forse più strategia? – di far passare un lasso di tempo che permettesse di analizzare con maggior distacco le vicende storiche in questione si può aggiungere la volontà di evitare ulteriori divisioni in seno alla chiesa spagnola, una parte della quale in quegli anni era critica verso il dittatore, mentre l'allineamento al franchismo era stato quasi unanime al suo inizio. Francisco Franco inoltre ancora governava la Spagna.[52] È solo durante il pontificato di Giovanni Paolo II, a transizione democratica della Spagna ormai realizzata, che le cause dei martiri spagnoli vengono sbloc-

50. Hilari Raguer, *Los mártires de la guerra civil*, «Razón y Fe», 216 (1987), p. 884. Notizia riportata anche nella *positio super martirio* dei martiri di Barbastro, Congregacion de la Causas de los Santos, *Barbastren. Canonizationis seu declarationis martyrii Servi Dei Florentini Asensio Barroso episcopi A. A. Barbastrensis 1877-1936. Positio super martyrio*, Typis dioecesanis, Barbastri 1993, *Informatio*, *Historia de la causa*, p. 2.

51. Citato in Raguer, *Los mártires de la guerra civil*, p. 884.

52. Vian, *I santi di un papa moderno: le canonizzazioni di Paolo VI*, in *Santi del Novecento*, p. 33. Si aggiunga che il capo dello stato spagnolo aveva rifiutato a Montini, quando era arcivescovo di Milano, una domanda di clemenza per un giovane condannato a morte. La nota poca simpatia di Paolo VI verso Franco aveva dunque radici lontane.

cate e numerose giungono a conclusione.[53] La riapertura delle cause e le conseguenti celebrazioni mostrano inevitabilmente la visione che la chiesa wojtyliana vuole dare del complesso fenomeno che è stato la guerra civile del 1936-1939, dopo che il dittatore spagnolo è morto ed è passato più di mezzo secolo dal conflitto. Nonostante in molti interventi papali pubblici venga costantemente sottolineata l'estraneità di tali martiri alla politica del tempo, sostituendola con la sola rivendicazione della libertà religiosa, e nonostante la assai probabile contingenza tecnico-giuridica che motiva un così gran numero di tali beatificazioni – una volta autorizzato il proseguimento del primo processo relativo ad un martire della guerra civile spagnola, secondo coerenza e logica, il papa approverà tutti quelli simili che giungono a conclusione –, un tale dinamismo canonizzatore denota una forte presa di posizione sul conflitto e sul ruolo che i cattolici hanno rivestito. Andando oltre, esso può perfino sembrare una legittimazione della dittatura franchista, nata proprio a conclusione di quello scontro.[54] Tutto ciò si presta a molteplici interpretazioni: se anche qui trova una delle sue ragioni d'essere l'idea di una chiesa cattolica perseguitata e oppressa, nuovamente martire nel Novecento come spesso ha rilevato Giovanni Paolo II, non può essere dimenticata la forte componente anticomunista che veicola queste cerimonie, essendo i nuovi martiri stati uccisi dal fronte repubblicano, che raggruppava militanti di diversi partiti di sinistra, e da gruppi anarchici accomunati, stando alla storiografia cattolica, dall'odio anticlericale. La questione più ampia che pone la canonizzazione dei martiri della guerra civile spagnola è proprio quella relativa a una corretta storicizzazione del conflitto, piuttosto che a una sua ideologizzazione. Esso ha una storia complessa, che non segue uno schema di bianco e nero, come molta storiografia cattolica ha finora preteso, e lo stesso atteggiamento della chiesa spagnola, non sempre coerente e imparziale, ha giocato un ruolo non secondario nello sviluppo degli eventi.[55] La copiosa produzione di letteratura agiografica sui marti-

53. Stando a Vian in totale i processi sono 130 e riguardano 1300 martiri. *Ibid.*

54. Secondo Zuccarello dietro le beatificazioni dei martiri della guerra civile spagnola c'è l'«ala neo-intransigente della Curia romana», al cui interno gioca un ruolo fortissimo l'Opus Dei, rappresentata dallo stesso portavoce vaticano Joaquín Navarro Valls. Cfr. Zuccarello, *Le canonizzazioni e beatificazioni di Giovanni Paolo II*, p. 548.

55. Raguer, *Los mártires de la guerra civil*, pp. 883-892, per il quale i martiri della guerra civile non sono modelli che aiutano la riconciliazione del paese. Così anche la tesi di Alfonso Botti, *Il clero nella guerra spagnola del 1936-1939*, in *Clero e guerre spagnole in*

ri della guerra civile, prodottasi soprattutto dopo la fine del franchismo e le prime beatificazioni, è andata a scapito della pubblicazione di studi di carattere scientifico. Indiscutibile alfiere della nuova stagione è stato sicuramente Vicente Cárcel Ortí, che ha pubblicato diversi libri e articoli sull'argomento – si pensi a *Mártires españoles del siglo XX* (Bac, Madrid 1995) o a *Mártire valencianos del siglo XX* (Edicep, Valencia 1998) –, testi che sono stati utilizzati per la ricostruzione storica della guerra nelle *positiones super martyrio* delle cause di canonizzazione dei martiri spagnoli. Lo stesso Cárcel è stato anche uno degli estensori della *positio super martyrio* di José Aparicio Sanz e i 232 *socii* (†1936-1939), al cui interno per ovvie ragioni il suo libro sui martiri valenziani è stato ampiamente citato.[56] Seppure le sue ricerche vantino pretese scientifiche, non mancano tuttavia di suscitare qualche dubbio sulle cause e sui motivi della persecuzione anti-ecclesiastica avvenuta durante il conflitto. Stabilito l'assioma che la guerra civile si è connotata fin da subito come guerra religiosa contro la chiesa cattolica, i testi di Cárcel insistono su come il conflitto abbia rappresentato uno scontro di civiltà, tra quella cristiana e il comunismo ateo, ovvero, il «laicismo settario contro la Chiesa».[57] Altri aspetti dovrebbero invece essere considerati in una seria analisi storica dei martiri spagnoli. Primo fra tutti è forse quel sostrato ideologico permeato dal tema del martirio, che con la sua evocazione plasma all'inizio del XX secolo l'immaginario comune della religiosità cattolica. Proprio in relazione ai fatti messicani e spagnoli le stesse encicliche di Pio XI *Iniquis afflictisque* (1926), *Acerba animi* (1932) e *Dilectissma nobis* (1933) hanno di certo contribuito a definire e diffondere una spiritualità martiriale: in sostanza, il noto grido «Viva Cristo Re!» era popolare già prima dello scoppio della guerra civile spagnola.[58] Secondo Alfredo Ver-

età contemporanea (1808-1939), a cura di Id., Rubbettino, Soveria Mannelli 2011, pp. 367-397, che illustra i diversi tipi di comportamento del clero spagnolo, in netta maggioranza «coinvolto, simpatizzante, partecipe, schierato, militante, e, in alcuni casi, combattente» per la causa dei militari sollevatisi.

56. Congregatio de Causis Sanctorum, *Valentina Beatificationis seu declarationis martyrii Servorum Dei Ioseph Aparicio Sanz et LXXIII sociorum sacerdotum dioecesanorum laicarum et laicorum ex Actione Catholica in odium fidei, uti feretur, interfectorum (†1936). Positio super martyrio*, 3 voll., Roma 1999.

57. Alfredo Verdoy, *I "martiri" della guerra civile spagnola nella storiografia e nell'agiografia*, in *Clero e guerre spagnole in età contemporanea*, pp. 333-366.

58. Ivi, p. 336.

doy di fondamentale rilevanza nell'origine dei martirologi spagnoli è stato il discorso di Pio XI del 14 settembre 1936 al gruppo di rifugiati spagnoli a Roma, in cui già si elevavano alla categoria di martiri coloro che stavano morendo in Spagna e si attribuivano tali «lagrimevoli fatti» a quelle «forze che hanno già dato saggio e misura di sé nel conato per la sovversione di tutti gli ordini, dalla Russia alla Cina, dal Messico al Sud-America». Chiaro è il riferimento all'ideologia comunista e a come il cattolicesimo rappresenti un ostacolo alla sua espansione: «È dunque ormai certo e chiaro fino all'evidenza, a confessione appunto di queste forze sovversive che tutto e tutti minacciano, che l'unico vero ostacolo all'opera loro è la dottrina cristiana, è la pratica coerente della vita cristiana, come dalla Religione e dalla Chiesa Cattolica vengono insegnate e comandate».[59] A questo Verdoy aggiunge la *Carta colectiva de los obispos espagñoles a los obispos de todo el mundo* del 1 luglio 1937, ovvero la lettera che i vescovi spagnoli hanno scritto a tutti i vescovi cattolici per informarli delle sofferenze della chiesa di Spagna, in cui la guerra armata viene giustificata in quanto in gioco c'è l'eliminazione della religione cattolica in Spagna. È qui che ancora una volta la rivoluzione comunista ha provocato la guerra armata nel tentativo di eliminare il cattolicesimo spagnolo attraverso lo sterminio del clero e dei religiosi.[60]

L'analisi della *positio super martyrio* del gruppo di religiose beatificate il 1 ottobre 1995, Francisca Lloret Martí con le sue compagne, è rivelatrice di una serie di *topoi* utilizzati per sostenere e giustificare le cause dei martiri della guerra civile spagnola. Per prima cosa è riscontrabile fin da subito lo sforzo di delineare il "carnefice" repubblicano come espressamente anticattolico, elemento giuridicamente determinante per il riconoscimento del martirio dal punto di vista canonico e che qui perpetua la lettura assiomatica della guerra civile spagnola come conflitto essenzialmente antireligioso. Nello specifico, nelle parole iniziali del relatore Ambrosius Eszer l'anzianità delle 17 suore martiri – viene calcolato che la loro età media è di 63,47 anni – e la loro appartenenza alla Congregazione per la Dottrina Cristiana sono la prova evidente che dimostra la presenza di un particolare odio contro la chiesa, attenta, attraverso particolari gruppi religiosi, a propagare la fede attraverso l'insegnamento: è dunque la sua funzione educativa ed evangelizzatrice a

59. Ivi, p. 339. L'allocuzione di Pio XI del 14 settembre 1936 si trova in *Discorsi di Pio XI. 1934-1939*, vol. 3, a cura di Domenico Bertetto, LEV, Città del Vaticano 1985, pp. 558.

60. Ivi, pp. 341-343.

determinare l'avversione.[61] L'insistenza su questo punto si affianca ad altri due aspetti peculiari, per non dire insoliti, presenti nella documentazione della causa. Per prima cosa viene sottolineato con un certo ardimento che una delle prove determinanti del martirio formale risieda in un album fotografico che da solo varrebbe a dimostrare tutti gli aspetti del sacrificio compiuto dalle religiose: una serie di fotografie «di impressionante crudeltà», scattate dal custode del cimitero di Valenza prima di procedere alla sepoltura delle donne martirizzate il 22 novembre 1936, a due giorni dalla morte. Si aggiunge poi che tale materiale, non allegato alla *positio super martyrio*, sarà consegnato al relatore, che a sua volta potrà trasmetterlo ai consultori. All'occhio di uno storico scrupoloso la prova delle fotografie, per quanto rilevante possa essere, sembra piuttosto un tentativo estremo di sopperire alla mancanza di altri tipi di documenti e testimonianze in grado di fornire informazioni più precise circa le condizioni del martirio, che secondo regolamento dovrebbero essere quanto più accurate possibili. Ciò è confermato dal processo ordinario, tenutosi a Valenza tra il 1965 e il 1967, dove sono presentati 47 testi, nessuno dei quali però ha assistito direttamente al martirio delle religiose. Anche se molti testimoni hanno visto le suore prelevate e condotte via a forza, la domanda se sia un dato sufficiente per provare il martirio formale resta legittima.

Il secondo aspetto è invece legato alla fama di santità. Come già sottolineato, per discernere il martirio di un servo di Dio è necessario provare sia il martirio in sé, secondo i criteri canonici classici, sia il martirio come riconosciuto dal popolo di Dio, cioè la sua fama. In una causa dove il martirio è accertato, è conseguentemente assodata anche la fama, tuttavia si può facilmente immaginare un procedimento in cui una forte fama di martirio supplisce alla carenza di prove per lo stesso – ad esempio perché manca l'informazione storica. Questo fino a un certo punto: quando manca la maggior parte delle prove formali e materiali che attestino il martirio, il processo inevitabilmente s'interrompe. Anche se la fama di martirio non è equivalente alla fama di santità, che concerne piuttosto la venerazione (immagini, preghiere, pellegrinaggi, etc.), risulta tuttavia difficile pensare che un martire fortemente riconosciuto come

61. Secondo il relatore, visto il numero relativamente limitato di religiose martirizzate durante la guerra spagnola, è probabile che esse avrebbero avuto salva la vita se si fossero occupate di malati. Congregatio de Causis Sanctorum, *Valentina Beatificationis seu declarationis martyrii Servarum Dei Angelae a Sancto Ioseph Lloret Marti et XVI sociarum e Congregatione Doctrinae Christianae († 1936). Positio super martyrio*, Tipografia Guerra, Roma 1990, *Praenotatio R.P. Ambrosii Eszer*, p.2.

tale dai fedeli non sia poi da questi venerato. Se esistessero martiri senza un culto connesso, non potrebbero essere elevati alla gloria degli altari, poiché la venerazione è un aspetto imprescindibile. Alla luce di quanto detto, il caso delle 17 religiose valenziane risulta assai significativo proprio perché la fama di santità sembra ricoprire un peso davvero trascurabile all'interno della documentazione. Non solo non è neppure posta tra l'elenco delle cose che in conclusione l'avvocato Andrea Ambrosi, estensore della *positio*, sostiene di aver dimostrato, ma anche lo stesso testo degli interrogatori resta sul vago quando all'articolo 18 chiede se il testimone è a conoscenza di grazie ottenute dietro intercessione delle religiose. Posta la domanda ai 47 testimoni, solo 17 fanno cenno alla venerazione, sostenendo però di non essere a conoscenza di miracoli avvenuti per l'intercessione delle religiose; tra i 17 i più affermano solamente di invocare personalmente la loro protezione, o di aver sentito che qualcuno lo fa. Il teste 8, suor Mara Nuria Casas Llargués, ad esempio, così si esprime: «Sé de alguna gracia concedida por la Sierva de Dios, aunque no me consta de hechos extraordinarios»[62] e allo stesso modo il teste 78, suor Prudencia de San José Sanmartín dice: «No sé que la Sierva de Dios haya realizado milagros alguno. Yo me encomiendo a ella y me siento favorecida».[63] Anche se non è impossibile che sia stata poi proprio la beatificazione a dare una forte spinta a un culto che dalla documentazione appare poco fiorente – ma ciò non ha nessun valore ai fini di un processo di canonizzazione poiché la venerazione deve precedere la beatificazione e non viceversa –, resta la forte sensazione di esser di fronte a un processo sommario e superficiale, piegato a ragioni di urgenza politico-pastorale e poco attento agli aspetti più prettamente teologico-processuali. Ulteriori indagini, allargate anche alle cause maschili, potrebbero confermare che una simile logica è stata impiegata in altri processi di martiri della guerra civile spagnola, dimostrandone così in tal caso la profonda ideologizzazione. Qui si può essere d'accordo con Ugo Zuccarello quando, constatando il fatto che non è più necessario il miracolo nelle cause dei martiri, si spinge ad affermare che:

> Poiché infatti è sufficiente l'inchiesta che verifichi l'effettiva sussistenza della morte per la fede, la volontà pontificia ha un ruolo sostanzialmente determinante nell'elevazione agli altari di questi beati e si può dunque sostenere

62. Ivi, *Summarium, Depositiones testium*, p. 24.
63. Ivi, p. 117.

con ragionevole sicurezza che l'immagine che emerge corrisponda con sufficiente chiarezza a quella propria del papa regnante.[64]

Parafrasando, allora i martiri della guerra civile spagnola sono in questo senso espressioni del tutto wojtyliane. La loro glorificazione non mostra solamente una falla all'interno della riforma canonica del 1983, che, come in altri casi, manca di una supervisione attenta ai requisiti necessari per determinare la santità dei candidati e che permette una certa strumentalizzazione della causa di canonizzazione stessa, ma anche come Giovanni Paolo II si sia servito di un gruppo di martiri per promuovere la sua visione ecclesiologia, la sua interpretazione storica degli eventi, la sua prospettiva pastorale per il futuro.

2.2. *I martiri del nazismo e il caso di Edith Stein*

La vittima del regime nazista più nota dopo Maksymilian Kolbe è sicuramente Edith Stein (1891-1942), filosofa ebrea convertitasi al cattolicesimo e morta in un campo di concentramento, beatificata il 1 maggio 1987 a Colonia e canonizzata l'11 ottobre 1998 a Roma.[65] Nata a Breslavia da una famiglia ebrea di ceppo tedesco, atea fin da giovane età, studia filosofia a Gottinga con Edmund Husserl, di cui diventa discepola e assistente (qui incontra anche il filosofo Max Scheler, autore caro a Wojtyła, tramite il quale familiarizza con il pensiero cristiano).[66] Nel 1922 riceve il battesimo e nel 1933 entra come postulante nel Carmelo di Colonia. Anche se nel 1938 viene trasferita nel convento di Echt, nei Paesi Bassi, luogo allora considerato più sicuro per sfuggire alle persecuzioni naziste, nel 1942 viene arrestata dalla Gestapo e deportata prima a Westerbork e poi ad Auschwitz, dove muore nella camera a gas. Il riconoscimento ufficiale della santità di Edith Stein ha suscitato non poche critiche e reazioni in diversi ambienti ebraici: perché – si domandavano – la chiesa cattolica romana deve santificare l'unica ebrea che ha rinnegato la propria fede

64. Zuccarello, *Le canonizzazioni e le beatificazioni di Giovanni Paolo II*, p. 545.

65. Biografia di Maria Amata Neyer, *Edith Stein*, in *Testimoni di Cristo. I martiri sotto il nazismo*, a cura di Helmut Moll, Edizioni Paoline, Cinisello Balsamo 2007, pp. 611-618. Nel 1999 viene dichiarata, insieme a Brigida di Svezia e Caterina da Siena, compatrona dell'Europa, AAS, 92 (2000), pp. 173-176.

66. Su Max Scheler Karol Wojtyła ha elaborato la tesi per la libera docenza all'università di Cracovia. Riferimenti in Accattoli, *Giovanni Paolo*, p. 31; Reale, *Karol Wojtyła*, pp. 57-58.

quando milioni di altri ebrei sono morti uccisi dai nazisti? È un tentativo di distogliere l'attenzione sulla silenziosa complicità cattolica allo sterminio? Dato l'elevato numero di cattolici periti durante il regime nazionalsocialista, perché scegliere proprio un'ebrea convertita?[67] Si è parlato così di un tentativo di appropriazione del genocidio ebraico da parte della chiesa cattolica – di un processo di cristianizzazione della Shoah –, con il fine di spostare l'attenzione, non solo mediatica, sui cristiani vittime dello stesso regime totalitario. Fa propria questa tesi Ugo Zuccarello:

> Infatti sin dalla visita del pontefice ad Auschwitz, il 7 giugno 1979, comincia a insorgere "nella comunità ebraica internazionale il sospetto che Wojtyła segua una strategia di annessione cristiana della Shoah", nutrita della venerazione per Kolbe e per Edith Stein [...], sino a giungere a una edizione rinnovata della teologia della sostituzione, per cui la Chiesa si presenterebbe come erede del vero Israele anche nella terribile sofferenza della persecuzione nazista. Prova ulteriore di tale tentativo di annessione della tragedia del popolo ebraico è indubbiamente quanto viene detto dal pontefice nel corso di una nota e lunga intervista rilasciata a André Frossard: alla domanda di questi se relativamente alle vittime ebree del nazismo si possa affermare che vi sono sei milioni di santi in più, il papa risponde seccamente di sì, incorporando di fatto quelle vittime al contesto cristiano della santità.[68]

Ad avvalorare la tesi sembra anche la vicenda legata all'insediamento di un convento di suore carmelitane all'interno del sito di Auschwitz (1984-1993), il cui desiderio era stato espresso dallo stesso Wojtyła quando era vescovo di Cracovia, che nel contesto della beatificazione di Edith Stein, ha creato un incidente diplomatico tra chiesa polacca e comunità ebraica internazionale, e più in generale, tra cattolici ed ebrei in Polonia.[69] La que-

67. Anche Woodward, *Making Saints*, pp. 135-144. Secondo Huener il processo di cattolicizzazione del sito di Auschwitz è cominciato con la beatificazione di Maksymilian Kolbe. Beatificare Edith Stein, non essendo una vittima volontaria come padre Kolbe, ma una religiosa cattolica morta ad Auschwitz perché ebrea (o perlomeno considerata tale dai nazisti), può essere letto sia come un gesto di riconciliazione tra cattolici ed ebrei – implicitamente riconoscendo l'inclusività del genocidio ebraico –, oppure come un tentativo di portare la Shoah sotto la bandiera del cattolicesimo. Cfr. Jonathan Huener, *Auschwitz, Poland, and the Politics of Commemoration 1954-1979*, Ohio University Press, Athens 2003, pp. 201-205 e p. 217.

68. Zuccarello, *Le canonizzazioni e beatificazioni di Giovanni Paolo II*, p. 552.

69. Cfr. Władysław Bartoszewki, *The Convent at Auschwitz*, The Bowerdean Press, London 1990; Seweryn Chomet, *Outrage at Auschwitz*, Newman-Hemisphere, London 1990; *Memory Offended. The Auschwitz Convent Controversy*, a cura di Carol Rittner e

stione è indubbiamente molto più complessa. Edith Stein è certo un'ebrea convertitasi al cattolicesimo e deportata a causa dell'inasprimento delle persecuzioni naziste, di carattere primariamente antisemitico. Il tentativo di connotare l'odio nazista anche come anticristiano, elemento decisivo per poter parlare di martiri cattolici del regime hitleriano, non è facilmente risolvibile, basti pensare alle differenti interpretazioni storiografiche con cui è stata letta l'azione dei vescovi olandesi del 20 luglio 1942 – ovvero la lettura in tutte le chiese del paese di un proclama di protesta contro il razzismo nazista –, episodio alla base del martirio della stessa Stein. Ad esempio, secondo la magistrale opera di Giovanni Miccoli, la rappresaglia del luglio 1942 contro gli ebrei convertitisi al cattolicesimo e al protestantesimo in Olanda è dovuta non tanto alla denuncia dell'episcopato contro le deportazioni in atto, quanto al fatto che i vescovi abbiano letto senza autorizzazione governativa alle loro comunità un telegramma in cui l'autorità nazista locale esentava dalla persecuzione gli ebrei appartenenti alle chiese cristiane.[70] La volontà del regime nazista di punire la chiesa per il suo dissenso diventa però la sola necessaria lettura interpretativa ufficiale cattolica, come non manca di sottolineare Giovanni Paolo II nella cerimonia di beatificazione.[71] Dopo l'esecrazione dell'annientamento «ancora una volta concepito» in Europa a danno degli ebrei, «in nome di un empio raz-

John K. Roth, Praeger, New York, 1991; Bernard Delpal, *Le carmel et la shoah: à propos du carmel d'Auschwitz*, in *Carmes et carmélites en France du 17ème siècle à nos jours*, Atti del colloquio di Lione (25-26 septembre 1997), a cura di Bernard Hours, Éditions du Cerf, Paris 2001, pp. 434-453; Jean Dujardin, *L'affaire du carmel d'Auschwitz*, in *L'Église catholique et le peuple juif: un autre regard*, Calmann-Lévy, Paris 2003, pp. 243-262. Si veda anche Annette Wieviorka, *Auschwitz, 60 ans après*, Robert Laffont, Paris, 2005 e Ead., *Auschwitz, la mémoire d'un lieu*, Hachette, Paris 2006. Infine, Geneviève Zubrzycki, *The Crosses of Auschwitz. Nationalism and religion in post-communist Poland*, University of Chicago Press, Chicago 2006, particolarmente pp. 98-140.

70. Miccoli, *I dilemmi e i silenzi di Pio XII*, pp. 361-366.

71. Chiarissime le parole di Eszer nella *praenotatio*: «Questa prospettiva generale dell'odio nazionalsocialista non può però togliere di mezzo quella speciale e formale con la quale abbiamo prevalentemente da fare, nella Causa della nostra Serva di Dio. Rimane sempre il fatto che il motivo immediato e formale della deportazione e conseguente uccisione degli ebrei cattolici d'Olanda sia stata la volontà di punire la Chiesa cattolica per la sua protesta, quindi l'ODIUM FIDEI *e non l'odio della razza*», in Congregatio pro Causis Sanctorum, *Colonien. Canonizationis Servae Dei Teresiae Benedictae a Cruce (in saeculo: Edith Stein) monialis professae Ordinis Carmelitarum Discalceatorum (1891-1942). Positio super martyrio et virtutibus*, Tipografia Guerra, Roma 1986, *Praneotatio Rev.mi P. Ambrosii Eszer*, p. 6.

zismo», nell'omelia vi è, infatti, la funzionale sottolineatura che «la gigantesca macchina di potere dello Stato totalitario non ha risparmiato nessuno e ha perpetrato crudeli ritorsioni anche su coloro che ebbero il coraggio di difendere gli ebrei».

Giovanni Paolo II prosegue poi il suo discorso insistendo sulla doppia identità della martire, congiuntamente ebrea e cristiana, che è presentata tanto come «una figlia di Israele del nostro secolo», «figlia del suo popolo martoriato» nei campi di concentramento, «grande ebrea», quanto come «grande cristiana tra milioni di fratelli innocenti», «figlia del Carmelo», «martire cristiana»: «ella è morta come figlia di Israele "a glorificazione del nome santo di Dio" e nello stesso tempo come suor Teresa Benedetta della Croce».[72] Nonostante che nel discorso wojtyliano si percepisca l'idea di un martirio compiuto per la salvezza del popolo ebraico – «nel lasciare il monastero Edith prende sua sorella per mano e dice soltanto: "Vieni, andiamo, per il nostro popolo"» –,[73] la glorificazione della Stein non va però decontestualizzata, e invece collocata nella più generale attenzione posta da Giovanni Paolo II alle vittime del regime nazista. La loro proposizione come modelli esemplari non sembra avere una carica antiebraica o una valenza da spendere nella relazione ecumenica con l'ebraismo. Essa va piuttosto inserita nella visione storica che al pontefice preme dare del totalitarismo nazista, e cioè quella ideologia del male originata dalla dimenticanza umana di Dio, dall'assolutizzazione del soggetto a scapito dell'essere supremo, dalla perdita di Cristo come "misura" dell'uomo.[74] In quest'ottica la Shoah non è altro che il limite estremo che l'uomo senza Dio può raggiungere nella prevaricazione del suo simile, truce destino di un consorzio umano che pretende di autogo-

72. *Insegnamenti*, X, 2, 1987, pp. 1485-1494 (in tedesco). Sulla «doppia identità spirituale» di Edith Stein e sul suo «grido di dolore» per la persecuzione nazista e il silenzio della chiesa cattolica si legga Emma Fattorini, *Pio XI, Hitler e Mussolini. La solitudine di un papa*, Einaudi, Torino 2007, pp. 141-144.

73. *Insegnamenti*, X, 2, 1987, p. 1487 (in tedesco). Nel 1939 Edith Stein si offre vittima di espiazione per la salvezza del popolo ebraico e per la pace, cfr. Giovanni Marchesi, *La scienza della Croce in Edith Stein*, in «Civiltà Cattolica», 151 (2000), p. 140. In questa prospettiva Edith Stein è Ester, l'offerta vicaria dell'intero popolo ebraico, riconoscendo in questo la vera vittima (e ringrazio di questo appunto orale la professoressa Anna Scattigno). Che la redenzione del popolo ebraico si ottenga solo attraverso la conversione al cattolicesimo è la lettura che fin da subito hanno abbracciato invece gli ambienti conservatori vaticani nell'interpretare la canonizzazione di Edith Stein.

74. Ancora Reale, *Karol Wojtyła*, pp. 141-152.

vernarsi. Esempio in questo senso è proprio l'omelia di canonizzazione, dove non sfugge il tema dell'apostasia del mondo moderno:

> L'esperienza di questa donna, che ha affrontato le sfide di un secolo travagliato come il nostro, diventa esemplare per noi: il mondo moderno ostenta la porta allettante del permissivismo, ignorando la porta stretta del discernimento e della rinuncia. [...] Come sposa sulla Croce, Suor Teresa Benedetta non scrisse soltanto pagine profonde sulla "scienza della croce", ma fece fino in fondo il cammino alla scuola della Croce. Molti nostri contemporanei vorrebbero far tacere la Croce. Ma niente è più eloquente della Croce messa a tacere![75]

Giovanni Paolo II riesce a mettere in relazione il regime nazista, e il connesso genocidio degli ebrei, con i mali della contemporaneità, mostrando così come l'uomo credente, in questo senso poco importa se cristiano o ebreo, vinca la barbarie con la fede. Il contesto storico della canonizzazione è però mutato da quello della beatificazione. Se è lecito il dubbio su una certa ambiguità nella lettura del modello agiografico giocata da Giovanni Paolo II nell'omelia del 1987, nel 1998 le carmelitane se ne erano andate da Auschwitz, per volere dello stesso pontefice, già da cinque anni ed Edith Stein l'anno successivo sarebbe stata proclamata compatrona d'Europa. Infatti, l'attenzione del papa durante la canonizzazione non è diretta tanto al luogo di sterminio polacco o alla doppia identità della santa, quanto alla critica al nazismo.[76] Interessante è rilevare come nella lettera apostolica

75. *Insegnamenti*, XXI, 2, 1998, pp. 714-718 (in tedesco e in italiano).

76. In realtà, il germe di questa critica può essere rilevato già, anche se non esplicitamente connesso alle beatificazioni della Stein, ma forse non a caso nel contesto della stessa visita pastorale nella Repubblica Federale di Germania, il 1 maggio 1987, quando il pontefice esorta i fedeli di Münster a schierarsi contro aborto ed eutanasia, legalizzati dalle società coeve. Vale la pena qui riportare, per la preganza delle parole, parte del discorso: «Eppure esistono ancora oggi nella società delle forze, che minacciano la vita umana. L'eutanasia, la "buona morte" che deriva da una presunta compassione, è tornata ad essere una parola terribilmente ricorrente e trova i suoi nuovi smarriti difensori. E la Chiesa non può tacere di fronte alla quasi totale liberalizzazione dell'aborto nel vostro paese e in numerosi altri paesi. Con i suoi assistenti pastorali e i laici responsabili, certamente sarà vicina ad ogni singola donna in attesa, che si trovi in difficoltà, con sincera partecipazione e bontà e le dimostrerà, fin dove è possibile, comprensione ed aiuto concreto per la sua situazione. Di fronte alla società la Chiesa non deve tacere; neanche quando vi è la tentazione di rifiutare una franca discussione sull'attuale situazione dell'aborto come se ci si imbattesse in tabù. Dai politici e dai formatori della pubblica opinione – che si sentono ancora legati ai fondamenti etici o perfino alla fede cristiana – la Chiesa si attende un aiuto, affinché i risultati scientifici dell'embriologia e della psicologia della gravidanza e dell'aborto vengano portati

Spes aedificandi (1999), in cui si proclama Teresa Bendetta della Croce compatrona d'Europa insieme a Brigida di Svezia e Caterina da Siena, la figura di Edith Stein serva proprio a «porre sull'orizzonte del vecchio Continente un vessillo di rispetto, di tolleranza, di accoglienza», che nel paragrafo successivo ha la sua precisa determinazione: «Un'Europa che scambiasse il valore della tolleranza e del rispetto universale con l'indifferentismo etico e lo scetticismo sui valori irrinunciabili, si aprirebbe alle più rischiose avventure e vedrebbe prima o poi riapparire sotto nuove forme gli spettri più paurosi della sua storia».[77] Il rapporto "genealogico" tra ideologia nazista e società occidentali/europee apostati è così implicitamente, ma fortemente tracciato anche qui, al servizio di un progetto di cristianizzazione che vede nel relativismo etico uno dei nemici dell'unità dell'Europa. Infine, alle critiche di appropriazione della Shoah da parte della chiesa cattolica provenienti dagli ambienti ebraici, riaccesesi anche in occasione della canonizzazione, risponde, non senza una vena apologetica, «L'Osservatore Romano», presentando Edith Stein tanto come figura "ponte" tra ebrei e cristiani, quanto come «modello di impegno a servizio della libertà, della verità e della dignità dell'uomo».[78]

Analizzando poi la documentazione della causa di Edith Stein si può arricchire ulteriormente il composito panorama agiografico: emergono, infatti, linee interpretative in qualche modo definibili più conservatrici, in parte mitigate o del tutto abbandonate da Giovanni Paolo II nei suoi discorsi ufficiali. Innanzitutto, non è inutile una piccola premessa sullo *status* della causa, che varia nel suo percorso. Essa inizia nel 1962 *per viam virtutum*, e solo in un secondo momento riceve il permesso di procedere anche *per viam martyrii*.[79] I motivi, di diversa natura, vengono elencati

meglio a conoscenza e determinino in modo sempre più efficace le decisioni pratiche degli uomini. [...] La Chiesa deve anche oggi con insistenza, chiarezza e pazienza impegnarsi per il diritto alla vita di tutti gli uomini, soprattutto dei bambini non ancora nati e per questo più bisognosi di essere tutelati; essa deve impegnarsi per la illimitata validità del quinto comandamento: non uccidere», *Insegnamenti*, X, 2, 1987, p. 1558-1559 (in tedesco).

77. *Spes aedificandi*, in http://w2.vatican.va/content/john-paul-ii/it/motu_proprio/documents/hf_jp-ii_motu-proprio_01101999_co-patronesses-europe.html (20 febbraio 2017).

78. Claudio Sorgi, *La canonizzazione di Edith Stein*, «L'Osservatore Romano», 18 ottobre 1998, p. 6.

79. Si noti anche come al momento dell'entrata in vigore della nuova legislazione (1983) la causa di Edith Stein avesse già una *positio super causae introductione* non ancora discussa, elaborata nel 1979. Nel 1982 aveva inoltre ricevuto il *votum* favorevole del promotore della fede, che chiedeva solo il chiarimento di alcuni aspetti. Secondo la legislazio-

dallo stesso relatore Eszer: 1) per le espressioni che il papa utilizza per commemorare la serva di Dio; 2) perché il popolo la venera come martire; 3) per come le numerose pubblicazioni la rappresentano.[80] Viene però taciuto il fatto che in quanto martire la serva di Dio non necessiterà di un miracolo e dunque la sua causa di beatificazione procederà con più celerità: elemento che qui gioca un ruolo sicuramente importante, visto che la beatificazione avviene a solo un anno dalla stesura della *positio*. Non si può inoltre non pensare alla difficoltà della necessità di un miracolo nel caso di Edith Stein, non solo per la mancanza del luogo di sepoltura, dove tradizionalmente i fedeli si accostano per chiedere grazie e intercessioni, ma anche per la sua stessa figura di intellettuale e filosofa, che più difficilmente coinvolge aspetti devozionali di questo tipo.[81] Non si dimentichi, infine, anche l'allargamento del concetto di martirio che il caso della Stein ha contribuito a determinare. Se si procede poi alle diverse letture che vengono offerte del modello agiografico sopra anticipate, appare fin da subito come Teresa Benedetta della Croce venga proposta all'interno della documentazione processuale, senza mezzi termini, come esempio per la conversione degli ebrei:

> Ella ha approfondito tale riscoperta [della sua radice ebraica, n.d.a.] tramite la vita in un Ordine religioso che venera in S. Elia il suo Patrono celeste, ed il suo fine era la conversione degli ebrei alla chiesa cattolica, non quel nebuloso umanesimo in voga in certi circoli che sembrano esaurire la propria attività in sempre rinnovate confessioni di cola [sic!, colpa, n.d.a] da parte di Cristiani i quali spesse volte non hanno neanche conosciuto, durante il III Reich, i nomi di Auschwitz, Treblinka, Terezin, ecc. In questo senso della riscoperta dell'ebraismo cattolico e della sua ricchissima eredità, sempre con lo scopo di dare agli ebrei autentici e non secolarizzati una patria nella Chiesa cattolica, la Serva di Dio è stata modello autentico e precursore.[82]

ne wojtyliana le cause iniziate prima del 1983 e senza una *positio super virtutibus* (o *super martyrio*) già scritta dovevano essere esaminate da un consultore che indicava eventuali lacune e proponeva le opportune inchieste da fare. Solo dopo questo esame si poteva procedere alla elaborazione della principale *positio*. La causa di Edith Stein, grazie al *votum* favorevole, che già suggeriva alcune ulteriori indagini, procedette così senza ritardi. Congregatio pro Causis Sanctorum, *Colonien. Canonizationis Servae Dei Teresiae Benedictae a Cruce*, *Praneotatio Rev.mi P. Ambrosii Eszer*.

80. Ivi, *Documenta de quibus in praecedenti praenotatione agitur*.

81. Woodward, *Making Saints*, p. 138.

82. Ivi, *Relatio Rev.mi P. Ambrosii Eszer*, p. 61.

Il bersaglio qui sono forse quei gruppi di pensatori e teologi cattolici che hanno sollevato la questione dell'antisemitismo presente all'interno della chiesa e che hanno problematizzato la sua influenza nel determinare quel clima culturale che ha permesso la Shoah. La critica al «nebuloso umanesimo», inoltre, può indicarci il retroterra intellettuale di coloro che si sono occupati della causa di canonizzazione di Edith Stein, visto che è nel pensiero intransigente che l'umanesimo è stato sempre stigmatizzato in quanto percepito come l'anticamera di ogni riforma o rinnovamento. Giovanni Paolo II, come già rilevato, decide però di attenuare l'interpretazione di tale modello agiografico come evangelizzatore del popolo ebraico, relegandola al fondo. Decide infine di scartare anche un'altra ipotesi interpretativa che emerge nella documentazione processuale, ovvero quella di una Edith Stein modello per le donne contro una teologia femminista non in linea con la dottrina cattolica romana:

> Anche per certe donne cattoliche che hanno una tendenza al femminismo la Serva di Dio costituirà un modello tanto scomodo quanto utile. È ovvio che anche lei ha percorso l'evoluzione da un femminismo un po' surriscaldato ad una posizione in piena armonia con la dottrina della Chiesa. Essa ha ritrovato nel sacrificio la più profonda vocazione della donna cattolica, nel sacrificio diciamo, e nell'imitazione della Madre di Dio. [...] È molto urgente che alle donne cattoliche nella Germania Federale ed in altri paesi venga dato dalla Chiesa un simile modello ideale perché proprio in questo periodo un movimento "teologico" femminista e completamente eretico che, proveniente dai Paesi Bassi, sta invadendo la Germania Federale.[83]

Il gruppo «completamente eretico» a cui fa riferimento il relatore è con tutta probabilità quello coordinato dalla teologa olandese Catharina Halkes (1920-2011), fondatrice della teologia femminista in ambito cattolico dei Paesi Bassi – sono noti soprattutto i suoi studi mariologici attenti alla differenza sessuale – e docente alla prima cattedra di "femminismo e cristianesimo" presso l'Università di Nijmegen dal 1983 al 1986. Studiosa di fama internazionale, la Halkes è stata anche storica collaboratrice di «Concilium», rivista portabandiera della teologia di orientamento progressista, e membra del Consiglio ecumenico delle Chiese. Il fatto che nel 1985 le sia stato impedito di tenere un indirizzo di saluto a Giovanni Paolo II du-

83. Ivi, *Relatio Rev.mi P. Ambrosii Eszer*, p. 62.

rante la sua visita in Olanda (11-21 maggio)[84] consolida ancor più l'ipotesi, soprattutto se si rileva che la *positio super martyrio et virtutibus* della Stein è datata proprio all'anno successivo, il 1986.[85] Ciò che il caso di Edith Stein mostra in maniera piuttosto evidente è come la lettura interpretativa di un modello agiografico possa essere in definitiva prerogativa assoluta del pontefice che, seppur riceve stimoli dalla macchina processuale o dalla situazione storica e politica contingente, decide poi autonomamente l'indirizzo ermeneutico da dare a una beatificazione o a una canonizzazione attraverso il proprio discorso omiletico.

3. *Sante bambine*

Durante il pontificato wojtyliano si è concluso il dibattito circa la santità preadolescenziale, la cui legittimità è stata sancita attraverso la proclamazione di beati bambini.[86] A seguito della plenaria tenuta dalla Congregazione per le Cause dei Santi dal 31 marzo al 2 aprile 1981 sulla «idoneità dei preadolescenti, dall'età della ragione alla pubertà, all'esercizio eroico delle virtù e del martirio» la santità giovanile è ora possibile e canonizzabile. Il volume preparatorio, non di pubblica ragione poiché materiale d'ufficio del dicastero,[87] viene però sintetizzato in una serie di articoli pubblicati

84. http://www.liberoquotidiano.it/news/723566/Teologia-e--morta-Catharina-Halkes-fondo--il-pensiero-femminista-cattolico.html (10 gennaio 2017).

85. Secondo il *Dizionario di teologie femministe* la teologia femminista europea può suddividersi in tre fasi, l'ultima delle quali è fatta cominciare nel 1985 ed appare la meno legata alla chiesa cattolica e al cristianesimo in generale. Cfr. Mary C. Grey, *Teologie femministe in Europa*, in *Dizionario di teologie femministe*, a cura di Letty M. Russell e Shannon J. Clarkson, Claudiana, Torino 2010 (ed. it. a cura di Gabriella Lettini e Gianluigi Gugliermetto), pp. 186-188. Sulla teologia femminista in generale Rosino Gibellini, *Breve storia della teologia del XX secolo*, Morcelliana, Brescia 2008, pp. 136-140.

86. La questione dell'età dei santi è stata posta alla Congregazione dei Riti fin dal 1935, specificatamente alla presentazione degli atti dei processi informativi della serva di Dio Anne de Guigné (1911-1922), fanciulla di 11 anni, tuttora venerabile. Cfr. Congregatio pro Causis Sanctorum, *Leirien. Canonizationis Servae Dei Hyacinthae Marto puellae (1910-1920). Relatio et vota congressu peculiaris super virtutibus. Die 16 decembris an. 1988 habiti*, Tipografia Guerra, Roma 1989, voto VII, p. 48. Cfr. anche *Bambini santi. Rappresentazioni dell'infanzia e modelli agiografici*, a cura di Anna Benvenuti Papi ed Elena Giannarelli, Rosenberg&Sellier, Torino 1991.

87. Stando al postulatore della causa di Jacinta Marto, Paolo Molinari, il testo è stato distribuito solamente ai partecipanti della menzionata plenaria. Dopo averne brevemente illustrato i contenuti scrive che il risultato a cui è pervenuta la congregazione non è stato formulato in una comunicazione decretale: «esso però fu reso di pubblica ragione attraverso

ne «L'Osservatore Romano» del 10 aprile 1981.[88] Da qui emerge chiaramente che la difficoltà non consisteva tanto nel riconoscere il martirio in giovane età, che era approvato già dall'età moderna – basti pensare al caso di san Simonino di Trento (†1475) e Lorenzino da Marostica (†1485), che tuttavia rappresentano due casi limite per la portata antiebraica del loro culto –,[89] quanto la perseveranza nelle virtù, considerata la breve vita del bambino o della bambina. Le problematiche della canonizzazione di santi preadolescenti erano sostanzialmente di natura teologico-antropologica: ci si chiedeva se individui in età immatura e instabile potessero raggiungere abiti virtuosi ben radicati e dare garanzia dell'eroicità delle virtù. Il preadolescente, cui si riteneva mancasse il filtro della razionalità e che si affidasse ai sensi, era, infatti, considerato peccatore per eccellenza già dalla filosofia scolastica.[90] La soluzione positiva raggiunta nel 1981, per la quale è risultato fondamentale il concetto dell'universale vocazione alla santità espresso nella costituzione conciliare *Lumen gentium*, ma anche l'evoluzione delle scienze psicologiche e cognitive, è stata sicuramente dettata dalla necessità di dare alla società moderna esempi trainanti ai giovani, una categoria sociale a cui la chiesa comincia a dedicare sempre più attenzione a partire dalla fine del XIX secolo.[91] Storicamente sono stati i religiosi salesiani,

la decisione di procedere alla trattazione delle Cause di bambini già pendenti presso la Congregazione e di quelle che in futuro venissero ad essere considerate», cfr. Congregatio pro Causis Sanctorum, *Leirien. Canonizationis Servae Dei Hyacinthae Marto puellae (1910-1920). Positio super virtutibus*, Roma 1988, *Presentazione della posizione da parte del Postulatore della Causa*, pp. 12-13. Il volume non solo non è stato pubblicato, ma reca la dicitura «sub Secreto pontificio» in Congregatio pro Causis Sanctorum, *Leirien. Canonizationis Servae Dei Hyacinthae Marto puellae (1910-1920). Relatio et vota*, voto IX, p. 68.

88. Si veda la pagina riservata all'*Idoneità degli adolescenti all'esercizio eroico delle virtù e del martirio* in «L'Osservatore Romano», 10 aprile 1981, p. 7 (contiene: Marcellino Zalba, *L'ideale di santità tensione dello spirito*, Roberto Zavalloni, *I comprovanti dati dell'esperienza*, Eulogio Pacho, *Capacità di perseverare*, Luigi Gedda, *Esempio convincente per i coetanei* e Antonio Arto, *Totale maturità per atti perfetti*).

89. Tommaso Caliò, *La leggenda dell'ebreo assassino. Percorsi di un racconto antiebraico dal medioevo ad oggi*, Viella, Roma 2007.

90. Anna Benvenuti Papi, Elena Giannarelli, *Santi bambini, santi da bambini*, in *Bambini santi. Rappresentazioni dell'infanzia e modelli agiografici*, p. 12. Si veda l'ottima sintesi di Vincenzo Lelièvre, *La canonizzabilità dei ragazzi fondatori*, in *Miscellanea in occasione del IV centenario della Congregazione per le Cause dei Santi (1588-1988)*, Tipi della Guerra, Città del Vaticano 1988 pp. 265-297.

91. Si veda Luigi Castano, *Santità giovanile. Criteri, magistero, modelli*, LDC, Leumann 1989.

dediti per missione proprio al mondo dei giovani, a promuovere la santità giovanile, basti pensare all'attività del fondatore don Bosco, sostenitore della causa di Domenico Savio (1842-1857), morto a 14 anni, beatificato nel 1950 e canonizzato nel 1958.[92] Come si vedrà a breve, il Savio sarà infatti il modello archetipico per diversi altri beati e santi preadolescenti. La plenaria della Congregazione per le Cause dei Santi nel 1981 ha così sancito che nei servi di Dio di giovane età le virtù devono essere esercitate in grado e forma che superano il modo di agire dei coetanei, pur riconoscendo che i bambini perseguono la virtù in modo diverso dagli adulti, con differenze che non influiscono nell'acquisto della santità.

Giovanni Paolo II ha dedicato particolare attenzione alle beatificazioni di adolescenti e preadolescenti. Escludendo qui le martiri della purezza, già precedentemente ricordate, si trovano: Laura Vicuña (1891-1904) – di cui si parlerà a breve –, salesiana sudamericana, beatificata il 3 settembre 1988; Cristóbal (1514 c.-1527), Antonio e Juan (1516 c.-1529), tre indigeni di Tlaxcala (Messico), collaboratori missionari, beatificati il 6 maggio 1990; i pastorelli di Fatima Francisco Marto (1908-1919) e la sorella Jacinta Marto (1910-1920), che con i suoi dieci anni non ancora compiuti è la più giovane beata non-martire della storia della chiesa, beatificati il 13 maggio 2000; Daudi Okelo (1902 c.-1918) e Jildo Irwa (1906 c.-1918), due catechisti ugandesi celebrati il 20 ottobre 2002. L'importanza pastorale della santità infantile è esplicitamente espressa dal pontefice in diverse occasioni, come durante la beatificazione del 6 maggio 1990, quando ricorda che i bambini «arricchiscono spiritualmente la nostra società così bisognosa di amore»:[93] insieme ai laici e alle donne rappresentano una "nuova" categoria agiografica da esplorare alla luce dell'urgenza totalizzante della politica della santità wojtyliana.

3.1. *La giovane salesiana Laura Vicuña*

La dodicenne Laura Vicuña, beatificata il 3 settembre 1988 a Torino in occasione del giubileo della Congregazione salesiana, rappresenta un caso agiografico non del tutto estraneo a una certa costruzione politico-

92. Su Domenico Savio il primo noto testo di Giovanni Bosco, *Vita del giovanetto Savio Domenico, allievo dell'Oratorio di San Francesco di Sales*, Paravia, Torino 1859. Cfr. anche Stella, *Santi per giovani e santi giovani nell'Ottocento*, pp. 563-585.

93. *Insegnamenti*, XIII, 1, 1990, p. 1130 (in spagnolo).

pastorale, rintracciabile non solo a posteriori, nell'interpretazione che è data al modello per la difesa della famiglia cristiana, ma già durante lo stesso processo canonico. Le note sulla sua vita rivelano una storia fin da subito edificante. La giovane nasce a Santiago del Cile nel 1891, primogenita di José Domingo e di Mercedes Pino. A seguito della morte del padre, avvenuta nel 1893, la famiglia si ritrova in una situazione di precarietà economica e si trasferisce in Argentina, in Patagonia, dove la madre trova lavoro nella tenuta agricola di Manuel Mora, uomo violento e irreligioso, del quale diventa presto la compagna. Secondo la tradizione agiografica Laura, seppur ancora molto piccola, prende prematuramente coscienza dell'irregolarità religiosa della madre, che non può essere ammessa ai sacramenti secondo i dettami della chiesa cattolica. Nel gennaio del 1900 viene ammessa al collegio delle figlie di Maria– Congregazione missionaria salesiana –, a Junín de los Andes, distinguendosi per le sue virtù e il buon comportamento. A seguito di diversi tentativi di stupro da parte del compagno della madre, fa voto di castità. Nel 1902 chiede e ottiene dal direttore spirituale il permesso di offrire la propria vita per la conversione della madre. Ammalatasi gravemente, muore dopo soli due anni dalla promessa, a 12 anni, 9 mesi e 17 giorni.[94] Il profilo agio-biografico offre spunti polivalenti: la sua origine meticcia la rende un modello fecondo per la legittimazione di un particolare gruppo sociale tenuto ai margini della società latinoamericana;[95] il contesto storico e geografico in cui vive

94. Biografie di Laura Vicuña in ordine cronologico: José M. Blanco, *Laura, la flor del paraíso*, Imprenta nacional, San José de Cosata Rica 1942; Paul Aronica, *Rose of the Andes: A Biography of Laura Vicuña*, Salesiana, Paterson 1957; Luigi Castano, *Laura Vicuña. L'eroica Figlia di Maria delle Ande Patagoniche*, SEI, Torino 1958; Maria Lucia Beccalossi, *Il messaggio di Laura Vicuña alle giovani di ieri, di oggi, di domani*, s.l. 1971; Neno Chica, *Laura Vicuña. La que supo amar*, Libreria Nacional, Columbia 1982; Luigi Castano, *Laura, la ragazza delle Ande Patagoniche. Laura Vicuña 1891-1904 Alunna delle Figlie di Maria Ausiliatrice*, LDC, Leumann 1983; Id., *Tredicenne sugli altari. Beata Laura Vicuña, alunna delle Figlie di Maria Ausiliatrice nelle Missioni Patagoniche (1891-1904)*, LDC, Leumann 1988; Id., *Santità e martirio di Laura Vicuña*, Istituto Figlie di Maria Ausiliatrice, Roma 1990; Maria Lucia Beccalossi, *I giorni di Laura. Le persone, i luoghi, gli avvenimenti che segnarono la vita di Laura Vicuña*, LDC, Leumann 1991; Ciro Brugna, *Laura Vicuña: una santidad juvenil (1891-1904)*, Salesiana, Santiago de Chile 1992; Antonio González, *Laura Vicuña,* Editorial CCS, Madrid 1995; Maria Dosio, *Laura Vicuña. Un cammino di santità giovanile salesiana*, LAS, Roma 2004.

95. Interessante notare come nel febbraio 2010 si scopra che il volto ufficiale di Laura Vicuña – carnagione chiara, occhi chiari, lineamenti europei – non sia attendibile e lo si sostituisca con quello di una bambina dai chiari tratti oriundi: https://www.aciprensa.com/

è quello della frontiera, sia fisica – «domestication of the pampas» tra Cile e Argentina, che culturale – «between civilization and barbarism»;[96] il suo voto di verginità è materiale utile alla causa dell'autodeterminazione femminile nel decidere del proprio corpo – un movimento femminista molto forte si sviluppa in Argentina a partire dalla fine dell'Ottocento –, ma anche a quella della purezza e della castità; il sacrificio della vita per la redenzione spirituale del genitore la rende un modello adatto per la difesa eroica della famiglia e dell'amore coniugale; la sua tenera età la candida tra i possibili modelli da proporre alla gioventù femminile. Tuttavia, nelle lettere postulatorie presenti nella *positio super causae introductione* si possono già ritrovare le esigenze pastorali ecclesiastiche alle quali Laura Vicuña risponde. Nella lettera datata 3 maggio 1957 il cardinale Maurilio Fossati, arcivescovo di Torino, sottolinea, ad esempio, l'importanza del recupero tanto della gioventù che delle famiglie:

> In questi nostri tempi di tanta fiacchezza e disorientamento morale della gioventù, che rifugge dal sacrificio, avida di piacere, l'angelica Serva di Dio può essere modello e sprone a quei forti e puri ideali cristiani, troppo spesso dimenticati. E non meno l'eroica Fanciulla rifulge quale esempio e monito per le famiglie, ricordandone i principi di saldezza e d'integrità, così da Lei nobilmente affermati in luce di martirio.[97]

Il quasi martirio della giovanissima cilena sposta contemporaneamente il fulcro interpretativo verso la difesa della purezza, come si evince dalla lettera redatta da Giuseppe Gagnor, vescovo di Alessandria e datata 1 maggio 1957, dove la si paragona al modello archetipico della martire

noticias/descubren-imagen-autentica-de-beata-laura-vicuna/ e https://www.aciprensa.com/noticias/modifican-pintura-de-laura-vicuna-en-santuario-argentino-tras-hallazgo-de-foto-inedita/ (30 gennaio 2017).

96. John Cussen, *La Beata Laura Vicuña: The Nun's Version, Corrective of García Márquez's*, in «Religion and the Arts», 11 (2007), pp. 398. Più in generale: Marifran Carlson, *¡Feminismo!: The Women's Movement in Argentina from Its Beginning to Eva Perón*, Academy Chicago Publishers, Chicago 1988; Assunción Lavrin, *Women, Feminism, and Social Change in Argentina, Chile, and Uruguay, 1890-1940*, University of Nebraska Press, Lincoln 1995; Francine Masiello, *Between Civilization and Barbarism: Women, Nation, and Literary Culture in Modern Argentina*, University of Nebraska Press, Lincoln 1992.

97. Sacra pro Causis Sanctorum Congregatio, *Viedmen. Beatificationis et Canonizationis Servae Dei Laurae Vicuña virginis Filiae Mariae alumnae Instituti Filiarum Mariae Auxiliatricis. Positio super Causae introductione*, Tipografia Guerri et Belli, Roma 1969, *Litterae postulatoriae*, p. 2.

della verginità: «Chi non ammira in questa giovanetta un prodigio di santità e di eroismo?! Chi non vede in essa una degna discepola del Pastore Divino Gesù, che dona la vita per l'altrui salvezza?! Un'emula di S. Maria Goretti?!».[98] Nella lettera scritta il 29 maggio 1957 dal cardinale Giacomo Lercaro, arcivescovo di Bologna, si sottolinea invece l'urgenza pastorale verso il mondo cattolico femminile, in particolare per l'insegnamento dell'integrità morale:

> Qualora l'eroismo delle sue virtù fosse riconosciuto dalla Sede Apostolica, penso che il suo esempio potrebbe sommamente giovare specialmente alla Gioventù Femminile potendo in essa ammirare un modello di vita cristiana e sentire un valido incitamento alla virtù della purezza, tanto dolorosamente insidiata.[99]

Laura Vicuña è additata come modello particolarmente adatto alla pastorale giovanile femminile, che è legata a quella familiare, anche in diversi *vota* dei consultori teologi chiamati a riconoscere l'eroicità delle sue virtù. Basti leggere il voto IV:

> Per molti motivi l'esempio di Laura è straordinariamente adatto alla gioventù del nostro tempo, che se, da una parte, subisce la violenza di una mentalità insensibile alle istanze religiose e morali, si è dimostrata anche capace di non comune generosità. La tenace e mai smentita resistenza di Laura ad ogni specie di male, può svegliare la coscienza degli adolescenti. In un tempo in cui non si fa che parlare, a proposito e a sproposito, della incomunicabilità e degli scontri tra genitori e figli, l'eroica offerta della Serva di Dio risulta assai eloquente anche per affermare la santità dell'amore coniugale e il senso cristiano della famiglia. Per ultimo, ma non secondariamente, la storia di Laura richiama l'attenzione sulla necessità di una educazione e di una istruzione religiosa, capace di formare, anche nell'adolescenza, anime sensibili e pronte agli inviti della grazia.[100]

Tale urgenza pastorale diventa evidente e insistente proprio alla conclusione del congresso dei consultori teologi, quando i diversi dubbi vengono risolti proprio con l'attualità della causa, «specialmente per la

98. Ivi, p. 22.
99. Ivi, p. 3.
100. Congregatio pro Causis Sanctorum, *Viedmen. Canonizationis Servae Dei Laurae Vicuña virginis saecularis Filiae Mariae alumnae Instituti Filiarum Mariae Auxiliatricis (1891-1904). Relatio et vota Congressus Peculiaris super virtutibus die 18 decembris an. 1985 habiti*, Tipografia Guerra, Roma 1986, voto IV, p. 57.

gioventù femminile, che sembra oggi più insediata e ancora più in crisi di quella maschile».[101] A scapito delle altre interpretazioni, le tre predominanti e intercambiabili "funzioni" assegnate alla figura di Laura Vicuña – la difesa della famiglia, della gioventù femminile e della purezza – sono, infine, legittimate nell'omelia di beatificazione che Giovanni Paolo II pronuncia il 3 settembre 1988 nel Colle Don Bosco, fuori Torino. Seppur, implicitamente, la cornice della beatificazione risulti un *imprimatur* del metodo educativo di don Bosco e del lavoro svolto dalle salesiane nell'evangelizzazione dell'America Latina, nelle parole del papa la giovane ha principalmente lo scopo di far riflettere sull'importanza dell'educazione dei figli e «sul diritto che questi hanno di vivere in una famiglia normale»,[102] ovvero composta da padre, madre e figli, così come vuole la tradizione cristiana –, palesando ancora una volta come la rivendicazione delle tematiche familiari, educative e morali siano competenze ecclesiastiche e come la chiesa debba farsi mediatrice etica.

A una più attenta analisi il caso agiografico di Laura Vicuña presenta diversi elementi che sembrano rinviare a una costruzione *ad hoc* del modello, tutta interna alla famiglia salesiana e funzionale alle direttive magisteriali. Innanzitutto, è esplicitamente ricordato in diverse parti della documentazione processuale come la breve vita della giovane cilena s'intrecci con la storia delle prime missioni salesiane in America del Sud e come la sua visibilità equivalga a promuovere l'operato missionario delle Figlie di Maria Ausiliatrice. I salesiani, come viene sottolineato anche dal promotore della fede nelle *animadversiones* presenti nella *positio super causae introductione*, sperano di poterla «proporre per modello alle fanciulle come lo è Domenico Savio per i fanciulli».[103] In secondo luogo non è da trascurare la continua citazione, sia da parte dei curatori delle due *positiones* sia da parte dei testimoni, di due testi agiografici salesiani che sono stati fondamentali per la diffusione della memoria e della fama di santità di Laura Vicuña: nella *positio super causae introductione* si tratta della biografia di Augusto Crestanello, *Vida de Laura Vicuña alumna de las Hijas de María Auxiliadora e Hija de María Imaculada*, scritta nel 1911, e nella *positio super virtutibus* di quella successiva di

101. Ivi, p. 152.

102. *Insegnamenti*, XI, 3, 1988, p. 540.

103. Sacra pro Causis Sanctorum Congregatio, *Viedmen. Beatificationis et Canonizationis Servae Dei Laurae Vicuña virginis Filiae Mariae alumnae Instituti Filiarum Mariae Auxiliatricis. Positio super Causae introductione*, *Summarium*, p. 57, ma anche *Animadversiones*, p. 2.

Luigi Castano, *Laura Vicuña l'eroica figlia di Maria delle Ande Patagoniche*, pubblicata dalla casa editrice Sei, di ispirazione salesiana, nel 1958.[104] L'importanza del primo volume è ben presente nella deposizione di uno dei testi chiave del processo informativo di Videma, Luigi Giuseppe Pedemonte, sacerdote salesiano e superiore della missione dove Laura viene educata, che dichiara: «Io non ho conosciuto la Serva di Dio. La prima volta in cui sentii parlare di lei fu nell'anno 1912, quando il P. Augusto Crestanello mi diede due copie della vita scritta da lui, stampata a Santiago del Cile nell'anno 1911 e che porta il titolo *Vita di Laura Vicuña, alunna delle Figlie di Maria Ausiliatrice e Figlia di Maria Immacolata*».[105] Il padre Crestanello è stato, infatti, il confessore e primo biografo di Laura Vicuña e la sua opera è scritta sulla falsariga della vita di Domenico Savio, elaborata da Giovanni Bosco. Il materiale processuale a disposizione, essendo la causa di beatificazione iniziata ben prima della *Divinus perfectionis Magister* è, come già accennato, composto non solo dalla *positio super virtutibus* del 1983, ma anche da quella *super introductione causae* del 1969, al cui interno sono inserite le *animadversiones* del promotore della fede, ovvero quelle osservazioni critiche, poi scomparse dopo la riforma wojtyliana, ai nostri fini utili per comprendere eventuali difficoltà incontrate dalla causa.[106] Ebbene, qui non solo le motivazioni del ritardo del processo, che comincia nel 1955, non vengono ritenute esaurienti – secondo la postulazione la madre della serva di Dio è scomparsa per non subire le persecuzioni del compagno e con essa la possibilità di reperire informazioni preziose, mentre il promotore sostiene che si hanno notizie

104. Si noti come la pubblicazione della vita del Crestanello si inserisca nel più ampio interesse della Santa Sede verso l'evangelizzazione degli indios latinoamericani: nel 1911 Pio X, infatti, affida a Giovanni Genocchi, della Congregazione del Sacro Cuore, la missione in America Latina a favore delle popolazioni indigene. Cfr. Francesco Turvasi, *Giovanni Genocchi and the Indians of South America (1911-1913)*, Pontificia Università Gregoriana, Roma 1988 e Claudio Bonizzi, *La visita apostolica in America Latina di Giovanni Genocchi e la pubblicazione dell'enciclica Lacrimabili statu indorum di Pio X*, in «Euntes docete», 65 (1/2012), pp. 173-198.

105. Ivi, *Summarium*, p. 3.

106. Fin da subito si presenta un'interessante osservazione: alla fine delle *animadversiones* della copia della *positio super causae introductione* a catalogo della Biblioteca Don Bosco – Università Pontificia Salesiana di Roma, precisamente a pagina 21, compare il nome di Raphael Perez come *Fidei Promotor Generalis*, ma a penna blu c'è una parentesi intorno al nome, sostituito con «Card. F. Antonelli, O.F.M.». Così anche nella prima pagina delle *animadversiones*: in penna blu è riportato il nome di Antonelli, con la nota «Me l'ha detto D. Castano». Cfr. ivi, *Animadversiones*, p. 1 e p. 21.

del suo ritorno a Junín già nel 1908-1909, poiché il compagno Mora muore nel 1907 –,[107] ma si controbatte esplicitamente che soltanto nel 1922 la casa generalizia salesiana si interessa della figura della Vicuña, in seguito alla ricerca di notizie sui frutti dell'educazione salesiana nei paesi di missione, in preparazione all'Esposizione missionaria vaticana del 1925: «Fu soltanto allora che ci si preoccupò di procedere alla raccolta dei documenti e dei dati, su sollecitazioni giunte, a quanto sembra, dalla Casa Madre».[108] La percezione di essere di fronte a una costruzione del modello agiografico a opera della famiglia salesiana è dunque ben evidente. Inoltre, alla citazione di numerosi testimoni che ricordano la giovane cilena solo grazie alle agiografie – le notizie più importanti sono così ricavate da testi *de auditu a documentis* –,[109] si affianca una velata critica proprio alla metodologia di raccolta delle fonti, tutta interna alla Società di San Giovanni Bosco: si fa, infatti, notare che sia le due biografie, del Crestanello e del Castano, che 14 testimonianze su 21 sono di salesiani. Non è contrario alla legge canonica, dice il promotore, ma non è neppure coerente con lo spirito della legge ecclesiastica in materia (canone 2030).[110] Le agiografie sono certo apprezzabili nella diffusione della fama di santità o nella costruzione della memoria di un candidato, ma non devono interferire con la spontaneità devozionale all'origine di un culto. A ciò si aggiungano infine i dubbi nutriti sulla continuità e legittimità della fama di santità che gode la serva di Dio. Dagli atti emerge una fama iniziale presente solo all'interno della famiglia salesiana, soprattutto in Argentina

107. Ivi, pp. 5-6.

108. Ivi, p. 6.

109. È il problema circa l'eccessiva influenza avuta dai testi agiografici nella diffusione della fama di santità, già sollevato precedentemente. Esempi in questo senso sono le parole del teste Amanda Vicuña: «Posso dire che la lettura di qualche breve biografia mi ha riportato il ricordo di cose che avevo dimenticato» e di Maria Briceño: «Posteriormente, dalla lettura della biografia scritta dal P. Crestanello, seppi che la Serva di Dio ha offerto la sua vita per ottenere la grazia della conversione della madre. E questa notizia ha rafforzato le impressioni di eminente virtù che attribuivo alla Serva di Dio», ivi, p. 9.

110. Ivi, p. 11. Il canone dice: «È nella Chiesa, in comunione con tutti i battezzati, che il cristiano realizza la propria vocazione. Dalla Chiesa accoglie la Parola di Dio che contiene gli insegnamenti della "Legge di Cristo". Dalla Chiesa riceve la grazia dei sacramenti che lo sostengono lungo la "via". Dalla Chiesa apprende l'*esempio della santità*; ne riconosce il modello e la sorgente nella santissima Vergine Maria; la riconosce nella testimonianza autentica di coloro che la vivono; la scopre nella tradizione spirituale e nella lunga storia dei santi che l'hanno preceduto e che la liturgia celebra seguendo il santorale», http://www.vatican.va/archive/catechism_it/p3s1c3a3_it.htm (10 gennaio 2017).

e Cile, tuttavia non lampante neppure dalle testimonianze e cresciuta in un secondo momento, anche a motivo delle diffuse biografie.[111] Nonostante il patrono cerchi di rispondere con una lunga e articolata *responsio ad animadversiones* resta la sensazione di essere di fronte a una documentazione raccolta in modo poco accurato.[112]

La causa viene poi introdotta il 25 febbraio 1982 da Giovanni Paolo II, ma anche la successiva *positio super virtutibus* del 1983 non apporta nulla di nuovo. Anzi, la *positio super causae introductione*, a norma del rescritto del 23 ottobre 1982, viene accettata come sostituta della *positio super virtutibus*, ovvero, non viene svolta nessuna nuova ricerca storico-documentaria. Perché la postulazione salesiana chiede di procedere con la causa un anno prima della nuova legislazione? Anche ammesso che non fossero ancora diffuse le tempistiche, all'interno della Congregazione per le Cause dei Santi era sicuramente noto nel 1982 che si stava preparando una riforma strutturale al sistema canonico, tanto che molte cause erano oramai state bloccate proprio nell'attesa del nuovo regolamento al fine di non complicare l'apparato burocratico. Il dato significativo è che nel caso della Vicuña la congregazione, nel già citato rescritto del 25 febbraio 1982, opera ormai secondo lo spirito della riforma wojtyliana richiedendo un'ulteriore indagine storica e socio-politica, ma poi concede al postulatore di utilizzare una *positio super causae introductione* del tutto insufficiente rispetto ai nuovi criteri.[113] Spingendosi oltre, si può allora affermare che

111. Sacra pro Causis Sanctorum Congregatio, *Viedmen. Beatificationis et Canonizationis Servae Dei Laurae Vicuña virginis Filiae Mariae alumnae Instituti Filiarum Mariae Auxiliatricis. Positio super Causae introductione*, *Animadversiones*, p. 13.

112. Le risposte più significative che vengono addotte circa il problema del ritardo della causa è che l'Argentina resta senza vicario apostolico dal 1904 al 1934 e che si assiste alla dispersione delle suore e delle compagne del collegio di Laura Vicuña. Le difficoltà nelle comunicazioni con l'Argentina a causa della seconda guerra mondiale non fanno che protrarre il ritardo. Si è poi deciso di investire nel processo solo dopo che l'eroicità delle virtù di Domenico Savio fossero approvate (1933) e che fosse riconosciuto il martirio di Maria Goretti (1945), unici due casi precedenti a cui l'Istituto delle Figlie di Maria poteva ispirarsi per una azione in favore della Vicuña. Cfr. ivi, *Responsio ad Animadversiones*, particolarmente pp. 1-50.

113. Notizie sul rescritto in Sacra Congregatio pro Causis Sanctorum, *Viedmen. Beatificationis et Canonizationis Servae Dei Laurae Vicuña virginis saecularis Filiae Mariae alumnae Instituti Filiarum Mariae Auxiliatricis (1891-1904). Positio super virtutibus*, Roma, 1983, *Rescritto della S.C.S. che risponde affermativamente* e *Informatio suppletiva*. Quest'ultima ha un'ampiezza di sole 12 pagine.

la presenza trentennale di padre Luigi Castano tra i consultori della Congregazione dei Riti (poi Congregazione per le Cause dei Santi), dal 1944 al 1974,[114] abbia forse aiutato la causa a rimuovere alcuni ostacoli, quali i rigidi criteri scientifici che la imminente riforma avrebbe posto al suo proseguimento. Non si può certo trascurare il fatto che alcuni dati fondativi per la ricostruzione della memoria di Laura Vicuña all'interno degli atti provengono proprio dalla sua opera quando ancora era consultore (la *positio super causae introductione* è del 1969).

Infine, merita qui di essere riportato un ampio stralcio dell'unico voto sospensivo – ma prima della votazione finale era negativo – espresso durante il congresso peculiare sull'eroicità delle virtù di Laura Vicuña.[115] Sia il tono utilizzato, ironico e canzonatorio, sia i dubbi di natura storica sollevati fanno dello scritto un riassunto eloquente di tutte le perplessità finora analizzate:

> b. Al processo di Videma, il mezzo secolo di distanza impoveriva o alterava le memorie, mettendo a dura prova lo sforzo di ricordare il meraviglioso nella vita d'una bambina in collegio. La Causa doveva altresì affrontare lo scoglio dell'età e, ancor più, del breve spazio di anni (2 o 3) in cui la bimba sembra illuminata dalla grazia. Invece, dopo l'introduzione della Causa, intervenne il pronunziamento sulla canonizzazione degli adolescenti (1981) e il Postulatore dei Salesiani stringeva i tempi. Quando i documenti scarseggiano o si annebbiano, deve intervenire assai più l'esame critico, con l'ausilio delle discipline moderne, che vanno dalla collazione allo studio delle carte, dall'analisi del linguaggio alla psicologia. Nel caso Vicuña, le cose non sono andate così. Non è mai intervenuto un esame storico con la relativa *Relatio et vota*, a nessun livello. Anzi, dopo l'introduzione della Causa il Postulatore chiedeva di sostituire il Processo Apostolico con la *Positio super virtutibus*: sostituzione che l'autorità concedeva il 22 febbraio 1982: "Ut loco processus apostolici preficiatur Positio super virtutibus, adhibitis documentis criticae-historicae subiecti, non omissis adiunctis socio-politico-religiosis loci". Ma è venuta una specifica *Positio super virtutibus*? Affatto. Con una nuova richiesta, il Procuratore chiedeva di

114. Luigi Castano è stato anche procuratore generale dei salesiani per 18 anni, a partire dal 1955. Le notizie sono verificabili consultando l'*Annuario Pontificio*, dal 1955 al 1974.

115. Nella *relatio et vota* tutti i 9 voti sembrano notare delle incongruenze o imprecisioni non tanto teologiche, quanto di natura storica e processuale, ma solo uno di essi è sospensivo. Cfr. Congregatio pro Causis Sanctorum, *Viedmen. Canonizationis Servae Dei Laurae Vicuña virginis saecularis Filiae Mariae alumnae Instituti Filiarum Mariae Auxiliatricis (1891-1904). Relatio et vota Congressus Peculiaris super virtutibus die 18 decembris an. 1985 habiti*, Tipografia Guerra, Roma 1986, particolarmente pp. 29 e 139.

sostituire la *Positio super virtutibus* con la *Positio super Causae introductione*, e la Congregazione concedeva anche questo: "servatis de caetero aliis de iure servandis et additis documentis iampridem oratori indicatis" (22 ottobre 1982). c. Così quella che passa sotto il titolo di *Positio super virtutibus*, si riduce a una *Informatio suppletiva* (di pp. 2-12) e a un *Summarium additionale historico-criticum* (di pp. 1-60). Cosa fa l'Informatio suppletiva? Non supplisce un bel nulla, però alla "prima e fondamentale prova delle virtù eroiche della SD", che sarebbe "la biografia di Don Crestanello", aggiunge idealmente "la biografia di Don Càstano", "quasi con significato di ricerca apostolica" [...] Strano. Prima si scansa il Processo Apostolico; poi lo si sostituisce con un prodotto fattoin casa salesiana, e senza veste documentaria controllabile. Sia detto senza adombramento di nessuno. d. Ma torniamo alla *Positio super Causae introductione*. Già il Promotore della Fede la considerava con palese perplessità: "Ci troviamo...di fronte a una Causa *alquanto singolare* come documentazione, in quanto assume le informazioni *più attendibili* non da testi *de visu* o *de auditu a videntibus* bensì da testi *a documentis* e da documentazione scritta (A 11)". Anziché severo, il Postulatore emetteva un giudizio largamente benevolo. In realtà i testi dicono ben poco *de visu*, mentre le informazioni più significative provengono *de auditu* e *a legendo*. Onde il medesimo Promotore richiamava alla necessità di "esaminare il materiale a disposizione" tenendo nel debito conto "questa particolare prospettiva" (A 11). Al riguardo offre un contributo l'*additamentum* [con ogni probabilità ci si riferisce all'*informatio suppletiva* e al *summarium additionale historico-criticum super virtutibus* annessi alla *positio super causae introductione*, n.d.a] "historico-criticum", "adhibitis documentis criticae-historiacae subiecti"? Questo: garantisce sulla parola che furono virtuosi e fededegni i protagonisti della vicenda testimoniale. Tutti. Lo si supponeva. Ma chi immagina, oggi, che la critica storica si riduca all'accettazione d'un parere etico esterno, che a scatola chiusa qualifica i testi come "fededegni"? Restiamo al campo agiografico. Quanti bravi santi uomini contribuiranno al paesaggio cristiano con la creazione di bellissime fantasie, suscitatrici di stimoli e di reali avventure spirituali? e. Resta l'archivio salesiano, il quale dista dalla Congregazione romana più che dalle praterie del Neuquén Argentino. L'*additamentum* ha chiarito che la suora archivista compì un lavoro diligentissimo e coscienzioso. Grazie tante. Ma il buon lavoro archivistico non elimina i problemi storici e agiografici. Le informazioni non sono necessariamente veritiere o pienamente significative per il solo fatto che le raccolse e le ordinò un buon archivista, o per il fatto che le sintetizzò espositivamente una brillante segretaria. Da questo punto di vista, il supplemento storico-critico lascia scoperta l'altra metà del cielo.[116]

116. Ivi, voto VII, pp. 85-86.

Parole crude in polemica con la Congregazione salesiana? O con la Congregazione per le Cause dei Santi? La voce del consultore sembra essere espressione ed essenza della scientificità con cui la riforma wojtyliana ha intenzione di operare e per questo manifesta perplessità di fronte a un lavoro alquanto lacunoso e distante dai criteri storico-critici richiesti almeno in teoria.

L'ultima osservazione di una certa rilevanza riguarda lo scarto interpretativo osservabile all'interno della letteratura agiografica. Nei testi biografici europei più recenti viene ripreso più seriamente il tentativo di leggere la figura di Laura Vicuña come autentica martire della purezza. In *Santità e martirio di Laura Vicuña* del Castano,[117] ad esempio, la giovane viene definita santa non solo per le virtù eroiche, ma anche per il suo martirio e la si definisce una figura attuale soprattutto a seguito della pubblicazione della esortazione apostolica *Familiaris consortio* del 1981, in quanto rappresenta la difesa eroica, fino alla morte, della famiglia. La sua oblazione non è solo per la salvaguardia dell'integrità morale e per il ritorno a Dio della madre, ma anche per richiamare la sacralità del matrimonio, la santità della vita domestica, il dovere della purezza giovanile.[118] Utilizzando il lessico tecnico relativo ai processi di canonizzazione per martirio, l'agiografo tenta di argomentare la sua tesi adducendo diverse prove, in un'operazione alquanto azzardata dal punto di vista canonico-giuridico: cita quei consultori teologi che nella discussione del 18 dicembre 1985 hanno parlato di martirio, come il consultore del voto II, che utilizza l'espressione «martirio bianco», e quello del voto III, che ha affermato che nella giovane «c'è una decisione di volontà che la porta a rasentare il martirio con l'offerta della vita per la conversione della madre»; sostiene che il compagno della madre ha percosso la giovane beata violentemente otto giorni prima del suo decesso; infine, riporta le parole di alcune personalità ecclesiastiche che hanno definito la ragazzina cilena martire.[119] Le ipotesi plausibili dietro a un tale tentativo possono forse essere due: l'insistenza sul martirio può avere l'intenzione di sostenere la canonizzazione di Laura Vicuña come martire, e in questo caso la causa potrebbe concludersi più velocemente poiché non sarebbe difficile ottenere la dispensa al miracolo, oppure il modello della martire

117. Castano, *Santità e martirio di Laura Vicuña.*
118. Ivi, p. 111.
119. Ivi, pp. 132 e 220.

della purezza è percepito come un'urgenza pastorale per la famiglia salesiana. Non resta che attendere lo sviluppo del processo canonico, se mai vi sarà. Tuttavia, ancora una volta viene dimostrata la pluralità di strategie messe in atto da diversi attori e con diverse motivazioni, al fine di proporre un modello agiografico contemporaneo, in grado di raggiungere gli obiettivi strategici dell'agenda socio-politica papale.

Conclusioni

Giovanni Paolo II ha utilizzato le beatificazioni e le canonizzazioni come veri e propri strumenti di governo ecclesiastico. Benché il loro uso sia inserito all'interno di una consolidata tradizione – la storia della santità è caratterizzata da uno sviluppo e da una continuità che ammettono costanti ritorni di tipologie precedenti ovvero ripresa di termini antichi, non senza però adattamenti e sviluppi –, alcuni tratti risultano del tutto originali, se non altro per l'entità e le modalità di impiego. Grazie alla riforma del processo giuridico compiutasi con la costituzione apostolica *Divinus perfectionis Magister* nel 1983, le canonizzazioni sono diventate elementi più duttili nelle mani del papa, che ha così potuto utilizzarle secondo le proprie esigenze politico-pastorali. Le canonizzazioni hanno assunto una "plasticità" che permette loro di non avere un significato assoluto, intrinseco, ma di aprirsi alla molteplicità delle interpretazioni contingenti e personali del pontefice. Le omelie pronunciate durante le cerimonie liturgiche mostrano efficacemente l'operazione di rappresentazione soggettiva e attualizzazione: ciò si compie attraverso la sottolineatura di peculiari caratteristiche del modello agiografico piuttosto che di altre, e attraverso il suo inserimento nel contesto storico e locale in cui avviene la glorificazione, assorbendone così le urgenze e le problematiche. Questa è certo un'operazione inevitabile, ma anche strategica nel momento in cui, a causa dello stesso sistema canonico-giuridico, Giovanni Paolo II si è trovato a beatificare o canonizzare modelli non direttamente scelti o poco in sintonia con il suo pensiero. Quello che, infatti, emerge dal panorama agiografico analizzato è che le personalità esemplari, che rappresentano il concetto di santità wojtyliano e veicolano i suoi messaggi più urgenti, sono soprattutto i beati, che non di rado sono poi canonizzati dallo stesso pontefice. Se in un processo di beatificazione si esercita maggiormente la prerogativa papale – il pontefice può sollecitare la causa o, al contrario bloccarla, può velocizzare l'*iter* o lasciare che vada lungo il suo sistematico percorso –, la canonizzazione segue invece un cammino in qualche modo rettilineo, quasi obbligato nel momento in cui all'intercessione del beato viene attribuito un altro miracolo. Se non intercorrono mutamenti socio-culturali o storici profondi dalla beatificazione, in grado di giustificare una sua sospensione, la canonizzazione non potrà non essere proclamata. In altre parole, è la beatificazione a divenire ricettacolo dell'opzione papale e ad assurgere a strumento preferenziale per l'esaltazione del ruolo e del carisma del pontefice.

L'enorme quantità di beatificazioni e canonizzazioni è stata resa possibile solo dal nuovo sistema giuridico, voluto e codificato da Giovanni Paolo II proprio agli albori del suo pontificato, che mostra così tutta la sua funzionalità rispetto al progetto papale. La nuova regolamentazione risulta, infatti, essere il mezzo attraverso il quale la santificazione diventa un dispositivo attivo di politica ecclesiastica: accanto alla sua funzione eminentemente pastorale ora è anche veicolo delle strategie operative wojtyliane, strumento per rafforzare eventi e linee guida. L'elemento determinante in questo senso è stato sicuramente l'acceleramento dell'*iter* della causa di canonizzazione fin dal suo primissimo inizio, dovuto all'unificazione del processo ordinario con quello apostolico, alla riduzione del numero di miracoli, alla soppressione della dinamica *animadversiones-responsiones* e all'inizio dell'inchiesta a cinque anni dalla morte del presunto santo. In particolare, proprio intorno all'eliminazione della figura del promotore della fede si è giocata la partita decisiva, poiché l'intero processo di canonizzazione ha smesso di essere sottoposto al controllo giuridico, in nome di una scientificità slegata da ferree norme procedurali. La ricerca svolta ha rilevato che l'utilizzo del metodo storico-critico raccomandato nella stesura delle *positiones*, ovvero nella raccolta dell'apparato probatorio, nella ricostruzione biografica del candidato alla santità e nella contestualizzazione storica e sociale della sua esperienza, può essere messo in secondo piano con una certa disinvoltura, scavalcato da esigenze pastorali, quando non politiche. Certo, il pontefice insieme alla Congregazione delle Cause dei Santi, non può esercitare un controllo completo sulla santità poiché la causa di canonizzazione – fatta eccezione per quella riguardante un pontefice – è introdotta dai vescovi presso le chiese locali, ma il margine del suo potere si è ampliato, tanto da influenzare l'intero procedimento giuridico, come sempre dimostrano i casi dei candidati sgraditi a Roma. Se resta vero che la legislazione wojtyliana ha ridato una certa autorità al vescovo all'interno del processo canonico, che ora si muove con autorità propria, non per questo ha però esautorato le prerogative romane e pontificie. La dichiarata disponibilità al decentramento appare, insomma, meramente procedurale, e resta confinata al primissimo stadio del processo. Piuttosto, il massiccio utilizzo degli istituti della beatificazione e della canonizzazione ha determinato una forte spinta verso la centralizzazione della santità, concepita quasi come uno strumento esclusivamente in mano al papa. È il pontefice, sostanzialmente, che detta i modelli agiografici consoni ai bisogni spirituali, pastorali ed ecclesiologici della chiesa, attraverso un sottile gioco di precedenze, dispense, interessamenti personali.

In Giovanni Paolo II il dettato conciliare della chiamata di tutti i fedeli alla santità diventa un'offerta di modelli *ad hoc* in grado di coinvolgere uomini e donne appartenenti a diverse classi sociali, categorie lavorative e provenienze geografiche, in un'opera di capillare diffusione del messaggio cristiano in tutte le pieghe della società. Attraverso la sottolineatura dell'apostolato o del destinatario dell'attività del beato o del santo di volta in volta elevato agli onori degli altari il pontefice ha proposto esempi di santità destinati a ogni settore sociale, dal mondo scolastico a quello medico-sanitario, dalla realtà operaia agli ambienti ecclesiastici, dai bambini agli anziani, dai laici ai sacerdoti, tanto da far parlare di una santità dalla vocazione totalizzante e pervasiva, in grado di permeare molteplici tessuti sociali e realtà geografiche. Il risultato più evidente è stato tanto la globalizzazione della santità, secondo un processo storico iniziato già durante il pontificato di Paolo VI, quanto la rivitalizzazione dell'aspetto martiriale, grazie all'allargamento del concetto di martirio, ma anche alla effettiva dispensa del miracolo per i martiri, che ne ha moltiplicato i processi. I beati e i santi extraeuropei raccolgono più di altri l'esigenza della chiesa wojtyliana di una memoria agiografica collettiva che, pur travalicando i confini continentali, si vada però raccogliendo intorno al centro, ovvero, Roma e il pontefice. Soggiace a ciò l'idea di un cattolicesimo solido e monolitico, stretto sui dettati del magistero pontificio, al cui interno le forze centrifughe, seppur tollerate, devono inserirsi nel ristretto spazio a loro riservato.

Attraverso le canonizzazioni e le beatificazioni Giovanni Paolo II ha così rafforzato la presenza della chiesa nel mondo, assecondando da una parte i bisogni delle comunità locali, dall'altra consolidando la sua visione ecclesiologica accentratrice. Il conseguente aumento numerico di beati e santi laici, auspicato da più parti, che è perlopiù composto da martiri, è invece più apparente che reale. Persiste, infatti, una strozzatura procedurale, legata a precisi motivi strutturali e tecnici, quali la maggior difficoltà di dimostrare l'eroicità delle virtù in un laico e il costo della causa: pratiche diffuse nel laicato come il matrimonio e la genitorialità o lo stato professionale sono guardate ancora con diffidenza dagli ambienti ecclesiastici preposti al loro giudizio e, inoltre, un laico, diversamente da un religioso, molto spesso non può contare su un istituto o una congregazione in grado di far fronte alle spese del processo. Inoltre, proprio i principali attori che gestiscono la santità – postulatori, avvocati, consultori, etc. – sono quasi tutti membri di ordini religiosi o sacerdoti, e dunque in difficoltà per la loro stessa condizione e formazione culturale a comprendere pienamente lo stato laicale.

La santità femminile, fulcro dell'indagine, ha messo chiaramente in luce un aspetto importante del pontificato di Giovanni Paolo II, ovvero la centralità data al recupero della prerogativa biopolitica da parte dell'istituzione ecclesiastica. Il tema della difesa della famiglia contro il divorzio e la sua disgregazione e quello della difesa della vita contro l'aborto e l'eutanasia diventano preponderanti all'interno delle glorificazioni, particolarmente in quelle destinate al mondo femminile: alle donne viene proposto un rinnovato ruolo nell'evangelizzazione e nella difesa della dignità umana contro quello che la chiesa wojtyliana considera il grande male moderno, il relativismo etico. Se la chiesa cattolica, come si è visto più volte, già a partire dalla fine del XVIII secolo aveva assegnato al mondo femminile una posizione sempre più importante all'interno della logica di restaurazione cristiana, Giovanni Paolo II opera un ammodernamento di questa prospettiva. Attrice principale della nuova evangelizzazione, la figura femminile è impegnata nel ruolo speciale di protettrice della vita, affinché l'istituzione ecclesiastica ritorni ad avere una funzione direttiva nella definizione dei principi morali. Il papa opta per una mediazione, seppur un po' forzata, tra alcuni tratti tipici dello schema intransigente preconciliare e altri aspetti di accomodamento con il moderno. Lo stesso concetto di «genio femminile», di cui si è ampiamente parlato, è una formula che riprende da una parte la visione integralista cattolica, poiché continua ad affidare alla donna una funzione ri-cristianizzante in virtù delle proprie peculiarità – e la chiesa wojtyliana prende atto con una certa ossessione che è proprio nel mondo femminile che si sono manifestati più incisivamente i processi di secolarizzazione e il distacco dal modello di cristianità –, ma che dall'altra non cerca più ostinatamente la contrapposizione né alla modernità né ai movimenti femministi. Lo stesso accomodamento è rintracciabile nell'accostamento della *Mulieris dignitatem*, dove l'inferiorità e la subordinazione della donna all'uomo perdono definitivamente ogni fondamento teologico, alla dogmatizzazione del discorso etico, che continua ad assegnare alla donna una posizione poco conciliante con la sua visione presente nelle società occidentali. Il fine di molte figure agiografiche femminili, infatti, è proprio quello di mostrare e insegnare alla donna il ruolo di sposa e di madre, affinché salvi l'istituto familiare dalla crisi e dalla disgregazione e diventi strumento di diffusione della fede cattolica.

Giovanni Paolo II consegna una risposta alla società moderna attraverso i santi e la sua politica delle canonizzazioni offre uno specchio del rapporto con essa: il papa adegua uno strumento tradizionale come la canonizzazione alle esigenze della contemporaneità per poi però affiancarvi elementi antimoderni. Ovvero, se le canonizzazioni si rivelano un rinnovato efficace dispositivo di forte impatto mediatico, veicolanti consenso e funzionali al raggiungimento di ogni strato sociale, spesso i modelli agiografici proposti o le tematiche a questi affiancate mostrano chiaramente la ripresa di elementi strutturali dell'integralismo come l'analisi "declinista" (crisi dell'istituto famigliare per effetto dell'edonismo, crisi dell'istituto economico per effetto del capitalismo sfrenato, crisi dell'istituto politico per la "diseticizzazione"), l'eteronomia e la rivendicazione del primato morale dell'istituzione ecclesiastica. A dire che la lotta contro l'aborto e la campagna per la difesa della vita, così come le altre rivendicazioni biopolitiche, non sono una personale ossessione o frutto di una sofferenza esistenziale privata del pontefice, ma sono invece del tutto coerenti con una complessiva visione del mondo che continua a sostenere fortemente la prerogativa etica della chiesa cattolica. In sostanza, si aggiornano i linguaggi e le forme, ma non i contenuti: si tenta così di "cattolicizzare" la modernità, piuttosto che il contrario, senza mettere realmente le due dimensioni, modernità e cattolicesimo, in dialogo tra loro. Beatificazioni e canonizzazioninon hanno di certo giocato un ruolo non secondario non solo nell'incessante tentativo wojtyliano di «modernizzare l'intransigenza» e di rafforzare il primato del papa, ma anche nell'eredità che Giovanni Paolo II ha lasciato ad un cattolicesimo ormai globale.

Appendice

Note sulla classificazione dei modelli agiografici

Nonostante nel sito ufficiale della Santa Sede (www.vatican.va) la tendenza sia quella di traslare tutti i nomi di santi e beati nella lingua della traduzione che si utilizza, qui si è preferito riportare il nome del beato o del santo nella propria lingua d'origine se risulta pronunciabile in italiano. In alcuni casi l'italianizzazione di alcuni nomi è dovuta alla mancanza di una univoca trascrizione, soprattutto quando essi sono originariamente scritti in alfabeti diversi da quello latino.

La nazionalità è sempre legata al paese di nascita, nonostante alcuni santi e beati abbiano operato per molto tempo in uno stato diverso da quello natale o siano emigrati altrove durante l'infanzia e la giovinezza. Nel caso di beati o santi nati in territori che hanno mutato denominazione o appartenenza nel corso della loro storia, si è scelto di utilizzare il nome attuale dello stato di cui l'area geografica fa parte (es. Agnese di Boemia è stata catalogata come ceca).

Si è considerato religioso l'appartenente a una congregazione religiosa o a un istituto secolare.

Presbitero" è colui che ha preso i voti sacerdotali. Non è stata fatta una distinzione tra sacerdote secolare e sacerdote membro di ordini religiosi. Si è data la priorità allo stato presbiterale, conteggiando il sacerdote che è anche religioso solo come presbitero.

Con l'espressione "gerarchia ecclesiastica" si sono riuniti vescovi, cardinali e papi.

"Fondatore" è colui che ha creato nuove opere, congregazioni, istituti ecclesiali o che ha riformato in modo radicale spiritualità e regole già esistenti. Il fondatore, anche se nel calcolo statistico è andato a formare una categoria a sé stante – forte della sua presenza in età contemporanea e nonostante non sia un vero e proprio stato ecclesiastico distinto da quello di religioso o sacerdote –, è conteggiato anche religioso, laico o presbitero a seconda del suo stato (es.

il grafico n. 4 ha un totale di 1516 beati, invece di 1342, poiché i 174 fondatori sono stati conteggiati due volte, una nella categoria "confessore" e una in quella della tipologia corrispondente).

Socii e *sociae* sono i martiri delle cerimonie collettive;

La causa di martirio denominata "guerre religiose" unisce le vittime del conflitto tra protestanti e cattolici dei secoli XVI-XVII e quello tra russi ortodossi e cattolici uniti in età moderna e contemporanea.

Si è considerato laico colui che non ha pronunciato voti religiosi pubblici perpetui, ma che può aver emesso voti privati – come quello di castità, di obbedienza e di povertà – e che può essere membro di terz'ordini, secondo la classificazione ufficiale che ne fa la chiesa (è stata fatta eccezioni solo per alcuni casi di figure vissute in età medievale o moderna, dove lo stato di terziario rassomigliava molto di più a quello di religioso).

Grafici

1. Beati e santi da Pio XI a Giovanni Paolo I

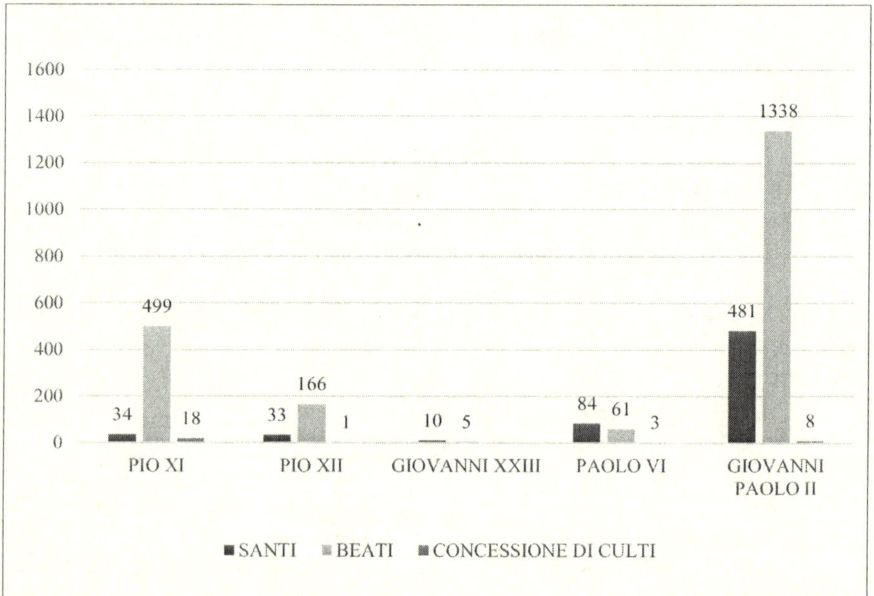

I. *Beati e beate*

2. Suddivisione per sesso

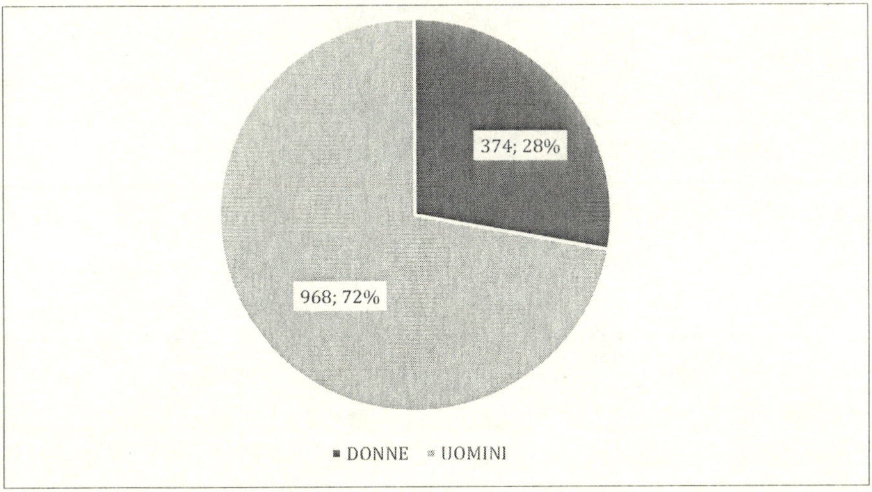

3. Beati martiri e confessori

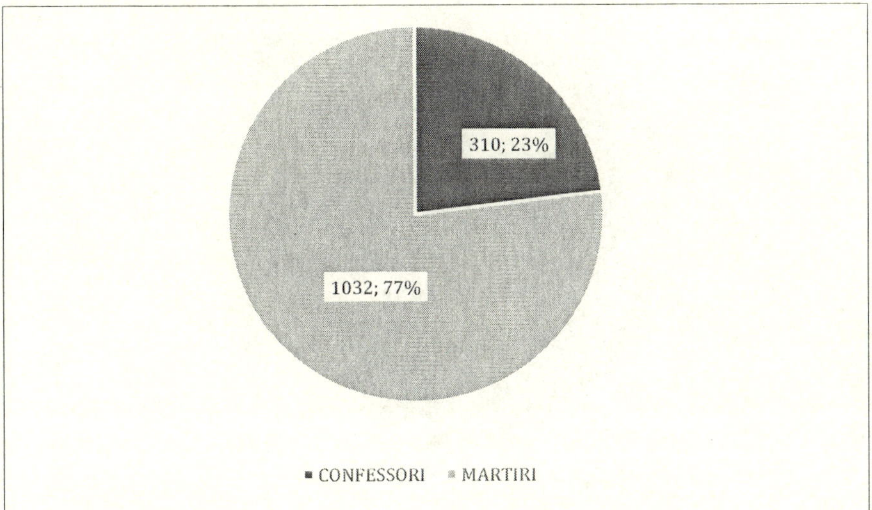

4. Tipologia dei beati

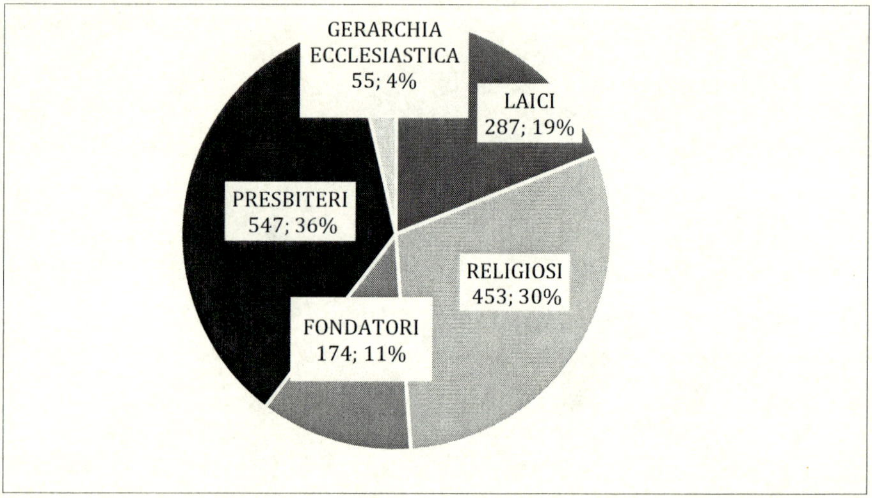

5. Beati europei e non europei

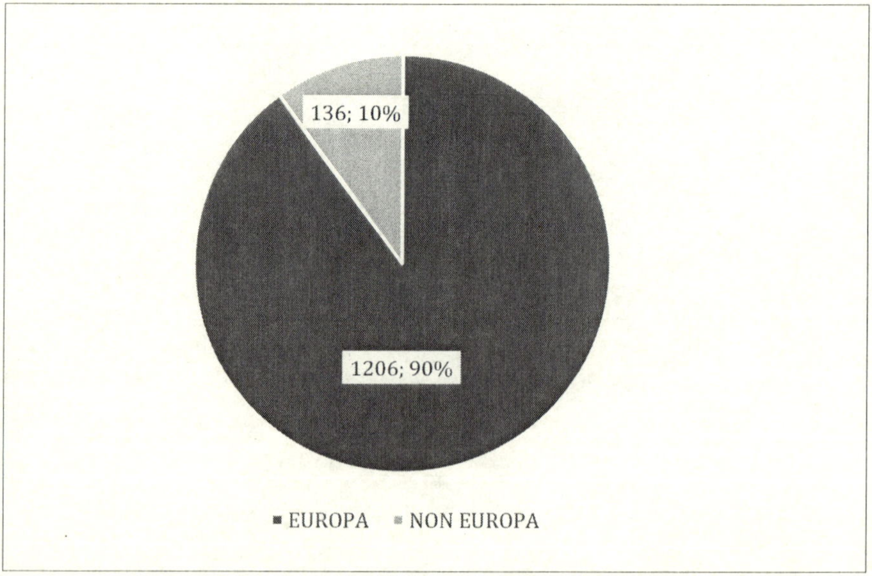

6. Suddivisione dei beati per continente

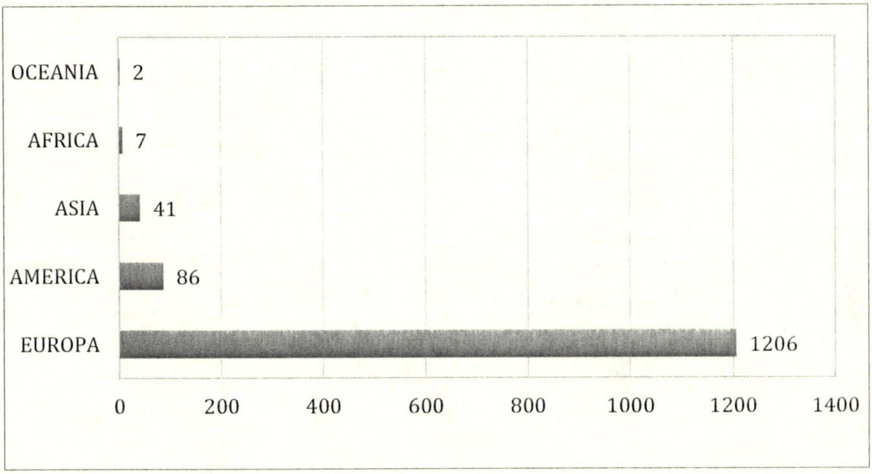

7. Suddivisione dei beati per sesso e tipologia

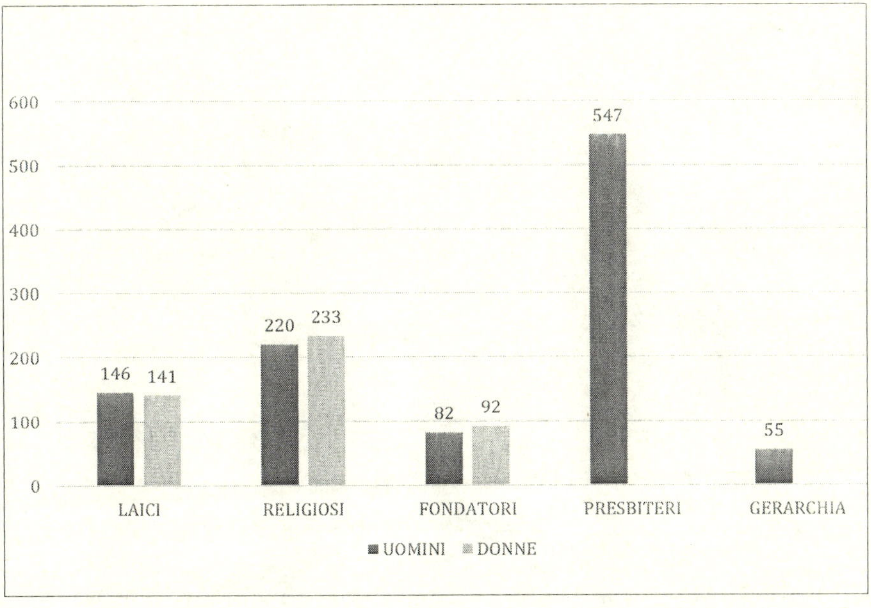

8. Cause di martirio tra i beati

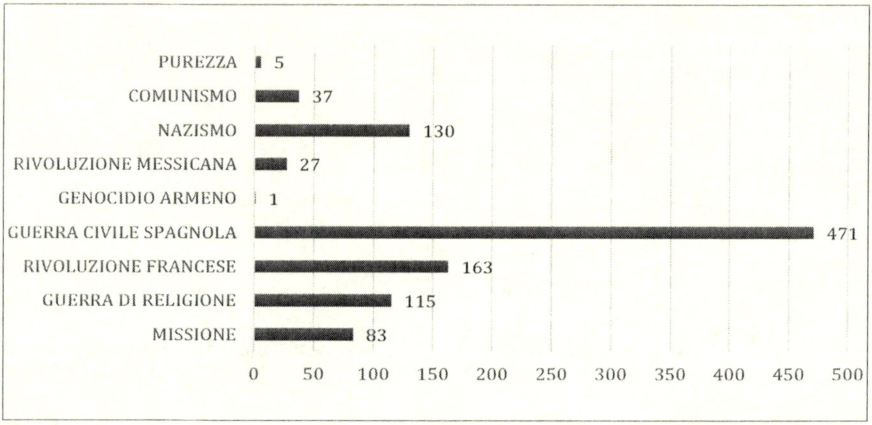

9. Suddivisione dei beati per sesso ed epoca storica

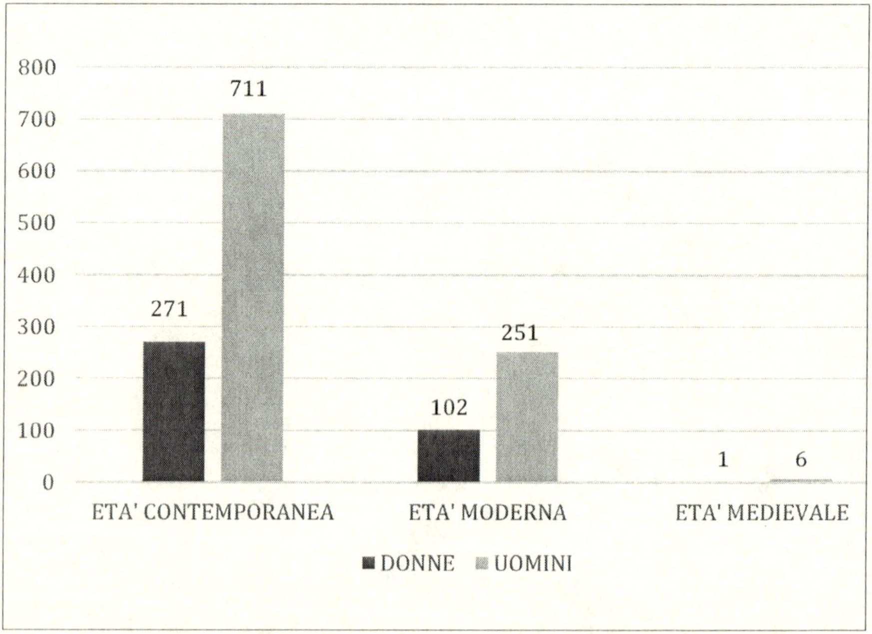

10. Beate confessori e martiri

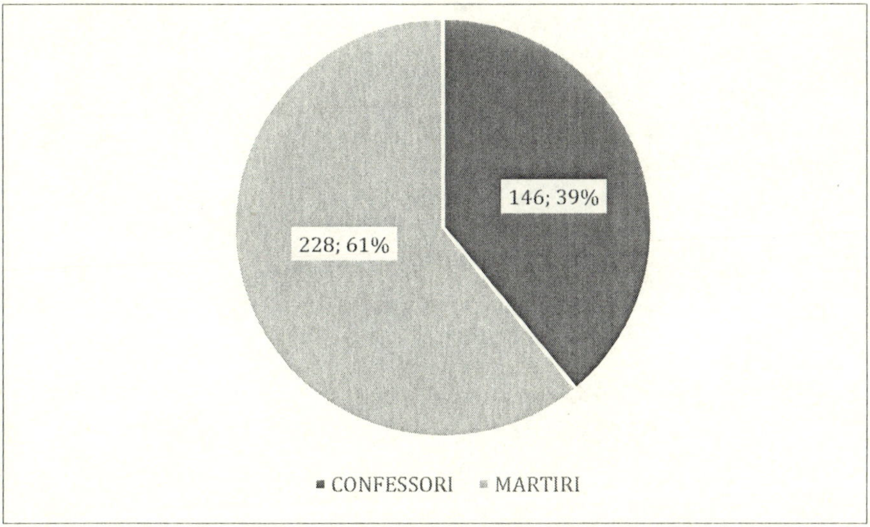

11. Beate *sociae* e *non sociae*

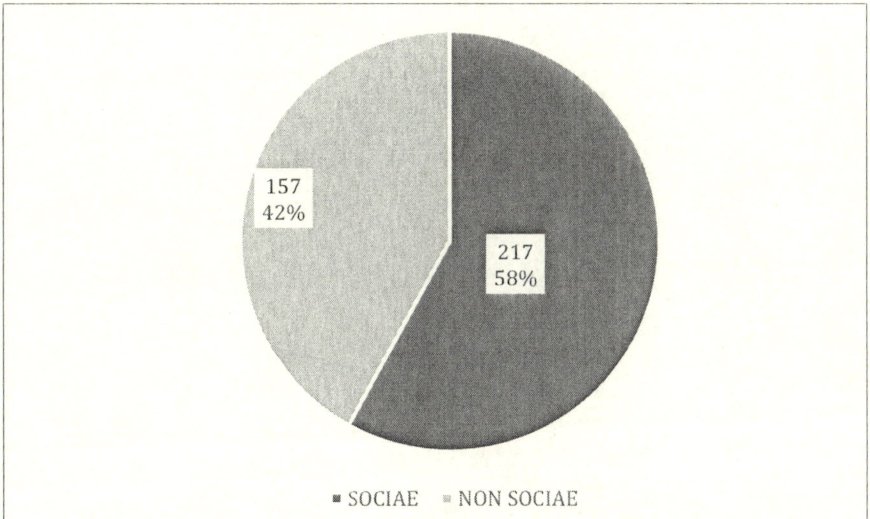

12. Tipoligia delle beate

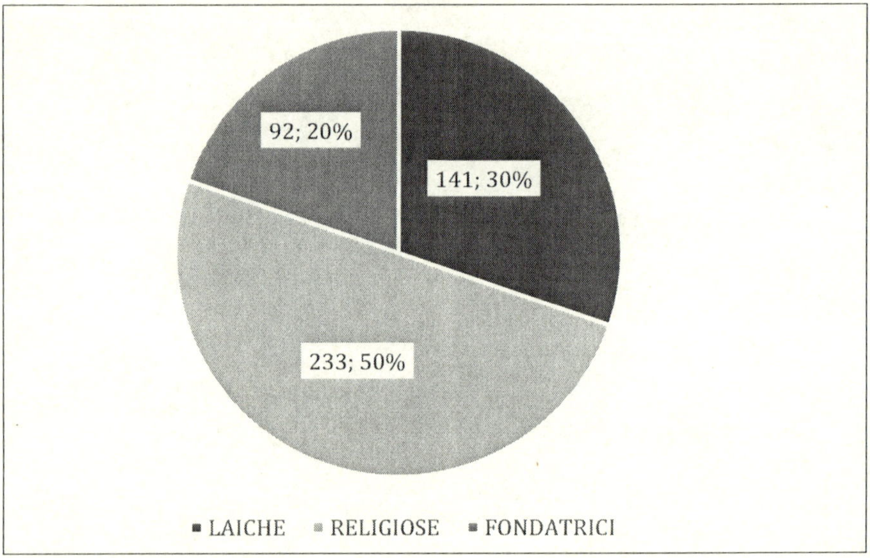

13. Suddivisione delle beate per continente

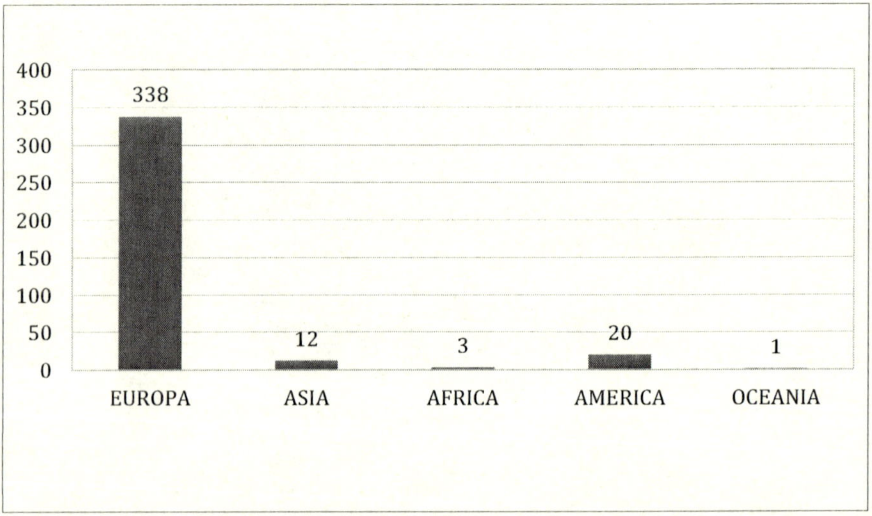

14. Cause di martirio tra le beate

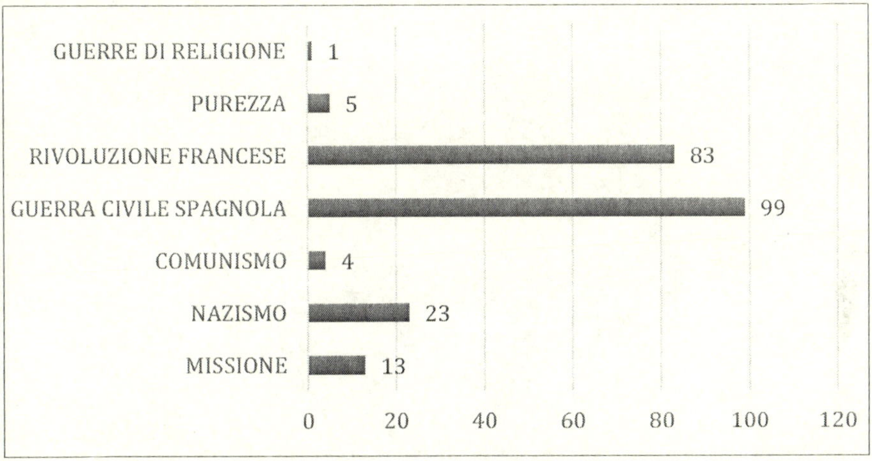

15. Epoche storiche delle beate

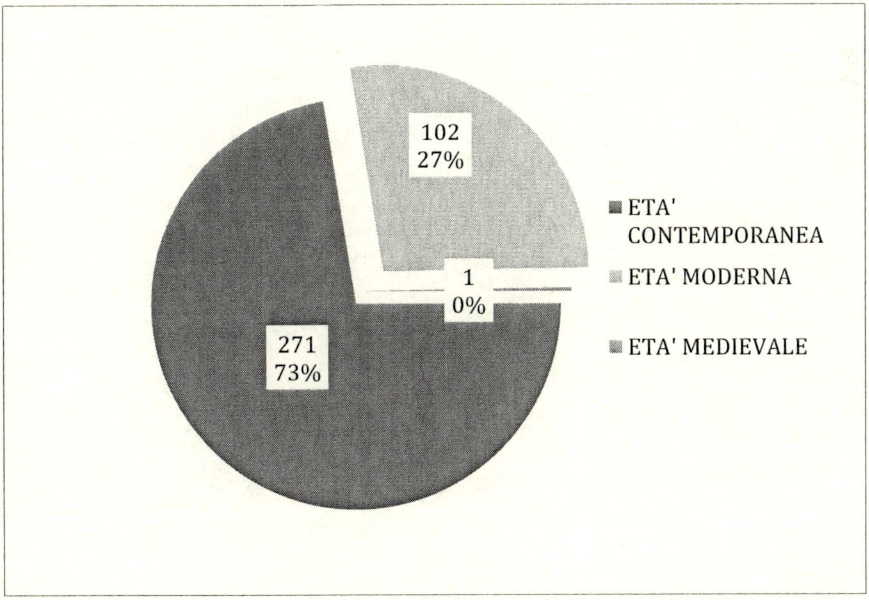

16. Beate mogli, madre, vedove (tot. 93)

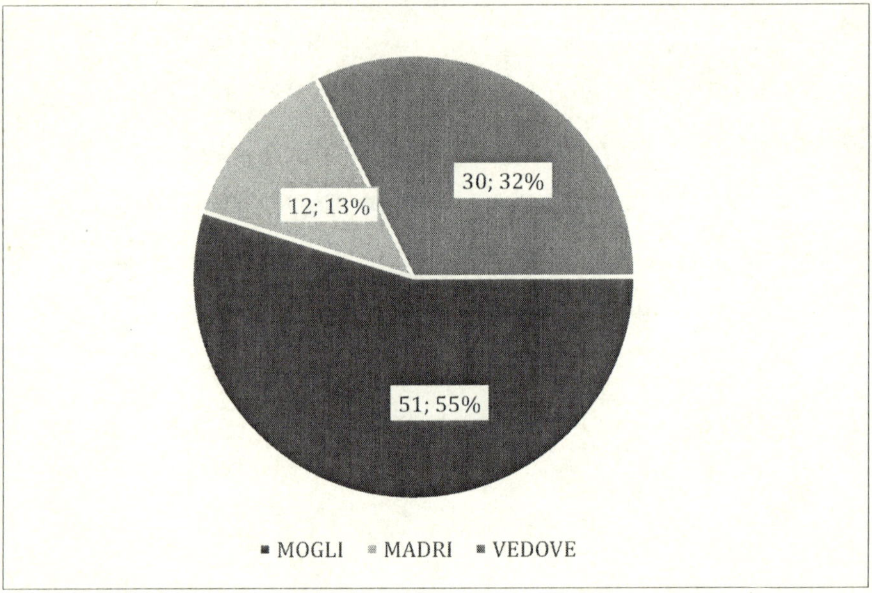

II. *Santi e sante*

17. Suddivisione per sesso

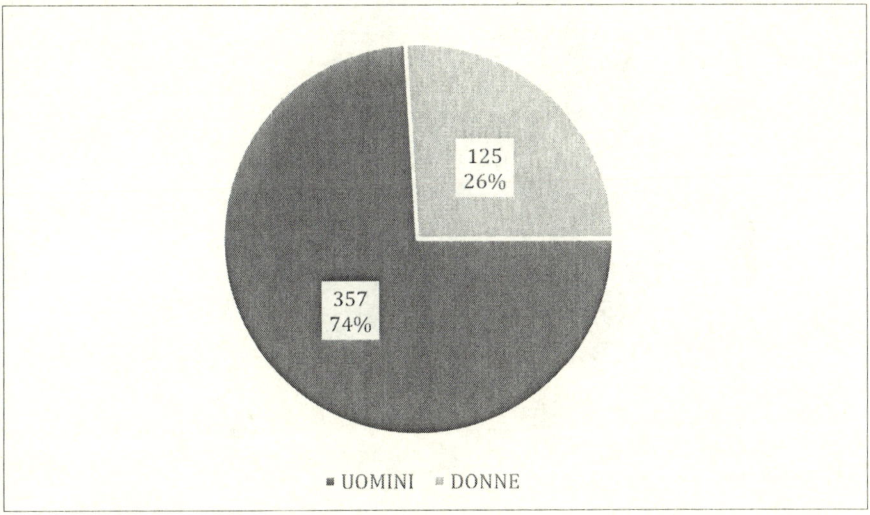

18. Santi martiri e confessori

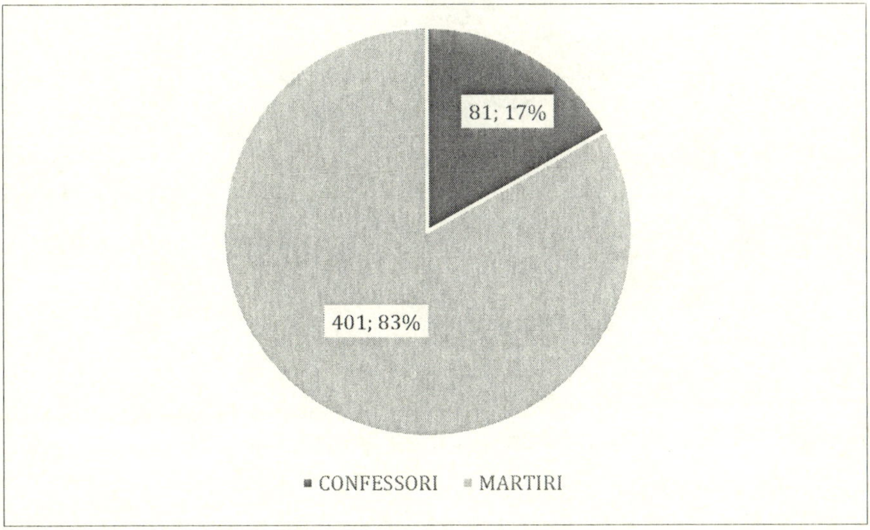

19. Tipoligia dei santi

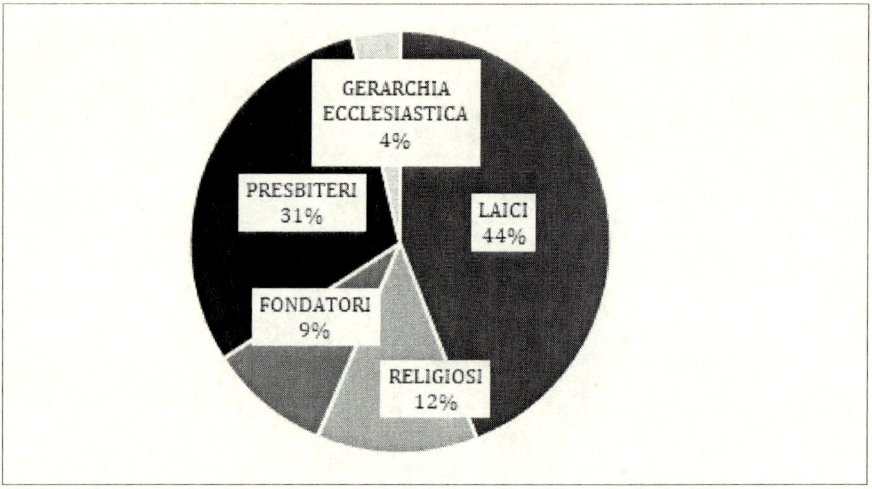

20. Santi europei e non europei

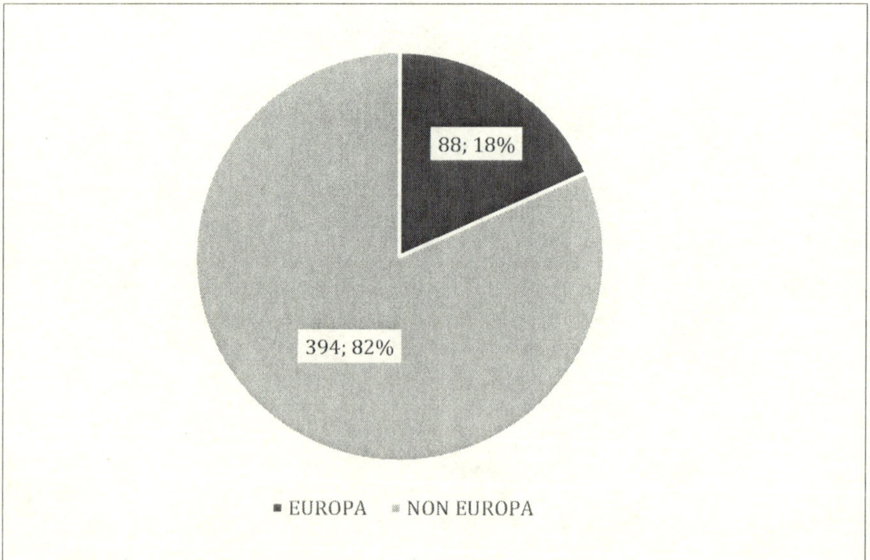

21. Suddivisione dei santi per continente

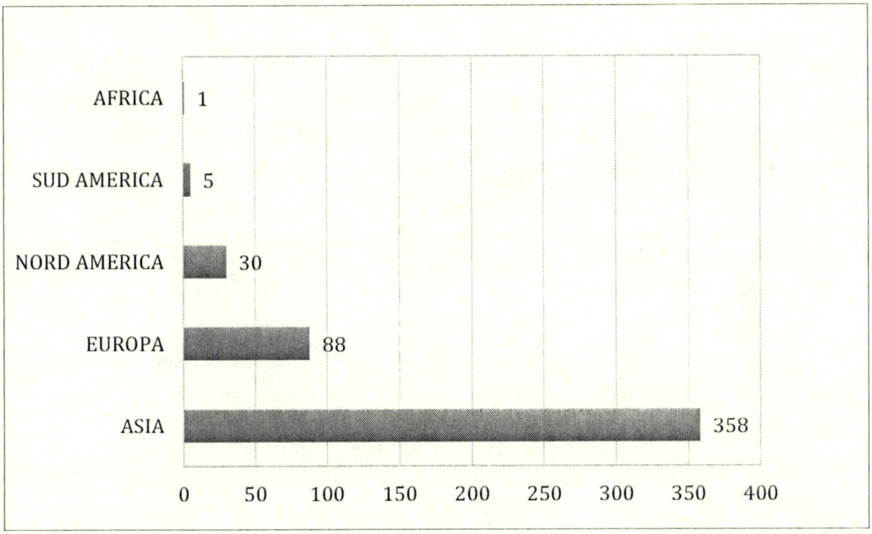

22. Suddivisione dei santi per sesso e tipologia

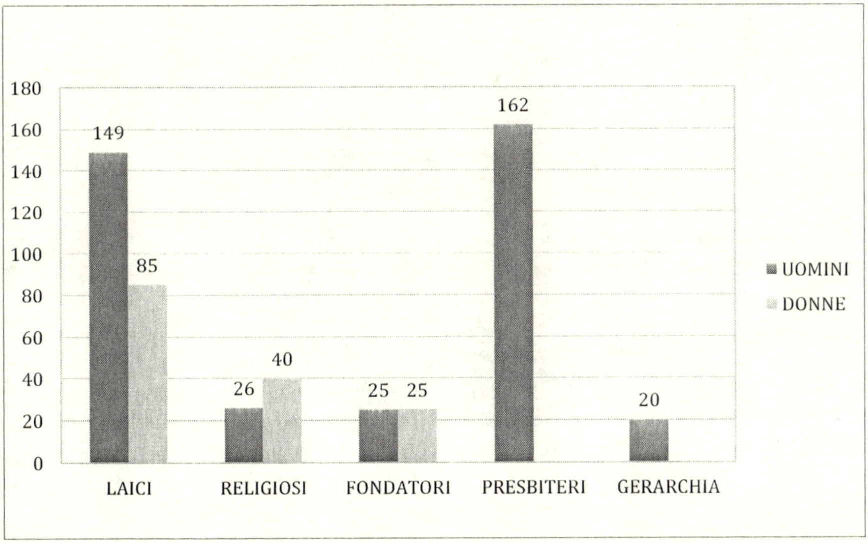

23. Cause di martirio tra i santi

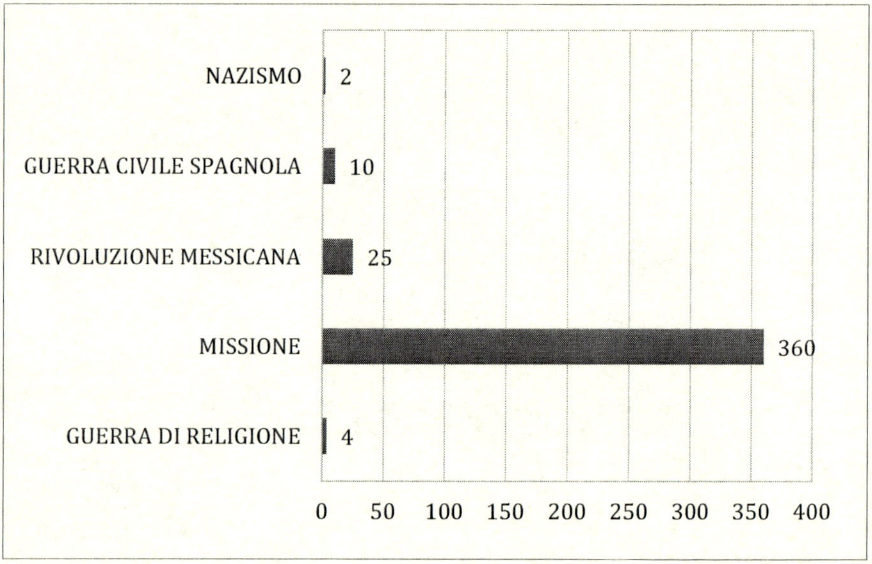

24. Epoche storiche dei santi

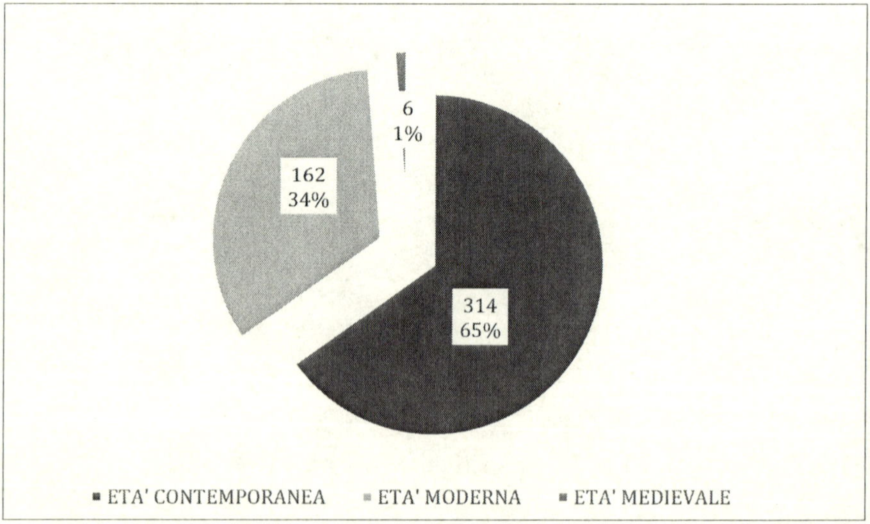

25. Beati e santi divisi per anno

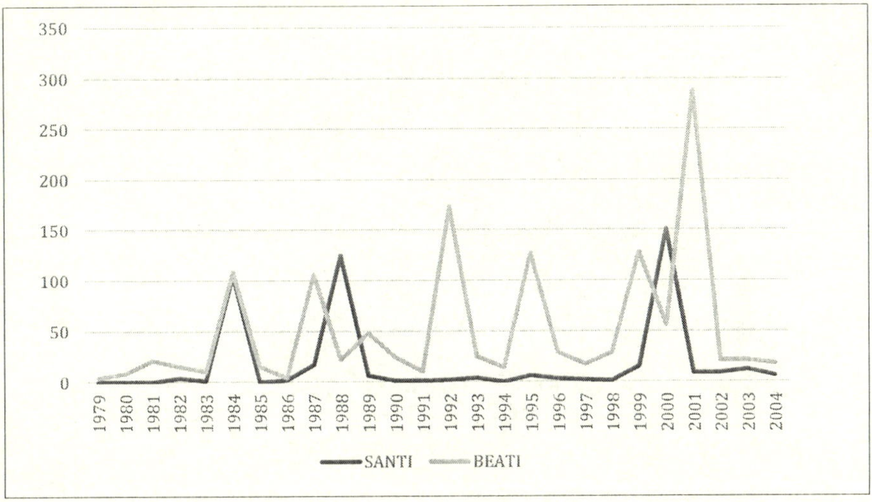

26. Sante confessori e martiri

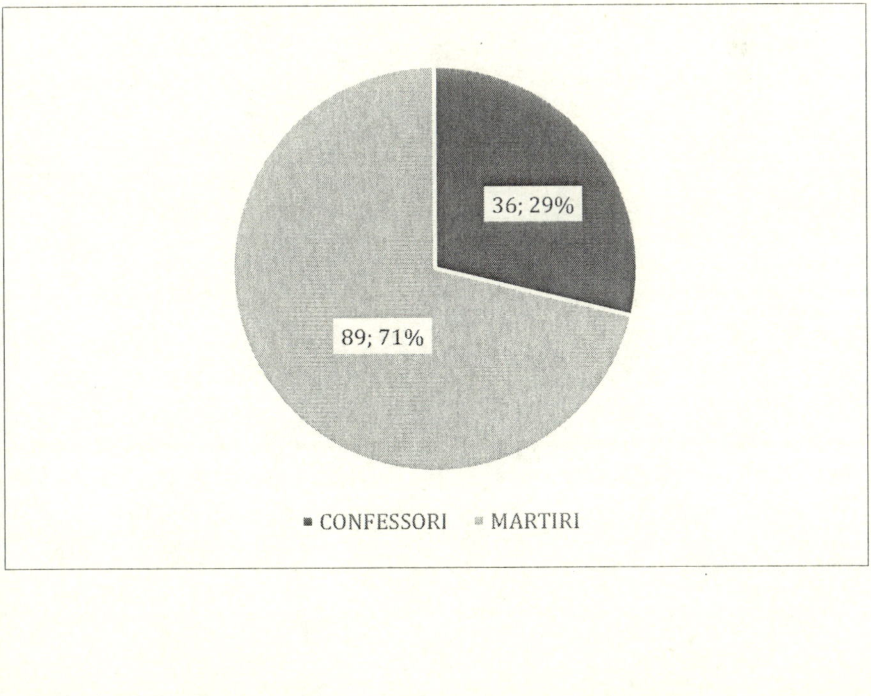

27. Sante *sociae* e *non sociae*

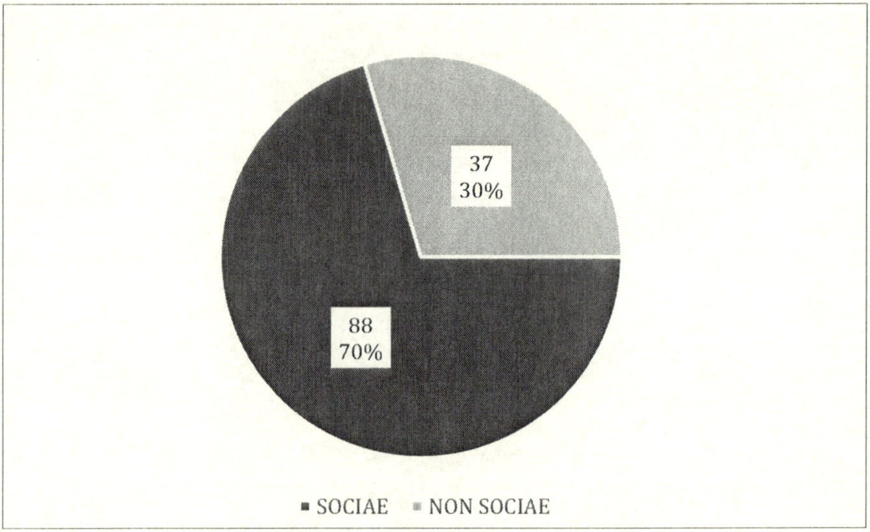

28. Tipologia delle sante

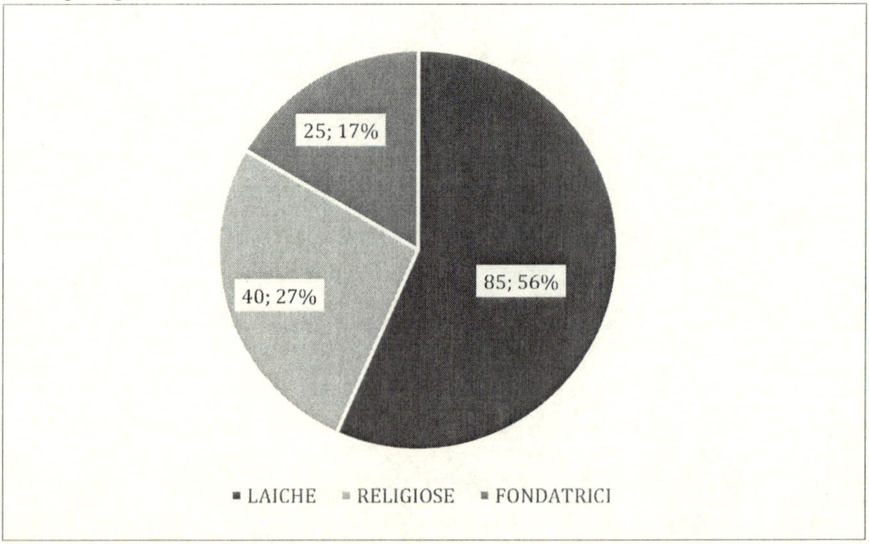

29. Suddivisione delle sante per continente

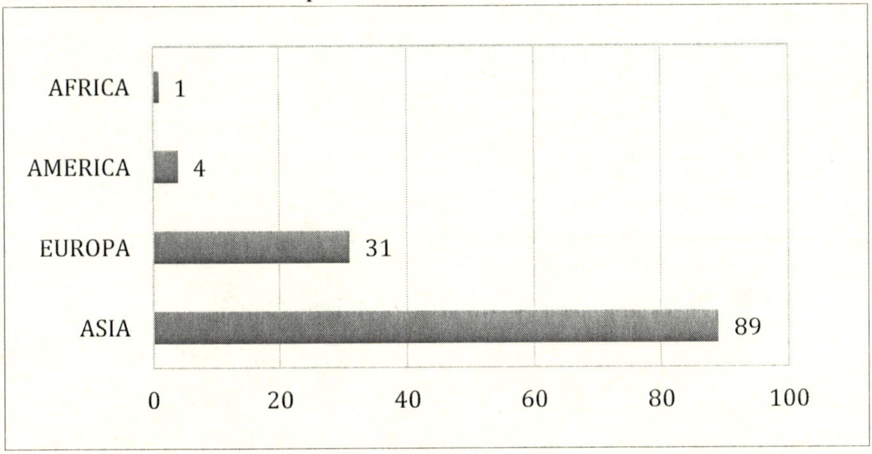

30. Epoche storiche delle sante

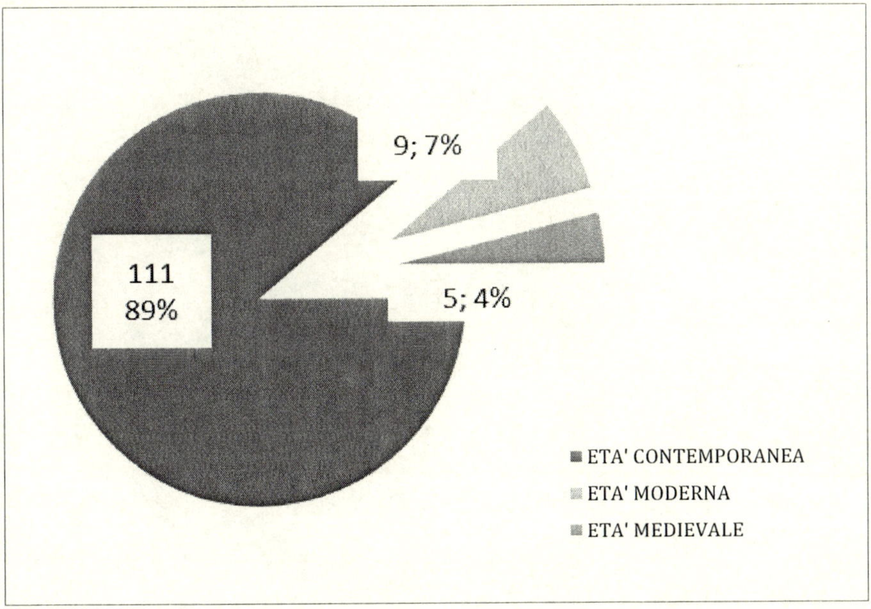

Bibliografia*

Positiones (super virtutibus, super martyrio, super causae introductione, relatio et vota)

Sacra Rituum Congregatio, *Marianopolitana Beatificationis et Canonizationis Servae Dei Margaritae Bourgeoys Fundatricis Congregationis Sororum Nostrae Dominae. Positio super introductione causae*, Typis Fratrum Pallotta, Romae 1878

Sacra Rituum Congregatio, *Marianopolitana Beatificationis et Canonizationis Ven. Servae Dei Margaritae Bourgeoys Fundatricis Congregationis Sororum Nostrae Dominae. Prima positio super virtutibus*, Ex typographia polyglotta S. C. de Propaganda Fidei, Romae 1907

Sacra Rituum Congregatio, *Romana Beatificationis et Canonizationis Ven. Servae Dei Elisabeth Canori Mora tertiariae Ordinis Excalceatorum SS.me Trinitatis Redemptionis Captivorum. Prima positio super virtutibus*, Ex Typographia Pontificia in Instituto Pii IX, Romae 1914

Sacra Rituum Congregatio, *Romana seu Bergomen. Beatificationis et Canonizationis Ven. Servae Dei Theresiae Eustochio Verzeri Fundatricis Instituti Filiarum Sacri Cordis Iesu. Positio super Virtutibus*, Typis Guerra et Mirri, Romae 1915

* Le omelie e i discorsi di Giovanni Paolo II sono stati citati dagli *Insegnamenti di Giovanni Paolo II*, opera pubblicata dalla Libreria Editrice Vaticana in 28 volumi che raccoglie l'ampia documentazione dell'intero pontificato nella lingua in cui è stata prodotta. Si è utilizzato il sito ufficiale della Santa Sede www.vatican.va per ogni traduzione in italiano. Le encicliche di Giovanni Paolo II si possono trovare nell'*Enchiridion delle encicliche. Giovanni Paolo I-Giovanni Paolo II (1978-2005)*, vol. 8, Edizioni Dehoniane, Bologna 2005. Per la consultazione dei documenti papali e curiali si è inoltre adoperato l'*Enchiridion vaticanum*, edito dalla Libreria Editrice Vaticana, voll. 6-22 per il pontificato di Giovanni Paolo II. Le prime informazioni sui beati e santi sono state reperite in Congregatio de Causis Sanctorum, *Index ac status causarum*, Tipografia Guerra, Città del Vaticano 1999 e il suo *Supplementum 2000-2007*, vol. 1, Tipografia Nova Res, Città del Vaticano 2008. Le *positiones* sono riportate in ordine cronologico.

Sacra Rituum Congregatio, *Romana seu Januen. Beatificationis et canonizationis Ven. Servae Dei Paulae Frassinetti, fundatricis Congregationis Sororum a S. Dorothea. Positio super virtutibus*, Typis Guerra et Mirri, Romae 1922

Sacra Rituum Congregatio, *Hierosolimitana Beatificationis et Canonizationis Servae Dei Mariae a Iesu Crucifixo Monialis Professae Ordinis Carmelitarum Excalceatorum. Positio super Introductione Causae*, Ex schola typographica "Pio X", Romae 1927

Sacra Rituum Congregatio, *Romana seu Januen. Beatificationis et canonizationis Ven. Servae Dei Paulae Frassinetti, fundatricis Congregationis Sororum a S. Dorothea. Altera positio super virtutibus*, Typis Guerra et Mirri, Romae 1927

Sacra Rituum Congregatio, *Leodien. Beatificationis et Canonizationis Servae Dei Sororis Mariae Theresiae Haze fundatricis ac primae moderatricis Congregationis Familiarum a Cruce. Positio super virtutibus*, Typis Guerra & Mirri, Romae 1933

Sacra Rituum Congregatio, *Hierosolymitana Beatificationis et Canonizationis Servae Dei Mariae a Iesu Crucifixo sororis professae Ordinis Carmelitarum Excalceatorum. Nova positio super virtutibus*, Typis Guerra et Belli, Romae 1936

Sacra Rituum Congregatio, *Albanen. et Senogallien., Beatificationis seu declarationis martyrii Servae Dei Mariae Goretti. Virginis. Positio super Causae Introductione*, Tipografia Guerra e Belli, Roma 1938

Sacra Rituum Congregatio, *Albanen. et Senogallien., Beatificationis seu declarationis martyrii Servae Dei Mariae Goretti. Virginis. Positio super non cultu*, Tipografia Guerra e Belli, Roma 1938

Sacra Rituum Congregatio, *Marianopolitana seu Albanen. in America Beatificationis et Canonizationis Servae Dei Catharinae Tekakwitha virginis indianae. Positio super Introductione Causae*, Typis Pont. Universitatis Gregorianae, Romae 1938

Sacra Rituum Congregatio, *Albanen. et Senogallien., Beatificationis seu declarationis martyrii Servae Dei Mariae Goretti. Virginis. Positio super Validitate Processum*, Tipografia Guerra e Belli, Roma 1940

Sacra Rituum Congregatio, *Marianopolitana seu Albanen. in America Beatificationis et Canonizationis Servae Dei Catharinae Tekakwitha virginis indianae. Positio super virtutibus*, Typis Pont. Universitatis Gregorianae, Romae 1940

Sacra Rituum Congregatio, *Romana Beatificationis et Canonizationis Servae Dei Mariae Franciscae Siedliska fundatricis Instituti Sacrae Familiae a Nazareth. Positio super Introductione Causae*, Typis Guerra et Belli, Romae 1940

Sacra Rituum Congregatio, *Romana seu Albanen. et Senogallien., Beatificationis seu declarationis martyrii Servae Dei Mariae Goretti. Virginis. Positio super Martyrio*, Tipografia Guerra e Belli, Roma 1942

Sacra Rituum Congregatio, *Romana seu Albanen. et Senogallien., Beatificationis seu declarationis martyrii Servae Dei Mariae Goretti. Virginis. Nova Positio super Martyrio*, Tipografia Guerra e Belli, Roma 1943
Sacra Rituum Congregatio, *Romana seu Albanen. et Senogallien., Beatificationis seu declarationis martyrii Servae Dei Mariae Goretti. Virginis. Novissima Positio super Martyrio*, Tipografia Guerra e Belli, Roma 1944
Sacra Rituum Congregatio, *Hierosolymitana Beatificationis et Canonizationis Servae Dei Mariae a Iesu Crucifixo monialis professae Ordinis Carmelitarum Excalceatorum. Alia nova positio super virtutibus*, Ex tipographia augustiniana, Romae 1944
Sacra Rituum Congregatio, *Vicariatus Apostolici Aegypti Beatificationis et Canonizationis Servea Dei Sororis Mariae Catharinae Trojani a S. Rosa Viterbiensi fundatricis Instituti Sororum Franciscalium Missionariaum in Aegypto. Positio super Introductione Causae*, Typis Guerra et Belli, Romae 1944
Sacra Rituum Congregatio, *Romana seu Albanen. et Senogallien., Beatificationis seu declarationis martyrii Servae Dei Mariae Goretti. Virginis saecularis. Positio super tuto*, Tipografia Guerra e Belli, Roma 1945
Sacra Rituum Congregatio, *Romana seu Salisburgen Beatificationis et Canonizationis Servae Dei Mariae Teresiae Ledóchowska fundatricis Piae Sodalitatis S. Petri Claver pro Missionibus Africanis. Positio super Introductione Causae*, Typis Sodalitii Claveriani, Romae 1953
Sacra Rituum Congregatio, *Victorien. seu Flaviobrigen. Beatificationis et Canonizationis Servae Dei Raphaëlae Ybarra Viduae De Vilallonga fundatricis Instituti Sororum Angelorum Custodum. Positio super virtutibus*, Typis Guerra et Belli, Romae 1962
Sacra Rituum Congregatio. Sectio Historica, *Lugdunen. Beatificationis et Canonizationis Servae Dei Mariae a Sancto Ignatio (Claudinae Thévenet) fundatricis Congregationis Religiosarum a Jesu et Maria nuncupatae († 1837). Positio super introductione causae et virtutibus ex officio compilata*, Typis Polyglottis Vaticanis, Romae 1967
Sacra pro Causis Sanctorum Congregatio, *Viedmen. Beatificationis et Canonizationis Servae Dei Laurae Vicuña virginis Filiae Mariae alumnae Instituti Filiarum Mariae Auxiliatricis. Positio super Causae introductione*, Tipografia Guerri et Belli, Roma 1969
Sacra Congregatio pro Causis Sanctorum, *Hispalen. Beatificationis et Canonizationis Servae Dei Angelae a Cruce Guerrero Gonzalez fundatricis Sororum a Cruce. Positio super virtutibus*, Ex typis Guerra et Belli, Romae 1973
Congregatio pro Causis Sanctorum, *Tusculana. Beatificationis et canonizationis Servae Dei Mariae Gabrielae Sagheddu monialis professae Ordinis Cistercensium S.O. (†1939). Positio super virtutibus*, Tipografia Guerra e Belli, Roma 1976

Sacra Congregatio pro Causis Sanctorum, *Matriten. Beatificationis et Canonizationis Servae Dei Mariae Perdolentis Rodriguez Ortega Sopeña fundatricis Instituti Dominarum Catechistarum (1848-1918). Positio super causae introductione*, Ex typis Guerra, Romae 1978

Sacra Congregatio Pro Causis Sanctorum, *Antiochena Maronitarum Beatificationis et Canonizationis Servae Dei Rebeccae Ar-Rayès de Himlaya de Bikfaya monialis professae Ordinis libanensis S. Antonii Maronitarum (1832-1914). Positio super virtutibus*, Tipografia Guerra, Roma 1980

Sacra Congregatio pro Causis Sanctorum, *Tananariven. Beatificationis et canonizationis Servae Dei Victoriae Rasoamanarivo viduae (1848-1894). Positio super virtutibus*, Tipografia Guerra, Roma 1981

Sacra Congregatio pro Causis Sanctorum, *Guayaquilen. Beatificationis et canonizationis Servae Dei Narcissae a Iesu Martillo Morán, virginis († 1869). Positio super virtutibus*, Tipografia Guerra, Roma 1983

Sacra Congregatio pro Causis Sanctorum, *Tananariven. Beatificationis et canonizationis servae Dei Victoriae Rasoamanarivo. Viduae (1848-1894). Relatio et vota congressus peculiaris super virtutibus, die 1 februarii an. 1983 habiti*, Tipografia Guerra, Roma 1983

Sacra Congregatio pro Causis Sanctorum, *Tarnovien. Beatificationis seu declarationis martyrii Servae Dei Carolinae Kózka virginis saecularis in odium fidei, uti feretur, interfectae (1898-1914). Positio super martyrio*, Tipografia Guerra, Roma 1983

Sacra Congregatio pro Causis Sanctorum, *Viedmen. Beatificationis et Canonizationis Servae Dei Laurae Vicuña virginis saecularis Filiae Mariae alumnae Instituti Filiarum Mariae Auxiliatricis (1891-1904). Positio super virtutibus*, Tipografia Guerra, Roma 1983

Congregatio pro Causis Sanctorum, *Bergomen. Beatificationis seu declarationis martyrii Serva Dei Petrinae Morosini virginis laicae et martyris (1931-1957). Positio super martyrio*, Tipografia Guerra, Roma 1986

Congregatio pro Causis Sanctorum, *Brixien. Canonizationis Servae Dei Annuntiatae Cocchetti fundatricis Sororum a S. Dorothea de Cemmo (1800-1882). Positio super virtutibus*, Tipografia Guerra, Roma 1986

Congregatio pro Causis Sanctorum, *Colonien. Canonizationis Servae Dei Teresiae Benedictae a Cruce (in saeculo: Edith Stein) monialis professae Ordinis Carmelitarum Discalceatorum (1891-1942). Positio super martyrio et virtutibus*, Tipografia Guerra, Roma 1986

Sacra Congregatio pro Causis Sanctorum, *Comenisis Servae Dei Clarae Bosatta de Planello e sororibus S. Mariae a Providentia. Positio super virtutibus et fama sanctitatis*, Roma 1986

Congregatio pro Causis Sanctorum, *Nuoren. Canonizationis Servae Dei Antoniae Mesina iuvenis saecularis. In odium Fidei, uti fertur, interfectae (21 iunii a. 1919-17 maii a. 1935). Positio super martyrio*, Tipografia Guerra, Roma 1986

Sacra Congregatio pro Causis Sanctorum (Officium Historicum), *Patavin. Beatificationis et canonizationis Servae Dei Elisabeth Vendramini fundatricis Sororum Tertiarium Franciscanarum Elisabeth (1790-1860). Positio super virtutibus ex officio concinnata*, Roma 1986

Congregatio pro Causis Sanctorum, *Viedmen. Canonizationis Servae Dei Laurae Vicuña virginis saecularis Filiae Mariae alumnae Instituti Filiarum Mariae Auxiliatricis (1891-1904). Relatio et vota Congressus Peculiaris super virtutibus die 18 decembris an. 1985 habiti*, Tipografia Guerra, Roma 1986

Congregatio pro Causis Sanctorum, *Barcinonen. Beatificationis seu declarationis martyrii Servae Dei Mariae a Mercede Prat y Prat religiosae professae Societatis a S. Theresia a Iesu in odium fidei, uti feretur, interfectae (1880-1936). Positio super martyrio*, Tipografia Guerra, Roma 1987

Congregatio pro Causis Sanctorum, *Cracovien. Canonizationis Servae Dei Angelae Salawa ex III Ord. S. Francisci Ass. (1881-1922). Positio super virtutibus*, Tipografia Guerra, Roma 1987

Congregatio pro Causis Sanctorum, *Guadalajaren. Canonizationis Servae Dei Mariae a Iesu Sacramentato (in saec.: Mariae Venegas de la Torre) fundatricis Congregationis Sororum Filiarum a S. Corde Iesu (1868-1959). Positio super virtutibus*, Tipografia Guerra, Roma 1987

Congregatio pro Causis Sanctorum, *Tharen. Canonizationis Servorum Dei Agnetis Phila et Luciae Khambang ex Instituto Amantium Crucis cum quattuor sociabus et Servi Dei Philippi Siphong Onphithak catechistae in odium fidei, uti feretur, interfectorum. Positio super martyrio*, Tipografia Guerra, Roma 1987

Congregatio pro Causis Sanctorum, *Leirien. Canonizationis Servae Dei Hyacinthae Marto puellae (1910-1920). Positio super virtutibus*, Roma 1988

Congregatio pro Causis Sanctorum, *Medellen. Canonizationis Servae Dei Laurae a S. Catharina Senensi Montoya fundatricis Congregaionis Sororum Missionariarum B. M. V. Immaculatae et Sanctae Catharinae Senensis (1874-1949). Positio super virtutibus*, 2 voll., Tipografia Guerra, Roma 1988

Congregatio pro Causis Sanctorum, *Montis Regalis. Canonizationis Servae Dei Iosephae seu Pinae Suriano virginis saecularis Actionis Catholicae dirigentis paroecialis (1915-1950). Positio super virtutibus*, Tipografia Guerra, Roma 1988

Congregatio de Causis Sanctorum, *Corduben. Beatificationis seu declarationis martyrii Servae Dei Victoriae Diez et Bustos De Molina ex Instituto teresiano in odium fidei, uti feretur, interfectae († 1936). Positio super martyrio*, Tipografia Guerra, Roma 1989

Congregatio pro Causis Sanctorum, *Marianopolitana Canonizationis Servae Dei Aemiliae Tavernier, vidua Gamelin fudatricis Congregationis Sororum a Providentia (1800-1851). Positio super fama sanctitatis et virtutibus*, Roma 1989

Congregatio pro Causis Sanctorum, *Mediolanen. Canonizationis Servae Dei Ioannae Beretta in Molla matrisfamiliae. Positio super virtutibus*, Tipografia Guerra, Roma 1989

Congregatio de Causis Sanctorum, *Romana seu Leodien. Canonizationis Servae Dei Mariae a Iesu D'Oultremont sororis professae fundatricis et primae antistitae generalis Societatis Sororum a Maria Reparatrice. Positio super virtutibus*, 3 voll., Typis Polyglottis Vaticanis, Roma 1989

Congregatio de Causis Sanctorum, *Salmanticen. Canonizationis Servae Dei Mariae Antoniae Bandrés y Elósegui sororis professae Congregationis Filiarum a Iesu (1898-1919). Positio super virtutibus*, Tipografia Guerra, Roma 1989

Congregatio de Causis Sanctorum, *Vilnen. Canonizationis Servae Dei Boleslavae Mariae Lament fundatricis Congregationis Sororum Missionalium a S. Familia. Posito super virtutibus*, Tipografia Guerra, Roma 1989

Congregatio pro Causis Sanctorum, *Culmensis Canonizationis Servae Dei Mariae Karlowska fundatricis Congregationis Sororum Divini Patoris a Providentia Divina (1865-1935). Positio super virtutibus*, voll. 2, Wydawnictwo Archidiecezji Warszawskiej, Varsaviae, 1990

Congregatio de Causis Sanctorum, *Patavina. Canonizationis Servae Dei Liduinae Meneguzzi ex Instituto s. Francisci Salesii (1901-1941). Positio super virtutibus*, Tipografia Guerra, Roma 1990

Congregatio de Causis Sanctorum, *Valentina Beatificationis seu declarationis martyrii Servarum Dei Angelae a Sancto Ioseph Lloret Marti et XVI sociarum e Congregatione Doctrinae Christianae († 1936). Positio super martyrio*, Tipografia Guerra, Roma 1990

Congregatio pro Causis Sanctorum, *Bracaren. Canonizationis Servae Dei Alexandrinae Mariae Da Costa sodalis Assoc. Cooperatorum S.D.B.. Positio super virtutibus*, Typis Polyglottis Vaticanis, Città del Vaticano 1991

Congregatio pro Causis Sanctorum, *Cracovien. Canonizationis Servae Dei Faustinae Kowalska sororis professae Insituti Sororum B.M.V. a Misericordia (1905-1938). Positio super virtutibus*, voll. 2, Tipografia Guerra, Roma 1991

Congregatio de Causis Sanctorum, *Leopolien. seu Varsavien. Canonizationis Servae Dei Mariae Marcellinae Darowska cofundatricis Congregationis Sororum Immaculatae Conceptionis B. V. M. (1827-1911). Positio super virtutibus*, 2 voll., Tipografia Guerra, Roma 1991

Congregatio de Causis Sanctorum, *Romana Canonizationis Servae Dei Annae Rosae Gattorno fundatricis Instituti V. D. "Figlie di S. Anna" (1831-1900). Positio super virtutibus*, Tipografia Guerra, Roma 1991

Congregatio de Causis Sanctorum, *Cracovien. Canonizationis Servae Dei Sor. Bernardinae (in saeculo: Mariae Jabłońska) cofundatricis Congr. Sororum Tertii Ordinis S. Francisci Pauperibus Inservientium V. D. "Suore Albertine" (1878-1940). Positio super virtutibus*, Tipografia Guerra, Roma 1992

Congregatio de Causis Sanctorum, *Monasterien. Canonizationis Servae Dei Annae Catherinae Emmerick monialis professae Ord. Can. Reg. S. Augustini (1774-1824). Positio super virtutibus*, 2 voll., Tipografia Guerra, Roma 1992

Congregatio de Causis Sanctorum, *Pastopolitana Canonizationis Servae Dei Mariae ab Incarnatione (in saeculo Vincentiae Rosal) reformatricis Instituti Sororum Bethlemitarum (1820-1886). Positio super vita et virtutibus*, 2 voll., Roma 1992

Congregatio de Causis Sanctorum, *Ratisbonensis Canonizationis Servae Dei Annae Schäffer iuvenis saecularis (1882-1925). Positio super virtutibus*, Tipografia Guerra, Roma 1992

Congregatio de Causis Sanctorum, *Litomericen. Canonizationis B. Zdislavae de Lemberk materfamilias (c. 1220-1252). Positio super vita, virtutibus et cultu*, Tipografia Guerra, Roma 1993

Congregatio de Causis Sanctorum, *Matriten. Beatificationis er Canonizationis Servae Dei Mariae a Mirabilibus Iesu (in saec.: Maravillas Pidal y Chico de Guzmán) monialis professae Ordinis Caemelitarum Discalceatorum (1891-1974). Positio super virtutibus*, 3 voll., Tipografia Guerra, Roma 1993

Congregatio de Causis Sanctorum, *Aquensis. Beatificationis seu declarationis martyrii Serva Dei Teresia Bracco, iuvenis saecularis in odium Fidei, uti feretur, interfectae (28-VIII-1944). Positio super martyrio*, Tipografia Guerra, Roma 1995

Congregatio de Causis Sanctorum, *Prot. N. 1062, Siedlcen. Seu Podlachen. Beatificationis seu declarationis martytii Servorum Dei Vincentii Lewoniuk et XII Sociorum in odium fidei, uti feretur, die 24 ianuarii a. 1974 in pago Pratulin e diocesi Siedlcensi interfectorum. Positio super martyrio*, Roma 1995

Congregatio de Causis Sanctorum, *Valentina Beatificationis seu declarationis martyrii Servorum Dei Vincentii Cabanes Badenas et XVIII Sociorum Tertiariorum Capuccinorum necnon Mariae Carmelitidis García Moyon laicae in odium fidei, uti feretur, interfectorum († 1936-1937). Positio super martyrio*, Tipografia Guerra, Roma 1996

Congregatio de Causis Sanctorum, *Valentina Beatificationis seu declarationis martyrii Servorum Dei et Servarum Dei Iosephi Calasanz Marques et XXXI Sociorum Societatis Sancti Francisci Salesii, Vicentii Cabanes Badenas et XVIII Sociorum Tertiariorum Capuccinorum necnon Mariae Carmelitidis García Moyon, Rosariae a Soano et II Sociarum Tertiariarum Capuccinorum, Hyacinti Serrano Lopez et XVII Sociorum Ordinis Praedicatorum necnon II sacerdotum dioecesanorum, Aurelii a Vinalesa et XVI Sociorum ex Ordine Fratrum Minorum Capuccinorum necnon Iosephae Masiá Ferragut, O.A.D., Thomae Sitjar et XI Sociorum Societatis Iesu, Ioannis Mariae a Cruce García Méndez Congregationis Sacerdotum a Sacro Corde Iesu, Mariae a Patrocinio a Sancto Ioanne Congregationis Sororum Mariae Imm. Missiona-*

riarum Claretianarum in odium fidei, uti feretur, interfectorum. Positio super martyrio, Tipografia Guerra, Roma 1997

Congregation for the causes of saints, *Quebec. Cause of canonization of the Servant of God Marie Ste-Cécile de Rome (Néè: Dina Bélanger) professed religious of the Congregation of the Religious of Jesus and Mary (30.IV.1897-4. IX.1929). Positio on the virtues*, Edizioni Vivere In, Roma 1998

Congregatio de Causis Sanctorum, *Novarien. Beatificationis et Canonizationis Servae Dei Maria Petrae De Micheli sororis Congregationis Immaculatae Conceptionis a Bono Aëre (1890-1945). Positio super vita, virtutibus et fama sanctitatis*, Tipografia Guerra, Roma 1999

Congregatio de Causis Sanctorum, *Valentina Beatificationis seu declarationis martyrii Servorum Dei Ioseph Aparicio Sanz et LXXIII sociorum sacerdotum dioecesanorum laicarum et laicorum ex Actione Catholica in odium fidei, uti feretur, interfectorum († 1936). Positio super martyrio*, 3 voll., Roma 1999

Congregatio de Causis Sanctorum, *Romana Beatificationis et Canonizationis Servae Dei Mariae Iesu Crucifixo Pektović fundatricis Congregationis Filiarum de Misericordia (1892-1966). Positio super vita, virtutibus et fama sanctitatis*, 2 voll., Tipografia Guerra, Roma 2000

Studi

Accattoli Luigi, *Giovanni Paolo. La prima biografia completa*, Edizioni Paoline, Cinisello Balsamo 2006

Accattoli Luigi, *Nuovi martiri. 393 storie cristiane nell'Italia di oggi*, Edizioni Paoline, Cinisello Balsamo 2000

Alberione Giacomo, *Tekakwitha*, Edizioni Paoline, Roma 1950

Allegri Renzo, *Le due madri di papa Wojtyla. Emilia Kaczorowska e Gianna Beretta Molla*, Ancora, Milano 2012

Alpion Gezim, *Mother Teresa: Saint or Celebrity?*, Routledge, London 2007

L'amore è il distintivo. Pina Suriano, la sua città e il suo tempo, a cura di Massimo Naro, Centro studi di Cammarata-Edizioni Lussografica, San Cataldo-Caltanissetta 2004

Amorth Gabriel, *Dietro un sorriso. Alexandrina Maria Da Costa*, LDC, Leumann 2006

Annuario Pontificio per l'anno 2010, LEV, Città del Vaticano 2010

Ardura Bernard, *Bétifications et canonizations de Jean-Paul II*, in «Communio. Revue catholique internationale», XXVII/5-6 (2002), pp. 77-90

Aronica Paul, *Rose of the Andes: A Biography of Laura Vicuña*, Salesiana, Paterson 1957

Bambini santi. Rappresentazione dell'infanzia e modelli agiografici, a cura di Anna Benvenuti Papi ed Elena Giannarelli, Rosenberg&Sellier, Torino 1991

Barone Giulia, *Nuove proposte per nuovi ceti*, in *Modelli di santità e modelli di comportamento. Contrasti, intersezioni, complementarità*, a cura di Ead., Marina Caffiero, Francesco Scorza Barcellona, Rosenberg&Sellier, Torino 1994

Bartoszewki Władysław, *The Convent at Auschwitz*, The Bowerdean Press, London 1990

Beccalossi Maria Lucia, *I giorni di Laura. Le persone, i luoghi, gli avvenimenti che segnarono la vita di Laura Vicuña*, LDC, Leumann 1991

Beccalossi Maria Lucia, *Il messaggio di Laura Vicuña alle giovani di ieri, di oggi, di domani*, s.l. 1971

Bell Rudolph M., *Holy Anorexia*, The University of Chicago Press, Chicago-London 1985

Bell Rudolph M., Mazzoni Cristina, *The Voices of Gemma Galgani. The Life and Afterlife of a Modern Saint*, The University of Chicago Press, Chicago-London 2003

Bennett Oliver, *Strategic Canonization: Sanctity, popular culture and the Catholic Church*, in «International Journal of Cultural Policy», 17/4 (2011), pp. 438-455

Benvenuti Papi Anna, *La civiltà urbana*, in *Storia della santità nel cristianesimo occidentale*, Viella, Roma 2005, pp. 157-221

Bergadano Elena, *Madre Teresa. La donna più potente del mondo*, Edizioni Paoline, Milano 1997

Berlinguer Giovanni, *La legge sull'aborto*, Editori Riuniti, Roma 1978

Bernstein Carl, Politi Marco, *Sua santità. Giovanni Paolo II e la storia segreta del nostro tempo*, Rizzoli, Milano 1996 (trad. ing. *His Holiness. John Paul II and the Hidden History of Our Time*, Transworld, London 1996)

Berry Jason, *The Shame of John Paul II. How the Sex Abuse Scandal Stained His Papacy*, «The Nation», 27 April 2011

Betta Emmanuel, *La biopolitica cattolica*, in*Storia d'Italia. Annali 26. Scienze e cultura dell'Italia un*ita, a cura di Francesco Cassata e Claudio Pogliano, Einaudi, Torino 2011, 949-974

Betta Emmanuel, *La donna, il feto e l'anima nei decreti del Sant'Uffizio alla fine dell'Ottocento*, in *Corpi e storia. Donne uomini dal mondo antico all'età contemporanea*, a cura di Nadia Maria Filippini, Tiziana Plebani, Anna Scattigno, Viella, Roma 2002, pp. 213-228

Bibliotheca sanctorum, 12 voll., Istituto Giovanni XXIII nella Pontificia Università Lateranense (poi Città Nuova), Roma 1961-2000

Blanco José M., *Laura, la flor del paraíso*, Imprenta nacional, San José de Costa Rica 1942

Boesch Gajano Sofia, *La santità*, Laterza, Roma-Bari 1999

Boesch Gajano Sofia, *La strutturazione della cristianità occidentale*, in *Storia della santità nel cristianesimo occidentale*, Viella, Roma 2005, pp. 91-156

Bonizzi Claudio, *L'icona di Assisi nel magistero di Giovanni Paolo II*, Edizioni Porziuncola, Assisi 2002

Bonizzi Claudio, *La visita apostolica in America Latina di Giovanni Genocchi e la pubblicazione dell'enciclica Lacrimabili statu indorum di Pio X*, in «Euntes docete», 65/1 (2012), pp. 173-198

Borghese Annalisa, *La donna delle beatitudini. Madre Teresa di Calcutta*, Ancora, Milano 2001

Borgna Paola, *Sociologia del corpo*, Laterza, Roma-Bari 2005

Borgomeo Pasquale, *"Contro l'odio, la forza dell'amore"*, in «La Civiltà Cattolica», 144/1 (1993), pp. 559-562

Børresen Kari Elisabeth, *Religious Femminism and Catholic Theology*, in *Relevance of Theology. Nathan Söderblom and the Development of an Academic Discipline. Proceedings from a Conference held in Uppsala (April 14-16, 2002)*, a cura di Carl Reinhold Bråkenhielm and Gunhild Winqvist Hollman, Uppsala Universitet, Uppsala 2002, pp. 143-156

Bosco Giovanni, *Vita del giovanetto Savio Domenico, allievo dell'Oratorio di San Francesco di Sales*, Paravia, Torino 1859

Botti Alfonso, *Le beatificazioni di oggi e le violenze anticlericali della guerra civile spagnola*, «Il Manifesto», 28 ottobre 2007

Botti Alfonso, *Il clero nella guerra spagnola del 1936-1939*, in *Clero e guerre spagnole in età contemporanea (1808-1939)*, a cura di Id., Rubbettino, Soveria Mannelli 2011, pp. 367-397

Botti Alfonso, *Nazionalcattolicesimo e Spagna nuova (1881-1975)*, FrancoAngeli, Milano 1992

Bova Vincenzo, *Solidarność. Origini, sviluppo ed istituzionalizzazione di un movimento sociale*, Rubbettino, Soveria Mannelli 2003

Brading David A., *La canonización de Juan Diego*, FCE-CIDE, Ciudad de México 2009

Brem Ocist Hildegard, *Nella Gioia dell'amore. Santa Gianna Beretta Molla madre di famiglia*, Edizioni Paoline, Cinisello Balsamo 1997

Brown Peter, *The Body and Society: Men, Women, and Sexual Renunciation in Early Christianity*, Columbia University Press, New York 1988

Brown Peter, *The Cult of Saints: Its Rise and Function in Latin Christianity*, University of Chicago Press, Chicago-London 1981 (trad. it. *Il culto dei santi. L'origine e la diffusione di una nuova religiosità*, Einaudi, Torino 1983)

Browne Harry, *La guerra civile spagnola. 1936-1939*, il Mulino, Bologna 2000

Brugna Ciro, *Laura Vicuña: una santidad juvenil (1891-1904)*, Salesiana, Santiago de Chile 1992

Bruno Guerri Giordano, *Povera santa povero assassino. La vera storia di Maria Goretti*, Mondadori, Milano 1985
Burtin Nicolas Victor, *Vie de Catherine Tekakwitha, vierge iroquoise*, Léger Brousseau, Québec 1894
Bynum Caroline Walker, *Holy Feast and Holy Fast. The Religious Significance of Food to Medieval Women*, University of California Press, Berkeley-Los Angeles 1987
Bynum Caroline Walker, *Jesus as Mother. Studies in the Spirituality of the High Middle Ages*, University of California Press, Berkeley-Los Angeles-London 1982

Caffiero Marina, *Dall'esplosione mistica tardo-barocca all'apostolato sociale (1650-1850)*, in *Donne e fede. Santità e vita religiosa in Italia*, a cura di Lucetta Scaraffia e Gabriella Zarri, Roma-Bari 1994, pp. 327-373
Caffiero Marina, *Femminile/popolare. La femminilizzazione religiosa nel Settecento tra nuove congregazioni e nuove devozioni*, in http://dev.dsmc.uniroma1.it/dprs/sites/default/files/181.html
Caffiero Marina, *Santità, politica e sistemi di potere*, in *Santità, culti, agiografia. Temi e prospettive*, Atti del convegno dell'Associazione italiana per lo studio della santità, dei culti e dell'agiografia (Roma 24-26 ottobre 1996), a cura di Sofia Boesch Gajano, Viella, Roma 1997, pp. 363-371
Caffiero Marina, *Miracoli e storia*, in *Per una riscossa laica*, supplemento a «MicroMega», novembre 2008, pp. 126-133
Caliò Tommaso, *L'agiografia contemporanea tra storia e "controstoria"*, in *La santità. Ricerca contemporanea e testimonianze del passato. Atti del Convegno di Prato, Biblioteca Roncioniana, 24 novembre 2007*, Edizioni Polistampa, Prato 2011, pp. 81-95
Caliò Tommaso, *La leggenda dell'ebreo assassino. Percorsi di un racconto antiebraico dal medioevo ad oggi*, Viella, Roma 2007
Caliò Tommaso, *"Il miracolo in rotocalco". Il sensazionalismo agiografico nei settimanali illustrati del secondo dopoguerra*, in «Sanctorum», 5 (2008), pp. 23-48
Caliò Tommaso, *La "fabbrica dei santi" e l'opinione pubblica italiana a cavallo del Grande Giubileo*, in *L'Italia e i santi. Agiografie, riti e devozioni nella costruzione dell'identità nazionale*, a cura di Id. e Daniele Menozzi, Istituto dell'Enciclopedia Italiana Treccani, Roma 2017, pp. 709-737
Camp Richard L., *From Passive Subordination to Complementary Partnership: the Papal Conception of a Woman's Place in Church and Society since 1878*, in «The Catholic Historical Review», LXXVI/3 (1990), pp. 506-525
Canonization: Theology, History, Process, a cura di William H. Woestman, Saint Paul University, Ottawa 2002
Caprarola Antonio, *Profonda devozione al Papa e alla Chiesa*, in «L'Osservatore Romano», 24 aprile 1994, p. 12

Cardinal Mario, *Blessed Mother Teresa of Calcutta: the Making of a Saint*, CBC Radio-Canada and Novalis, Toronto 2003

Carlini Roberta, *Sante donne*, in «Il Manifesto», 18 maggio 2004

Carlson Marifran, *¡Feminismo!: The Women's Movement in Argentina from Its Beginning to Eva Perón*, Academy Chicago Publishers, Chicago 1988

Carosio Maria, *Il martirio cristiano nel novecento tra storia e profezia*, in «Società e storia», 115 (2007), pp. 85-98

Carrara Gino, *La ragazza incredibile. Pierina Morosini nella sua epoca e nella sua valle*, Editrice Litostampa Istituto Grafico, Bergamo 1989

Castano Luigi, *Laura, la ragazza delle Ande Patagoniche. Laura Vicuña 1891-1904. Alunna delle Figlie di Maria Ausiliatrice*, LDC, Leumann 1983

Castano Luigi, *Laura Vicuña. L'eroica Figlia di Maria delle Ande Patagoniche*, SEI, Torino 1958

Castano Luigi, *Santità giovanile. Criteri, magistero, modelli*, LDC, Leumann 1989

Castano Luigi, *Santità e martirio di Laura Vicuña*, Istituto Figlie di Maria Ausiliatrice, Roma 1990

Castano Luigi, *Tredicenne sugli altari. Beata Laura Vicuña, alunna delle Figlie di Maria Ausiliatrice nelle Missioni Patagoniche (1891-1904)*, LDC, Leumann 1988

Castillo José M., *Storia della canonizzazione nella cristianità. Il suo significato di fondo*, in «Concilium», 49/3 (2013), pp. 92-101

Cattabiani Alfredo, *Santi d'Italia*, Rizzoli, Milano 1993

Le cause dei santi. Sussidio per lo Studium, a cura di Vincenzo Criscuolo, Daniel Ols e Robert J. Sarno, LEV, Città del Vaticano 2011

Cavallotto Stefano, *Sulla dimensione "conciliare" della santità di Escrivá de Balaguer: annotazioni critiche*, in *Santi del Novecento. Storia, agiografia, canonizzazioni*, a cura di Francesco Scorza Barcellona, Rosenberg&Sellier, Torino 1998, pp. 153-172

Chávez Eduardo, *Our Lady of Guadalupe and Saint Juan Diego. The Historical Evidence*, Rowman&Littlefield Publishers, Lanham 2006

Chawla Navin, *Mother Teresa. The Authorised Biography*, Diane Publishing Co., Boston 1992 (trad. it. *Madre Teresa*, Rizzoli, Milano 1993)

Chenaux Philippe, *L'Église catholique et le communisme en Europe (1917-1989). De Lénine à Jaen Paul II*, Éditions du Cerf, Paris 2009

Chica Neno, *Laura Vicuña. La que supo amar*, Libreria Nacional, Columbia 1982

Cholenec Pierre, *Catherine Tekakwitha: Her Life*, vol. 7, *Early Jesuit Missions in Canada*, William Lonc, Halifax 2002

Chomet Seweryn, *Outrage at Auschwitz*, Newman-Hemisphere, London 1990

Ciciliot Valentina, *Le beatificazioni e le canonizzazioni di Giovanni Paolo II come strumento di governo della Chiesa*, in «Humanitas», 65 (1/2010), pp. 118-142

Ciciliot Valentina, *"Heritage Talks. Heritage calls": Some Instances of the Canonisation Policy of John Paul II in Italy*, in «Modern Italy», 18/3 (2013), pp. 269-283

Ciciliot Valentina, *Madre Teresa di Calcutta (1910-1997): la santa dei mass media*, in *Religiosità popolare e modernità. Culti e devozioni di massa nell'universo cattolico*, «Memoria e ricerca», 53/3 (2016), pp. 477-492

Ciciliot Valentina, *La strategia canonizzatrice di Pio XI (1922-1939) tra femminismo, Francia e fascismo*, in «Rivista di storia del cristianesimo», XI/2 (2014), pp. 419-449

Codevilla Giovanni, *Chiesa e impero in Russia: dalla Rus' di Kiev alla Federazione russa*, Jaca Book, Milano 2011

Compendio della vita ammirabile della Serva di Dio Elisabetta Canori Mora romana terziaria dell'Ordine dei Trinitari Scalzi dedicato alle madri di famiglia, Tipografia Salviucci, Roma 1868

Conferencia Episcopal Española. Oficina para la Causas de los Santos, *Quiénes son y de dónde vienen. 498 mártires del siglo XX es España*, a cura di María Encarnación Gonzáles Rodríguez, Editorial EDICE, Madrid 2007

Convertini Maria E., *Rosa Gattorno, una madre*, Casa Generalizia Figlie di S. Anna, Roma, senza data

Cornwell John, *The Pope in Winter. The Dark Face of John Paul II's Papacy*, Penguin Books, London 2005

Culto dei santi, istituzioni e classi sociali in età preindustriale, a cura di Sofia Boesch Gajano e Lucia Sebastiani, Japadre, L'Aquila-Roma 1984

Curran Charles E., *The Moral Theology of the Pope John Paul II*, Georgetown University Press, Washington D.C. 2005

Cussen John, *La Beata Laura Vicuña: The Nun's Version, Corrective of García Márquez's*, in «Religion and the Arts», 11 (2007), pp. 373-405

da Riese Pio X Fernando, *Gianna Beretta Molla. Morì per dire "sì" alla vita*, Edizioni Orizzonte Medico, Roma 1977

da Riese Pio X Fernando, *Gianna, eroico no all'aborto*, in «Avvenire», 28 maggio 1987

da Riese Pio X Fernando, *Per amore della vita. Gianna Beretta Molla, medico e madre*, Città Nuova Editrice, Roma 1979

da Riese Pio X Fernando, *Un "sì" alla vita. Gianna Beretta Molla*, Edizioni Paoline, Roma 1980

Dagnino Maria Luisa, *Bakhita racconta la sua storia*, Casa Generalizia canossiana Figlie della Carità, Roma 1989

Dalla Torre Giuseppe, *La nascita della Congregazione dei santi*, in *Diventare santo. Itinerari e riconoscimenti della santità tra libri, documenti e immagini*, a cura di Giovanni Morello, Ambrogio M. Piazzoni e Paolo Vian, Biblioteca Apostolica Vaticana, Città del Vaticano 1998, pp. 59-64

Dalla Torre Giuseppe, *Santità e diritto. Sondaggi nella storia del diritto canonico*, Giappichelli, Torino 1999

Dau Novelli Cecilia, *Note sulla questione femminile nel Magistero della Chiesa, da Leone XIII a Pio XI*, in «Orientamenti sociali», 35/3 (1980), pp. 67-79

Dau Novelli Cecilia, *Sorelle d'Italia: presenze e immagini femminili*, in *Cristiani d'Italia*, Istituto della Enciclopedia Italiana, Roma 2011, in http://www.treccani.it/enciclopedia/sorelle-d-italia-presenze-e-immagini-femminili_%28Cristiani-d%27Italia%29/

Dayan Daniel, *Présentation du pape en voyager. Télévision, expérience rituelle, dramaturgie politique*, in «Terrain. Revue d'ethnologie de l'Europe», 15 (1990), pp. 13-28

De Ambrogio Carlo, *Non c'è amore più grande*, LDC, Leumann 1963

De Giuseppe Massimo, *Guadalupe: il caleidoscopio della pluriculturalità. Religione, nazione, società, nel lungo Novecento*, in «Memoria e ricerca», 53/3 (2016), pp. 421-466

de Montclos Christine, *Un pèlerin politique? Les voyages de Jean Paul II*, Bayard, Paris 2000.

De Palma Francesco, *Le cause di beatificazione in Italia. Un approccio storico statistico*, in «Cristianesimo nella storia», 18/3 (1997), pp. 525-555

De Palma Francesco, *Diventare santi oggi: il caso della presentazione agiografica e della beatificazione di Josemaría Escrivá de Balaguer*, in *Santi nel Novecento. Storia, agiografia, canonizzazioni*, a cura di Francesco Scorza Barcellona, Rosenberg&Sellier, Torino 1998, pp. 173-193

De Palma Francesco, *Il modello laicale di Anna Maria Taigi*, in *Santi, culti, simboli nell'età della secolarizzazione (1815-1915)*, a cura di Emma Fattorini, Torino 1997, pp. 529-546

De Palma Francesco, *Santi romani e processi di canonizzazione a Roma nell'età della secolarizzazione*, in *La comunità cristiana di Roma*, III. *La sua vita e la sua cultura tra età moderna ed età contemporanea*, a cura di Mario Belardinelli e Pietro Stella, LEV, Città del Vaticano 2002, pp. 205-217

De Palma Francesco, *La santità postconciliare: considerazioni statistiche, tipologiche e sociologiche per una storia delle canonizzazioni*, in *Santi nel Novecento. Storia, agiografia, canonizzazioni*, a cura di Francesco Scorza Barcellona, Rosenberg&Sellier, Torino 1998, pp. 49-82

De Rosa Gabriele, *Bartolo Longo anticipatore dell'intelligenza laicale del cristiano moderno*, in *Bartolo Longo e il suo tempo*, Atti del convegno storico promosso dalla Delegazione Pontificia per il Santuario di Pompei sotto l'Alto Patronato del Presidente della Repubblica (Pompei 24-28 maggio 1982), a cura di Francesco Volpe, Edizioni di Storia e Letteratura, Roma 1983, pp. 23-52

De Rosa Gabriele, *Storie di santi*, Laterza, Roma-Bari 1990

Defois Gérard e Michel Patrick, *L'évêque et la sociologue*, Les Editions de L'Atelier, Paris 2005
Del Genio Sonia, *Il miracolo nelle cause di beatificazione e canonizzazioni. Pars dissertationis.* Dissertatio ad lauream n. 142, Pontificia Universitas "Antonianum", Romae 2006
Dell'Oro Ferdinando, *Beatificazione e canonizzazione.* Excursus *storico-liturgico*, CLV Edizioni Liturgiche, Roma 1997
Delooz Pierre, *Sociologie et canonisations*, Faculté de droit, Liège 1969
Delooz Pierre, *Towards a Sociological Study of Canonized Sainthood in the Catholic Church*, in *Saints and Their Cults. Studies in Religious Sociology, Folklore and History*, a cura di S. Wilson, Cambridge University Press, Cambridge 1983, pp. 189-216
Delpal Bernard, *Le carmel et la shoah: à propos du carmel d'Auschwitz*, in *Carmes et carmélites en France du 17ème siècle à nos jours*, Actes du colloque de Lyon (25-26 septembre 1997), a cura di Bernard Hours, Éditions du Cerf, Paris 2001, pp. 434-453
Desouche Marie-Thérèse, *Genèse de l'encyclique* Quas Primas *de Pie XI sur le Christ Roi*, in *Pie XI et la France. L'apport des archives du pontificat de Pie XI à la connaissance des rapports entre la Saint-Siège et la France*, a cura di Jacques Prévotat, École Française de Rome, Roma 2010, pp. 285-313
Devine Edward James, *Kateri Tekakwitha, the Lily of the Mohawks 1656-1680*, The Catholic Truth Society of Canada, Toronto 1916
Le devozioni nella società di massa, a cura di Tommaso Caliò e Roberto Rusconi, in «Sanctorum», 5 (2008)
Di Giorgio Michela, *Le italiane dall'Unità ad oggi: modelli culturali e comportamenti sociali*, Laterza, Roma-Bari 1993
Di Giosia Dario, *La pastorale dei giovani. Uno studio sul magistero di Giovanni Paolo II*, LEV, Città del Vaticano 2011
Di Peri Rosita, *Il Libano contemporaneo. Storia, politica, società*, Carocci, Roma 2009
Di Pietro Maria, *Antonia Mesina, fanciulla sarda*, Vita e Pensiero, Milano, 1937
Dillmann Michael, *Eszer (Eßer), Ambrosius*, in *Biographisch-Bibliographisches Kirchenlexikon (BBKL)*, vol. 32, Bautz, Nordhausen 2011, pp. 345-354
Discorsi di Pio XI. 1934-1939, vol. 3, a cura di Domenico Bertetto, LEV, Città del Vaticano 1985
Ditchfield Simon, *Il mondo della Riforma e della Controriforma*, in *Storia della santità nel cristianesimo occidentale*, Viella, Roma 2005, pp. 261-329
Diventare santo. Itinerari e riconoscimenti della santità tra libri, documenti e immagini, a cura di Giovanni Morello, Ambrogio M. Piazzoni e Paolo Vian, Biblioteca Apostolica Vaticana, Città del Vaticano 1998

Donna e cultura. Studi e documenti nel III anniversario della "Mulieris dignitatem", a cura di Umberto Mattioli, Marietti, Genova 1991

Donna e ministero. Un dibattito ecumenico, a cura di C. Militello, Edizioni Dehoniane, Bologna 1991

Donna e teologia. Bilancio di un secolo, a cura di Cettina Militello, Edizioni Dehoniane, Bologna 2004

Donna: genio e missione, Atti del convegno nazionale promosso dall'Arcidiocesi Spoleto-Norcia e dall'Università Cattolica sulla *Mulieris Dignitatem* (Roccaporena di Cascia, 1-3 giugno 1989), Vita e Pensiero, Milano 1990

Donna, potere e profezia, a cura di Adriana Valerio, D'Auria editore, Napoli 1995

Donne cristiane e sacerdozio. Dalle origini all'età contemporanea, a cura di Dinora Corsi, Viella, Roma 2004

Donne sante e sante donne. Esperienza religiosa e storie di genere, a cura della Società italiana delle storiche, Rosenberg&Sellier, Torino 1996

Le donne secondo Wojtyla. Ventinove chiavi di lettura della Mulieris Dignitatem, a cura di Maria Antonietta Macciocchi, Edizioni Paoline, Cinisello Balsamo 1992

Dosio Maria, *Laura Vicuña. Un cammino di santità giovanile salesiana*, LAS, Roma 2004

Doyle Dennis M., *The Concept of Inculturation in Roman Catholicism. A Theological Consideration*, in «U.S. Catholic Historian», 30/1 (2012), pp. 1-13

Draxlbauer Michael, *Catherine Tekakwitha: The Construction of a Saint*, in *Twenty-First Century Perpectives on Indigenous Studies: Native North America in (trans)Motion*, a cura di Birgit Däwes, Karsten Fitz e Sabine N. Meyer eds., Routledge, London-New York 2015, pp. 204-216

Duden Barbara, *Il corpo della donna come luogo pubblico*, Bollati Boringhieri, Torino 1994

Duden Barbara, *I geni in testa e il feto nel grembo*, Bollati Boringhieri, Torino 2006

Dujardin Jean, *L'affaire du carmel d'Auschwitz*, in *L'Église catholique et le peuple juif: un autre regard*, Calmann-Lévy, Paris 2003, pp. 243-262

Dunnage Jonathan, *Twenty-Century Italy: A Social History*, Longmann, London 2002

Essere donna. Studi sulla lettera apostolica "Mulieris dignitatem" di Giovanni Paolo II, a cura di Mario Toso, LDC, Leumann 1989

L'essere e l'agire della donna in Giovanni Paolo II. Dalla figuralità iconica all'umano integrale, a cura di Piersandro Vanzan e Angelo Auletta, AVE, Roma 1996

Evenou Jean, *Canonisations, béatifications et confirmations de culte depuis la création de la Congrégation des Rites (1588) jusqu'au 31 décembre 1985*, in «Notitiae», 234/22 (1986), pp. 41-47

Evenou Jean, *Les Saints et Bienhereux proclamés par Jean Paul II (1978-1988)*, in «Esprit et vie. Revue catholique de formation permanente», 99 (1989), pp. 200-207

Faggioli Massimo, *The Rising Laity: Ecclesial Movements since Vatican II*, Paulist Press, New York 2016

Fantappiè Carlo, *Introduzione storica al diritto canonico*, il Mulino, Bologna 2003

Fattorini Emma, *Italia devota. Religiosità e culti tra Ottocento e Novecento*, Carocci, Roma 2012

Fattorini Emma, *Pio XI, Hitler e Mussolini. La solitudine di un papa*, Einaudi, Torino 2007

Felak James Ramon, *Pope John Paul II, the Saints, and Communist Poland: The Papal Pilgrimages of 1979 and 1983*, in «Catholic Historical Review», 3 (2014), pp. 555-574

The Female Body in Western Culture. Contemporary Perspectives, a cura di Susan R. Suleiman, Harvard University Press, Cambridge-London 1986

Filibeck Giorgio, *I diritti dell'uomo nell'insegnamento della Chiesa. Da Giovanni XXIII a Giovanni Paolo II. Raccolta di testi del Magistero della Chiesa cattolica (1958-1998)*, LEV, Città del Vaticano 2001

Le filosofie femministe. Due secoli di battaglie teoriche e pratiche, a cura di Adriana Cavarero e Franco Restaino, Bruno Mondadori, Milano 2002

Fiocchi Ambrogio Maria, *Rosa Gattorno. Fondatrice (1831-1900)*, Congregazione Figlie di S. Anna, Roma 1996

Fisher Lillian M., *Kateri Tekakwitha. The Lily of the Mohawks*, Pauline, Boston 1996

Fisichella Rino, *Martirio*, in *Dizionario di teologia fondamentale*, a cura di Rino Fisichella, Cittadella editrice, Assisi 1990, pp. 669-682

Fisk Robert, *Pity the Nation: Lebanon at War*, Oxford University Press, Oxford 1990

Fortunato passionista p., *La Serva di Dio Antonia Mesina. Martire della purezza uccisa come S. Maria Goretti*, Poligraf, Aprilia 1977

Fouilloux Étienne, *Eugène cardinal Tisserant 1884-1972. Une biographie*, Desclée de Brouwer, Paris 2011

Gaiotti De Biase Paola, *Le origini del movimento cattolico femminile*, Morcelliana, Brescia 1963

Galavotti Enrico, *Il Ruinismo. Visione e prassi politica del presidente della Conferenza episcopale italiana, 1991-2007*, in *Cristiani d'Italia. Chiesa, società, stato, 1861-2011*, Istituto dell'Enciclopedia Italiana, Roma 2011, pp. 1224-1234

Gardiner Paul, *An Extraordinary Australian: Mary MacKillop*, Trustees of the Sisters of St. Joseph -David Ell Publishing, Sidney 2007

Gemmiti Dante, *La donna nella Chiesa. Donne e Ministeri nella Chiesa dell'Oriente Cristiano*, Simone, Napoli 2004

Gender and Religion: On the Complexity of Symbols, Caroline Walker Bynum, Stevan Harrell and Paula Richman eds., Beacon Press, Boston 1986

Genovese Maria Angelica, *Pier Giorgio Frassati: un "caso" agiografico*, in *Santi del Novecento. Storia, agiografia, canonizzazioni*, a cura di Francesco Scorza Barcellona, Rosenberg&Sellier, Torino 1998, pp. 83-102

Gibellini Rosino, *Breve storia della teologia del XX secolo*, Morcelliana, Brescia 2008

Giovanni Paolo II, *Dono e mistero: nel 50º del mio sacerdozio*, LEV, Città del Vaticano 1996

Giovanni Paolo II, *Memoria e identità*, Rizzoli, Milano 2006

Giovanni Paolo II, *Il papa alle donne*, a cura di Andrea Tornielli, Newton&Compton, Roma 1995

Giovannucci Pierluigi, *"Fama di santità e vero martirio". Riflessioni su una recente lettera di Benedetto XVI alla Congregazione delle cause dei santi*, in «Studia patavina», 53 (2006), p. 687-696

Giovetti Paola, *Madri e mistiche. Anna Maria Taigi ed Elisabetta Canori Mora*, Edizioni Paoline, Cinisello Balsamo 1991

Glendon Mary Ann, *Women's Identity, Women's Rights and the Civilization of Life*, in Pontificium Consilium de legum textibus interpretandis, Pontificum Consilium pro familia, Pontificia Academia Pro Vita, *"Evangelium vitae" e diritto. "Evangelium vitae" and law. Acta symposii internationalis in civitate vaticana celebrati 23-25 maii 1996*, LEV, Città del Vaticano 1997, pp. 63-76

González Antonio, *Laura Vicuña,* Editorial CCS, Madrid 1995

González Balado José L., *Madre Teresa. Ricordo e messaggio*, Edizioni Paoline, Cinisello Balsamo 2003

Gössmann Elisabeth, *Il tempo della donna. Sulla lettera apostolica di Giovanni Paolo II "Mulieris dignitatem"*, Queriniana, Brescia 1990

Gotor Miguel, *I beati del papa. Santità, Inquisizione e obbedienza in età moderna*, Olschki, Firenze 2002

Gotor Miguel, *Chiesa e santità nell'Italia moderna*, Laterza, Roma-Bari 2004

Gotor Miguel, *La fabbrica dei santi: la riforma urbaniana e il modello tridentino*, in *Storia d'Italia. Roma, la città del papa. Vita civile e religiosa dal giubileo di Bonifacio VIII al giubileo di papa Wojtyla. Annali 16*, a cura di Luigi Fiorani e Adriano Prosperi, Einaudi, Torino 2000, pp. 677-727

Graf Clucas Joan, *Mother Teresa*, Chelsea House Publications, New York 1988

Il grande libro dei santi. Dizionario enciclopedico, 3 voll., Edizioni Paoline, Cinisello Balsamo 1998

Graziano Manlio, *Il secolo cattolico. La strategia geopolitica della Chiesa*, Laterza, Roma-Bari 2010

Greene Meg, *Mother Teresa: A Biography*, Greenwood Press, Westport 2004

Greer Allan, *Iroquois Virgin: The Story of Catherine Tekakwitha in New France and New Spain*, in *Colonial Saints. Discovering the Holy in the Americas, 1500-1800*, a cura di Allan Greer e Jodi Bilinkoff, Routledge, New York-London 2003, pp. 235-250

Greer Allan, *Mohawk Saint: Catherine Tekakwitha and the Jesuits*, Oxford University Press, Oxford-New York 2005

Greer Allan, *Natives and Nationalism: the Americanization of Kateri Tekakwitha*, in «The Catholic Historical Review», 90/2 (2004), pp. 260-272

Grey Mary C., *Teologie femministe in Europa*, in *Dizionario di teologie femministe*, a cura di Letty M. Russell e Shannon J. Clarkson, Claudiana, Torino 2010 (ed. it. a cura di Gabriella Lettini e Gianluigi Gugliermetto), pp. 186-188

Gutiérrez José Luis, *Studi sulle cause di canonizzazione*, Giuffrè, Milano 2005

Haller Anne, *Jean Paul II et l'Amérique Latine. La politique religiuese du Saint-Siège: mise au pas, restauration, dynamiques*, L'Harmattan, Paris 2008

Hallowey Carson, *The Way of Life: John Paul II and the Challenge of Liberal Modernity*, Baylor University Press, Waco 2008

Hanson Eric, *The Catholic Church in World Politics,* Princeton University Press, Princeton 1987

Hastings Adrian, *The Church in Africa, 1450-1950*, Clarendon Press, Oxford 1994

Hebblethwaite Peter, *In the Vatican*, Sidgwick&Jackson, London 1986

Higgins Michael W., *Stalking the Holy. The Pursuit of Saints Making*, Anansi, Toronto 2006

Hitchens Christopher, *The Missionary Position. Mother Teresa in Theory and Practice*, Verso, London 1995

Hogue Kellie Jean, *A Saint of Their Own: Native Petitions Supporting the Canonization of Kateri Tekakwitha, 1884-1885*, in «U.S. Catholic Historian», 32 (2014), pp. 25-44

Holmes Paula Elizabeth, *The Narrative Repatriation of Blessed Kateri Tekakwitha*, in «Anthropologica», 43 (2001), pp. 87-103

Huener Jonathan, *Auschwitz, Poland, and the Politics of Commemoration 1954-1979*, Ohio University Press, Athens 2003

Iafolla Paolo, *Gianna Beretta Molla*, LDC, Leumann 1995

Impagliazzo Marco, *L'esaltante verità di fede dei giovani laici: Ivan, Pier Giorgio, Marcel...*, in «L'Osservatore Romano», inserto del 22 giugno 2003, p. 13

Irani George Emile, *Santa Sede e Medio Oriente. Il ruolo del Papato nella controversia arabo-israeliana 1962-1988*, Vita e Pensiero, Milano 1989

L'Italia dei santi, a cura del comitato preparatorio del IV Convegno Ecclesiale Nazionale di Verona 16/20 ottobre 2006, LEV, Città del Vaticano 2006

Jenkins Philip, *The New Faces of Christianity. Believing the Bible in the Global South*, Oxford University Press, Oxford 2006

John Paul II. Reflections from The Tablet, C. Pepinster ed., Burns&Oates, London-New York 2005

John Paul II's Book of Saints, a cura di Matthew E. Bunson e Margaret Bunson, Our Sunday Publishing Division, Huntington 2007

Johnson Paul, *Pope John Paul II and the Catholic Restoration*, Chivers Press, London 1982

Julia Giuseppe, *Figlie di Sant'Anna*, in *Dizionario degli Istituti di perfezione*, a cura di Guerrino Pelliccia e Giancarlo Rocca, vol. 3, Edizioni Paoline, Roma 1976, pp. 1733-1734

Kantagole Emmanuel, *Born from Lament: The Theology and Politics of Hope in Africa*, Eerdmans, Grand Rapids 2017

Kitsche de la Grange Annesi Daniella, *Una mistica dell'Ottocento: la venerabile Elisabetta Canori Mora terziaria trinitaria*, Tipografia agostiniana, Roma 1953

Kollman Paul V., *The Evangelization of Slaves and Catholic Origins in Eastern Africa*, Orbis Book, Maryknoll-New York 2005

Kraszewsk Gracjan, *Catalyst for Revolution: Pope John Paul II's 1979 pilgrimage to Poland and its effects on Solidarity and the fall of Communism*, in «The Polish Review» 57/4 (2012), pp. 27-46

Laffin Josephine, *The Historian. Saints in the Catholic Tradition What Does It Mean to Be a Saint?*, in *Reflection on Mary MacKillop, Saints and Holiness in the Catholic Tradition*, a cura di Josephine Laffin, Wakefield Press, Kent Town 2010, pp. 1-23

Laffin Josephine, *"A Saint for all Australians"?*, in *Saints and Sanctity*, a cura di Peter Clarke e Tony Claydon, The Boydell Press for The Ecclesiastical History Society, Suffolk-Rochester 2011, pp. 403-414

Langlois Claude, *Le catholicisme au feminin. Les congrègations françaises à superieure gènèrale au XIXe siècle*, Éditions du Cerf, Paris 1984

Lavrin Assunción, *Women, Feminism, and Social Change in Argentina, Chile, and Uruguay, 1890-1940*, University of Nebraska Press, Lincoln 1995

Le Joly Edward, *We Do It for Jesus*, Longman & Todd, London 1977 (trad. it., *Lo facciamo per Gesù. Madre Teresa e le Missionarie della Carità*, Edizioni Paoline, Roma 1978)

Lecompte Edward, *Kateri Tekakwitha, the Lily of the Mohawks 1656-1680*, Impr. Du Messager, Montréal 1927

Lecomte Bernard, *Giovanni Paolo II. La biografia*, Dalai editore, Milano 2004

Lelièvre Thierry, *Gianna Beretta Molla madre*, Piemme, Casale Monferrato 2004

Lelièvre Thierry, *Madre. Gianna Beretta Molla 1922-1962*, Piemme, Casale Monferrato 1994

Lelièvre Vincenzo, *La canonizzabilità dei ragazzi fondatori*, in *Miscellanea in occasione del IV centenario della Congregazione per le Cause dei Santi (1588-1988)*, Tipografia Guerra, Città del Vaticano 1988, pp. 265-297

Leonardi Claudio, *La santità delle donne*, in *Scrittrici mistiche italiane*, a cura di Giovanni Pozzi e Claudio Leonardi, Marietti, Genova 1988, pp. 43-57

La lettera di Giovanni Paolo II alle donne, in «Civiltà Cattolica», 146 (1995), pp. 63-72

La lettera di Giovanni Paolo II alle famiglie, in «Civiltà Cattolica», 145 (1994), pp. 168-177

Liberation Theologies in the United States. An Introduction, a cura di Stacey M. Floyd, Thomas Pinn, Anthony B. Pinn, New York University Press, New York-London 2010

Liberatore Pasquale, *Quei venerdì in cui riviveva nel corpo la Passione di Cristo*, «L'Osservatore Romano», inserto del 25 aprile 2004, p. 23

Lizalde José Luis, *Todos los santos africanos*, Editorial mundo negro, Madrid 2000

Luzzatto Sergio, *Padre Pio. Miracoli e politica nell'Italia del Novecento*, Einaudi, Torino 2007

Magister Sandro, *Giovanni Paolo II, 1978-2005. L'ultimo papa antimoderno*, in http://chiesa.espresso.repubblica.it/articolo/26992.html

Magli Ida, *Sulla dignità della donna. La violenza sulle donne, il pensiero di Wojtyla*, Guanda, Parma 1994

Mancina Claudia, *Oltre il femminismo. Le donne nella società pluralista*, il Mulino, Bologna 2002

Manganelli Silvia, *Un caso di santità contemporanea. Impostazione di una ricerca tra antropologia e storia*, in *Santità, culti, agiografia. Temi e prospettive.* Atti del convegno dell'Associazione italiana per lo studio della santità, dei culti e dell'agiografia (Roma 24-26 ottobre 1996), a cura di Sofia Boesch Gajano, Viella, Roma 1997, pp. 373-381

Manganelli Silvia, *Un santo medico nella Napoli contemporanea. Alcune osservazioni sul caso di Giuseppe Moscati*, in «Cristianesimo nella storia», 18/3 (1997), pp. 637-657

Marchesi Giovanni, *Il 63º viaggio apostolico di Giovanni Paolo II: Papua Nuova Guinea, Australia e Sri Lanka*, in «Civiltà Cattolica», 146/2 (1995), pp. 72-81

Marchesi Giovanni, *La scienza della Croce in Edith Stein*, in «Civiltà Cattolica», 151/1 (2000), p. 140

Martin Jean-Clément, *La Vendée et la France*, Seuil, Paris 1987

Martina Giacomo, *Osservazioni sullo studio della santità in età contemporanea*, in *Santità, culti e agiografia. Temi e prospettive*, Atti del convegno dell'Associazione italiana per lo studio della santità, dei culti e dell'agiografia (Roma 24-26 ottobre 1996), a cura di Sofia Boesch Gajano, Viella, Roma 1997

Masiello Francine, *Between Civilization and Barbarism: Women, Nation, and Literary Culture in Modern Argentina*, University of Nebraska, Lincoln 1992

Massaiu Mario, Merlin Massaiu Clotilde M., *Una ragazza di Orgosolo. Antonia Mesina*, Edizioni Paoline, Cinisello Balsamo 1987

Matovina Timothy, *The Origins of the Guadalupe Tradition in Mexico*, in «The Catholic Historical Review», 100/2 (2014), pp. 243-270

Mazzoni Cristina, *Saint Hysteria: Neurosis, Mysticism, and Gender in European Culture*, Cornell University Press, Ithaca-London 1996

Melloni Alberto, *Le cinque perle di Giovanni Paolo II. I gesti di Wojtyla che hanno cambiato la storia*, Mondadori, Milano 2011

Melloni Alberto, *Martirio e santità nel Novecento* in *Oscar Romero. Un vescovo centroamericano tra guerra fredda e rivoluzione*, a cura di Roberto Morozzo della Rocca, Edizioni Paoline, Cinisello Balsamo 2003, pp. 205-222

Memory Offended. The Auschwitz Convent Controversy, a cura di Carol Rittner and John K. Roth, Praeger, New York 1991

Menozzi Daniele, *Li avrete sempre con voi. Profilo storico del rapporto tra Chiesa e poveri*, Edizioni Gruppo Abele, Torino 1995

Menozzi Daniele, *La Chiesa cattolica e la secolarizzazione*, Einaudi, Torino 1993

Menozzi Daniele, *Chiesa e diritti umani. Legge naturale e modernità politica dalla Rivoluzione francese ai nostri giorni*, il Mulino, Bologna 2012

Menozzi Daniele, *Chiesa, pace e guerra nel Novecento. Verso una delegittimazione religiosa dei conflitti*, Il Mulino, Bologna 2008

Menozzi Daniele, *Giovanni Paolo II. Una transizione incompiuta? Per una storicizzazione del pontificato*, Morcelliana, Brescia 2006

Menozzi Daniele, *Legge naturale e diritti umani nel magistero di Giovanni Paolo II*, in «Humanitas», 65/1 (2010), pp. 101-117

Menozzi Daniele, *I papi e il moderno. Una lettura del cattolicesimo contemporaneo (1903-2016)*, Morcelliana, Brescia 2016

Menozzi Daniele, *Sacro Cuore. Un culto tra devozione interiore e restaurazione cristiana della società*, Viella, Roma 2001

Messori Vittorio, *Il beato Faà di Bruno. Un cristiano in un mondo ostile*, Rizzoli, Milano 1998

Metzler Josef, *La Santa Sede e le missioni. La politica missionaria della Chiesa nei secoli XIX e XX*, Edizioni Paoline, Cinisello Balsamo 2002

Miccoli Giovanni, *La Chiesa dell'anticoncilio. I tradizionalisti alla riconquista di Roma*, Laterza, Roma-Bari 2011

Miccoli Giovanni, *In difesa della fede. La chiesa di Giovanni Paolo II e Benedetto XVI*, Rizzoli, Milano, 2007

Miccoli Giovanni, *I dilemmi e i silenzi di Pio XII*, Rizzoli, Milano 2007

Miccoli Giovanni, *Tra vecchio e nuovo pontificato: una sostanziale continuità?*, in «Passato e presente», 67 (2006), pp. 5-26

Patrick Michel, *"Sanguinis effusione aut heroico virtutum exercitio". Éléments pour une anthropologie politique de la production et des usages contemporains de la sainteté canonisée*, in «Critique internationale», 52/3 (2011), pp. 111-127

Misztal Henryk, *Le cause di canonizzazione. Storia e procedura*, LEV, Città del Vaticano 2005

Modystack William, *Mary MacKillop. A Woman Before Her Time*, Rigby Publishers, Adelaide 1982

Molinari Paolo, *Iter della raccolta documentaria per la causa di Pier Giorgio Frassati*, in *Santità e archivi: fonti, luoghi, esperienze*, Atti del XXIII Convegno degli Archivisti Ecclesiastici (30 settembre-3 ottobre 2008), in «Archivia Ecclesiae», 50/52 (2007/2009), pp. 185-207

Molla Pietro e Guerriero Elio, *Santa Gianna Beretta Molla*, Edizioni Paoline, Cinisello Balsamo 2004

Mondrone Domenico, *Alessandrina M. da Costa. Visse nell'anima e nella carne la Passione di Cristo*, in *I Santi ci sono ancora*, vol. 5, Edizioni Pro Sanctitate, Roma 2008, pp. 283-305

Mondrone Domenico, *Antonia Mesina. Una nuova emula di santa Maria Goretti*, in *I Santi ci sono ancora*, vol. 6, Edizioni Pro Sanctitate, Roma 1981, pp. 224-240

Mondrone Domenico, *Edith Stein. Il suo volto umano e religioso*, in *I Santi ci sono ancora*, vol. 1, Edizioni Pro Sanctitate, Roma 1979, pp. 135-158

Mondrone Domenico, *Gianna Beretta Molla. "Tra me e mio figlio, salvate lui!"*, in *I santi ci sono ancora*, vol. 4, Edizioni Pro Sanctitate, Roma 1979, pp. 76-95

Mondrone Domenico, *Giuseppina Bakitha. La singolare avventura di una schiava sudanese*, in *I Santi ci sono ancora*, vol. 5, Edizioni Pro Sanctitate, Roma 2008, pp. 321-338

Mondrone Domenico, *Maria Beltrame Quattrocchi. Una madre, un'apostola, una mistica*, in *I Santi ci sono ancora*, vol. 2, Edizioni Pro Sanctitate, Roma 2003, pp. 356-377

Mondrone Domenico, *Maria Teresa Ledóchowska. Una insigne missionaria nelle retrovie*, in *I Santi ci sono ancora*, vol. 6, Edizioni Pro Sanctitate, Roma 1981, pp. 181-204

Mondrone Domenico, *Pierina Morosini. Dal cotonificio al martirio per la purezza*, in *I Santi ci sono ancora*, vol. 2, Edizioni Pro Sanctitate, Roma 2003, pp. 54-73

Mondrone Domenico, *Suor Clementina Anuarite. Testimone di un'eroica santità di colore*, in *I santi ci sono ancora*, vol. 4, Edizioni Pro Sanctitate, Roma 1979, pp. 217-235

Montalbano William D., *Pinochet's Grip Intact in Wake of Pope's Visit*, in «Los Angeles Times», 6 April 1987

La narrazione del carisma. I viaggi di Giovanni Paolo II in televisione. Dati per la verifica dei programmi trasmessi, vol. 76, a cura di Gustavo Guizzardi, Rai-Eri, Roma 1989

Neyer Maria Amata, *Edith Stein*, in *Testimoni di Cristo. I martiri sotto il nazismo*, a cura di Helmut Moll, Edizioni Paoline, Cinisello Balsamo 2007, pp. 611-618

Non uccidere. Il Magistero della Chiesa sull'aborto, a cura di Giovanni Caprile, edizioni "La Civiltà Cattolica", Roma 1973

Norman Alex, Johnson Mark, *World Youth Day: The Creation of a Modern Pilgrimage Event for Evangelical Intent*, in «Journal of Contemporary Religion», 26 (3/2011), pp. 371-385

O'Brien Lesley, *Mary MacKillop Unveiled. Australia's First Saint*, John Garratt Publishing, Mulgrave 2008

O'Neill George, *Life of Mother Mary of the Cross (MacKillop) (1842-1909). Foundress of the (Australian) Sisters of St. Joseph*, Pellegrini&Co., Sidney-Melbourne-Brisbane 1931

Pagani Antonio, *Un vero modello di madre cristiana nel secolo decimonono. Biografia dell ven. serva di Dio Elisabetta Canori Mora romana terziaria professa dell'Ordine della SS.ma Trinità*, Tipografia pontificia nell'Istituto Pio IX, Roma 1911

Il papa e il diritto alla vita. Il magistero di Paolo VI e Giovanni Paolo II sull'aborto, a cura di Giovanni Caprile, Editrice la parola, Roma 1981

Papàsogli Giorgio, *Questi borghesi...I beati Luigi e Maria Beltrame Quattrocchi*, Marietti, Roma 1974

Pasquale Umberto, *Alexandrina Maria Da Costa*, LDC, Leumann 1957

Pasquale Umberto, "*Tu sei amore che tutto vince". La mia vita è l'amore. Scritti Spirituali di Alessandrina M. Da Costa*, vol. 1, LDC, Leumann 1965

Pasquale Umberto, "*Tu sei dolore che dà la vita" La passione intima di Gesù. Scritti Spirituali di Alessandrina M. Da Costa*, vol. 2, LDC, Leumann 1965

Pasquale Umberto, *Voleva chiudere l'inferno. Scritti, commenti storici e ascetici, testimonianze sulla Serva di Dio Alessandrina Maria Da Costa*, LDC, Leumann 1968

Pellistrandi Benôit, *De la "acción de los católicos" a la santidad laical. El historiador frente a la santidad contemporánea*, in *El caminar histórico de la santidad cristiana de los inicios de la época contemporánea hasta el Concilio Vaticano II. XXIX simposio internacional de teología de la Universidad de Navarra*, a cura di Josep-Ignasi Saranyana, Santiago Casas y Mª Rosario Bustillo, Universidad de Navarra, Pamplona 2004, pp. 19-24

Pelucchi Giuliana, *L'amore più grande. Santa Gianna Beretta Molla*, Edizioni Paoline, Cinisello Balsamo 2004

Pelucchi Giuliana, *Una vita per la vita. Gianna Beretta Molla*, Edizioni Paoline, Cinisello Balsamo 1989 (trad. ing. *Blessed Gianna Beretta Molla. A Woman's Life. 1922-1962*, Pauline Books&Media, Boston 2002)

Petitfrère Claude, *La Vendée en l'an II: défaite et répression*, in «*Annales historiques de la Révolution française*», 300 (1995), pp. 173-185

Piacentini Ernesto, *Il martirio nelle cause dei santi*, LEV, Città del Vaticano 1979

Piola Alberto, *Donna e sacerdozio. Indagine storico-teologica degli aspetti antropologici dell'ordinazione delle donne*, Effatà editrice, Torino 2006

Piva Francesco, *Uccidere senz'odio. Pedagogia di guerra nella storia della Gioventù Cattolica Italiana*, FrancoAngeli, Milano 2015

Poli Ermengilda, *Beata Pierina Morosini la martire del Monte Misma*, Bortolotti, Bergamo 1989

Poli Ermengilda, *Pierina Morosini. Testimone di Cristo*, Editrice Litostampa Istituto Grafico, Bergamo 1985

The Political Papacy. John Paul II, Benedict XVI, and Their Influence, a cura di Chester Gillis, Paradigm Publishers, Boulder-London 2006

Pollard John F., *Catholicism in Modern Italy. Religion, Society and Politics since 1861*, Routledge, London-New York 2008

Ponzi Mario, *La "stella del popolo" agli onori degli altari*, in «L'Osservatore Romano», 11 giugno 1987, p. 6

Portier Philippe, *L'ossessione dell'Illuminismo. Giovanni Paolo II e il mondo moderno*, Manni, San Cesario di Lecce 2009

Poole Stafford, *Our Lady of Guadalupe: The Origins and Sources of a Mexican National Symbol, 1531-1797*, The University of Arzona Press, Tucson 1996

Preston Paul, *The Spanish Holocaust. Inquisition and Extermination in Twentieth-Century Spain*, Harper Press, London 2012

Przybyszewski Boleslaw, *Saint Jadwiga. Queen of Poland (1374-1399)*, Postulate for the Canonisation of Blessed Queen Jadwiga and Veritas Foundation Publication Centre, Roma-London 1996

Raguer Hilari, *Los martires de la guerra civil*, in «Razón y fe. Revista hispanoamericana de cultura», 216 (1984), pp. 883-892

Rahner Karl, *Dimensioni del martirio. Per una dilatazione del concetto classico*, in «Concilium», 18/3 (1983), pp. 25-39

Ramahery Jean Louis Clément, *L'ange visible de l'eglise naissante a Madagascar. Nouvelle biographie de Victoire Rasoamanarivo*, Madagascar 1993.

Ranke-Heinemann Uta, *Eunuchi per il regno dei cieli. La chiesa cattolica e la sessualità*, Rizzoli, Milano 1990

Rao Anna Maria, *Folle controrivoluzionarie. La questione delle insorgenze italiane*, in *Folle controrivoluzionarie. Le insorgenze popolari nell'Italia giacobina*, a cura di Ead., Carocci, Roma 1999, pp. 255-290

Reale Giovanni, *Karol Wojtyła. Un pellegrino dell'assoluto*, Bompiani, Milano 2005

Renoux Christian, *Canonizzazione e santità femminile in età moderna*, in *Storia d'Italia. Roma, la città del papa. Vita civile e religiosa dal giubileo di Bonifacio VIII al giubileo di papa Wojtyla. Annali 16*, a cura di Luigi Fiorani e Adriano Prosperi, Einaudi, Torino 2000, pp. 629-752

Resch Andreas, *I beati di Giovanni Paolo II. 1979-1985*, vol. 1, LEV, Città del Vaticano 2000

Resch Andreas, *I beati di Giovanni Paolo II. 1986-1990*, vol. 2, LEV, Città del Vaticano 2002

Resch Andreas, *I beati di Giovanni Paolo II. 2001-2004*, vol. 5, LEV, Città del Vaticano 2006

Riccardi Andrea, *Governo carismatico. 25 anni di pontificato*, Mondadori, Milano 2003

Riccardi Andrea, *Il potere del papa da Pio XII a Giovanni Paolo II*, Laterza, Roma-Bari 1993

Riccardi Andrea, *Il secolo del martirio*, Mondadori, Roma 2000

Riccardi Andrea, *Il Vaticano e Mosca. 1940-1990*, Laterza, Roma-Bari 1992

Ricci Marina, *Qualche dato falso e...la polemica è servita*, in «30 giorni», 5 (1989), pp. 18-20

Rimoldi Antonio, *Testimonianze di vita della dott. Gianna Beretta Molla. Amare è dare la vita*, in «La Rivista del Clero Italiano», 11 (novembre 1974), pp. 856-864

Rocca Giancarlo, *Donne religiose. Contributo a una storia della condizione femminile in Italia nei secoli XIX-XX*, Roma 1992

Rocca Giancarlo, *Istituti religiosi in Italia tra Otto e Novecento*, in *Clero e società nell'Italia contemporanea*, a cura di Mario Rosa, Roma-Bari 1992, pp. 207-256

Rocca Giancarlo, *Riorganizzazione e sviluppo degli Istituti religiosi in Italia dalla soppressione dal 1966 a Pio XII (1939-58)*, in *Problemi di storia della Chiesa dal Vaticano I al Vaticano II*, Edizioni Dehoniane, Roma 1988, pp. 239-294

Roccucci Adriano, *Giovanni Paolo II e i "nuovi martiri"*, in *Storia del cristianesimo 1878-2005. Il pontificato di Giovanni Paolo II*, XI, a cura di Elio Guerriero e Marco Impagliazzo, Periodici San Paolo, Milano 2006 (supplemento a «Famiglia cristiana»), pp. 187-234

Roccucci Adriano, *Karol Wojtyla e Josef Ratzinger. Visioni d'Europa tra Russia e Occidente*, in «Humanitas», 65 (1/2010), pp. 79-100

Roccucci Adriano, *Stalin e il Patriarca. Chiesa ortodossa e potere sovietico, 1917-1958*, Einaudi, Torino, 2011

Rodrigo Romualdo, *Manuale per istruire i processi di canonizzazione*, Institutum historicum Augustianorum recollectorum, Roma 1991

Romanato Gianpaolo, *L'Africa Nera fra Cristianesimo e Islam. L'esperienza di Daniele Comboni (1831-1881)*, Corbaccio, Milano 2003

Romano Elisabetta, *Il problema femminile nell'insegnamento della Chiesa (analisi di documenti del Magistero ecclesiale dal Concilio Vaticano II – 1965 – alla lettera alle donne – 1965 [sic!]). Excerpta ex dissertatione ad lauream*, Pontificia Facultate Theologia S. Bonaventurae, Roma 2005

Romero Salvadó Francisco J., *The Foundations of Civil War. Revolution, Social Conflict and Reaction in Liberal Spain, 1916-1923*, Routledge, New York-London 2008

Rosa Mario, *Il tribunale della santità*, in *Diventare santo. Itinerari e riconoscimenti della santità tra libri, documenti e immagini*, a cura di Giovanni Morello, Ambrogio M. Piazzoni e Paolo Vian, Biblioteca Apostolica Vaticana, Città del Vaticano 1998, pp. 65-72

Rossi Paolino, *Gianna Beretta Molla*, in *Santità e archivi: fonti, luoghi, esperienze. Atti del XXIII Convegno degli Archivisti Ecclesiastici, 30 settembre-3 ottobre 2008*, in «Archivia Ecclesiae», 50-52 (2007-2009), pp. 209-219

Rumi Giorgio, *La santità di una coppia di sposi e di un missionario: una sfida alla mentalità del mondo*, in «L'Osservatore Romano», 4 novembre 2001, prima pagina

Rusconi Roberto, *Una Chiesa a confronto con la società*, in *Storia della santità nel cristianesimo occidentale*, Viella, Roma 2005, pp. 331-386

Rusconi Roberto, *Fame di santità*, in «Cristianesimo nella storia», 18/3 (1997), pp. 503-523

Rusconi Roberto, *Santo Padre. La santità del papa da san Pietro a Giovanni Paolo II*, Viella, Roma 2010

Sallmann Jean Michael, *Il santo e la rappresentazione della santità. Problemi di metodo*, in «Quaderni storici», 41/2 (1979), pp. 584-602

Sanna Giovanni, *Martirio a Orgosolo. Antonia Mesina*, Piemme, Casale Monferrato 1987

Saraiva Martins José, *Come si fa un santo. Quando, perché, in quanto tempo, con quali miracoli un cristiano viene elevato all'onori degli altari*, Piemme, Casale Monferrato 2005

Sartori Luigi, *Il tema della santità nella* Lumen gentium, in «Credereoggi», 47 (1988), pp. 57-68

Sartorio Ugo, *Il segno del martirio oggi. Verso una dilatazione del concetto classico di martirio*, in «Credereoggi», 47 (1988), pp. 81-93

Scaraffia Lucetta, *"Il Cristianesimo l'ha fatta libera, collocandola nella famiglia accanto all'uomo" (dal 1850 alla "Mulieris Dignitatem")*, in *Donne e fede. Santità e vita religiosa in Italia*, a cura di Lucetta Scaraffia e Gabriella Zarri, Roma-Bari 1994, pp. 440-493

Scaraffia Lucetta, *Devozioni di guerra. Identità femminile e simboli religiosi negli anni quaranta*, in *Donne e uomini nelle guerre mondiali*, a cura di Anna Bravo, Laterza, Roma-Bari 1991, pp. 135-160

Scaraffia Lucetta, *Fondatrici e imprenditrici*, in *Santi, culti e simboli nell'età della secolarizzazione (1815-1915)*, a cura di Emma Fattorini, Rosenberg&Sellier, Torino 1997, pp. 479-494

Scaraffia Lucetta, *Francesca Cabrini. Tra la terra e il cielo*, Edizioni Paoline, Cinisello Balsamo 2003

Scaraffia Lucetta, *"Nell'Africa centrale la suora è tutto". Daniele Comboni, profeta dell'emancipazione femminile*, in «Humanitas», 63/1 (2008), pp. 54-64

Scaraffia Lucetta, *La quota rosa dei santi*, in «Società e storia», 115 (2007), pp. 129-138

Scaraffia Lucetta, *La santa degli impossibili. Vicende e significati della devozione a S. Rita*, Rosenberg&Sellier, Torino 1990

Scaraffia Lucetta, *Una sfida al "possibile"*, in «La ricerca folklorica», 29 (1994), pp. 51-56

Scatena Silvia, *La teologia della liberazione in America Latina*, Carocci, Roma 2008

Scatena Silvia, Susin Luiz Carlos, Gallazzi Sandro, *Chiesa e teologia in America Latina*, Edizioni Messaggero, Padova 2013

Schloesser Stephen R., *"Dancing on the Edge of the Volcano": Biopolitics and What Happened after Vatican II*, in *From Vatican II to Pope Francis: Charting a Catholic Future*, a cura di Paul Crowley, Orbis Book, Maryknoll-New York 2014, pp. 3-26

Schwaiger Georg Franz X., *La sofferenza che alimenta l'amore*, in «L'Osservatore Romano», inserto del 7 marzo 1999, p. 8

Scorza Barcellona Francesco, *Le origini*, in *Storia della santità nel cristianesimo occidentale*, Viella, Roma 2005, pp. 19-89

Semenenko-Basin Il'ja, *Eternamente fiorisce. I nuovi santi della Chiesa ortodossa russa*, La Casa di Matriona, Milano 2005

Sex, Priests, and Secret Codes: The Catholic Church's 2000-year Paper Trail of Sexual Abuse, a cura di Thomas P. Doyle, A. W. Richard Sipe, Patrick J. Wall, Volt Press, Los Angeles 2006

Sexual Abuse in the Catholic Church: A Decade of Crisis. 2002-2012, a cura di Thomas G. Plante e Kathleen L. McChesney, Praeger, Santa Barbara, 2011

Shorter Alyward, *Toward a Theology of Inculturation*, Orbis Book, Maryknoll-New York 1988

Sorge Bartolomeo, *Giovanni Paolo II e la Chiesa italiana*, in «La Civiltà Cattolica», 131/III (1980), pp. 449-459

Sorgi Claudio, *La canonizzazione di Edith Stein*, «L'Osservatore Romano», 18 ottobre 1998, p. 6

Sotgia Natalina A., *Rosa Gattorno. Fodatrice*, Congregazione Figlie di S. Anna, Roma 1997

Spink Kathryn, *Mother Teresa: A Complete Authorized Biography*, Harper, San Francisco 1997 (trad. it., *Madre Teresa. Una vita straordinaria*, Piemme, Milano 1997)

Sprows Cummings Kathleen, *American Saints: Gender and the Re-Imaging of U.S Catholicism in the Early Twentieth Century*, in «Religion and American Culture. A Journal of Interpretation», 22/2 (2012), pp. 203-231

Stano Gaetano, *Il rito della beatificazione da Alessandro VII ai nostri giorni*, in *Miscellanea in occasione del IV centenario della Congregazione per le Cause dei Santi (1588-1988)*, Tipi della Guerra, Città del Vaticano 1988, pp. 367-422

Stella Pietro, *Santi per giovani e santi giovani nell'Ottocento*, in *Santi, culti, simboli nell'età della secolarizzazione (1815-1915)*, a cura di Emma Fattorini, Torino 1997, pp. 563-583

Storia del cristianesimo in Polonia, a cura di Jerzy Kłoczowski, Cseo, Bologna 1980

Storia religiosa della Polonia, a cura di Luciano Vaccaro, La Casa di Matriona, Milano 1985

Sundkler Bengt, Steed Christopher, *A History of the Church in Africa*, Cambridge University Press, Cambridge 2000

Tapsell Kieran, *Potiphar's Wife: The Vatican's Secret and Child Sex Abuse*, ATF Press, Adelaide 2014

Taylor William B., *Mexico's Virgin of Guadalupe in the Seventeenth-Century: Hagiography and Beyond*, in *Colonial Saints. Discovering the Holy in the Americas, 1500-1800*, a cura di Allan Greer e Jodi Bilinkoff, Routledge, New York-London 2003, pp. 277-298

Testimoni di Cristo. I martiri tedeschi sotto il nazismo, a cura di Helmut Moll, Edizioni Paoline, Cinisello Balsamo 2007

Thorpe Osmund, *Mary MacKillop. The Life of Mother Mary of the Cross, Foundress of the Sisters of St. Joseph of the Sacred Heart*, Burns&Oates, London 1957

Ticchi Jean-Marc, *Aux frontières de la paix. Bons offices, médiations, arbitrages du Saint-Siège (1878-1922)*, École français de Rome, Roma 2002

Tilly Charles, *La Vandea*, Rosenberg&Sellier, Torino 1976

Trasatti Sergio, *Le nuove sfide della chiesa alla società*, in «L'Osservatore Romano», 5 giugno 1991, pp. 1 e 6

Trasatti Sergio, *Una società nuova da costruire non sulla sabbia ma sulla roccia*, in «L'Osservatore Romano», 5 giugno 1991, pp. 1 e 7

Turi Monica, *Il "brutto peccato": adolescenze e controllo sessuale nel modello agiografico di Maria Goretti*, in *Bambini santi*, a cura di Anna Benvenuti Papi e Elena Giannarelli, Rosenberg&Sellier, Torino, 1991, pp. 119-146

Turi Monica, *La costruzione di un nuovo modello di comportamento femminile. Maria Goretti tra cronaca nera e agiografia*, in «Movimento operaio e socialista», 32/3 (1987), pp. 223-236

Turina Isacco, *Chiesa e biopolitica. Il discorso cattolico su famiglia, sessualità e vita umana da Pio XI a Benedetto XVI*, Milano-Udine, Mimesis 2013

Turina Isacco, *La Santa Sede e i diritti riproduttivi*, in *Médicine et religion. Collaborations, compétitions, conflits (XIIe-XXe siècle)*, a cura di Maria Pia Donato et alii, École Français de Rome, Roma 2013, pp. 359-362

Turvasi Francesco, *Giovanni Genocchi and the Indians of South America (1911-1913)*, Pontificia Università Gregoriana, Roma 1988

Tutino Saverio, *Il papa e Pinochet*, in «la Repubblica.it», 15 aprile 1987

Valerio Adriana, *Cristianesimo al femminile. Donne protagoniste nella storia delle Chiese*, M. D'Auria editore, Napoli 1990

van Lunen-Chenu Marie-Thérèse, Gibellini Rosino, *Donna e teologia*, Queriniana, Brescia 1988

Vanzan Piersandro, *"Mulieris dignitatem: reazioni, contenuti e prospettive*, in «Civiltà Cattolica», 139/4 (1988), pp. 250-260

Vanzan Piersandro, *Un 8 marzo diverso: "Le donne secondo Wojtyla"*, in «Civiltà Cattolica», 143/3 (1992), pp. 474-484

Vanzan Piersandro, *Il dibattito e le conclusioni della IV Conferenza mondiale sulla donna a Pechino*, in «La Civiltà Cattolica», 146/4 (1995), pp. 345-357

Vanzan Piersandro, *La preparazione della IV Conferenza mondiale sulla donna a Pechino*, in «Civiltà Cattolica», 146/4 (1995), pp. 227-239

Vanzan Piersandro, *La questione femminile e le grandi linee del magistero pontificio*, in «Civiltà Cattolica», 146/2 (1995), pp. 349-362

Vauchez André, *La sainteté en Occident aux derniers siècles du Moyen Age d'après les proces de canonisation et les documents hagiographiques*, École française de Rome, Roma 1981 (trad. it. *La santità nel Medioevo*, il Mulino, Bologna 2000)

Vecsey Christopher, *On the Padre's Trail*, University of Notre Dame Press, Notre Dame 1996

Vecsey Christopher, *The Path of Kateri's Kin*, University of Notre Dame Press, Notre Dame 1997

Veraja Fabijan, *Le cause di canonizzazione dei santi*, LEV, Città del Vaticano 1992

Verdoy Alfredo, *I "martiri" della guerra civile spagnola nella storiografia e nell'agiografia*, in *Clero e guerre spagnole in età contemporanea, spagnole in età contemporanea (1808-1939)*, a cura di Alfonso Botti, Rubbettino, Soveria Mannelli 2011, pp. 333-366

Verucci Guido, *Pace e guerra nelle linee dei pontificati di Paolo VI e di Giovanni Paolo II*, in *Chiesa e guerra. Dalla "benedizione delle armi" alla "Pacem in terris"*, a cura di Mimmo Franzinelli e Riccardo Bottoni, Il Mulino, Bologna 2005, pp. 685-719

Verucci Guido, *I simboli della cultura laica e delle istituzioni civile*, in *Santi, culti e simboli nell'età della secolarizzazione (1815-1915)*, a cura di Emma Fattorini, Rosenberg&Sellier, Torino 1997, pp. 238-239.

Verzeroli Bartolomeo, *Pierina Morosini*, Ed. Opera San Gregorio Barbarigo, Bergamo 1960
Vian Giovanni Maria, *Le pape François et Vatican II. Un aperçu*, in «Rivista di storia del cristianesimo», 13/2 (2016), pp. 305-322
Vian Giovanni Maria, *Papi e santi tra Rivoluzione francese e primo dopoguerra. Per una storia delle canonizzazioni tra Pio VII e Benedetto XV (1800-1922)*, in «Cristianesimo nella storia», 18 (3/1997), pp. 579-606
Vian Giovanni Maria, *I santi di un papa moderno: le canonizzazioni di Paolo VI*, in *Santi del Novecento. Storia, agiografia, canonizzazioni*, a cura di Francesco Scorza Barcellona, Rosenberg&Sellier, Torino 1998, pp. 23-48
Viglione Massimo, *Il problema della beatificazione di Pio IX. Breve resoconto del dibattito storico sui giornali nazionali*, in «Nuova Rivista Storica», LXXXV/I (2001), pp. 145-162
Violi Roberto P., *Nazione e religione nei santuari italiani*, in *La Chiesa e l'Italia. Per una storia dei loro rapporti negli ultimi due secoli*, a cura di Antonio Acerbi, Vita e Pensiero, Milano 2003
Violi Roberto P., *Religiosità e identità collettive. I santuari del Sud tra fascismo, guerra e democrazia*, Studium, Roma 1996
Vizuete Mendoza Juan Carlo, *La fiesta católica. De la diversidad a la uniformidad de las celebraciones religiosas*, in *La fiesta en el mundo hispánico*, a cura di Palma Martínez-Burgos García e Alfredo Rodríguez González, Collección Estudios-Ediciones de la Universidad de Castilla-La Mancha, Cuenca 2004, pp. 159-184

Walsh Michael, *Pope John Paul II and his Canonizations*, in *Saints and Sanctity*, a cura di Peter Clarke e Tony Claydon eds., The Boydell Press for The Ecclesiastical History Society, Suffolk-Rochester 2011, pp. 415-437
Walworth Ellen Hardin, *The Life and Times of Kateri Tekakwitha. The Lily of the Mohawks. 1656-1680*, Peter Paul&Brother, Buffalo 1893
Weigel George, *Testimone della speranza. La vita di Giovanni Paolo II, protagonista del secolo*, Mondadori, Milano 2001 (ed. orig. *Witness to Hope. The Biography of Pope John Paul II*, Cliff Street Books, New York 1999)
Weinstein Donald, Bell Rudolph M., *Saints and Society. The Two Worlds of Western Christendom. 1000-1700*, The University of Chicago Press, Chicago-London 1982
Weiser Francis X., *Kateri Tekakwitha*, Kateri Center, Montreal 1972;
Wieviorka Annette, *Auschwitz, 60 ans après*, Robert Laffont, Paris 2005
Wieviorka Annette, *Auschwitz, la mémoire d'un lieu*, Hachette, Paris 2006
Willson Perry, *Women in Twenty Century Italy*, Palgrave Macmillan, Basingstoke 2009
Wojtyła Karol, *Amore e responsabilità: morale sessuale e vita interpersonale,* Marietti, Torino 1980

Woodward Kenneth L., *Making Saints: How the Catholic Church Determines Who Becomes a Saint, Who Doesn't and Why*, Simon&Schuster, New York 1996 (trad. it. *La fabbrica dei santi. La politica delle canonizzazioni della chiesa cattolica*, Rizzoli, Milano 1991)

Wynne John J., *Caterina Tekakwitha. Il giglio dei Mohawks. Il più bel fiore che sia mai sbocciato in mezzo a veri uomini*, Pious Society of Saint Paul for the Apostolate of the Press, New York 1933

Young Kathleen Z., *The Imperishable Virginity of Saint Maria Goretti*, in «Gender and Society», 3/4 (1989), pp. 474-482

Zanin Roberto Italo, *Bakhita. Inchiesta su una santa per il 2000*, Edizioni paoline, Cinisello Balsamo 2000

Zarri Gabriella, *L'età rinascimentale*, in *Storia della santità nel cristianesimo occidentale*, Viella, Roma 2005, pp. 223-260

Zarri Gabriella, *Uomini e donne nella storia della santità: fra passato e presente*, in «Società e storia», 115 (2007), pp. 152-166

Zavattaro Fabio, *I santi e Karol. Il nuovo volto della santità*, Ancora, Milano 2004

Zizola Giancarlo, *L'altro Wojtyla. Riforma, restaurazione e sfide del millennio*, Sperling&Kupfer, Milano 2003

Zubrzycki Geneviève, *The Crosses of Auschwitz. Nationalism and religion in post-communist Poland*, University of Chicago Press, Chicago 2006

Zuccarello Ugo, *Le canonizzazioni e beatificazioni di Giovanni Paolo II: quale politica papale della santità?*, in «Società e storia», 109 (2005), pp. 541-568

Indice dei nomi*

* Si omette nell'indice il nome "Giovanni Paolo II" (Karol Wojtyła) per la frequenza con cui è presente nel volume.

Finito di stampare
nel mese di marzo 2018
da Arti Grafiche CDC s.r.l.
Città di Castello (PG)